60 años de rock mexicano. Volúmen I (1956-1979)

SR. GONZÁLEZ

60 AÑOS DE ROCK MEXICANO

VOL 1 · 1956 ⊕ 1979

Barcelona · México · Bogotá · Buenos Aires · Caracas · Madrid · Miami · Montevido · Santiago de Chile

60 años de rock mexicano. Volúmen I (1956-1979)
Primera edición, octubre de 2016

D. R. © 2016, Rafael Alfonso González Villegas
D. R. © 2016, Fernando Aceves (fotografía)
D. R. © 2016, Ediciones B México s. a. de c. v.
 Bradley 52, Col. Anzures,
 11590, CDMX, MX
 www.edicionesb.com.mx

ISBN 978-607-529-063-8

Impreso en México | *Printed in Mexico*

A Grace y a mis dos lunas: Diana y Lucía.

Introducción

¿Qué es el rock? ¿Cómo definirlo? No existe una sola respuesta. El rock es un producto de su tiempo, es una necedad arraigada hasta el tuétano del que lo goza. Es un adolescente cuyo espíritu se niega a envejecer. Se debate entre la forma y el contenido, entre el goce y la conciencia. Es como una vedete que se regodea ante el espejo y luego, ya en soledad, se pregunta quién es.

El rock es ambiguo. Representa rebeldía, cuestionamiento, oposición, diversión, desfogue, destrampe, desplante, relajo, unión generacional y actitud. Es un estilo de vida, una filosofía, es auténtico y también es pose; es imitación para unos y es fuente creativa para otros. Ha sido importado y luego nacionalizado; en ocasiones es un golpe en la cara y en otras una caricia. Es esencia, origen, negritud, visceralidad. Ha probado la simpleza y la sofisticación; es experimentación, rompimiento, renovación. Puede ser libre o clandestino. Es contracultura y a la vez un producto comercial. Puede ser profundo o banal. Es placentero, existencialista, aceptado por quien se reconoce en él o repudiado por quien se siente confrontado y, sobre todo, es criticado por las «buenas conciencias».

El rock mexicano ha sido polifacético e indomable, aun cuando ha sido explotado comercialmente o sometido al olvido y la censura. Para la percepción de muchos ha aparecido y desaparecido durante su historia. Ha respondido a los intereses comerciales y políticos de su entorno, en donde por conveniencia muere o renace. Sabemos que siempre ha estado ahí, ya sea expuesto en un gran escaparate o guardado en la profundidad de un sótano. El rock mexicano cumple 60 años de existencia.

En este texto he querido contar su historia desde el interior. No soy ni historiador ni periodista, sólo soy un músico que escribe y que, con su descarada subjetividad, cuenta las venturas y desventuras del medio al cual pertenece. Únicamente me ocupé en encontrar lo que para mí han sido los eslabones perdidos de una larga cadena rota, de una historia que ya abarca varias generaciones.

En México, los roqueros desconocen lo que hicieron sus predecesores y, a su vez, no se interesan por las nuevas propuestas. Esta situación se ha repetido generación tras generación. Esto puede tener una explicación si pensamos que los jóvenes tienden a romper con el pasado en un intento por autodefinirse. Igualmente, está la necesidad creada para consumir siempre lo nuevo. Si sumamos a ello, la manipulación mediática y la naturaleza desmemoriada de los mexicanos, entonces tendremos una historia del rock nacional descuartizada e inconexa.

Sin embargo, mientras me sumergía en un gran océano de historias y biografías, encontré un entramado formado por músicos, estilos, realidades, lugares y tiempos, que terminaron dándole cohesión a un medio bastante heterogéneo.

El rock ha estado presente desde que nació en nuestro país hace ya seis décadas. Su historia es única, ya que ha transitado un camino singular, determinado por factores culturales, sociales y políticos muy específicos. Una historia que ha ido más allá de simples simpatías y modas, cuyo arraigo, en un gran sector de nuestra sociedad, rebasa el tiempo y las distancias.

Esta obra está dividida en dos tomos. El primero, el que tienes en tus manos, abarca artistas que hicieron su aparición entre 1956 y 1979. El segundo tomo va de 1980 hasta el 2017. Seguramente habrá omisiones, lo sé de antemano, no obstante, esta obra no pretendía mencionarlos a todos. Plantearlo así hubiera sido irreal e ingenuo. Pero sí es un punto de partida para poder entender mejor la historia del rock en México.

No hay mejor manera de describir y apreciar la música en su plenitud, que escuchándola. Así que les sugiero que busquen y conozcan, por otros medios, los temas y producciones que aquí se mencionan. Actualmente, es muy sencillo escuchar casi cualquier cosa en las redes. Por lo tanto, en este trabajo me concentro en narrar los hechos, las anécdotas, los datos duros y las noticias relevantes de cada banda y solista. Cada uno con anécdotas interesantes y, en algunos casos, poco conocidas.

Para contar esta historia propongo dos perspectivas: una general, dividida en capítulos por década; y otra con las historias individuales de cada banda o solista. Los capítulos le van dando contexto a las fichas de cada proyecto. El orden en que aparecen es cronológico.

Los músicos mencionados aquí son artistas que crearon su obra a partir de una visión y una actitud rebelde, misma que fue cambiando con el tiempo, es decir, los motivos para revelarse no siempre fueron los mismos. Tal vez a algunos les puede parecer extraño encontrar en estas líneas a representantes de diversos géneros, pero cabe destacar que fueron considerados por su forma de abordar la música. Asimismo, hay géneros como el folk, ska, soul, funk, electrónico y otros, que guardan una estrecha relación con el rock y las propuestas contraculturales, por lo que también fueron tomados en cuenta.

Pensar que el rock es puro, como algunos sostienen, es un sinsentido. El rock nació de la mezcla de géneros y, a lo largo de su historia, se ha alimentado de diversas músicas. Los roqueros mexicanos tardaron un poco en entender esto. Comenzaron imitándolo, luego lo asimilaron y, posteriormente, lo concibieron propio. Igualmente, lo hicieron mestizo e incluyeron sus vivencias en las letras, mismas que necesitaban ser comprendidas y escuchadas por un público local. En ocasiones perdió el camino, pero esta nueva manera de entender el mundo logró tener en México una forma de expresión propia. Llegó para no irse.

La contracultura de la rebeldía comenzó a mostrar sus mil caras. En su origen, ya no sólo fue rock and roll, se transformó en rock a secas, folk, surf, ska, twist, soul, blues eléctrico, rhythm & blues, psicodelia, funk, rock latino, progresivo, hard rock, reggae, heavy metal, electrónica, punk, new wave, tecno, world, grunge, hipo hop, trip hop, big bit, math rock, dub step y una larga e interminable lista de géneros y combinación de éstos, que en México tuvo sus propias versiones, como el rock urbano, el movimiento rupestre, el etno rock, el rock mestizo y muchos más, que iremos descubriendo a lo largo de estos textos.

El rock en México comenzó a la mitad de la década de los años cincuenta, principalmente como un fenómeno de intérpretes, el cual se fundamentó en la copia y adaptación de temas ajenos. Lo hicieron de una manera más o menos oportunista, más o menos original. Esto no quiere decir que el rock, en sus inicios, dejara de seducir a los jóvenes mexicanos sacudiéndolos hasta lo más profundo de su ser. Al que le gustaba el rock le llegaba a lo más animal e instintivo de su ser; he ahí buena parte de su seducción. El rock es sensualidad, te envuelve y atrapa. Esto propició que en algunos casos hubiera buenos intérpretes, es decir, músicos que fueron verdaderamente tocados por la libertad, fuerza y rebeldía del rock.

Al llegar a México como un ritmo principalmente enfocado al baile, las letras del rock and roll adaptadas al español mexicano tenían un papel complementario por lo que no era importante transmitir ideas profundas. Su rebeldía se comunicaba por medio de actitudes y bailes de movimientos provocativos. El objetivo fue escandalizar a los mayores, revelarse ante los padres y las costumbres conservadoras. Era una rebeldía primaria que se sofisticaría con el paso del tiempo.

En esos primeros años, entre los cincuenta y sesenta, la industria del espectáculo mexicano sacó provecho del rock and roll. Les abrió las puertas a los nuevos grupos juveniles, pero también les dijo qué cantar, qué tocar y separó a los vocalistas de sus bandas. Lo que se originó como una expresión juvenil, se convirtió en realidad en un negocio manejado por adultos que explotó hasta el límite a sus protagonistas.

El aspecto creativo en los rocanroleros mexicanos se fue dando paulatinamente. En un principio, la adaptación al español de los éxitos anglosajones de los que se hacían covers a veces se basaba en la letra original, o bien, no tenían que ver en absoluto. Su originalidad consistió en que hablaban de las cosas cotidianas usando el lenguaje de la juventud mexicana. En los arreglos musicales hubo quien se preocupó por tener un sello propio. Tendrían que pasar algunos años y varios géneros antes de que el rock mexicano diera composiciones propias como una tendencia generalizada. Es cierto, hubo excepciones, pero en términos generales los músicos fueron sometidos por la industria para hacer covers.

Al rock and roll le siguieron el twist, el surf e incluso el ska. También nos llegó la ola inglesa. En el extranjero, los británicos habían tomado la batuta. De ellos también se hicieron covers traducidos al español. A los productos de la industria se les añadía un «a go go» o un «ye ye», generando modas comercializables. El rock era un gran negocio, por lo que se sacaron grandes cantidades de discos. La consecuencia fue que se convirtió en algo fácilmente asimilable con su rebeldía cliché.

En la segunda mitad de los años sesenta, los roqueros mexicanos tuvieron un tímido desprendimiento de la copia y comenzaron a componer temas originales en inglés. Esto se debió a diversos factores. La radio le comenzó a dar espacio al rock anglosajón mientras el rock and roll en español perdía vigencia, por lo que algunas bandas mexicanas sólo tuvieron cabida si cantaban en inglés. Algunas agrupaciones del norte del país, conocidas como la Onda Chicana, tenían cercanía con lo que se generaba en Estados Unidos, así que se vieron fuertemente influidas por las nuevas corrientes musicales. Argumentaron que el inglés era el idioma del rock y que no tenían mayor complicación que hacer sus letras en la lengua del país vecino. Las nuevas bandas de Guadalajara contaban con integrantes estadounidenses que compusieron en su propio lenguaje, y a esto podemos sumar el deseo de los jóvenes mexicanos por ser parte del contexto global, usando el inglés como idioma internacional y pretendiendo ser parte de un *mainstream* mundial.

Llegaron los tiempos de la psicodelia y el hippismo. La llamada nación jipiteca se encerró en sí misma. Su creatividad fue introvertida, enfocada en viajes sensoriales, fantásticos, de amor y paz, pero poco conectada con la dura realidad que vivía el país al final de la década. Para el rock mexicano, los sucesos de Tlatelolco en 1968 y el Halconazo de 1971 pasaron prácticamente de largo. La realidad, en términos generales, no fue su fuente de inspiración.

El rock mexicano, que encontró la cúspide de su popularidad en el concierto de Avándaro que convocó a cientos de miles de participantes a unos días del Halconazo, pronto recibió uno de los golpes más duros que le hayan dado jamás. Fue un crudo choque con la realidad. El gobierno mexicano tuvo miedo de su capacidad de convocatoria y lo censuró por medio una vil represión cultural. Se estigmatizó y fue prohibido por más de diez años.

Después, los músicos se dispersaron y sólo los que se obstinaron en satisfacer sus necesidades creativas sobrevivieron como roqueros. Lo hicieron en los hoyos fonquis, en las organizaciones de artistas y músicos de izquierda, en los centros universitarios y culturales, en fin, en un México que luchaba por salir de la oscuridad.

Paradójicamente, el rock también fue coptado por el enemigo. El mismo PRI tuvo contubernio con personajes del rock de dudosa reputación, para la realización de conciertos en Tlatelolco.

Los siguientes años fueron momentos de extravío, pero también de replanteamiento, aferre y vocación. El rock dejó de ser un fenómeno casi exclusivo de intérpretes, para convertirse, principalmente, en uno de creadores. La búsqueda de un rock con identidad mexicana comenzó a ser importante. Con todo en contra, el rock mexicano no desapareció.

1956-1959

Por su cercanía con los Estados Unidos, México conoció, prácticamente a unos meses de su explosiva difusión comercial en el país del norte, el género que revolucionó la música popular en el mundo. El rock and roll se originó como una contracultura surgida de la mezcla del country con el rhythm & blues, en un deseo de los blancos por imitar a los negros en una sociedad predominantemente segregacionista; una contracultura que, además, estaba acompañada de bailes con movimientos escandalosos y de carga sexual para la época, Simbolizaba la rebeldía juvenil ante una sociedad patriarcal. En fin, era la música que contenía significados contestatarios para la forma de vida estadounidense. A México llegó como un ritmo de moda, a una sociedad acostumbrada a bailar y adoptar ritmos de otras partes del mundo, principalmente de Cuba.

Julia Palacios, historiadora del rock, en el número especial de colección "Rock Latino 1956-1970" de la revista *Rolling Stone*, comenta: «Se supo en México del impresionante éxito del rock and roll en Estados Unidos y en otras partes del mundo. Pero en 1956, se pensó que era nada más uno de tantos ritmos novedosos, y que probablemente su popularidad no duraría mucho tiempo».

Los primeros en hacer rock and roll en México no fueron los jóvenes, fueron las orquestas más populares del momento, que lo combinaban con rumbas, chachachás y mambos.

El arribo del rock and roll a México se dio en 1956. El éxito de "Rock Around the World", de Bill Haley y sus Cometas, proyectado hacia el mundo un año antes, se tradujo en un sinfín de adaptaciones y versiones por parte de orquestas como las de Luis Alcaraz y Venus Rey que, entre otras, adoptaron esta nueva música como una moda muy rentable, ya que resultó ser muy bien recibida por el público mexicano.

La orquesta de Pablo Beltrán Ruiz fue la primera que registró un rock and roll instrumental para la compañía RCA Victor, titulado "Mexican Rock and Roll", en marzo de 1956. Pero fue Gloria Ríos quien grabó en agosto de ese mismo año, también para RCA Victor, la primera canción de rock and roll en México, una adaptación de "Rock Around the Clock" a la que nombró "El relojito". Mario Patrón fue el encargado de armar Las Estrellas del Ritmo, orquesta que acompañó a la que, para entonces, era mejor conocida como La reina del rock and roll.

Desde el punto de vista comercial, fue un fenómeno apetecible para muchas empresas del espectáculo mexicano. La radio, los teatros de revista y el cine decidieron hincarle el diente al nuevo ritmo que puso a bailar a la juventud mexicana hacia el final de 1956 y durante 1957.

Pronto aparecieron las primeras películas que aprovecharon el nuevo ritmo para llegar al público joven. En diciembre de 1956, Gloria Ríos apareció en *Juventud desenfrenada*; en la pantalla grande se le podía ver bailando de una manera alocada para los parámetros de entonces. En 1957, se lanzaron las películas *Los chiflados del rock and roll*, protagonizada por Pedro Vargas, Agustín Lara y Luis Aguilar; y *Al compás del rock and roll*, con Martha Roth, Rosita Arenas y Joaquín Cordero. Era evidente la forma como se comprendía al nuevo género, que para los mexicanos representaba una diversión a partir de una rebeldía juvenil, hasta el momento, estereotipada, inocentona y tolerada.

No faltó, sin embargo, quien interpretó todo esto como la apología de una juventud perdida, licenciosa e incontrolable. Para muchos padres de familia fue inaceptable. Asociaciones dedicadas a preservar las buenas costumbres, como la católica Liga de la Decencia, se mostraron dispuestas a combatir al nuevo enemigo que «pervertía a los chicos». El rock and roll era música de «rebeldes sin causa». La fruta prohibida se hizo entonces apetitosa. El efecto en los jóvenes de clase media y alta no se hizo esperar.

De manera amateur y efímera al principio, pero después ya con una tendencia a profesionalizarse, aparecieron los *conjuntos*, como solían llamar a las bandas, que imitaban a sus ídolos del norte. Tocaban en escuelas, kermeses y tardeadas, fiestas que acondicionaban los espacios para escuchar a los grupos y poder bailar. Cantaban en inglés, pero conforme llamaban la atención aparecieron en la radio y en la naciente televisión, así, surgió la necesidad de cantar en español. Lo exigía el mercado del que comenzaron a ser parte hacia el final de la década. Se inició una dinámica que resultó económicamente redituable durante los años siguientes, en la cual los nuevos grupos elegían los éxitos probados del rock and roll de Estados Unidos y se les adaptaba una letra en español. La excepción fueron Los Locos del Ritmo, que compusieron los primeros rocanroles mexicanos originales: "Tus ojos" y "Yo no soy rebelde", grabados en 1959, pero que vieron la luz hasta 1960. Fue entonces cuando, a mi manera de ver, apareció el primer rasgo de originalidad en el rock and roll mexicano. A partir de las letras en español, nuestra juventud comenzó a expresarse por primera vez.

Casi todos los primeros grupos de rock and roll contaron con una dotación instrumental simple. Tenían una primera y una segunda guitarras, media batería, contrabajo y piano. Las guitarras y sus amplificadores muchas veces fueron hechizos, es decir, estaban fabricados por los propios músicos, sin ser de marca ni comprados en una tienda. A la primera guitarra se le llamó requinto, término adoptado de los instrumentos de cuerda con los que se interpretaban los solos en los tríos de bolero. A la segunda guitarra se les denominó de acompañamiento o armonía. Las baterías constaban sólo de tarola y plato, y generalmente no tenían bombo y el baterista tocaba de pie. Se solía ensayar en casas de los pianistas por ser complicado transportar dicho instrumento. Cuando se pasó del contrabajo al bajo eléctrico, los músicos solían adaptar guitarras, poniéndoles cuerdas gruesas.

Con la industrialización, México se modernizó y se conectó con el exterior. El deseo de los jóvenes de este país por pertenecer al mundo encontró en el rock and roll una posibilidad ideal. Ante una sociedad mexicana predominantemente conservadora y patriarcal, apareció, aún tenue, la idea del relevo generacional a partir de una manifestación propia.

Por primera vez en la historia, los jóvenes definieron su propia cultura. Es evidente que se identificaron con la rebeldía implícita de esta música, pero su acercamiento inicial fue puramente formal y derivó en la imitación de la música, los bailes, las vestimentas y las conductas de sus vecinos del norte.

Más allá de otras influencias y enajenaciones propias de la edad, el común denominador de cualquier joven en el mundo es su rebeldía, así que no fue difícil que el rock and roll se convirtiera en un catalizador universal. Los jóvenes mexicanos no quisieron quedarse fuera. Sin embargo, tuvieron que pasar por un largo proceso antes de que esta música se convirtiera en una manifestación original de las inquietudes locales. Por el momento, esto le valdría el juicio corto de ciertos críticos que veían en este fenómeno sólo un aspecto de su naturaleza, la de la imposición cultural por parte de la economía más grande del mundo. Se equivocaron, se convirtió en algo más complejo.

1. Gloria Ríos †

Inicio..▶ **Lugar**..◻

1956   Ciudad de México

Género..𝄢

Rock and roll, jazz y boogie boogie, con influencias de Elvis Presley, The Platters y Bill Haley.

Historia..⏮

Gloria Ríos nació en Agua Dulce, Texas, el 17 de diciembre de 1928. Hija de padres mexicanos, comenzó a los 15 años como bailarina regional mexicana en el grupo de danza de Beatriz «La Chata» Noloesca, en San Antonio y debutó como cantante en el Teatro Zaragoza de esa misma ciudad. Viajó como vedete a San Francisco, California, y a los 18 años llegó a la ciudad de México, sólo con su fama de cantante y bailarina chicana. Conoció a Adalberto Martínez «Resortes» quien la contrató para hacer teatro de revista. En 1946 se casó con él y tuvieron una hija llamada Regina. En 1947 apareció por primera vez en el cine al lado de Resortes en la película *Voces de primavera*, a la que siguieron otros filmes que afianzaron su carrera como actriz. Terminó su relación sentimental con Resortes, y en 1952 conoció al músico Leobardo Acosta, con quien se casó y residió a Tijuana por dos años.

Para 1956, Gloria Ríos era una vedete reconocida que se acercaba sus 30 años de edad, cantaba con diferentes orquestas y de pronto se convirtió, a través del cine y de algunas primeras grabaciones, en la persona que difundió masivamente el rock and roll en México.

Ese año participó en la exitosa película *Juventud desenfrenada* y se convirtió en todo un modelo a seguir al bailar este nuevo ritmo. En la película, aparece cantando los temas "Alrededor del reloj" y "Tú y tu tía", de Mario Patrón. Dos meses después grabó para RCA Victor un disco que contiene por un lado "El relojito", cover en español de "Rock around the clock", el éxito de Bill Haley, interpretada junto a la orquesta de Jorge Ortega. El acetato incluía del otro lado "Hotel de los corazones rotos", cover de "Heartbreak Hotel", de Elvis Presley, interpretada con el conjunto de Héctor «el Árabe» Hallal. Gloria se convirtió así en la primera artista en grabar rock and roll en nuestro país.

Sacó un segundo disco con los temas "Ahí nos vemos cocodrilo", cover de "See you later aligator", otro éxito de Haley, y "La mecedora", compuesta por Mario Patrón. Estos temas los musicalizó un grupo formado por Mario Patrón, al que llamaron Las estrellas del ritmo.

En 1957 la estación de radio XEW la presentó como «La reina del rock and roll». En 1958 hizo un cover en español del tema "He is a tramp", de la película de Disney *La dama y el vagabundo*, al que llamó "Es un golfo". Al otro lado de éste, una versión de "Only you", éxito de The Platters. Estos temas los interpretó acompañada de la Orquesta de Pablo Beltrán Ruiz.

En 1959 se casó por tercera ocasión, esta vez con Mario Patrón, con quien tuvo dos hijos, Mónica y Mario Mauricio. Continuó su carrera de actriz en las películas *Concurso de belleza* y *Melodías inolvidables*.

En 1961 se presentó en el cabaret Terraza Casino alternando con Bill Haley y sus cometas. Para entonces tocaba la batería, lo que la hizo una de las primeras bateristas en México.

En 1964 viajó con Mario Patrón a Europa y, tras pasar una temporada en París, se quedaron sin dinero para regresar, debido a que no les pagaron unas presentaciones. Volvieron en barco, pagando sus pasajes actuando cantando, tocando la batería, la guitarra y el piano.

En 1965 fue parte de las Caravanas Corona con las que recorrió toda la república mexicana. Para 1971, se retiró del medio artístico y se fue a vivir a San Antonio, Texas, donde murió el 2 de marzo del 2002.

Gloria Ríos dio a conocer la música de los jóvenes estadounidenses en nuestro país, y lo hizo en español.

Discografía.. ⭕

- *El relojito*, con el Conjunto de Jorge Ortega, sencillo (1956).
- *Hotel de corazones rotos*, con el Conjunto de Héctor «el Árabe» Hallal, sencillo (1956).
- *La Mecedora*, con las Estrellas del Ritmo, sencillo (1956).
- *Ahí nos vemos cocodrilo*, con las Estrellas del Ritmo, sencillo (1956).
- *Es un golfo*, con la Orquesta de Pablo Beltrán Ruiz, sencillo (1958).
- *Only You*, con la Orquesta de Pablo Beltrán Ruiz, sencillo (1958).

Otros...((◗•

Películas: *Voces de primavera* (1947), *El gallo giro* (1948), *Una mujer decente* (1950), *Barrio bajo* (1950), *Buenas noches mi amor* (1951), *Puerto tentación* (1951), *El marido de mi novia* (1951), *Te sigo esperando* (1952), *Juventud desenfrenada* (1956), *Las locuras del rock and roll* (1956), *Concurso de belleza* (1958), *Cuentan de una mujer* (1958), *Muertos de miedo* (1958) y *Melodías inolvidables* (1959).

Fue profesora de baile de Kity de Hoyos, Silvia Pinal y su pareja de baile fue Jorge Santillán.

2. Los espontáneos

Inicio y fin ....▶	Lugar ....◻
1956	Ciudad de México

Integrantes...III

- Sergio Martell el «Profesor» † - Armónica
- Waldo Tena † - Guitarra
- Américo Guillermo Tena † - Guitarra
- Roberto Figueroa - Voz

Género...𝄢

Rock and roll con influencias de Bill Haley, The Dominoes, Tennessee Ernie Ford, The Champs y Louis Amstrong.

Historia...|◄◄

En la historia de Los Espontáneos no hay giras ni grabaciones de discos, pero tienen gran importancia por haber sido el primer grupo de jóvenes que tocaron rock and roll en México, y del cual surgieron las bandas más importantes del movimiento inicial del rock mexicano.

Sergio Martell era un estudiante de la Secundaria 32 en la capital del país, que amaba la música y estaba al tanto de lo que acontecía en el vecino país del norte y su naciente genero juvenil. Aprendió a tocar la armónica y se inscribió en la Escuela Nacional de Música, a la que asistía por las noches. Los sábados acudía a Televicentro para admirar a sus artistas favoritos.

Junto a su compañero de escuela Roberto Figueroa, a quien le daba por cantar, comenzó a montar algunos covers de los primeros rocks que existieron. En alguna ocasión asistieron al programa *Teleclub Deportivo*, conducido por Carlos O'Farril, y a medio programa Sergio preguntó al animador si los dejaría interpretar algunos temas. Éste aceptó y fueron muy ovacionados por el público asistente. Continuaron asistiendo a dicho programa por un mes. Sergio sintió que debían evolucionar y decidió invitar a sus compañeros de escuela, los hermanos Waldo y Guillermo Tena, que eran buenos guitarristas. Fue cuando Carlos O'Farril los bautizó como Los Espontáneos, por haberse formado sobre la marcha en cada programa.

Ensayaban en su escuela, pero al poco tiempo la directora ya no les permitió hacerlo. O'Farril les ofreció su estudio e incluso él mismo los acompañó ocasionalmente en la percusión. Así siguieron presentándose de manera rutinaria en Teleclub Deportivo hasta que el programa llegó a su fin. Sin embargo, esto no fue suficiente para que dejaran de aparecer en la naciente televisión y tuvieron algunas intervenciones en programas vespertinos como *El club del hogar*.

El fin del grupo llegó por un motivo tan simple como que sus integrantes cambiaron de escuela. Pero Los Espontáneos fueron el antecedente más claro de todo un movimiento de rock and roll que estaba por explotar en el país. Por lo pronto, Sergio y los hermanos Tena, se juntaron con Toño de la Villa para crear un efímero grupo al que llamaron Los Reyes del Rock. Tras algunos cambios de integrantes, los hermanos Tena crearían Los Rebeldes del Rock y Toño, después de cantar por un breve tiempo con ellos, conformó Los Locos del Ritmo, con Paco Negrete. Roberto Figueroa se integró al proyecto de Enrique Guzmán y los hermanos Martínez, Los Teen Tops. Éste, a su vez, invitó a su viejo compañero Sergio Martell para que tocara el piano con ellos. Un par de meses después de haberse conformado Los Teen Tops, Roberto dejó el grupo y se fue a estudiar en Estados Unidos ingeniería en acústica y electrónica. Lo que siguió con estos grupos, nadie lo podría haber imaginado entonces.

3. Los Lunáticos y Sergio Bustamante

Inicio y fin................................▶ **Lugar**................................◻

1956-1957   Ciudad de México

Integrantes..III

- Sergio Bustamante † - Voz
- José Luis Alcaraz † - Piano eléctrico
- Vicente Martínez el «Vitaminas» - Batería
- Fernando Cataño - Contrabajo

Género...𝄢:

Rock and roll, boogie woogie, jazz, blues, swing, bolero y mariachi, con influencias de Karl Perkins, Agustín Lara, Roberto Cantoral, Elvis Presley, Bill Haley, Little Richard.

Historia...|◄◄

Corría el año de 1956 cuando Sergio Bustamante, de 17 años, se juntó con un sobrino del conocido músico Luis Alcaraz, José Luis, de 18, quien tocaba el piano eléctrico. Querían interpretar un nuevo estilo musical recién nacido al otro lado de la frontera norte, el rock and roll. Decidieron hacer un grupo que completaron con Vicente Martínez el «Vitaminas», de 18 años de edad, en la batería y Fernando Cataño, de 17, en el contrabajo. Se pusieron el nombre de Los Lunáticos.

La combinación de la voz expresiva de Sergio y el talento y la dirección de José Luis en el piano eléctrico, sumados a una base rítmica potente del contrabajo y la batería, hacían de este grupo una fuerte mezcla llena de energía rocanrolera que nada tenía que ver con las versiones de las grandes orquestas, que comenzaban a incluir este género en sus repertorios. Es de notar que Los Lunáticos eran un grupo sin guitarras, en el que el talento de José Luis daba el carácter melódico y armónico del rock and roll sólo con su piano.

Así que un día, decidieron hacer una audición para la compañía discográfica Columbia. Al llegar, había una larga hilera de personas a la que se sumaron mientras cargaban sus instrumentos. Llegó su turno y sin que el señor Parra, productor, entendiera lo que querían interpretar, tocaron uno de sus temas originales. A dicho productor, le pareció simpático que siendo mexicanos cantaran en inglés y decidió firmarlos.

En agosto de 1957 Los Lunáticos fueron el primer grupo de jóvenes en grabar en México un rock and roll original en inglés llamado "Where did you get it". Para entonces Columbia jamás había trabajado ese género en México. En total, ese año grabaron tres sencillos, o sea, seis temas. Estos fueron el ya mencionado "Where did you get it", compuesto por Jose Luis; "¿Por que ya no me quieres?", de Agustín Lara; "El reloj", de Roberto Cantoral; "Zapatos de ante azul", cover de "Blue

Suede Shoes", de Karl Perkins; "Elvis Pérez", de Lalo Guerrero, y "Vístete Kitty", de Ramón Inclán, que hacía alusión a la actriz Kitty de Hoyos.

En estos temas se sentaron las bases de lo que después muchos grupos mexicanos buscaron: hacer rock con raíces en la música popular mexicana. Esto fue claro en los temas de Agustín Lara y Roberto Cantoral, interpretados de una manera natural como rocanroles. Y qué decir de Elvis Perez, que jugaba con una satírica transición entre mariachi y rock and roll. Fueron propuestas que se valoraron mucho tiempo después. Los Lunáticos se desintegraron en 1957, antes de que surgiera la fiebre del rock and roll en México.

A la par de una naciente carrera como actor, Sergio continuó cantando mientras sus excompañeros se alejaron de la música. Siendo poseedor de una de las mejores voces de ese momento, Sergio lanzó en 1960, un sencillo con los temas "Pide el carro a tu papá" y "Fuiste tú". Lo acompañaron en esa ocasión Los Teen Tops. Más adelante, con el auge del twist, grabó el EP *La fiesta magna*, que contenía los temas "Qué solo estoy", "Sueño" y "Canta viento canta", además de la canción que le dio nombre a esta producción. Para ese trabajo conformó una banda a la que llamó Los Spyders (no confundir con Los Spiders de Guadalajara).

Al final, Sergio Bustamante optó por dedicarse de lleno a la actuación, en donde fue muy exitoso.

Discografía.. o

- "Where did you get it" / "¿Por que ya no me quieres?", sencillo 45 RPM (1957)
- "El reloj" / "Zapatos de ante azul", sencillo 45 RPM (1957)
- "Elvis Pérez" / "Vístete Kitty", sencillo 45 RPM (1957)

Sergio Bustamante solista

- "Pide el Carro a tu papá" / "Fuiste tú", sencillo 45 RPM (1960) acompañado por Los Teen Tops.
- *La Fiesta Magna*, EP (1963) acompañado por Los Spyders.

Otros..(⬤▸

Al alejarse de la música, Sergio Bustamante siguió una extensa carrera en la actuación. Realizó numerosos trabajos en cine, teatro y televisión, donde interpretó, entre otros personajes, memorables villanos. Fue una de las voces más solicitadas y reconocibles de los años dorados del doblaje mexicano. También fue la voz institucional del Canal 2 de televisión. El 22 de mayo de 2014 falleció a los 79 años de edad a causa de un infarto masivo.

4. Los camisas negras (antes The Black Jeans)

Inicio y fin................................▸ **Lugar**...◻

195 -1961   Ciudad de México

Integrantes...III

- Diego González de Cossío - Guitarra
- Francisco González de Cossío - Batería (1956-1957)
- Roy Walkup - Voz (1956-1957)
- Adrián Cañedo - Guitarra (1956-1957)
- Juan Manuel González de Cossío - Batería (1957-1961)
- Norman Myers - Voz (1957)
- Carlos Loftus - Bajo (1957-1961)
- Ricardo Ivison - Guitarra y voz (1957-1958)
- Cesar Roel - Voz (1957-1961)
- Javier de la Cueva - Piano (1959-1961)

Género..𝄢

Rock and roll con influencias de Elvis Presley, Buddy Knox, Jimmie Bowen, Gene Vincent, Buddy Holly, Duane Eddy, The Coasters, Jerry Lee Lewis.

Historia ....|◄◄

The Black Jeans pasaron por distintas formaciones antes del quinteto que los proyectó como una de las bandas juveniles más importantes en México. Fue por los rumbos de la colonia Condesa donde los hermanos Diego y Francisco González de Cossío se juntaron con el estadounidense Roy Walkup y Adrián Cañedo en 1956, para incursionar en el mundo de la música tocando rock and roll. Solían presentarse en fiestas familiares, ya que aún no se había creado una escena en la cual hubiera un público y foros para presentar este tipo de música. Los instrumentos eran inaccesibles por sus altos precios, por lo que, en esta primera etapa, fueron fabricados por ellos mismos. Los González de Cossío eran una familia numerosa, tenían seis hermanas, por lo que en las fiestas contaron con numerosos asistentes y siempre fue requerida la música. En 1957 hubo una desbandada. Roy regresó a su país, Adrián decidió concentrarse en sus estudios universitarios de Filosofía y Francisco regresaró a la escuela.

Esto no desanimó a Diego, quien entonces reclutó al cantante, también estadounidense, Norman Myers, a Carlos Loftus en el bajo, Ricardo Ivson en la guitarra de acompañamiento y a su otro hermano, Juan Manuel, en la batería. Con esta formación grabaron en un estudio ubicado en la calle de Balderas, un demo del que no quedó registro alguno, pero si damos por cierta esta historia sostenida por los integrantes del grupo, esa fue la primera grabación de rock and roll mexicano hecho por jóvenes.

Por entonces cantaban aún en inglés e interpretaron temas de artistas estadounidenses. Al final de ese año, Norman también regresó a su país. Fue cuando Ricardo Ivison comenzó a cantar.

A mediados de 1957, salió Ricardo y Carlos propuso a César Roel Schreus, un joven de la colonia Nápoles, como nuevo cantante de The Black Jeans. En ese momento la banda se proyectó fuertemente entre los jóvenes. En su cuarto de ensayo fueron visitados con regularidad por bandas colegas que, en un ambiente de camaradería, compartían experiencias y gustos. Comenzaron a hacer presentaciones en teatros (como el Iris) e hicieron cortas giras (algunas a Mazatlán, Sinaloa) que les dieron cada vez más popularidad en ambientes estudiantiles. Compraron instrumentos a crédito en Casa Veerkamp, que fueron pagando con lo que recaudaban tocando en tardeadas y kermeses que ellos mismos organizaron, primero en la casa de César y después en el galerón de una iglesia.

«Fui a hablar con el padre de la iglesia de San Antonio para pedirle prestado un galerón muy grande en el que daban catecismo. Me dijo que sí. Fue la primera iglesia en México precursora del rock and roll. Le dábamos al padre el diezmo, o sea, diez por ciento de las entradas, y ahí le seguimos con las tardeadas de los sábados y nuestros conciertos. Iba muchísima gente, todos los rocanroleros de la época. Ahí surgió Luis Vivi Hernández y tocaban los Teen Tops, Los Rebeldes del Rock y Los Locos del Ritmo. Y también invitábamos a los rumberos. Llegaron a estar Silvestre y Fellobe. Fueron mis inicios como empresario. Se armó un movimiento que ya no se podía frenar. Juntábamos ahí cada sábado a más de 1,500 personas», comentó César Roel para en entrevista con José Antonio Fernández, publicada en la revista *Pantalla*, del 13 de febrero del 2006. Luego siguieron las presentaciones en nuevos foros, llagando a presentarse en el Bar Rúa. Su primera intervención en televisión fue en el programa *El Yate del Prado*, conducido por Lucho Gatica y Paco Malgesto.

En 1958 un representante charlatán, llamado Rubén Rodríguez, los convenció de acompañar a la novel cantante Emily Cranz, que grabaría para Discos Peerless, prometiéndoles tratos con la discográfica y hacerlos famosos. Al final, el sujeto desapareció, pero ellos aprovecharon la ocasión para hacer una audición con Peerless, ante Francisco González y Fidel Lavista, este último director artístico de dicha empresa. En un principio fueron renuentes a apoyarlos, pero después accedieron a grabarles un par de canciones en español. Éstas fueron "La batalla de Jericó" y "La Cucaracha". Sin embargo, Peerless mostró poco interés y prácticamente los abandonó en la promoción de este material. Para esa compañía, la mirada estaba puesta en su artista vendedor: Pedro Infante. El rock and roll no les importaba. Esto hizo que, ya entrado 1959, Los Rebeldes del Rock tomaran la delantera con el tema "La hiedra venenosa", que comenzó a sonar fuertemente en la radio. Ya Los Locos del Ritmo habían grabado su disco, pero Orfeón decidió enlatarlos por falta de fe en el nuevo género estadounidense.

Inconformes con Peerless, se acercaron a Guillermo Acosta, promotor de Discos Musart, que hizo las negociaciones con Peerless para transferir al grupo de una compañía a otra. Ese 1959, por sugerencia de Guillermo Acosta, cambiaron su nombre a Los camisas negras y les sugirió la inclusión de un pianista. Javier González de Cossio, el primer baterista del grupo, conocía a Javier de la Cueva e invitó a sus hermanos para que lo fueran a escuchar en su escuela. Javier interpretó "Bolas de fuego", de Jerry Lee Lewis, impresionando a los hermanos González de Cossio, así que hablaron con sus compañeros e invitaron a Javier para formar parte de Los camisas negras. Sin embargo, entre César y Javier no hubo mucha química y comenzaron las tensiones.

Los ensayos para montar los temas del disco fueron en casa de Javier, en la colonia Roma, por el simple hecho de que ahí estaba el piano de su mamá, misma que había sido concertista. A partir de esos ensayos, el grupo comenzó a sonar cada vez mejor. Entraron al estudio de grabación y sacaron un sencillo que contenía los temas "El tigre" y "Mona Lisa", que posteriormente se integrarían a su primer y único larga duración. Una vez terminado éste, incluyó temas como "Zapatos de ante azul", "Fiebre, "La Bamba" y "Ahora o nunca", entre otras. Para las baladas, contaron con el apoyo en los coros de Leda Moreno, Karen, la hermana de Cesar y Lalo Carrión, quien después formaría el grupo de Los Hermanos Carrión.

El disco no salió inmediatamente, y fue hasta que Musart entendió que había un boom de rock and roll, que sacó el disco *Los camisas negras* en julio de 1960. Rápidamente entró a las listas de popularidad. Esto permitió que el grupo recibiera ofrecimientos para actuar en la televisión y el teatro. Participaron en un evento conducido por Manuel el «Loco» Valdés en el cine Variedades, donde alternaron con los grupos del momento. En ese evento Javier improvisó y cantó, cosa que alimentó las tensiones con César.

Musart lanzó un par de EPS promocionales de sus sencillos. Uno de ellos fue el sencillo de 45 RPM "Oh No" / "Qué noche pasé", y otro que contenía "Fiebre".

Comenzaron a ensayar en un sótano amplio en casa de César, quien usualmente viajaba a los Estados Unidos con su familia. En una de sus ausencias, invitaron a Los camisas negras a tocar en el Jockey Club. La banda se las arregló invitando a cantar a Lilian Bartá y se presentaron sin César. Al regresar de su viaje, éste mostró su desacuerdo. La segunda ocasión en que se volvió a presentar una situación semejante, y Los camisas negras decidieron ir por sus instrumentos a casa de su cantante, se llevaron la sorpresa de que estaban resguardados bajo llave por indicación de César. Se las arreglaron para conseguir instrumentos ese día y se presentaron en el Hotel del Prado, junto a la Orquesta de Pablo Beltrán Ruiz.

Las diferencias entre César y los demás integrantes llegaron a su peor momento. Ante la frustración de la banda y la persuasión de sus padres, Juan Manuel decidió dejar el grupo dándole más importancia a sus estudios universitarios y Carlos se enfocó en su formación como publicista. La consecuencia final fue la desintegración del grupo en 1961.

Javier se integró a Los Hooligans, Diego a Los Sinners y Los Hermanos Carrión y César buscó seguir como solista. Unos meses después de la separación, firmó con Discos Orfeón y adoptó el apellido del director artístico de Paul Anka, Don Costa, llamándose desde entonces César Costa.

Discografía...O

- "La batalla de Jerico" / "La Cucaracha", sencillo de 45 RPM (1959)
- "El tigre" / "Mona Lisa", sencillo de 45 RPM (1960)
- *Los camisas negras* (1960)

Otras grabaciones

- César Costa y sus Camisas negras, reedición de su único disco (1960)
- "Oh no" / "Que noche pasé", sencillo recopilación 45 RPM (1960)
- "Fiebre", sencillo 45 RPM (1969)

Nota

En 1960, Leda Moreno le obsequió a Diego González de Cossío unos swéteres con grecas que le trajo de Alemania. Él los compartió con sus compañeros llegando incluso a lucirlos en algunas fotografías de aquella época. Esto bien podría haber sido un antecedente del gusto de César por esta prenda de vestir, misma que él pondría de moda más adelante. Pero esta suposición se contradice con la versión del mismo César, quien siempre le ha dado otro origen a su afición.

5. Los Locos del Ritmo (antes Pepe y sus Locos del Ritmo y The Locos)

Inicio... ▶ **Lugar**.. ◻

1957   Ciudad de México

Integrantes... Ⅲ

- Pepe Negrete - Piano (1957-1962) (1999-hasta hoy)
- Toño de la Villa † - Voz (1957-1962)
- Alberto Figueroa - Guitarra (1957-1958)
- Álvaro González - Guitarra (1957-1958)
- Pepe del Río - Tarola y platos (1957-1958)
- Jesús González «Chucho» - Guitarra (1960-1967) (1974) (1987-hasta hoy)
- Manuel López Reyes el «Che» - Guitarra y voz (1960-1965) (1966) (1974) (1987-hasta hoy)
- Mario Sanabria - Bajo y voz (1960-1969) (1987-hasta hoy)
- Rafael Acosta - Batería (1958-1969) (1974) (1987-1999)
- Gustavo Salcido - Voz (1962-1964)
- Lalo Toral - Piano (1962-1967) (1968-1969) (1987-hasta hoy)
- Javier Garza - Guitarra (1964-1969) (1974)
- Gastón Garcés † - Voz y bajo (1965-1966) (1967-1969)
- Alfredo Atayde - Piano (1969)
- Jorge García Cantil - Bajo (1974)

Género... 𝄞

Rock and roll, twist, surf y rock con influencias de Elvis Presley, Carl Perkins, Eddie Cochran, Chuck Berry, The Beatles, The Beach Boys, Little Richard, Bill Halley, Fats Domino, entre otros.

Historia...|◄◄

Corría el año de 1957 cuando el fanático de Stan Kenton y las grandes bandas, un joven pianista de la colonia Guerrero llamado José Negrete, intentó formar una banda con amigos. El rock and roll ni siquiera era aún algo formal. Hizo un primer intento juntándose con el guitarrista José Luis Verdejo «Peptus» y otros jóvenes, pero al poco tiempo se disolvieron. Fue hasta que un primo le presentó a Toño de la Villa, quien venía de tocar con Los Reyes del Rock (después Los Rebeldes del Rock) que formaron Pepe y sus Locos del Ritmo, nombre con el cual los bautizó su amigo Carlos Acosta, argumentando que estaban locos por grabar rock and roll en plena época del triunfo de la música afroantillana. Toño era un chico enfermizo que ya había lidiado con la polio en su niñez, pero quienes lo conocieron coinciden en que su entusiasmo y nobleza lo definían. Completaron la banda Alberto Figueroa en la primera guitarra, Álvaro González en la guitarra de acompañamiento y Pepe del Río en la tarola y platos, ya que ni a una batería llegaban. Desde el principio, el carisma de Toño se hizo presente.

En 1958 el padre de Toño los inscribió en un concurso de aficionados en el Canal 2 y, tras una serie de eliminatorias, llegaron a la final compitiendo en contra del grupo femenil Las Chispas, conformado por tres estadounidenses radicadas en México. Ganaron en buena medida gracias al apoyo de Luis Martínez «Palillo», jefe de la porra universitaria de la UNAM, institución en la que estudiaban los integrantes de la banda. Su premio fue un viaje a Nueva York para concursar en el show de Ted Mack, *Original Amateur Hour*, compitiendo ante grupos norteamericanos y de otras partes del mundo, logrando un decoroso segundo lugar con el tema "Tutti Frutti".

Al regreso de Nueva York se integró Rafael Acosta en sustitución de Pepe del Río. En esta época también salió de la agrupación Alberto, quien posteriormente formó Los Zipps. Se integró entonces el guitarrista preparatoriano José «Chucho» González.

Por medio de Rafael lograron establecer contacto con el señor Cabero, de Radio 6.20, en la capital mexicana, quien les propuso conducir un programa al que llamaron *Veinte minutos con Pepe y sus Locos del Ritmo*, en el cual tocaban covers y algunos temas propios en inglés como "Chuchos's guitar" y "Pipapirapau". Además, tenían como invitados a otras bandas.

En algún momento de 1958 grabaron el demo de "Chuchos's guitar" en los Estudios Churubusco, para así buscar una compañía discográfica. Fue una noche de diciembre de ese año, cuando grabaron su primer larga duración con el apoyo de Discos Orfeón, al que llamaron *Rock!*. Desde ese momento se llamarían simplemente Los Locos del Ritmo. Aun con lo rudimentario de esta grabación, se mezcló en estéreo por Manuel Díaz. El álbum estaba compuesto de temas en español, la mitad de ellos originales. Tuvieron como invitados a su ex compañero Alberto Figueroa y a el «Médico», en el contrabajo. Se mezcló en enero de 1959, pero el producto fue enlatado por un año gracias a Paco de la Barrera, quien no tenía fe en las «estridencias anglosajonoides», según menciona Federico Arana. Esto permitió que salieran al mercado primero los discos de Los Rebeldes del Rock y los Black Jeans. Pero no perdieron el mérito de haber producido la primera grabación de rock en español original en el mundo. *Rock!* salió en 1960 y pronto "Tus ojos", de Rafael Acosta, y "Yo no soy un rebelde", de Chucho González, se convirtieron en explosivos éxitos.

Para entonces, ver a Pepe de pie tocando el piano, a Rafael tras su batería y al resto haciendo coreografías al unísono, resultaba muy poderoso. Participaron en diversos programas de televisión y en la película *Limosnero y con garrote*, donde comparten la pantalla grande con Viruta y Capulina. En ésta aparecieron tocando los temas "Yo no soy un rebelde" y "Tus ojos" interpretada por Kippy Casado.

Poco después salió Álvaro, y entró en su lugar Manuel López Reyes el «Che», por invitación de Rafael, y se incorporó Mario Sanabria «Olaf» en el bajo, puesto que nadie ocupaba. Con ellos grabaron un sencillo que contenía los temas "Sin ti no puedo vivir" y "Triste noche". Ya con esta formación, los programaron en el Teatro Lírico justo cuando comenzaban a pegar fuerte en el gusto de los jóvenes. Tenían una rúbrica que siempre tocaban en sus conciertos, a la que nombraron "Vamos a tocar Rock".

En 1961 lanzaron su segundo larga duración con el nombre *Los Locos del Ritmo*, editado por Discos Orfeón. En ésta reunieron una serie de covers a los que le ponían letra en español, combinados con temas originales. Temas como "Pólvora", "Chica alborotada", "Aviéntense todos" y "Haciéndote el amor" pronto se convirtieron en los nuevos éxitos del grupo.

Para el final de ese año, el twist se impuso como el nuevo ritmo de moda y Los Locos del Ritmo no se quedaron atrás. Empezaron a componer temas con ese estilo. Incluso Toño de la Villa, incentivado por Rogelio Azcárraga, dueño de Discos Orfeón, compuso la letra de "Twist español", uno de los temas que grabó Bill Haley en México.

Fueron la primera banda mexicana en viajar a Caracas, apareciendo en el *Show de Renny*, del popular conductor Renny Otolina. También se presentaron en centros nocturnos como el Coney Island. Aprovecharon su estadía en ese país para grabar el EP *Twist*, con Orfeón Venezuela. Contiene los temas "Tengo Una Novia", "La Bamba Twist", "La Cucaracha Twist" y "Voy a buscarte". Fue lanzado en 1962 y se editó en Venezuela y México.

A su regreso, regrabaron los temas "Tengo una novia" y "La Cucaracha Twist", los mismos que habían grabado en Caracas y junto a "Ten mi corazón" y "Vengan todos a bailar", mismos que fueron lanzados en el EP *Los Locos del Ritmo Vol. III*, editado por Orfeón ese mismo año. Para entonces, la voz de Toño de la Villa se notaba algo ronca.

Ese año también aparecieron en otra película titulada *Twist, locura de juventud*, con Enrique Guzmán y dirigida por Beto Alazraki. En este film se le notaba a Toño un pequeño bulto en el cuello. Al volver de una presentación en Acapulco, ya casi no podía hablar, así que fue con el otorrinolaringólogo. Tras revisarlo, le recomendó ir con un oncólogo; al principio se negó, pero empeoró y fue trasladado a El Paso, Texas, donde lo intervinieron el 2 de mayo en una operación que duró tres horas. El 5 de mayo de 1962 Antonio Verdes Sánchez, de 22 años, mejor conocido como Toño de la Villa, falleció a las tres de la tarde a causa de un cáncer que comenzó en la garganta y se extendió a su cuerpo. Fue sepultado junto a un tío suyo en Ciudad Juarez.

Antes de morir, Toño escribió unas lineas a su amigo Pepe, con quien fundó el grupo: «Estoy seguro de que encontrarán algún cantante con mucho mejor voz y personalidad que yo, pero difícilmente podrás encontrar alguno que los quiera más que yo». Enrique Guzmán sugirió a los padres de Antonio el traslado de su cuerpo a la Ciudad de México, cosa que rechazaron para manejarse de manera más intima y familiar.

Tras la muerte de Toño quedó sin realizarse una visita del grupo a España. Sin embargo, la discográfica Hispavox editó en ese país el EP recopilatorio *Los Locos del Ritmo*. En México también se lanzó un EP con algunos temas del segundo disco.

Pepe decidió salir del grupo, pero Los Locos del Ritmo restantes decidieron continuar. Lalo Toral entró a tocar el piano y en la voz se integró Gustavo Salcido, ambos ex miembros del grupo Rippers. Dejaron Discos Orfeón para firmar un contrato con CBS. En 1963 lanzaron un nuevo larga duración homónimo que contenía los temas "La mantequilla", "Sólo un mes", "Camina derechito", "Donde vas", "La bomba" y "El huracán" entre otros. El éxito continuo gracias a que mantuvieron su calidad interpretativa. Al poco tiempo, salió un EP con "El huracán", "El caracol", "La nueva ola y "Mi coche yo".

Ese año salieron también los sencillos de 45 RPM "Me botó" / "Blanca Nieves" y "Hola, hola, hola" / "Triste día".

Con CBS lograron una mayor proyección internacional al editarse su disco en otros países de Iberoamérica, particularmente en España, donde se lanzaron los EPs recopilatorios *El twist de los Locos del Ritmo* y *Los Locos del Ritmo*.

Para entonces, comenzaron a alejarse del rock and roll y el twist e incorporaron las nuevas tendencias musicales. Comenzaron a hacer covers de artistas como Ricky Nelson, Roy Orbison, The Beatles y los Beach Boys, siendo cada vez menor su aportación de temas originales. Esto respondió a las presiones de la industria por lanzar temas ya probados comercialmente en otros países.

En 1964 Gustavo Salcido salió del grupo y Manuel López el «Che» tomó su lugar, a la par de tocar la guitarra. Aun así, entró un muchacho de 18 años, Javier Garza, apoyando el sonido de la banda con otra guitarra.

Entre 1964 y 1965, hicieron una gira por Argentina donde aprovecharon para componer y grabar algunos temas. Sacaron en ese país el sencillo de 45 RPM "Cansado de esperarte" / "No me trates así". Su relación con CBS estaba por terminarse, así que, a su regreso, sacaron un larga duración nuevamente con Discos Orfeón, del que destacaron los temas "Las mellizas", "Sabor a nada" y "Voy, voy, voy". Ese año editaron tres EPs con temas de su larga duración más reciente.

El Che salió del grupo en 1965 para comenzar una carrera solista y fue cubierto por Gastón Garcés, ex Teen Tops, en la voz. Con él lanzaron en 1965 y 1966 el quinto y sexto larga duración, logrando notoriedad con temas como "Pan con mantequilla", "Barbara Ann", "Tomas un corazón", "No está ahí" y "Cansado de esperarte". Éste último tema, grabado en su viaje por Argentina, fue incluido en el sexto larga duración. Después salió un EP que contuvo los temas "Barbara Ann", "Bailen todos", "Te quiero" y "Voy, voy, voy".

Al final de 1966 el grupo viajó a Los Angeles para hacer una temporada de cinco semanas en el Whisky a Go Go. En ese viaje, se reintegró Manuel López Reyes, quien no prosperó en su aventura solista y el grupo cambió, para la ocasión, su nombre a The Locos. Ya habían aprovechado un viaje previo al país vecino para grabar para RCA Victor el sencillo de 45 RPM "Guantanamera Rock" / "Malagueña salerosa". Ahora promovían estos temas y otros ante el público estadounidense. A su regreso, al comienzo de 1967, abandonaron el grupo Chucho González y Javier Garza, quedando solamente el Che, Rafael Acosta, Mario Sanabria y Lalo Toral. Esto provocó que se vinieran abajo los planes para grabar un larga duración en Estados Unidos.

Para entonces, Los Locos del Ritmo ya habían cambiado totalmente su estilo interpretativo y casi no tocaban sus éxitos del pasado. Se esforzaron por adaptarse a los nuevos géneros y pusieron su mirada en el vecino del norte al sentirse ajenos a lo que acontecía en México. Hubo disperción y entraron en crisis. En un intento por mantener vivos a Los Locos del Ritmo, Mario Sanabria siguió adelante con una banda inestable con la cual grabó en 1967 los EPS *Negro es negro* y *Lunes*. El primero contenía los temas "Negro es negro", "Hey Joe", "Te vi" y "El reloj debe parar". El segundo contenía los temas "Lunes", "Qué pasará", "Con un poco de tiempo" y "No quieres despertar". En estos discos participaron Rafael Acosta, Javier Garza, Mario y regresó Gastón Garcés. Como dato curioso de esta etapa, Gastón tocó el bajo además de cantar, y Mario se fue a la guitarra y cantó también.

Así se mantuvieron hasta 1968, cuando volvió Lalo Toral con sus teclados. Hicieron una temporada en el Terraza Casino alternando con Javier Bátiz.

Para 1969 lanzaron otro EP al que llamaron *Otra vez*, editado por Polydor. Contiene los temas "Vuelve el rock", "Buen rock esta noche", "Penas y penas" y "Sombras del tiempo". En éste tocó el piano Alfredo Atayde en lugar de Lalo Toral y la producción corrió a cuenta de Manuel López Reyes.

En 1971, Discos Orfeón reeditó con el nombre de *Pólvora* el segundo disco de Los Locos del Ritmo sin los temas "Triste noche" y "Nena yo no sé".

A partir de ese año los miembros de Los Locos del Ritmo comenzaron a formar otras agrupaciones. Mario Sanabria, Javier Garza, Rafael Acosta y Alfredo Atayde, crearon junto a el «Caballo» Mansur y Ramón Rodríguez, el grupo Locos, y viajaron a los Estados Unidos. Posteriormente Rafael y Javier, fundaron el grupo Mr. Loco. Ambas bandas tienen sus fichas aparte en este libro.

En el inter, durante 1973, la discográfica CBS lanzó una versión orquestal de su clásico "Tus ojos", producida por Jaime Ortiz Pino.

En 1974 se dio un auge nostálgico del rock and roll, por lo que Los Locos del Ritmo se reintegraron con el Che, Javier, Rafael, Chucho y Jorge García Cantil en el bajo en vez de Mario, para presentarse junto a otras agrupaciones de aquella época en el Teatro Ferrocarrilero y en diferentes plazas de la república mexicana.

Paralelamente Rafael, Javier y Jorge García Cantil, grabaron para Discos Guitarra sin el conocimiento de sus compañeros y dos acetatos como Los Locos del Ritmo: *Mas Rock* y *Mas Rock Vol. II*, el primero con temas clásicos de la banda y el segundo con temas ajenos.

«Nos reímos el Che yo al acordarnos que cuando llegábamos a ensayar; mi amplificador ya estaba caliente, de que antes habían estado ensayando ellos. El disco del que hablas está hecho con tan escasos recursos, que para la portada seleccionaron una fotografía donde estábamos también el Ché y yo. Lo que hicieron para no gastar ni en el fotógrafo fue cortarla verticalmente, quitándonos y así sólo aparecen Javier, Jorge y Rafael. Paupérrimo, aunque hay tantos incautos, que hubo aparentemente un volumen dos, en el que ya no sólo grabaron los temas de Los Locos, sino los de cualquiera, con tal de cobrar 'una lanita'»: declaración de Jesús González obtenida del sitio www.locos-delritmo.tripod. Lo que argumentaba Chucho es que Rafael ya tenía en mente crear Mr. Loco y necesitaba financiarlo, así que por eso grabaron esos discos.

Es hasta 1987 cuando, en el programa de televisión de Ricardo Rocha, *En Vivo*, hicieron una serie de emisiones por los 30 años del rock and roll en México con los diferentes pioneros del género, cuando se dio la reunión del Che en la voz, Mario en el bajo, Chucho en la guitarra, Lalo en el piano y Rafael en la batería. Esto dio pie para que retomaran su actividad musical por algún tiempo. Los Locos del Ritmo estaban de vuelta.

En 1999 se volvieron a reunir Mario, Chucho, Lalo, Rafael, Jorge y Pepe, quien no lo había hecho desde la muerte de Toño de la Villa, para presentarse en el bar La Plaga de Enrique Guzmán, presentándose en una larga y exitosa temporada. El ausente en esa ocasione fue el Che. Después de eso, entraron en un largo juicio cuando Rafael Acosta registró por su cuenta, y a espaldas del grupo, el nombre de Los Locos del Ritmo.

En 2004 se reunieron, sin Rafael, para grabar, con el nombre de LR4, los temas "Adiós corazón" y "La última canción".

En 2008 salió un comunicado de prensa anunciando que la propiedad legal del nombre Los Locos del Ritmo pertenece a Pepe Negrete, Manuel Reyes el «Che», Mario Sanabria, Lalo Toral y Jesús González.

Ese año sacaron a la venta el disco *50 Aniversario de Los Locos del Ritmo* y desde entonces han retomado nuevamente los escenarios, lo que la hace la banda más longeva del rock mexicano.

Lalo Toral comentó en la entrevista que le hizo Federico Rubli Kaiser en la edición especial 1956-1970 de *Colección Rock Latino* de la revista Rolling Stone: «Tengo el gran privilegio de pertenecer a Los Locos del Ritmo desde 1962. A los 17 logré incorporarme al grupo de rock icónico en México, donde aprendí a ser un rocanrolero profesional, a estudiar seriamente la música rock, transmitirla al público, conocer la disciplina y acercarnos lo más posible a la perfección. Me siento muy satisfecho por todo lo que disfrutamos durante aquellos grandes años de oro del rocanrol, con los tremendos logros que tuvimos: haber sido admirados por Elvis, haber triunfado en el Whisky de Hollywood, el extraordinario éxito que logramos en Argentina, dejando una fuerte huella como pioneros del rocanrol».

Discografía .... O

- *Rock!* (1960)
- *Los Locos del Ritmo*, sencillo (1960) con los temas "Sin ti no puedo vivir" y "Triste noche".
- *Los Locos del Ritmo* (1961)
- *Twist*, EP (1962) grabado en Venezuela.
- *Los Locos del Ritmo Vol. III*, EP (1962) incluye "Tengo Una Novia" y "La Cucaracha Twist", regrabados en México.
- *Los Locos del Ritmo* (1963)
- *Los Locos del Ritmo*, EP (1963)

- "Me botó" / "Blanca Nieves", sencillo, 45 RPM (1963)
- "Hola, hola, hola" / "Triste día", sencillo, 45 RPM (1963)
- *Los Locos del Ritmo* (1964)
- "Cansado de esperarte" / "No me trates así", sencillo 45 RPM (1964) editado en Argentina.
- *Los Locos del Ritmo* (1965)
- *Los Locos del Ritmo* (1966)
- The Locos, "Guantanamera Rock" / "Malagueña salerosa", sencillo 45 RPM (1966) editado en Estados Unidos.
- *Los Locos del Ritmo - Negro es Negro*, EP (1967)
- *Los Locos del Ritmo - Lunes*, EP (1967)
- *Otra vez*, EP (1969)
- *Mas Rock* (1974)
- *50 Aniversario de Los Locos del Ritmo* (2008)

Otras grabaciones

- *Los Locos del Ritmo*, EP recopilación (1962)
- *Los Locos del Ritmo*, EP recopilación (1962) editado en España.
- *Los Locos del Ritmo, - Las Mellizas* EP recopilación (1964)
- *Los Locos del Ritmo Vol. II*, EP recopilación (1964)
- *Los Locos del Ritmo Vol. III*, EP recopilación (1964)
- *El twist de Los Locos del Ritmo*, EP recopilación (1964) editado en España.
- *Los Locos del Ritmo ep*, recopilación (1964) editado en España.
- *Los Locos del Ritmo*, EP recopilación (1966)
- *Pólvora*, reedición del segundo disco (1971) sin los temas "Triste Noche" y "Nena Yo No Se".
- *Éxitos*, recopilación (1974)
- *Tus ojos*, recopilación (1975)
- *30 Éxitos*, recopilación (1984)
- *20 Éxitos*, recopilación (1984)
- *Ídolos del Rock and roll*, recopilación (1994)
- *30 Éxitos*, recopilación (1996)
- *El Rock de los 60´s*, recopilación (2001)
- *Éxitos*, recopilación (2001)
- *La bella época del Rock & Roll*, recopilación (2003)

Otros...((▶

Pepe es licenciado en derecho y además ha sido miembro de otras bandas como Los Tribunos y Los Sinners. Chucho es contador público. Mario estudió administración de empresas, ha sido productor y ha integrado Los Locos, Locos y Mr. Loco.

Rafael Acosta también estudió para ser contador. Ha formado los grupos Mr. Loco y Los Locos del Ritmo de Rafael Acosta, entre otros.

Javier Garza estudió derecho. Lalo Toral estudió comercio y se integró a El Tri de Alex Lora desde 1993.

Además de cantar con los Teen Tops antes de ingresar a Los Locos del Ritmo, Gastón Garcés hizo una breve carrera como solista entre 1967 y 1968. Murió en abril del 2010.

6. Javier Bátiz

Inicio............................▶ **Lugar**...............................□

1957   Tijuana, Baja California

Género...𝄢

Rock and roll, rhythm and blues, soul, funk, rock psicodélico, rock latino y blues, con influencia de Little Richard, The Riberas, Chuck Berry, Rufus Thomas, John Lee Hooker, Muddy Waters, B.B. King, Jimmy Reed, Ottis Redding, Stevie Wonder, James Brown, Sam & Dave, Ray Charles, Aretha Franklin, Frank Zappa & The Mothers of Invention, Procol Harum, Jimi Hendrix y Blood Sweat and Tears,

Historia...|◀◀

Javier Isaac Medina Nuñez nació en Tijuana, Baja California, el 3 de junio de 1944. A los 10 años supo que quería dedicarse a la música. Por entonces, y gracias a la cercanía con los Estados Unidos, escuchó la música de John Lee Hooker, Muddy Waters, B.B. King y Jimmy Reed, empapándose del blues estadounidense. «Comencé a tocar un estilo que sería una mezcla de Emilio Tuero, Bribiesca, Jorge Negrete, Pedro Infante e incluso Cri Cri. Un día escuché música negra americana que se transmitía desde Tijuana, ya que en algunos lugares de Estados Unidos estaba prohibida, y me voló la cabeza»: Javier Bátis entrevistado por Benjamín Salcedo para la edición especial Rock Latino 1956-1970 de la revista *Rolling Stone*.

Primero aprendió a tocar la guitarra y el piano. Después, a unos compañeros de la escuela (actualmente es la Casa de la Cultura Tijuana), todos ellos rondando los 14 años de edad, les enseñó a tocar diferentes instrumentos. Es así como en 1957 nacieron Los TJ's, comandados por Javier Bátiz. Comenzaron a tocar en fiestas y tardeadas, pero conforme fueron creciendo, se incorporaron a los centros nocturnos de la avenida Revolución, donde tocaban covers en inglés para un público mixto de mexicanos y estadounidenses. La escuela de la vida fue la que los hizo tocar cada vez mejor y tener un gran nivel musical. «Mi familia no tenía la menor idea de que trabajaba en un cabaret, diariamente me salía de la casa en las noches, a escondidas para ir a trabajar (...). Era un cabaret que se llamaba El Convoy, todos los días, salía por la ventana de la sala y regresaba puntualmente a las cinco o seis de la mañana del día siguiente (...). Yo tocaba en el cabaret de martes a sábado alrededor de 1958, los domingos tocaba con mi propia banda llamada Los TJ's, éramos los jefes de los bailes del club Blanco y Negro y del Campestre; eran lugares muy fresas, yo tocaba también los domingos en el Parque Guerrero a las 12 del día»: Javier Bátiz entrevistado por Benjamín Salcedo para la edición especial Rock Latino 1956-1970 de la revista *Rolling Stone*.

En una de esas presentaciones del parque Teniente Guerrero, de Tijuana, llegó una señora con su hijo, preguntándole a Javier si podía ser su maestro de guitarra. Ese chico era Carlos Santana, quien incluso llegó a tocar el bajo con Los TJ's, antes de migrar con su familia a San Francisco y convertirse en uno de los guitarristas más reconocidos del mundo. «Yo vivía en la calle Cuarta y él a la vuelta, en la Quinta. Yo tocaba los domingos en el parque Teniente Guerrero a dos calles de mi casa... Tijuana era un paraíso. Ahí me vio tocar por primera vez. Al lunes siguiente vino (...). Estaba muy chiquito y ¡uy!, desde entonces se quedó conmigo, a partir de ese lunes en adelante. Fue mi alumno en el bajo y la guitarra. Pero la música ranchera y de blues son totalmente diferentes (...). Yo le enseñaba las notas azules de blues, la forma duodénica, los acordes. No sólo entendió el blues, sino que lo subió a otro nivel (...). Ya en la noche tocábamos en el cabaret. La condición fue que yo le enseñaba a tocar el bajo para que tocara conmigo, pero le enseñaba guitarra para que hiciera su onda»: Javier Bátiz en entrevista con Roberto Ponce para la revista *Proceso*, 21 de octubre del 2015.

Los escuchó el señor Vallejo, encargado de buscar talentos para la Caravana Corona y gracias a esto, Los TJ's fueron invitados a tocar en diferentes partes del país.

El grupo dejó registro grabado de esa etapa en los sencillos de 45 RPM "Noches tristes" / "Nocturnal", de 1959, y "El twist despacio" / "Mashed Potatoes", de 1960.

En cierto viaje a Tijuana, Los Rebeldes del Rock escucharon a Javier en El Convoy, y quedaron impresionados con su ejecución y presencia. Así que cuando Johnny Laboriel dejó a Los Rebeldes, inmediatamente pensaron en él para sustituirlo. En 1963 Javier viajó a la Ciudad de México por invitación de Los Rebeldes. Sin embargo, no se dio la química necesaria.

Viéndolo a la distancia, por un lado, Los Rebeldes del Rock representaban esa primera generación que había puesto de moda en México el rock and roll, un grupo con poca capacidad para desmarcarse del control férreo de las discográficas y, además, desfasados en el tiempo con respecto a los rocanroles originales de Estados Unidos. Por otro lado, Javier se encontraba actualizado en cuanto a las novedades y cambios que surgían en la contracultura anglosajona, y estaba más empapado del espíritu negro de esta música manifestada en el rock, soul y rhythm and blues. Ni los Rebeldes estaban listos para los nuevos géneros, ni Javier estaba dispuesto a tocar rock and roll en español. Es conocida su afirmación de que cantar en español, lo hacía sentir como Tin Tan.

El hecho fue que, al no quedarse en Los Rebeldes del Rock, decidió permanecer en la capital del país, integrándose al circuito de los cafés cantantes de la ciudad y creando una nueva banda, Javier Bátiz and the Famous Finks. Lo acompañaron Ángel Miranda en la batería, Ramón Rodríguez en el bajo y Héctor el «Borrado» Martínez en el órgano. Su aparición en la escena del centro del país sería determinante para los cambios que a partir de entonces se desarrollaron en el rock mexicano.

Javier se anticipó varios años a lo que se llamaría la Onda Chicana. Se le conoció como el Brujo por su forma de tocar la guitarra y de cantar con voz rasposa, generando dimes y diretes entre la sociedad conservadora de entonces. Entre sus nuevos seguidores se encontraban pandillas como Los Nazis, un grupo de motociclistas de la colonia Portales. Digamos que Javier no sólo llegó a la Ciudad de México a mostrar nuevas formas de tocar, sino también una nueva actitud de rebeldía.

Ese 1963 grabó para Discos Peerless el disco *Javier Bátiz and the Famous Finks*, que contiene temas como "Memphis", "California Sun", "Little Coffie Shop", "Please Please Please", "Walking the Dog" y "Money", entre otros.

En los siguientes años, Javier no dejó de tener presencia en su natal Tijuana, esencial para alimentarse de la música que iba surgiendo del otro lado de la frontera. En la capital le tocó vivir la extinción de los cafés cantantes pero, aún así, se integró fácilmente a los centros nocturnos como el Terraza Casino, donde hacía exitosas temporadas. Para 1968 ya era una de las figuras más famosas del espectáculo mexicano. Afuera de los lugares donde se presentaba, se aglomeraban artistas, políticos, intelectuales, científicos, guaruras, golfos y snobs. Incluso, cuenta Bátiz, que en una ocasión lo fue a ver el mismísimo Jim Morrison, en aquella accidentada visita que The Doors hizo a México.

Ese mismo año, caracterizado por tensiones políticas muy fuertes entre los jóvenes y el gobierno mexicano, lanzó el disco *Bátiz and Hair*, editado por Discos Orfeón. Contiene los temas "Aquiarius/Let the Sunshine In", "Hard Life", "Kansas City", "Blue Monday", "Lucila" y "Bye Bye Baby", entre otros. Lo acompañaron Ramón Rodríguez, Esteban García y Jorge Loan en el bajo, Norberto Duarte en la guitarra, el grupo Los Shakes y su hermana Baby Bátiz en la voz y, los coros.

En 1969 se presentó ante 18 mil personas en la Alameda Central, contratado por el Departamento del Distrito Federal. Eran tiempos de éxito y abundancia. Llegó a tener ocho autos del año y la fiesta no faltaba.

A mediados de ese año Javier viajó a Los Angeles para visitar a su amigo Fito de la Parra, quien era baterista de Canned Heat. Armaron una sesión de grabación en ID Studios, en Hollywood, en la cual participaron los bajistas Olaf de la Barreda y Larry Tylor. Acompañados de una sección de metales con arreglos de Miles Grayson, grabaron los temas "Hard Life", "Charlena", "Sea of Love", "Hey Girl", "Lucille", "The Right Time" y "Come Back Home", entre otros. Aunque la pretensión era la de mezclarlo y editarlo en México, no sucedió, quedando enlatadas las grabaciones por 34 años hasta que Fito de la Parra se encargó de mandarlas mezclar y salieron al mercado editadas por Canned Heat/CHROO en 2003, con el nombre de *Javier Bátiz: The USA Sessions*.

Mientras tanto, en México salió el disco *Coming Home*, editado por Atom/Star, con temas como "Try it One Time", "Christine", "It´s Done and Gone", "Why do you to me", "I Won't Ever", "Down Broken Hearted", "I'm not the One" y "Coming Home", entre otras.

A partir de ese momento sacó un par de discos muy difíciles de adquirir en la actualidad. Para 1970 editó *Rockin' With the King* y en 1971 *Love You Girl*, también con Atom/Star.

Ese año, mientras buena parte de las bandas, principalmente consideradas de la Onda Chicana, componían material propio en inglés, Javier decidió dar un giro con respecto a su propia propuesta y grabó temas propios en español. Lanzó así con la discográfica Son-Art, los discos *Si tú te acuerdas de mí* y *Pacífico jardín*.

Un tiempo antes del Festival de Rock y Ruedas de Avándaro, los organizadores buscaron a Javier para que participara junto a La Revolución de Emiliano Zapata en lo que, por el momento, sólo sería una fiesta mexicana previa a una carrera de autos. Armando Molina, el programador de dicho evento, cuenta que Javier no quiso tocar si no le pagaban todo el presupuesto destinado para los dos grupos. Ante su negativa, contrataron otras bandas y el evento se transformó en un festival. Fue tal la convocatoria, que los organizadores se vieron rebasados. Javier Bátiz, prediciendo la relevancia que el concierto iba a tener, decidió acudir en el último momento. Salió de la presentación que esa noche tuvo en el Terraza Casino y se dirigió a Avándaro, pero no pudo llegar por la gente que llegaba desde todas partes y bloqueaba las carreteras.

Al contexto de tensión política a partir de las protestas juveniles, le siguió una cadena de acontecimientos que el gobierno aprovechó para dar un golpe certero a las congregaciones juveniles. Se estigmatizó al rock como algo pernicioso y a partir de ese momento, con el apoyo de los medios masivos de comunicación, se prohibió el rock durante prácticamente tres lustros. En consecuencia, las discográficas dejaron de grabar y los foros dejaron de contratar a los roqueros orillándolos a tocar en hoyos fonquis, en condiciones paupérrimas.

En 1973 Javier logró lanzar *Bátiz y su onda* con Discos Orfeón, con covers en inglés. Lo acompañaron Jorge Loan en el bajo, Juan Santos en la batería, Macaria y Baby Bátiz en las voces, Leonardo «Tobi» López en los teclados y Héctor el «Borrado» Martínez en la guitarra.

Javier siguió tocando en diversas plazas del país e integrándose a los hoyos fonquis, ubicados en las crecientes periferias de las grandes ciudades. Su público ahora estaba conformado por jóvenes de los estratos socioeconómicos más bajos. Hubo frecuentes abusos de los empresarios que se sabían con esa capacidad, en un ambiente de prohibición y racias.

En 1978 grabó, también para Orfeón, *Ella fue*, un disco en el que combinó temas de rock latino en inglés y en español. Lo acompañaron Jorge García Castil en el bajo, Baby Batiz en la voz y los coros, y como invitado especial, Johnny Laboriel.

En 1983 tocó el turno al disco *Esta vez*, editado por Discos Fotón, conteniendo temas en inglés. Lo acompañaron Jorge Rossell en el bajo, Claude Charriere en la guitarra, Oscar Ceseña en la batería, Jorge Luke en las congas y en los coros, Baby Bátiz, Diana Bátiz y Rosalba.

En 1985 sacó *Radiocomplacencias*, también con Discos Fotón. En este disco tocaron Jorge Rossell en el bajo, Claude Charriere y Miguel el «Blues» Moreno en la guitarra, Oscar Ceseña en la Batería, Juan Solórzano en las congas y en los coros Baby Bátiz, Norma Valdéz y Marilú Bano. Contó también con la participación especial de Rockdrigo González † en la guitarra y armónica.

Llegaban nuevos tiempos de apertura por parte de los medios y las discográficas hacia el rock. Los años de prohibición se disolvían y los conciertos volvían a los antros y grandes escenarios. Estaba por comenzar la campaña Rock en tu Idioma.

En 1989 Javier hizo algo curioso, ya que sacó con la discográfica RH, un nuevo disco con temas en español al que llamó *Esta vez*, como su disco de 1983, pero siendo otro en realidad. La mayoría de los temas son de su autoría. Aquí lo acompañaron Rafael Miranda en el bajo, en los coros Baby Bátiz, Diana Bátiz y Óscar Ceseña, y por último Alejandro Vázquez en la batería, percusión, metales y coros.

Para 1994, decidió regrabar con Discos Denver el disco *Si tú te acuerdas de mí*, que ya había salido en 1971 con Son-Art. Participaron

Alberto Bátiz el «Fonky» en el bajo, Arturio Castro en la batería, Salvador Ramírez en las congas, Nacho Pérez Meza y Alberto Flores en el piano. Para hacer voces y coros participaron Baby Bátiz, Claudia Madrid, Claudia González, Norma Valdez, Nando Estevané, Paty Tanús, Mayita Campos, Jorge García, Alejandra Olguín, Érika Sánchez, Alberto Flores, Vanessa, Toñito Morales y Jorge Belmont.

A partir de *Si tú te acuerdas de mí* comenzó una etapa muy productiva con Discos Denver. En 1996 sacó el disco *Me gusta el rock*, con una mezcla de temas ya grabados por él, pero en nuevas versiones y junto a nuevas canciones. En esta producción lo acompañaron Rafael Miranda en el bajo, Alejandro Vázquez en la batería y sus hermanas Baby y Diana Bátiz junto a óscar Ceseña en los coros.

Para 1997 grabó el que se convertiría en uno de los temas más importantes de su carrera, mismo que le dio nombre al disco *La casa del sol naciente*. En éste lo acompañaron Jesús Corona en la guitarra, Eloín Corona en la batería, Aarón Cruz en el bajo y contrabajo, Baby Bátiz en los coros, Antonio el "Negro" Peregrino en los bongoes y Pedro G. Barragán en el sax.

En 1998 editó *Tierra de nadie*. Lo acompañaron José Luis Cordero en la armónica, así como Claudia Madrid en la batería. La canción "Flor de Hiel" es de la autoría de Fernando Ciangtuerotti.

Recibió al siglo XXI con el disco *Metromental*, producido por Tony y Beto Méndez. Colaboraron Alex Lora, Lalo Toral, Guillermo Briseño, Nando Estevané, Fernando Vahaux, entre otros.

Ese año, también participó en el disco *Boogie 2000*, de Canned Heat, tocando la guitarra en el tema "The World of Make Belive", que sonó fuerte en Europa. Por lo mismo se presentó con ellos en diversos escenarios de Italia.

Para el 2001, se develó su efigie en el Museo de Cera de Tijuana. Ese fue un año de mucho trabajo y homenajes. También lanzó, con Discos Orfeón, *El rock de los años 60´s*, con temas grabados para esta discográfica al final de los años sesenta, pero sin haberse editado hasta ese momento.

El 2002 fue un año prolífico para Javier, ya que sacó los volúmenes 1 y 2 de la serie *El baúl del brujo*, donde regrabó viejos temas de su discografía. Participaron Jorge «Denver» Alarcón y Hugo Sánchez en el bajo, Felipe Chacón y Beto Grado en la Batería, Rodrigo Levario, en la guitarra, Salvador Ramírez en la percusión, Victor Camacho en la armónica, Baby Bátiz, Paty Tanúz, Claudia Madrid y Maggie Vera en los coros, destacando la participación del guitarrista Felipe Souza.

También ese año dio un concierto en el Zócalo de la Ciudad de México, el cual quedó registrado en los discos *En vivo desde el Zócalo Vol 1 y 2*. Lo acompañaron en este concierto Aarón Cruz en el bajo, Salvador Ramírez en la percusión, Felipe Chacón en la batería y Baby Bátiz con Claudia Madrid en las voces y coros.

Tras el éxito de los volúmenes 1 y 2 de la serie *El baúl del brujo*, en 2003 salieron los volúmenes 3 y 4. Lo acompañaron en éste Jorje Alarcón en el bajo, Felipe Chacón en la batería, Rod Levario en la guitarra, Salvador Ramírez en la percusión y Baby Bátiz, Paty Tanúz, Claudia Madrid y Maggie Vera en los coros.

Ese año también salió el disco *Javier Bátiz: The USA Sessions*. Para el año 2004, salieron los volúmenes 5 y 6 de *El baúl del brujo*. Esta vez con la participación del ingeniero de sonido Mereció Mazzetti. Ese año se realizó la gira Mexicanos al grito de rock por toda la república.

El 2006 creó la Escuela de Guitarra, donde hasta hoy, transmite su técnica personal para a las nuevas generaciones, misma que décadas atrás usó para enseñar a Carlos Santana. Ese año salió la recopilación *16 Éxitos de Javier Bátiz*, editada por Discos Denver.

En 2007 sacó la serie *Alas Sesiones* 1, 2 y 3 con Denver para festejar sus 50 años de Carrera.

Al siguiente año salió el disco *El brujo desde USA*, que es una reedición del disco *Javier Bátiz de USA Sessions* del 2003. Se lanzó a la par de la presentación en Estados Unidos del documental de Fito de la Parra, *Rock hecho en México*.

El 6 de julio del 2011 en el CECUT de Tijuana, Javier se presentó en el concierto La OBC + los clásicos de Javier Bátiz, con arreglos de Andrés Martín, un recital con orquestación clásica y la guitarra eléctrica de Javier.

Sus presentaciones han sido continuas desde sus inicios y han abarcado prácticamente todos los escenarios importantes del país. Durante abril del 2014 se presentó en el Teatro Blanquita junto a Tex Tex, Baby Bátiz y Danz·K, entre otros.

En 2015 grabó el disco *El laberinto del brujo*, bajo la producción artística de Guillermo Sánchez Guzmán, con prácticamente todos los temas de la autoría de Javier. Su primer sencillo fue el tema "La Flor de

Sans Souci", inspirado en Flor, una bailarina que protegió a Javier Bátiz y Carlos Santana cuando sólo eran unos adolescentes queriendo tocar en los bares de Tijuana. «Recuerdo que teníamos que entrar al cabaret Convoy y tocar a escondidas (...). Carlos tocó conmigo desde 1958 hasta 1963 cuando se fue a San Francisco. Yo no me planteaba lo latino en mi música; si no fuera porque nací en Tijuana y hablo español, sería un negro muy famoso. (Carlos) Es un genio musical y yo soy un músico genial, es la diferencia entre nosotros dos»: Javier Bátiz en entrevista con Roberto Ponce para la revista *Proceso*, 21 de octubre del 2015. Ante la continua referencia que se hace de su nexo con Carlos Santana, y que incluso el mismo Javier fomenta, en ocasiones opaca la gran importancia de su trayectoria en el rock mexicano. Mientras uno salió del país para proyectarse mundialmente, el otro optó por quedarse. Javier brilla con luz propia y es algo que México le ha reconocido con el tiempo.

El día 14 de julio de ese año, se develó la Rampa Javier Bátiz en la ciudad de Tijuana, antes conocida como la Rampa Altamira, a unos pasos de la casa familiar y donde vive en la actualidad. Esa tarde, se casó con Claudia Madrid, su compañera de 24 años, con quien procreó a sus hijos y quien también es su actual baterista y representante. Lo hizo frente a la escalinata de la Casa de la Cultura Tijuana, donde estaba su colegio de la infancia y donde tocó por vez primera ante el público, 58 años atrás. En la ceremonia, cantó su hermana Baby Bátiz.

Discografía ○

Con los TJ's

- "Noches Tristes" / "Nocturnal", sencillo de 45 RPM (1959)
- "Mashed Potatoes" / "El twist despacio", sencillo de 45 RPM (1960)

Con los Famous Finks

- *Javier Bátiz and The Famous Finks* (1963)
- "Gimme Some Lovin'" / "Sugar Town Play-Grade Yourself", sencillo 45 RPM (1967)

Solo

- *Bátiz and Hair* (1968)
- *Coming Home* (1969)
- *Rockin' with the King* (1970)
- *Love You Girl* (1971)
- *Si tú te acuerdas de mí* (1971)
- *Pacífico jardín* (1971)
- *Bátiz y su onda* (1973)
- *Ella fue* (1978)
- *Esta vez* (1984)
- *Radiocomplacencias* (1985)
- *Esta vez 2* (1989)
- *Si tú te acuerdas de mí* (1994)
- *Me gusta el rock* (1996)
- *La casa del sol naciente* (1997)
- *Tierra de nadie* (1998)
- *Metromental (2000)*
- *El rock de los años 60's* (2001)
- *El baúl del brujo Vol. 1 y Vol. 2* (2002)
- *En vivo desde el Zócalo Vol. 1 y Vol. 2* (2002)
- *Javier Bátiz The USA Sessions* (2003)
- *El baúl del brujo* Vol. 3 (2003)
- *El baúl del brujo* Vol. 4 (2003)
- *El baúl del brujo* Vol. 5 (2004)
- *El baúl del brujo* Vol. 6 (2004)
- *Alas Sesiones 1* (2007)
- *Alas Sesiones 2* (2007)
- *Alas Sesiones 3* (2007)
- *El brujo desde USA* (2008)
- *El laberinto del brujo* (2015)

Otras grabaciones

- "Aquarius" / "Let the Sunshine In", EP recopilación (1969)
- *Boogie 2000 - Canned Heat* (2000), tocó la guitarra en "The World of Make Belive".

- *16 Éxitos de Javier Bátiz*, recopilación (2006)

Otros...((•►

Javier Bátiz abrió junto a su casa en Tijuana una Escuela de Música.

7. Teen Tops

Inicio.. ► **Lugar**..◻

1958   Ciudad de México

Integrantes.. III

- Jesús «Tuti» Martínez - Guitarra
- Armando «Mani» Martínez † - Batería (1958-2015)
- Enrique Guzmán - Voz (1958-1962)
- Sergio Martel † - Piano (1958-1968)
- Rogelio Tenorio - Bajo (1959-1960)
- César Cervera - Voz (1960)
- Julio Carranza - Voz (1962)
- Ken Smith - Voz (1962)
- Gastón Garcés † - Voz (1962-1965)
- Alberto Aveleydra «Dyno» - Voz (1962)

Género...𝄢

Rock and roll con influencias de Bill Halley, Elvis Presley, Buddy Holly, Little Richard, Chuck Berry, Jerry Lee Lewis, Richie Valens, Brenda Lee, The Platters y muchos más.

Historia...I◄◄

Al comienzo de 1958, los jóvenes hermanos Jesús y Armando Martínez conocieron a Enrique Guzmán patinando en el Club Deportivo

Chapultepec, donde había una pista de hielo. Los tres eran vecinos en la colonia Anzures. Al sentirse identificados en sus gustos musicales, decidieron formar una banda. Enrique sabía tocar la guitarra, así que le enseñó a Jesús y él tocaría el bajo. Armando se interesó por la batería y al principio fue el cantante. Invitaron para que se integrara en el piano a Sergio Martel, quien venía de tocar con el dúo Los Espontáneos.

«Un día se nos ocurrió tomar los instrumentos y empezar a rocanrolear (palabra inventada de mi hermano el 'Mani' y compositor de tantos y tantos éxitos y que ya se encuentra registrada y aceptada por la Real Academia de la Lengua Española)»: declaración de Jesús Martínez para www.vibracionesdelrock.com.

Comenzaron a interpretar los temas en inglés de sus ídolos estadounidenses en fiestas y kermeses en las escuelas, con lo que lograron captar la atención de público. Los invitaron a realizar una prueba para Radio xelz. El día de la audición, Mani enfermó de la garganta, por lo que cantó Enrique, y lo hizo muy bien. Se decidió entonces que él sería el cantante de planta, por lo que incorporaron a Rogelio Tenorio para que tocara el bajo. Consiguieron el trabajo y comenzaron a tocar en el programa *La hora americana*, que pasaba los sábados a las siete de la tarde.

Para 1959 sus actividades constaban de ensayos, estudios, programas de radio (después de xelz entraron a Radio Capital) y presentaciones en fiestas que cada vez se hacían más nutridas. Hacia el final del año, grabaron un demo con la intención de llevarlo a las discográficas. Como los hermanos Martínez viajaron de vacaciones a Los Angeles, aprovecharon para recorrer todas las compañías que pudieron sin mucha suerte, hasta que llegaron a Liberty Records con Snuff Garret. Éste les propuso un contrato para su lanzamiento en el país vecino. Como ellos eran aún muy jóvenes (entre los 15 y los 18 años), sus padres intervinieron negándoles irse a radicar a los Estados Unidos.

Siguieron tocando en México y, en abril de 1960, la filial nacional de Discos CBS Columbia los buscó para hacerles una prueba, que hicieron a escondidas de sus padres. «Al término de la audición el señor André Toffel se dirigió al grupo y en tono de crítica preguntó: '¿Es todo lo que saben hacer?' Armando contestó: 'Nosotros no los buscamos, ustedes nos mandaron llamar, y sí, lo único que hacemos es tocar rock and roll'»: fragmento obtenido del sitio de internet *Vuelve Primavera: El Rock de*

los 60 en México, <http://estroncio90.typepad.com/blog/2009/08/la-plaga-los-teen-tops-y-enrique-guzm%C3%A1n-2.html>.

Jesús Hinojosa, gerente de promoción radial intervino diciendo que lo que hacían sería un éxito seguro, que él estaba dispuesto a grabarlos por su cuenta si la compañía no aceptaba contratarlos. Gracias a esta ayuda fueron firmados y pocos días después estaban grabando "Rock de la cárcel", "Confidente de secundaria", "La plaga" y "Buen rock esta noche". Las adaptaciones al español estuvieron a cargo de Mani. Entonces Jesús Hinojosa le llevó el "Rock de la cárcel" a Ramiro Garza, de Radio Variedades, donde se convirtió en un éxito instantáneo. Apenas ahí, confesaron a sus padres que aquellos que tocaban continuamente en la radio, eran ellos.

Hasta ese momento Los Teen Tops sólo habían cantado en inglés, por lo que hacerlo ahora en español y con esa proyección mediática, representaba un cambio importantísimo que sentó las bases del rock en español en toda Iberoamérica. Comenzó una dinámica muy rentable en la cual se seleccionaron temas probados en el mercado estadounidense a los que se les hizo una adaptación al castellano para lograr una conexión directa con su público. El espacio para composiciones originales fue mínimo para los grupos de entonces.

Discos Columbia sacó primero un sencillo con los temas "Rock de la cárcel" y "Confidente de secundaria", con una respuesta inmediata por parte del público joven. El resto del año lanzaron cinco sencillos más, todos exitosos, llegando a vender decenas de miles de copias de cada uno, hasta completar el larga duración al que llamaron *Rock en español con Los Teen Tops*. Todas las canciones incluidas fueron éxitos radiales. Para entonces, Rogelio Tenorio abandonó el grupo al tener dudas vocacionales y, aunque ya no grabó en todos los temas del disco, sí apareció en la foto de la portada. Los Teen Tops se convirtieron en un cuarteto.

Después de la gran respuesta que tuvo el rock and roll en México, los discos de Los Teen Tops fueron editados en el resto de Iberoamérica, convirtiéndose en una gran influencia para nuevos artistas.

Rápidamente las compañías discográficas notaron que les podría redituar jugosas ganancias económicas lanzar a los cantantes de los grupos de rock and roll como solistas. Cesar Costa, de Los Camisas Negras comenzó a repuntar en ventas y CBS le propuso a Enrique Guzmán un contrato en esos términos. Así que llevó una carrera paralela mientras seguía cantando con Los Teen Tops. En esos días también contaron con el apoyo del cantante César Cervera.

Al comienzo de 1961 salió su segundo larga duración al que llamaron *Vuelven Los Teen Tops*. Para el final de ese año sacaron su tercera producción homónima.

En 1962 apareció su cuarto disco. Enrique ya no interpretaba todas las canciones. "Adoro a mi novia", "Infierno y cielo", "Fachosa" y "El poeta", llevaban la voz de Julio Carranza, ex vocalista de Los Twisters. La carrera solista de Enrique Guzmán despegaba fuertemente y decidió dejar el grupo. La última noche que Enrique cantó en vivo con Los Teen Tops fue el 15 de septiembre de 1961, en Veracruz. Comenzó para el grupo una letanía de cantantes que no podían llenar el hueco dejado por Enrique. Tras la breve participación de Julio, probaron con el estadounidense Ken Smith, quien apareció cantando "Popotitos" en la película *A ritmo de twist*. Sin embargo, con él no lograron la respuesta esperada, así que entró Gastón Garcés y por un tiempo alternaba la voz con Ken, además de tocar el bajo. Salieron de gira, incluyendo una exitosa visita a la Argentina. Al regreso de Sudamérica, salió Ken y quedó Gastón como único cantante.

Alberto Aveleydra «Dyno» tuvo una pequeña participación con los Teen Tops, cantando la canción "Sublime amor" en la película *Pilotos de la Muerte* en 1962.

En 1963, CBS editó dos larga duración de Los Teen Tops con la voz de Gastón Garcés, quien después se fue a cantar con a Los Rogers.

Al grupo le costó mucho retomar su popularidad después de la salida de Enrique Guzmán. Los Teen Tops se mantuvieron tocando rock and roll, cuando los gustos musicales del público fueron cambiando, dándole cabida a nuevos géneros, como el soul y la moda a go go. Generar éxitos como al principio se volvió cada vez más difícil. Para 1965 el grupo dejó de tocar regularmente, aunque continuaron apareciendo eventualmente durante los siguientes años, incluso con la participación de Enrique Guzmán en festivales y conciertos. Con el fallecimiento de Sergio Martel en 1968, la banda quedó a cargo de los hermanos Martínez. Sin embargo, el 16 de septiembre de 2015, murió Mani, quedando su hermano Jesús al frente.

Discografía.. 🔘

- La Plaga, EP (1960)
- *Rock en español con Los Teen Tops* (1960)
- *Vuelven Los Teen Tops* (1961)
- *Los Teen Tops III* (1961)
- *Los Teen Tops IV* (1962)
- *Los Teen Tops V* (1963)
- *Los Teen Tops VI* (1963)

Otras grabaciones (sólo algunas recopilaciones)

- *10 Éxitos*, recopilación (1974)
- *Serie de Colección 16 Auténticos Éxitos*, recopilación (1991)
- *Serie de Colección 16 Auténticos Éxitos Vol. II*, recopilación (1991)
- *20 de Colección*, recopilación (1996)
- *Los grandes años del Rock Vol. I*, recopilación (2000)
- *Los grandes años del Rock Vol. II*, recopilación (2000)
- *Los Teen Tops Grandes Éxitos*, recopilación (2001)
- *Los Teen Tops Grandes Éxitos* Vol. 2, recopilación (2001)
- *Tesoros de colección 3 CD*, recopilación (2005)
- *Los Teen Tops*, recopilación (2007)
- *Gran colección del 60 Aniversario*, recopilación (2007)
- *Versiones inéditas*, recopilación (2010)
- *Personalidad Vol. II*, recopilación (2011)
- *Teen Tops*, recopilación (2011)
- *Presumida*, recopilación (2012)
- *Disco de Oro de Los Teen Tops*, recopilación (2013)
- *Lo mejor de Los Teen Tops*, recopilación (2014)
- *Popotitos*, recopilación (2014)
- *La gran época del Rock*, recopilación (1015)

Otros.. ◖▮

Jesús Martínez montó un taller de joyería y vitrales.

Enrique Guzmán ha realizado una larga carrera como solista, participando en películas y programas de televisión. Estudió medicina en la UNAM, aunque no terminó la carrera. En 1994 abrió el bar La Plaga, ubicado en Insurgentes Sur, en la Ciudad de México.

8. Los Baby's (antes Los Rockies)

Inicio.. ▶ **Lugar**.. ◻

1958   Panabá, Yucatán

Integrantes.. III

- Enrique Ávila Aranda - Voz
- Carlos Ávila Aranda - Guitarra
- Emilio Ávila Aranda † - Batería
- Graciela Ávila Aranda - Contrabajo (1958-1966)
- Armando Ávila Aranda † - Bajo y voz
- Wilma Ávila Aranda - Voz (1958-1966)

Género.. ♪

Rock & roll, twist y surf, con influencia de Elvis Presley, Little Richard, Bill Haley, The Beatles, Los Rebeldes del Rock, Los Teen Tops y Los Hooligans.

Historia.. |◀◀

Hijos de Josefina Aranda de Ávila y el director de orquesta Enrique Ávila Silva, los hermanos Carlos, Enrique, Graciela, Wilma, Emilio y Armando, crearon un grupo de rock siendo niños. Sus edades fluctuaban entre los 7 y 12 años. Se llamaron Los Rockies. Si bien su padre no quería en un principio que se convirtieran en artistas, al convencerse de la vocación de sus hijos los apoyó convirtiéndose en su «ángel guardián», como ellos mismos le decían.

Siendo originarios de Panabá, cerca de Tizimín, Yucatán, se fueron a vivir a Mérida desde muy pequeños. Vivían en el populoso sur de la ciudad, en la calle 95, cerca de Villa Palmira. Dieron sus primeras presentaciones en el atrio de la iglesia de Santa Ana. Después lo hicieron en el Teatro Herrera. Aún no sabían tocar bien, por lo que su espectáculo en realidad era de mímica, muchas veces apoyados tras bambalinas por grupos como Los Monjes, pioneros del rock en Yucatán. Pero esto duró poco, ya que fueron aprendiendo a ejecutar instrumentos hasta lograr sonar por sí mismos. Luego se presentaron regularmente en el Teatro Fantasio.

En 1960 los contrataron para presentarse en el Hotel Forth George, en Belice. Una familia local, al ver su show, mencionó que parecían unos *babys*. De ahí nació su nuevo nombre: Los Baby's.

En 1962 viajaron a la Ciudad de México para dar funciones en el Teatro Lírico junto a sus ídolos, Los Rebeldes del Rock, Los Teen Tops y Los Hooligans. Aunque tocaban éxitos de estas bandas, como "Popotitos" y "Despeinada", el público los acogió con simpatía, al ver que los intérpretes eran niños. Tal fue su éxito, que trabajaron ahí por tres años.

En 1963, grabaron algunos sencillos para Discos Orfeón, sin que hubiera resultados favorables en ventas. En esa época, los grupos de niños no pasaban de ser una curiosidad para adultos. Sin embargo, solían salir en un programa de televisión hecho a la medida, llamado *La ola baby*, que los proyectó a nivel nacional y comenzaron a hacer giras por la república mexicana. Otros programas de televisión como *Estrellas Palmolive*, *Sonrisas Colgate*, *Max Factor*, *Nescafé* y *Vanart*, los programaron.

En 1964 sacaron su primer LP titulado *Con ustedes... Los Baby's*, del que destacaron los temas "Solo, muy solo", "Mi carro no arrancó" y "Óyeme mamita".

Debido al ritmo de trabajo en el que se desenvolvían, salieron del grupo las hermanas Graciela y Wilma, quedando sólo el cuarteto de hombres.

Para 1966, firmaron un contrato con la discográfica Peerless, con la que sacaron varios discos por año, demostrando ser muy prolíficos y experimentales. Comenzaron a mezclar rock, surf y twist con otros géneros como la cumbia, la balada y la música andina, alejándose cada vez más del rock & roll de sus comienzos. Entre los temas destacados de esos años estuvieron "Jinetes en el cielo", "Sorpresa, sorpresa", "El carcachito", "Al maestro con cariño, "Un hombre y una mujer", "Caperusita Roja", entre muchos otros.

Para la década de los setenta, ya se habían desprendido de los covers en español y piezas instrumentales y comenzaron a componer sus propios temas, orientados a la balada romántica, siendo esta etapa la de mayor éxito comercial para ellos. Posteriormente ingresaron más elementos al grupo, llegando a tener incluso una sección de metales.

Se mantuvieron con un buen ritmo de trabajo hasta la década de los ochenta. Siguen tocando esporádicamente pero ya sin Armando y Emilio, quienes fallecieron en 1992 y 1994, respectivamente.

Discografía .... O

- "Solo, muy solo" / "Mi carro no arrancó", sencillo 45 RPM (1963)
- *Con ustedes... Los Baby's* (1964)
- *Me piden* (1966)
- *Pero yo no lo conozco* (1966)
- *Sin final* (1966)
- "Si caí" / "Juanita Banana" (1966)
- *Tema de la zorra* (1967)
- *Sabor ritmo y sentimiento* (1967)
- *El kaiser Batman* (1967)
- *Sensación en ritmo* (1968)
- *El amor es para los dos* (1969)
- *Cansancio...!* (1969)

9. Las Mary Jets

Inicio y fin .... ▶ **Lugar** .... ◻

1958-1963   Ciudad de México

Integrantes III

- María Antonieta Lozano - Piano
- María Teresa Astorga - Guitarra
- Judith Rolón - Voz y percusión (1958-1963)

- Carmen Zárate - Voz (1963)
- María Concepción Martínez - Voz y batería (1958)
- María Yolanda Espinoza - Batería (1959-1961) (1963)
- Martha Agüero - Batería (1961-1963)
- María Luisa Astorga - Bajo

Género

Rock and roll, jazz y ritmos tropicales con influencias de Bill Haley, Pat Boone, George Sherin y Sam Cooke.

Historia

En 1956, María Antonieta Lozano era una joven concertista de piano egresada de la Escuela Nacional de Música. Estaba casada con Armando Zayas, director adjunto de la Orquesta Sinfónica de México. Pertenecía al conjunto de Carmen Sordo Sodi, que tocaba y ensayaba en la XEW. Ahí conoció a la guitarrista María Teresa Astorga. Juntas decidieron crear un grupo versátil de mujeres al que llamaron Quinteto Frenesí. Tocaron en bares de hoteles de la Ciudad de México, pero después de un tiempo el grupo se desintegró. María Antonieta conoció a Refugio «Cuco» Valtierra, cuando éste tocaba jazz en el Riggus Bar. Consolidaron su amistad y, por sugerencia de Cuco, acordaron formar un grupo de mujeres músico-vocal de rock and roll, el ritmo de moda. Comenzaron a ensayar en la casa de María Antonieta, en la calle Mar Egeo, en la colonia Anáhuac. Invitaron a cantar a Judith Rolón y en el bajo estuvo la hermana de María Teresa, María Luisa, quien prácticamente aprendió a tocar su instrumento en los ensayos. Por un breve tiempo las acompañó en la percusión y la voz María Concepción Martínez, quien abandonó el grupo para casarse, por lo que acudieron a María Yolanda Espinoza como baterista, aunque en realidad ella estudiaba piano en la Escuela Nacional de Música. Cuco Valtierra compuso para ellas y las dirigió artísticamente, convirtiéndose en un artífice de la gran aventura que estaban por comenzar. Fueron el primer grupo de rock and roll femenino en México y, posiblemente, del mundo.

María Antonieta era la mayor, tenía 25 años, mientras las demás rondaban entre los 17 y 18, por lo que solía organizarlas y fungir un poco como madre. Era pragmática en cuanto a ver en el rock and roll un modo de vida, sin subestimar el carácter contracultural del género. De las jóvenes, las Astorga comenzaron con ciertos conflictos vocacionales, ya que querían ser concertistas, pero las demás aceptaron tocar el nuevo género con mucho optimismo.

Su primera presentación fue en el salón-restaurante Virreyes. De su sueldo fueron descontando una parte para comprar instrumentos y ropa.

Al terminar la década de los cincuenta, tocaron puertas en Discos CBS, que sacó un primer sencillo en 1960 con los temas "Una dulce chica anticuada" y "Dulces tonterías". En un receso de la grabación salieron a tomar aire y se encontraron con integrantes de la Sonora Santanera y Los Teen Tops, Enrique Guzmán incluido. Jesús Hinojosa, director artístico de la compañía, improvisó una mesa redonda con todos los mencionados para discutir cómo se iban a llamar. El último nombre que habían manejado era el de Quinteto Frenesí, que no le parecía muy roquero a Hinojosa. Enrique Guzmán les preguntó su nombre y al ver que la mayoría eran Marías, les propuso Las Marías, a lo que un integrante de la Sonora Santanera alegó que le sonaba ranchero. Nuevamente Enrique Guzmán sugirió otro nombre, en esta ocasión Las Jets, dado que entonces era un tema de moda todo lo relacionado con la propulsión a chorro. Otro integrante de los Teen Tops dijo Las Marys, y fue cuando Enrique concluyó: Las Mary Jets.

Su primer éxito fue "El rock del ratón", que indirectamente hacía referencia al boxeador el «Ratón» Macías. Era un tema compuesto por Cuco Valtierra, y en el lado B estuvo el tema "Mándame". Este sencillo fue lanzado en 1961 y sonó en las estaciones de radio de la república mexicana.

Comenzaron a tener mucho trabajo en centros nocturnos como Los Globos, El Jardín Villafontana y Astoria, así como el teatro Iris, el Lírico y el Blanquita. También se presentaron en programas de televisión como *Las estrellas y usted*, patrocinado por Max Factor, *Entre mujeres te veas* y *La revista musical Nescafé*. Hicieron la fotonovela *Ritmos y canciones*. Participaron en las Caravanas Corona junto a los Teen Tops, Los Rebeldes del Rock, Los Loud Jets, Los Blue Caps y Vitola, recorriendo todo el país.

Ese año sacaron otro sencillo de 45 RPM que contuvo los temas "Ruleta" y "Chatanooga", siendo ésta su última producción. Se sabe que grabaron una veintena de temas en piano, guitarra y voces que nunca se editaron, con el pretexto de parte de CBS de que estaban tan bien ejecutadas que nadie iba a creer que eran mujeres.

Comenzaron a hacer giras por Estados Unidos, donde conocieron al representante de The Platters, Johnny Robinson, a quien le gustó mucho el grupo y las comenzó a manejar. Así que paulatinamente fueron teniendo más trabajo en el país del norte que en México. Allá las presentaban como Las Swinging Señoritas o Las Cinco Marías.

Después de una gira por Hawai a fines de 1961, María Yolanda salió del grupo, ya que quería continuar con sus estudios en el Conservatorio, así que dejó la batería y retomó el piano. La sustituyó Martha Agüero, quien venía de tocar con el grupo de Las 4YT y su primer concierto con ellas fue en el teatro Lírico; luego se fueron de gira a Acapulco. Fue la misma época en que alternaron con Bill Haley. Por otra parte, a Judith le propusieron lanzarse como solista, pero no aceptó.

En 1963, Martha y la fundadora María Antonieta dejaron el grupo. Entonces María Yolanda viajó a los Estados Unidos para volver a tocar la batería con las Mary Jets, pero ya fue por poco tiempo. Judith y María Yolanda decidieron regresar a México. Entró Carmen Zárate como nueva cantante, pero su paso por el grupo fue fugaz. El último concierto de las Mary Jets fue en Arizona ese mismo año. Las tensiones internas provocaron la separación de la agrupación. Las hermanas Astorga optaron por quedarse en Hawai, ya que se habían casado con dos músicos de allá. Al regreso, las demás se encontraron con la triste noticia del fallecimiento de Cuco Valtierra, víctima del cáncer. La aventura había terminado.

Las Mary Jets fueron un grupo que perteneció a los pioneros del rock and roll mexicano, reconocimiento que bien merecen.

Discografía .... O

- "Una dulce chica anticuada" / "Dulces tonterías", sencillo 45 RPM (1960)
- "El Rock del Ratón" / "Mándame", sencillo 45 RPM (1961)
- "Ruleta" / "Chatanooga", sencillo 45 RPM (1961)

Otras grabaciones

- "Las Mary Jets" / "Los Loud Jets", recopilación split (1961)

10. **Los Crazy Boys**

Inicio y fin................................▶ **Lugar**....................................◻

1959 - 1964   Ciudad de México

Integrantes...‖‖

- Luis «Vivi» Hernández † - Voz y guitarra
- Luis Raúl Lara - Guitarra
- José Luis Scali - Bajo, guitarra y voz
- Alejandro Sánchez - Bajo y guitarra
- Luis Heriberto Sánchez † - Batería
- Luis Ángel Vallejo - Piano

Género..𝄢

Rock and roll y twist, con influencias de Elvis Presley, Bill Haley, Gene Vincent, Hank Ballard y The Treneloes.

Historia...⏮

Luis «Vivi» Hernández, originario de Torreón, Coahuila, y Luis Sánchez se conocieron cuando estudiaban juntos en la Preparatoria 5 de la Ciudad de México. Corría el año de 1959 cuando decidieron formar un grupo de rock and roll, inspirado en Elvis Presley y Bill Haley. Vivi cantaba y tocaba la guitarra, mientras que Luis golpeaba la batería. Junto con unos amigos debutaron el 30 de enero de 1960 en el teatro Las Follies, manejado por Jesús Martínez «Palillo», quien al conocerlos comenzó a llamarlos Los Crazy Boys. Realizaron una breve, pero exitosa temporada de 15 días. Después de esto, sólo siguieron ensayando Luis y

Vivi. Invitaron a Luis Ángel Vallejo para que tocara el piano y Luis Raúl Lara para la guitarra, ambos de la Preparatoria 2, así como a José Luis Scali y Alejandro Sánchez en el bajo y guitarra, que tocaba los mismos instrumentos, ambos eran del cum. Alejandro, quien curiosamente era el único que no se llamaba Luis, dejó el grupo al poco tiempo. Comenzaron entonces a foguearse en fiestas privadas y tardeadas. Con el apoyo de sus padres pudieron comprar instrumentos.

El locutor de Radio Éxitos, Jaime Ortiz Pino, los escuchó y decidió apoyarlos presentándolos con el director artístico Paco de la Barrera, de la discográfica Orfeón, quien entusiasmado los firmó.

Su primera grabación fue el sencillo de 45 RPM "Leroy" / "Trátame bien". Le siguieron "Ahora o nunca" / "¿Qué hiciste?" y "Boogie de la guitarra" / "La flaca". En aquél entonces no existía una tradición, ni los conocimientos técnicos para grabar rock and roll, aunque siempre supieron cómo querían sonar, así que como pudieron, se lo transmitían a los técnicos del estudio de grabación.

Al final de ese 1960, salió su primer LP al que llamaron simplemente *Rock*. Comenzaron a salir constantemente en la televisión, en el programa patrocinado por su discográfica, *Premier Orfeón*, donde "Leroy" despuntó como el primer éxito del grupo.

En 1961 siguieron las grabaciones y lanzamientos de varios sencillos. Su segundo LP se llamó *Rock con los Crazy Boys* e incluyó "Corina Corina", que llevaba un novedoso arreglo de cuerdas. Se convirtió en un éxito radial.

Sus presentaciones en programas televisivos continuaron, generando una gran proyección en todo el país. Participaron en *Estrellas Palmolive*, *Yate Del Prado* y *El estudio Raleigh*. Viajaron en las más conocidas caravanas artísticas del momento, por lo que recorrieron muchos lugares de la república. En la Ciudad de México tocaron en los teatros Lirico e Iris.

Ese año, Vivi Hernández comunicó su salida del grupo para comenzar una carrera solista. La banda ya había grabado dos temas con él: "Princesita" y "La Pulga". Al final decidieron grabar directamente su nuevo LP, sin sacar sencillos. La nueva voz del grupo sería el segunda guitarra, José Luis Scali.

En 1962 salió *Los Crazy Boys*, en cuya portada ya sólo salían cuatro integrantes asomados en los nichos de un viejo edificio. Incluyeron canciones con el nuevo ritmo de moda, el twist. Si bien el tema "Besitos sí" sonó en la radio, su éxito fue menor a los temas promovidos anteriormente. La salida de Vivi los estaba afectando seriamente, por lo que el grupo entró en una etapa de inestabilidad hacia 1963.

Tras el intento fallido de Vivi Hernández como solista, se acercó de nuevo a Los Crazy Boys en 1964. Grabaron entonces un LP que nunca salió al mercado, ya que Vivi nuevamente los abandonó. Después el grupo se desintegró. Orfeón enlató este material, aunque sacó en 1965 el sencillo de 45 RPM "Mozart" / "Dejé el corazón en el autocinema".

Discografía .... o

- "Leroy" / "Trátame bien", sencillo 45 RPM (1960)
- "Ahora o nunca" / "¿Qué hiciste?", sencillo 45 RPM (1960)
- "Boogie de la guitarra" / "La flaca", sencillo 45 RPM (1960)
- *Rock* (1960)
- "La novia de mi mejor amigo" / "El blues del cometa azul", sencillo 45 RPM (1961)
- "Niño popis" / "El rebelde corredor", sencillo 45 RPM (1961)
- *Rock con los Crazy Boys* (1961)
- *Los Crazy Boys* (1962)
- "Mozart" / "Dejé el corazón en el autocinema", sencillo 45 RPM (1965)

Otras grabaciones

- "Niño popis" / "Cuando duele el corazón", sencillo 45 RPM recopilación (1961)
- "La flaca" / "Corina Corina", sencillo 45 RPM recopilación (1961)
- "Niña rebelde" / "La novia de mi mejor amigo", sencillo 45 RPM recopilación (1961)
- "Pude haber bailado toda la noche" / "Twist del grillo", sencillo 45 RPM recopilación (1962)
- *La pulga y otros éxitos*, EP recopilación (1962)
- "Besitos sí" / "Luces en el puerto", sencillo 45 RPM recopilación (1962)
- "Muchachita encantadora" / "Ahora que te tengo", sencillo 45 RPM recopilación (1962)

Otros...(◖

Vivi Hernández participó con otras agrupaciones como Los Vivianco, Los Fratelos y creó el grupo Los Crazy Birds, con quienes produjo cuatro LPS. Se convirtió en el primer *show man* mexicano que trabajó en Las Vegas. Durante la década de los setenta, hizo imitaciones de Elvis Presley, Frank Sinatra y Johnny Mathis. El 20 de diciembre de 1977, a sus 36 años, falleció mientras dormía víctima de una pancreatitis aguda que venía padeciendo desde meses atrás.

Posterior a la separación del grupo, Luis Humberto Sánchez intentó seguir con Los Crazy Boys, tocando de manera esporádica con otros integrantes. El 19 de agosto del 2007, día de su cumpleaños 65, falleció víctima de diabetes.

11. Los Monjes (de Mérida)

Inicio y fin...........................▶ Lugar...................................◻

1959 - 1962   Mérida, Yucatán

Integrantes...III

- Mario Esquivel Ríos - Piano
- Juan Sierra - Piano (1961-1962)
- Alfonso Ontiveros Carrillo † - Guitarra y voz
- Bernardo Escalante - Batería
- Efraín Ballote Pantoja - Bajo
- Roque Budip - Sax
- Simón Chehuan - Trompeta (1959)
- Alonso Manzanilla - Guitarra

Género...𝄢

Rock and roll con influencias de Elvis Presley, Little Richard, Enrique Guzmán y Bill Haley.

Historia ....I◄◄

El antecedente directo de Los Monjes fue un grupo vocal que estaba inspirado en Los Hermanos Castro, en el que participaban Mario Esquivel,
hijo del alcalde de Mérida; Iván Ruiz, Próspero Martínez Peniche, Efraín
Ballote y Gustavo López. En 1959 decidieron dejar de lado su faceta romántica e, influenciados por el poco rock and roll que programaban en
la XEMH, decidieron hacer la primera banda de ese género en Yucatán.

Para entonces, tras algunos cambios en su alineación, eran un
sexteto y se hicieron llamar Los Monjes. Mario tocaba el piano, Bernardo Escalante la batería, Efraín el bajo, Roque Budip el sax, Alonso
Manzanilla la segunda guitarra y Alfonso Ontiveros la voz y primera
guitarra. Estuvo también, por poco tiempo, el trompetista Simón Chehuan. Al comienzo sólo tocaban para familiares y amigos en pequeñas
reuniones. No lo hacían mal, por lo que se sintieron motivados para
adentrarse en la música de una manera seria. Ensayaban por el rumbo
de Santa Ana, en la capital yucateca. Se devoraron cuanto disco de rock
and roll llegaba a sus manos e hicieron un repertorio de covers de los
éxitos anglosajones.

Los Monjes debutaron en 1959 en las tradicionales tandas regionales del «Chino» Herrera que se realizaban en el Teatro Fantasio. Incluso
ejecutaron la música tras el escenario para Los Baby´s, unos niños que
hacían mímica con instrumentos de cartón frente al público. Esas presentaciones los ayudaron a foguearse, logrando la aceptación del público.

Grabaron un primer sencillo para la discográfica local Clavel, con
los temas "Lover doll" y "Reddy Terry", una de las primeras grabaciones
de rock and roll hechas en México.

En 1961 sacaron los sencillos de 45 RPM "Aviéntense todos" / "Blues
de la mujer cruel" y "Dixie Land Rock" / "Rojillo".

También grabaron los temas "Tu cabeza en mi hombro", "Escala
de rock" e "Historia de amor". Todo este material ahora es difícil de
conseguir y se cotiza muy bien por los coleccionistas.

Esto no pasó inadvertido por el empresario de la radio local Rafael
Rivas Blanco, quien ese año se llevó a estos jóvenes (entre 16 y 17 años) a
la Ciudad de México, lo que generó problemas con sus familias. Mario
Esquivel tuvo que dejar el grupo, al menos en apariencia, ya que siguió
acompañándolos tras bambalinas. Entró en su lugar Juan Sierra, quien

salía en las fotos.

Era tan buena su ejecución, que al llegar a la capital del país fueron contratados para participar en las carabanas artísticas que recorrían el sureste mexicano, acompañando así a Enrique Guzmán, Manolo Muñoz, Alberto Vázquez y Angélica María.

A su regreso a Mérida, en 1962, decidieron separarse por presiones personales. Alfonso Ontiveros Carrillo fue el único que dejó todo: su familia, escuela y posición social para dedicarse de lleno a su nueva carrera, la música. Según Jorge Cervera Ramírez, en su libro, *Historia del rock en Yucatán, memorias de una identidad* (2011), Alfonso se sumergió en los estudios de la música, la literatura y las artes, adquiriendo un serio compromiso con su arte y su tiempo. Para 1967 se le comenzó a conocer como el cantautor Guadalupe Trigo, uno de los mayores exponentes de la nueva trova urbana. Falleció en un accidente automovilístico cuando se dirigía a Acapulco, el 18 de marzo de 1982.

Discografía

- "Lover doll" / "Reddy Terry", sencillo de 45 RPM (1959)
- "Aviéntense todos" / "Blues de la mujer cruel", sencillo 45 RPM (1961)
- "Dixie Land Rock" / "Rojillo sencillo", sencillo 45 RPM (1961)

Otros

Tras su desintegración, Mario, Roque y Bernardo hicieron un disco con marcada influencia de jazz y bosanova al que llamaron *Momentos de éxtasis*. Esto daría pié para que después Mario formara el grupo de jazz Clan Musical 67.

12. Blue Caps (antes Los Reyes del Ritmo)

Inicio y fin ▶ Lugar

1959 - 1961   Ciudad de México

Integrantes III

- Armando Trejo † - Guitarra
- Jorge Gutiérrez † - Guitarra
- Tito Ahumada † - Batería
- Alberto Camilli - Piano
- Jorge Barón - Voz (1959)
- René Ferrer † - Voz (1960-1961)

Género .... 𝄢

Rock and roll con influencias de Elvis Presley, Johnny Tillotson, Bill Haley y Gene Vincent.

Historia .... |◀◀

Cierto día de 1958, el joven Alberto Camilli caminaba por las calles de Palma y Cuba en el centro histórico de la Ciudad de México, cuando en las escaleras de un edificio escuchó a otros tres jóvenes que tocaban un rock and roll. Ellos eran los guitarristas Armando Trejo y Jorge Gutiérrez, acompañados por Tito Ahumada en algo que pretendía ser una batería. Al terminar su interpretación, Alberto les comentó con entusiasmo que tocaba el piano y les propuso formar un grupo. Así que comenzaron a ensayar a sólo unas cuadras de ahí, en casa de Alberto, en Peralvillo, ya que ahí estaba el piano. En un principio se llamaron Los Solitarios, pero pronto cambiaron a Los Reyes del Ritmo. Invitaron a Jorge Barón a cantar con ellos.

Fueron uno de los primeros grupos de rock and roll en aparecer en televisión, ya que Jorge era un ahijado del productor Elías Smeke, por lo que estuvieron en programas como *Mesa de celebridades*, conducido por Agustín Barrios Gómez, entre otros. Actuaron como teloneros de Bill Haley en el Teatro Esperanza Iris, aunque al poco tiempo salió Jorge Barón para integrarse a Los Zipps. Tras una audición, eligieron al hermano de un buen amigo, René Ferrer y se convirtió en la voz de los ahora Blue Caps, el nuevo nombre que eligieron, inspirados en la banda que acompañaba a Gene Vincent.

En 1960 participaron en un concurso organizado por Radio Éxitos, patrocinado por CBS Records. Quedaron entre los cuatro finalistas, lo que les dio derecho a grabar con la discográfica. Gracias a la anuencia de José de Jesús Hinojosa, director artístico de la compañía, pudieron grabar un tema de su autoría llamado "Vuelve primavera", considerado uno de los primeros temas originales de rock and roll en español de la historia. Esta circunstancia iba en contra de la tendencia general de hacer covers en español de los éxitos anglosajones. La composición fue de Armando Trejo, quien la había imaginado originalmente como un bolero. En los coros participó Enrique Guzmán, buen amigo de René.

Lanzaron ese año el EP *Blue Caps*, con una gran aceptación. Contenía los temas "Vuelve primavera", que fuern éxito inmediato; "Lealla", el *medley* instrumental "Patrulla americana", "De buen humor" y "Tú y el rock". Este último, composición de Alberto Camilli, quien amenazado por su novia María Eugenia de dejarlo por dedicarse mucho tiempo al rock and roll, se la escribió, logrando su reconciliación y apoyo.

Para 1961, grabaron el sencillo de 45 RPM "Trátame bien" / "¿Por qué te amo tanto?". Ese mismo año salió el larga duración *Rock N' Roll Éxitos de 1961*, un acoplado con temas de los grupos que habían ganado en el concurso de Radio Éxitos, como Los Hooligans, Los Spitfires, Los Spars y Los Loud Jets.

Sin embargo, tras un entusiasmo original por parte de CBS, después fue descuidada la promoción, provocando el desánimo de los Blue Caps, que se desintegraron ese mismo año. Su presencia en el medio fue fugaz, pero sus integrantes continuaron.

Discografía .... O

- *Blue Caps*, EP (1960)
- "Trátame bien" / "¿Por qué te amo tanto?", sencillo 45 RPM (1961)

Otras grabaciones

- *Rock N' Roll Éxitos de 1961*, acoplado (1961).

Otros..«◗»

René Ferrer se integró por breve tiempo a Los Playboys, para luego irse con Los Salvajes. Murió muy joven, a los 22 años, en 1962.

Armando Trejo creó Los Blue Kings, al que se unió también Jorge Gutiérrez. Este grupo fue el antecedente de Los Teddy Bears y Los Ovnis. Jorge falleció en marzo de 2009 y le siguió Armando tres meses después.

Tito Ahumada se retiró por completo de la música. Falleció en 1984.

Alberto Camilli hizo música para películas del Santo y creo la compañía Multishow S.A. de C.V. Se casó con María Eugenia y viven juntos actualmente.

13. Los Zipps

Inicio y fin..................................▶ **Lugar**..□

1959 - 1961   Ciudad de México

Integrantes.. ‖‖

- Álvaro González - Bajo
- Alberto Figueroa - Guitarra
- Jorge Barón - Voz
- Jorge Garza - Piano
- Antonio Casay † - Batería

Género...𝄢

Rock and roll, country y charleston, con influencia de The Chordettes.

Historia..|◀◀

Tras la salida del bajista Álvaro González y el guitarrista Alberto Figueroa de Pepe y sus Locos del Ritmo en 1958, formaron junto al ex cantante de

Los Reyes del Ritmo, Jorge Barón, el grupo Los Zipps, en 1959. Completaron la formación Jorge Garza en el piano y Antonio Casay en la batería.

Solían presentarse, como los grupos de entonces, en fiestas privadas, escuelas, kermeses y tardeadas.

Fueron contratados en 1961 por Discos Peerless en el marco de la campaña promocional de la película norteamericana *Pepe*, en la cual actuaba Cantinflas. De esta forma lanzaron el disco *Pepe con Los Zipps y Las Cárdenas*. El disco abre con el tema "Pepe", que hace referencia a la citada película y le siguen temas como "Diana", "Rock de las chamaconas", "Hippy Hippy", "Hablas demasiado", "Feita", "Rock triste" y "Señor Pérez", las dos últimas con referencias y apegos a Los Locos del Ritmo, ya que una es una peculiar versión de "Peter Gunn", que solían tocar con ellos Alvaro y Alberto, y en la otra interpretan un fragmento de "Yo no soy un rebelde sin causa". En esa misma pieza, cover de "Mr. Sadman", Las Cárdenas hicieron la introducción. Éste fue su único disco.

Ese mismo año participaron en la película *Muchachas que trabajan*, donde aparecen tocando en una escena junto a Rosita Arenas. Después de esto se separaron.

Peerles reeditó en CD *Pepe con Los Zipps y Las Cárdenas*, en un *split* junto a Los Sinners, en 2014.

Discografía .... O

- *Pepe con Los Zipps y Las Cárdenas* (1961)

Otros

- *Los Originales - Los Sinners y Los Zipps*, recopilación (2014).

Otros .... ((▶

Tras la separación, Alberto Figueroa grabó *Estoy enamorado* con Pepe y sus Chicanos.

Jorge Barón, inició una breve carrera de solista.

Antonio Casay se integró a Los Rogers.

14. Los Gibson Boys

Inicio y fin..................... ▶ **Lugar**.............................. ▫

1959 - 1969   Guadalajara

Integrantes.. III

- Manolo Muñoz † - Voz (1959-1961)
- Carlos Hernández - Guitarra (1959-1960) (1962)
- Bernardo Colunga - Guitarra y voz (1959-1961)
- Xavier Reyes - Batería
- Moisés Valadez - Contrabajo (1959)
- Rogelio «Pato» Rayoza - Sax (1959-1960) (1961)
- Jesús Romero «Chuyina» - Piano y acordeón (1959)
- Enrique Valadez - Contrabajo (1959-1961)
- «Lito» Padilla - Piano (1959-1960)
- Francisco Javier Ulloa - Piano (1960-1964)
- Jesús «Chuy» Rodríguez - Guitarra (1960)
- Gabriel Gaytán - Voz (1960)
- Carlos Chelly el «Topolino» - Voz (1961)
- Felipe Maldonado - Voz (1961-1965)
- Guillermo Villareal - Guitarra (1961-1963)
- Mario Sevilla - Bajo (1961-1964)
- Tomás Espadas - Sax (1961)
- Mario Rojas - Guitarra y voz (1962-1969)
- Jhonny Martínez (1965-1969)
- Cleofas - Bajo (1963)
- Bernal - Bajo (1963-1964)
- José el «Ranchero» - Guitarra (1963)
- José Luis Ibarra - Bajo (1964-1969)

Género.. 🎵

Rock and roll, twist y surf con influencias de Elvis Presley, Gene Vincent, The Diamonds, Los Locos del Ritmo, Little Richard, The Strockers y Freddy Fender.

Historia..|◀◀

Cuando tres jóvenes se juntaron para dar serenatas, por ahí del año 1959, jamás imaginaron lo que el destino les deparaba. Ellos eran los guitarristas Carlos Hernández y Bernardo Colunga, que junto al cantante Manolo Muñoz ensayaban en la peluquería de su amigo Ricardo Casillas en Guadalajara. Interesados en tocar rock and roll, invitaron al baterista Xavier Reyes. Por su lado, Bernardo trajo al bajista Moisés Valadez, al saxofonista Rogelio «Pato» Rayoza, quien le dio un toque distintivo al grupo, y al pianista y acordeonista Jesús Romero «Chuyina», todos ellos estudiantes del conservatorio. Para entonces, los ensayos ya se hacían en casa del baterista. Decidieron llamarse Los Gibson Boys, inspirados en las guitarras eléctricas del mismo nombre y agregándole el Boys, porque era la moda.

Bernardo y Manolo solían meterse en las neverías del Parque Morelos para escuchar en las rockolas los éxitos del rock and roll estadounidense y así hacer sus versiones en español, dándoles un toque personal. Parte de su repertorio eran temas instrumentales. Al poco tiempo salieron del grupo Moisés y Jesús, dejando las vacantes de bajo y piano a Enrique Valadez, hermano de Moisés y a «Lito» Padilla, respectivamente. Tocaban en fiestas particulares y en el Salón Quijote.

Comenzaron a representarlos el padre y un hermano de Xavier Reyes. En un principio, tuvieron buenas oportunidades y contrataciones. Lograron incorporarse a Las Caravanas de Carlos Amador en la región de Jalisco, tocando en el cine Variedades y apareciendo en el programa de radio *Canal 58*, donde grabaron algunos temas por intermediación del señor. Meléndez, de Discos Musart, mismos que se enviaron a la discográfica en la Ciudad de México, donde se interesaron por lanzarlos.

La banda grabó cuatro sencillos durante 1960 que pronto se incorporaron a las programaciones de diversas estaciones de radio en el país. Sin embargo, Manolo pronto recibió una propuesta para lanzarse como solista. Esto sucedió en un contexto de tensiones al interior del grupo, cuando sus representantes generaron una polémica por el nombre. Según lo cuenta Miguel Torres Zermeño en su libro *Guadalajara y el rock 50's -70's* (2002), «durante un ensayo, Manolo dijo: '¡Yo quiero que el disco se grabe con el nombre de Los Gibson Boys y su vocalista Manolo Muñoz!'. Entonces los señores Reyes se opusieron diciendo: '¡El nombre va a ser Los Gibson Boys de Gilberto Xavier Reyes!'. Eso ocasionó una discrepancia que no dejó contento a Manolo, ya que los representantes habían registrado el nombre sin el consentimiento ni permiso de los integrantes del grupo». El resultado de dicha tensión, terminó en que Manolo se separó del grupo para convertirse en el primer vocalista de una banda de rock and roll en comenzar una carrera en solitario. A partir de ese momento muchos grupos se fueron quedando sin sus cantantes.

Esta situación provocó también una desbandada en Los Gibson Boys; salieron Carlos Hernández, «Lito» Padilla y Rogelio Rayoza. Entraron así Francisco Javier Ulloa en el piano, Jesús Rodríguez en la guitarra y Gabriel Gaytán en la voz, quien duró tres meses en el grupo y fue sustituido por el bailarín Carlos Chelly el «Topolino».

Con esta formación entraron al estudio a grabar su primer y único larga duración, en 1961. Además de la participación de Topolino en algunos temas, intervino como la voz oficial de Los Gibson Boys, Felipe Maldonado. Contenía algunos covers, además de temas originales como "La vanidosa" compuesto por Bernardo Colunga, "Una luz en la ventana; "El gorras", de Francisco Javier Ulloa y "Con una sonrisa", de Topolino. Al grupo se le notó cierta pérdida de carácter con la salida de Manolo, pero aun así colocaron en la radio nacional el tema "La pequeña", que los mantuvo en el gusto de la gente.

Regresó Rogelio Rayoza justo cuando se incorporaron a La Caravana Extra, viajando por el Golfo de México y el Pacífico. Volvieron a aparecer en el popular programa de radio *Canal 58*.

Luego, se separaron del grupo Bernardo Colunga y Enrique Valadez, para dar entrada a Guillermo Villareal en la guitarra y Mario Sevilla en el bajo. Así siguieron viajando por el país y parte de Centroamérica. Dejaron de usar el contrabajo e incorporaron el bajo eléctrico. También ensayaron nuevas coreografías. «Cuando la Caravana venía a Guadalajara, a Los Gibson les correspondía ser los guías de turistas, y además todos se reunían en la peluquería de Jesús... Allí, todos los artistas se cortaban el pelo: Enrique Guzmán, César Costa, Javier Solís, Los Hooligans, Los Locos del Ritmo, etc. Hasta la misma orquesta que acompañaba a los solistas»: Miguel S. Torres Zermeño en su libro *Guadalajara y el Rock 50´s - 70´s*, México, 2002.

A partir de 1962 grabaron diversos sencillos sin gran impacto y Guillermo Villarreal salió temporalmente del grupo y para suplirlo volvió su viejo compañero Carlos Hernández, quien venía de tocar con Los Hermanos Carrión. También partió Rogelio Rayoza y entró el saxofonista Tomás Espadas.

La mala administración provocó nuevos cambios de integrantes. Entre 1963 y 1965 colaboraron con Los Gibson Boys los músicos Cleofas y Bernal en el bajo, así como José el «Ranchero» en la guitarra de acompañamiento.

En 1965 llegó José Luis Ibarra como el nuevo bajista, pero Felipe Maldonado decidió separarse del grupo para incorporarse a Los Monstruos y posteriormente fundar junto a Ricardo Ochoa, Peace & Love, en Tijuana. En su lugar entró el bajacaliforniano Johnny Martínez. Después de eso, el grupo disminuyó en relevancia a nivel nacional, pero continuó presentándose en Jalisco, tocando diferentes ritmos de moda en cabarets, centros nocturnos y casinos, perdiendo el rumbo. En 1969, se desintegraron.

Discografía .... ○

- "Tus ojos" / "Be Bop a Lula", sencillo 45 RPM (1960)
- "Lucila" / "Rock de la noche", sencillo 45 RPM (1960)
- "Rock de la cárcel" / "Tutti Frutti", sencillo 45 RPM (1960)
- "Si te doy mi corazón" / "Un gran pedazo de amor", sencillo 45 RPM (1960)
- *Los Gibson Boys* (1961)
- "Tímido" / "La albóndiga", sencillo 45 RPM (1962)

Otras grabaciones

- *Los Gibson Boys*, EP recopilación (1961)
- *Los Gibson Boys de Xavier Reyes* (1982) y en CD (1998), reedición de *Los Gibson Boys* (1961)

Otros .... ((▶

José Luis Ibarra sigue tocando, haciéndose llamar Luis Gibson, haciendo referencia al grupo al que perteneció.

Después de su experiencia rocanrolera, Bernardo Colunga comenzó a tocar jazz, y es un respetado compositor y pianista. También formó una consultoría de desarrollo de proyectos de inversión y, por si fuera poco, es ceramista.

15. Los Boppers

Inicio y fin............................▶ **Lugar**................................◻

1959-1965   Ciudad de México

Integrantes.. III

- Ricardo de la Garza Ramírez «Elvisito» - Voz (1959-1961)
- Germán González Fajardo - Piano, sax y trompeta
- Jorge López Ángeles «Loan» - Bajo
- Mario Jacobo Legorreta † - Guitarra
- Eduardo Sánchez Cárdenas - Batería
- Víctor Osorio Zamora - Guitarra (1959-1963)
- Francisco «Paco» Cañedo - Voz (1960-1963)
- Javier de la Cueva - Piano (1962-1965)

Otros integrantes

- Jorge Barón - Voz
- Julio Cesar de la Huerta - Guitarra
- Eduardo Angulo Puente - Batería

Género...𝄢

Rock and roll y rockabilly, con influencias de artistas como Elvis Presley, Bill Haley, Fats Domino, Bobby Darin, Ricky Nelson, Bryan Hyland, Paul Anka,

Historia ....|◀◀

Los jóvenes Ricardo de la Garza Ramírez (voz), Gemán González Fajardo (piano y trompeta), Jorge López Ángeles (bajo) y Mario Jacobo Legorreta (guitarra) se conocieron al final de la década de los cincuenta en la Preparatoria 4, cuando ésta se ubicaba en donde ahora se encuentra el Museo de San Carlos. Por iniciativa de Germán decidieron hacer un grupo de rock and roll. Obtuvieron sus instrumentos cuando, en un acto generoso, la mamá de Ricardo les financió la compra. Al comienzo ensayaron en la casa de Ricardo en la colonia Roma, pero posteriormente lo hicieron en la casa de Germán en la colonia Condesa. No pasó mucho tiempo para que incorporaran al baterista Eduardo Sánchez Cárdenas y a la segunda guitarra Víctor Osorio Zamora. También incluyeron otra voz, la de Francisco Cañedo. Por un lado, Ricardo prendía al público con sus movimientos al estilo de Elvis, y por otra, Francisco cantaba las románticas con su voz melodiosa.

El el nombre proviene del tértmino *bopper*, que es como se denominaba al bailarín de bebop, un estilo de jazz de los años cuarenta.

Al final de 1960 grabaron su disco debut para Discos Coro, al que llamaron *Rock.*, grabado en condiciones precarias, ya que contaron con muy poco tiempo. Lograron un decoroso e innovador sonido estéreo, gracias a las nuevas tecnologías de la época. Colocaron varias canciones en la radio.

Esto llamó la atención de la discográfica Peerless, que les ofreció producir su segundo disco en 1961, al que llamaron *Colina azul*, nombre de la canción que sin duda les dio la mayor proyección en su carrera. En algunas canciones fueron apoyados por el grupo vocal femenino Las Cárdenas.

Se presentaron en el viejo Auditorio Nacional, alternando con Paul Anka. También tocaron en el Teatro Iris, Salón Soto del Saxon y en El Patio. Viajaron a Centroamérica y participaron en programas de televisión como en *Teatro Bon Sori*. Salieron en la película *El cielo y la tierra*, junto a César Costa, Angélica María y Libertad Lamarque.

Sin embargo, una serie de malas decisiones por parte de Discos Peerless provocó que su tercer disco estuviera lleno de desatinos. Regrabaron "Saco Sport Blanco" y Problemas (antes "Dificultades") de su primer disco y "El Baile de la Muñeca" del segundo. Por si fuera poco, grabaron también "Cartas de Amor en la Arena", éxito de Los Rebeldes del Rock; "Hermosos Ojos Azules", que ya habían hecho Los Hermanos Carrión con el nombre de Lindos Ojos; Vuelve Primavera, éxito de los Blue Caps, y Corina Corina, éxito de Los Crazy Boys. Así que su nueva producción se conformó entre refritos y éxitos ajenos. *Sesión de rock con Los Boppers*, de 1962, fue un rotundo fracaso.

Por si fuera poco, otra mala decisión mercadotécnica terminó de hundirlos cuando lanzaron un sencillo de su hit "Colina azul", a ritmo de twist. Ese año, Paco Cañedo decidió probar una carrera como solista, dejando al grupo en 1963 y dando, de alguna manera, la estocada final a lo que alguna vez fue un proyecto prometedor. Entró en su lugar Jorge Barón.

A todo esto le siguió una época de inestabilidad con integrantes que entraban y salían. Para 1965, ante la falta de trabajo y la incursión en México de nuevos géneros que fueron dejando atrás al rock and roll de los primeros años, el grupo decidió disolverse. Han tenido re-encuentros eventuales desde entonces.

Discografía.. o

- *Rock* (1960)
- *Colina azul* (1961)
- *Sesión de rock con Los Boppers* (1962)

Algunas recopilaciones

- *Los Boppers y Las Cárdenas*, EP recopilación (1960)
- *Los Boppers*, EP recopilación (1962)
- *Inolvidables de los 60´s Los Boppers 16 Éxitos*, recopilación (1987)
- *Los Boopers 15 Éxitos*, recopilación (2008)
- *Los Originales - Los Boppers*, recopilación (2014)

Otros.. ((▶

Gerardo González se fue a Las Vegas a trabajar como músico en el Tropicana y fue despedido por no tener sus papeles en regla. Posteriormente, estuvo tocando unos meses con los Loud Jets, en Nueva York. En 1966, regresó a México y formó el grupo El Klan, y años después La Fresa Ácida.

Paco Cañedo hizo una exitosa carrera solista.

Jorge López continuó tocando en diversos grupos versátiles.

Eduardo Sánchez Cárdenas se involucró más en el jazz, tocando con Juan José Calatayud y Roberto Aymes. Luego se dedicó a la docencia de la percusión.

16. Los Rebeldes del Rock

Inicio................................▶   **Lugar**.................................◻

1959   Ciudad de México

Integrantes..⦀

- Johnny Laboriel † - Voz (1959-1963)
- Américo Tena † - Guitarra
- Waldo Tena † - Guitarra
- Marco Polo Tena - Bajo
- Francisco Domínguez el «Abuelo» - Piano
- José María Silva - Batería
- Baby Moreno - Voz (1963-1966)

Género..𝄢

Rock and roll, calypso rock y twist con influencias de Neil Sedaka, Bill Haley, Elvis Presley, Little Richard, Harry Belafonte y The Beatles, entre otros.

Historia..◄◄

Sus orígenes se remontan al año 1957, cuando los hermanos Américo, Waldo y Marco Polo Tena, de la zona de Ermita Ixtapalapa, crearon el grupo Los Reyes del Rock. Su primer cantante fue Toño de la Villa, que al poco tiempo decidió formar, con Paco Negrete, Los Locos del Ritmo. Entró entonces Sammy Fournier, quien también dejó el grupo para formar Sammy y sus Estrellas. Fue hasta 1959 cuando la banda logró una alineación estable con el cantante Juan José Laboriel, mejor conocido como Johnny Laboriel, un chico de color de la colonia Roma.

Como los grupos de entonces, comenzaron a tocar en fiestas y haciendo audiciones en radio. Fue así como llamaron la atención del cómico Jesús Martínez «Palillo», quien en aquel entonces era empresario, y los contrató para presentarse en el Teatro Follies. De él fue la idea de que cambiaran su nombre a Los Rebeldes del Rock.

Ese año grabaron el sencillo "La hiedra venenosa", la primera canción de rock and roll hecha por jóvenes que tuvo difusión radiofónica. Gracias al éxito de este tema, en abril de 1960 firmaron un contrato con Dimsa-Discos Orfeón y lanzaron su primer disco, *Rockin Rebels*. Justo es mencionar que Los Locos del Ritmo y Los Black Jeans ya habían grabado sus respectivos debuts dicográficos, pero fueron enlatados por sus respectivas compañías por falta de confianza en este nuevo género musical. Así que, ellos lograron colarse primero en la radio mexicana, provocando una reacción inmediata del público joven y favoreciendo que, los discos ya mencionados, más el primer larga duración de Los Rebeldes del Rock, se convirtieran en el boom del rock and roll en español.

Es su mérito haber creado un sonido propio, a partir de hacer versiones en español de temas menos conocidos, es decir, que no eran necesariamente los éxitos importados de los Estados Unidos, como las versiones que hacían las otras bandas. La potente y locuaz voz de Johnny, más los coros de los hermanos Tena, lograron redondear su estilo. Además, le dieron un aire jamaiquino a la mayoría de sus interpretaciones. Pronto se convirtieron en éxitos radiables "Rock del angelito", "Siluetas", "Kansas City", "La Bamba", "Dulces tonterías", "Melodía de amor" y "Danielito".

Su aceptación fue tan rápida, que ese mismo año fueron nombrados Estrellas del mes de julio por la revista *Notitas Musicales* y aparecieron en las películas de ficción del héroe mexicano Neutrón: *Neutrón contra el Dr. Caronte* y *Los autómatas de la Muerte*, filmadas al final de 1960.

Eran los tiempos de los cafés cantantes, así que solían tocar en lugares como Las Macetas, El Harlem, El Sótano y varios más.

En 1961 lanzaron *Los Rebeldes del Rock*, que logró la colocación de varios sencillos.

1962 fue el año de la llegada del twist y los grupos de rock and roll lo adoptaron rápidamente. Los Rebeldes del Rock sacaron ese año el disco *Corre Sansón, corre*.

Los jóvenes de entonces, buscaban cualquier pretexto para organizar tardeadas, pijamadas, hawaianadas o el nombre que se quiera para las reuniones en donde bailaban el nuevo ritmo. Ese año aparecieron nuevamente en el cine con la película *A ritmo de twist*, compartiendo los créditos con otros grupos y solistas juveniles del momento. También hicieron giras por todo el país y Latinoamérica.

Para 1963 sacaron *Popeye*, su cuarto larga duración. Tras la grabación de este disco, Johnny dejó el grupo para continuar con una carrera solista, como venían haciendo los cantantes de los otros grupos. Fue sustituido por otro cantante de color llamado Baby Moreno. Con él grabaron su quinto disco al que llamaron *Más éxitos con Los Rebeldes del Rock*, en 1964. Ésta sería su última producción discográfica.

En 1965 aparecieron en la película *Esta noche no*, de Rafael Baledón. Al no grabar un nuevo disco, la banda comenzó a tener problemas para continuar. Como sucedió con casi todos los grupos pioneros del rock and roll en español, el gusto del público por nuevas corrientes en la música pop, sumado a la salida de sus cantantes para convertirse en baladistas, hicieron que éstos fueran perdiendo vigencia y eventualmente comenzaron a desaparecer hacia la mitad de la década. Los Rebeldes del Rock no fueron la excepción y se separaron en 1966, no sin antes participar en el disco de Angélica María, llamado *La novia de la juventud*, editado por Discos Musart.

Como sucedió también con otros colegas rocanroleros, tuvieron un regreso a los escenarios a mediados de los setenta, a partir de una serie de eventos que revivieron el gusto por el rock and roll. Desde entonces se siguieron presentando con su formación original hasta la muerte de Waldo, en 1977. Johnny se presentó regularmente con ellos hasta 1999.

Entre los músicos que han colaborado con Los Rebeldes del Rock desde los setenta están Arturo Labastida «Papaito» en el sax tenor, Octavio el «Sopas» en el sax alto, el ex Teen Tops Gastón Garcés y Enrique San Martín en las voces, Carlos «Chi Chi», Milo Flores † y Leonardo Hernández en la batería, Oscar Salinas en la voz y guitarra, Francisco Domínguez en el piano, Germán Morris, Javier Portillo Rosas, Antonio Navarro, Carlos el «Tigre» Dufoo †, Jorge Torres y José Luis Verdejo «Pepetus» † en las guitarras.

En 2008 falleció Américo Tena de un derrame cerebral, y en 2013 Johnny Laboriel a causa de cáncer de próstata. En la actualidad continúan adelante Marco Polo Tena y Francisco Domínguez como únicos miembros originales de Los Rebeldes del Rock.

Discografía ....

- *Rockin Rebels* (1960)
- *Los Rebeldes del Rock* (1961)
- *Corre Sansón, corre* (1962)
- *Nena, bailamos twist* EP (1962)
- *Corre Sansón, corre*, EP (1962)
- *Popeye* (1963)
- *Más éxitos con Los Rebeldes del Rock* (1964)

Algunas recopilaciones

- *Los Rebeldes del Rock*, EP recopilación (1961)
- *Los Rebeldes del Rock*, EP recopilación (1961)
- *Los Rebeldes del Rock*, EP recopilación (1962)
- *Muévanse todos*, EP recopilación (1964)
- *Melodía de amor*, EP recopilación (1974)
- *Siluetas*, EP recopilación (1974)
- *Los Rebeldes del Rock: Pioneros del Rock*, recopilación (2007)

Otras grabaciones

- *La novia de la Juventud* de Angélica María acompañada por Los Rebeldes del Rock (1966)
- *Las inmortales del Rock and roll*, compilación (1996)

Otros ....

Francisco Domínguez el «Abuelo», sacó en 2015 el libro *Historia de Los Rebeldes del Rock*.

17. Los Teddy Gangs

Inicio y fin.................................▶ **Lugar**................................◻

1959-1971   Puebla

Integrantes.. ‖‖

- Misael Polanco - Guitarra
- Sirio Polanco - Guitarra
- Salvador Rodríguez - Batería
- Ramiro Corro - Bajo (1959-1960)
- Jaime Guerra Gutiérrez - Bajo y guitarra (1959-1969)
- Jorge Brower Espinoza - Voz (1959-1963)
- Manfredo Yaguno - Voz (1959-1963)
- Francisco Ramírez - Piano (1963-1971)
- Humberto Ramírez - Sax (1963-1971)
- Luis Chávez - Voz (1963-1971)
- Bruno Ávila - Voz (1964)
- Edmundo Ramírez - Bajo (1969-1971
- Leonel Polanco - Trompeta (1968-1971)

Género.. 𝄢

Rock and roll, garage, twist, con influencias de Freddy Cannon, The Crystals, Bobby Vinton y Roy Orbison, entre otros.

Historia.. |◄◄

Los Teddy Gangs iniciaron el año 1959 en la ciudad de Puebla. Estaba formado por los hermanos Misael y Sirio Polanco en las guitarras, salvador Rodríguez en la batería, Ramiro Corro en el bajo y Jorge Brower Espinoza junto a Manfredo Yaguno en las voces. Al poco tiempo integraron a Jaime Guerra Gutiérrez en la guitarra de acompañamiento, después de conocerlo en una fiesta familiar donde estaba cantando boleros. Ensayaban en casa de Jaime e incluso en la estación de radio XEPA.

Comenzaron a presentarse en lugares como Tropicana, Spa Agua Azul, en el Parque España y fiestas familiares tocando covers de los rocanroles del momento.

Misael contactó a su primo Tomás Guerrero que era gerente del centro nocturno Río Rita en Acapulco y fueron contratados ahí por quince días. Tuvieron muy buena aceptación, así que volvieron a Puebla sólo para pedir permiso a sus familias y regresar por tiempo indefinido, que se convirtió en más de una década de permanencia en el puerto.

Ramiro Corro decidió continuar con sus estudios en Puebla, por lo que Jaime Guerra tomó el bajo en su vuelta a Acapulco. Se presentaron en el bar Jarana del Hotel Acapulco Hilton, en el Hotel Ritz, en el Centro de Convenciones de Icacos, en el Pao Pao y en tardeadas.

Para 1963 Jorge Brower y Manfredo Yaguno habían salido del grupo y se integraron los hermanos Francisco y Humberto Ramírez en el piano y el sax, respectivamente, así como Luis Chávez en la voz.

En 1964 grabaron para la discográfica Peerless su único disco al que llamaron *La vida es como un gran hotel*, con diez covers. Asombra la calidad de las interpretaciones, que manejan una energía poco común en esa época. Luis Chávez había dejado temporalmente a Los Teddy Gangs, por lo que la voz en esta grabación estuvo a cargo del poblano Bruno Ávila. La portada es una foto que les hicieron en la alberca del Hotel Villa Vera en Las Brisas Hilton.

Fueron consolidado su prestigio en Acapulco al tocar en centros nocturnos como el Bambú de Manolo Vinas y Tiberios. Fue así como Los Teddy Gangs, junto a The Wild Five, Icannoni y Las Hormigas, se consideran ahora como los precursores del rock en el puerto guerrerense.

Por esos años incorporaron en la trompeta a otro hermano Polanco, Leonel.

En 1969, salió Jaime Guerra y fue sustituido por el bajista Edmundo Ramírez, hermano de Francisco y Humberto.

El grupo siguió tocando ya entrados los setenta, para luego desaparecer.

En el 2014 Warner Music, que ahora posee las cintas maestras de los artistas de Peerless, reeditó en un CD, junto a Vianey y Polo, con las canciones del disco *La vida es como un gran hotel*, en un merecido reconocimiento a ese trabajo.

Discografía... ○

- *La vida es como un gran hotel* (1964)

Otras grabaciones

- *Los originales - Vianey y Polo/Los Teddy Gangs* (2014)

18. Julissa (antes Los Spitfires)

Inicio................................... ▶ **Lugar**.. ◻

1959   Ciudad de México

Integrantes.. ‖‖

- Julissa - Voz
- Luis de Llano - Bajo (1959-1961)
- Luis Vasallo - Batería (1959-1961)
- Manuel Alejandro González † - Guitarra (1961)
- Jorge Julio Bracho el «Chiquilín» † - Palmas y bailes (1961)

Género.. 𝄢

Rock and roll, garage rock y balada, con influencias de Brenda Lee, Connie Francis, Johnny Restivo, The Orions, Elvis Presley, Los Platters, Strings Alongs, The Orlons y Los Teen Tops.

Historia.. |◄◄

El 8 de abril de 1945 nació Julia Isabel, hija del productor pionero de radio y televisión Luis de Llano Palmer y de la actriz Rita Macedo. Su hermano Luis nació un año después. Siendo muy pequeños sus padres se divorciaron y los dos hermanos fueron separados. Ella creció con sus abuelos paternos y Luis con los maternos. Mientras, su padre se fue a vivir temporalmente a Nueva York y su madre arrancaba su carrera como actriz de cine. Julissa fue enviada a Estados Unidos, Canadá y Suiza. Gracias a esta circunstancia, ella pudo estar cerca del inicio del rock and roll.

Durante 1959, cuando aún no cumplía 15 años, Julissa vino a México en unas vacaciones y se integró como cantante al grupo Los Spitfires donde su hermano Luis tocaba el bajo. Estaban influenciados por Los Teen Tops, donde cantaba Enrique Guzmán, primo de su mamá. Julissa ya no regresó a la escuela en Suiza. Contó entonces con el apoyo de su madre, quien la animó a desarrollar una carrera artística.

Los Spitfires fueron la primera banda mexicana con una cantante mujer, que por otra parte era una integrante más del grupo. El núcleo de la banda eran los hermanos De Llano y Luis Vasallo en la batería. Tras una etapa de inestabilidad, el grupo quedó conformado al final con el guitarrista Manuel Alejandro González. También fue parte del grupo Jorge Julio Bracho, hermano de Diana Bracho, bailando y palmeando en los puentes musicales. Comenzaron a ensayar en un departamento de la colonia Cuauhtémoc. Al quejarse lo vecinos, Rita Macedo les buscó una casa para ensayar, en el entonces alejado San Ángel, donde terminaron viviendo Luis y Julissa.

En 1961 entraron al concurso de Radio Éxitos, quedando en segundo lugar, tras Los Hooligans. Gracias a esto grabaron para Discos CBS dos temas en un compilado junto a los demás finalistas del concurso. El disco se llamó *Rock'n Roll* y contiene "Loco amor" y "Ven cerca".

Julissa fue censurada por su manera de cantar: «Escogí "Ven cerca" porque era una de mis canciones favoritas. Johnny Restivo (el intérprete original) cantaba tipo Gene Vincent. Traté de copiar cómo respiraba, hasta el último aliento y así la grabé. No estaba en mi mente hacer una canción sexy o pornográfica porque yo era muy inocente. Simplemente imité como lo hacían en inglés. Resultó que salió tan inmoral que la prohibieron en la radio»: Julissa en el libro *Sirenas al Ataque, historia de las mujeres rockeras mexicanas*, de Tere Estrada (2008).

Tras la grabación, Luis se fue a los Estados Unidos y Manuel comenzó a estudiar ingeniería, por lo que el grupo se disolvió. Discos CBS, tras la insistencia de André Toffel, le ofreció a Julissa continuar como solista.

Con esta discográfica grabó los discos *Julissa* de 1961, acompañada por la Orquesta de Chuck Anderson. Se convirtió en lo que se denominó *estrella juvenil*, por lo que realizó giras por toda la república, algunas de ellas con la Caravana Corona. Viajó a Sudamérica, principalmente a

Argentina, donde hizo una película junto a Enrique Guzmán. También comenzó a tener una fuerte presencia en la televisión.

Grabó sencillos que nunca salieron en sus LPS, como "Nostalgia", "Donde tú estés", "Besos de papel", "Háblame" y "Quiero tu amor".

Hasta entonces fue compaginando su carrera musical con la actuación, siendo ésta última la que terminó por absorberla. Impulsada por su madre, incursionó en el cine (cuenta con más de 55 películas), la televisión (más de 24 programas) y el teatro, donde se convirtió en productora y empresaria también.

Discografía... **O**

Con Los Spitfires

- *Rock 'n Roll*, compilado (1961)

Como Julissa

- *Julissa* (1961)
- *Julissa y su conjunto* (1962)

Otras grabaciones

- *Mi principe azul*, EP recopilación (1961)
- *Mi principe azul*, EP recopilación (1962)

Otros..((▶

Luis de Llano Macedo se convirtió en uno de los productores más importantes de Televisa. Es creador de diversos conceptos, tanto televisivos, como musicales. Fue uno de los organizadores del Festival de Rock y Ruedas de Avándaro en 1971.

Manuel Alejandro González se convirtió después en Johnny Dynamo y formó parte del grupo Los Leos. Falleció en 2009.

Jorge Julio Bracho continuó en la música. En la segunda mitad de la década de los sesenta fue baterista del grupo Los Monjes (de la Ciudad de México). Falleció a consecuencia de un mal hepático en 1981.

Julissa se convirtió en una de las productoras de obras musicales más importantes de México. Se casó con Benny Ibarra, del grupo Los Yaki, con quien procreó dos hijos, Benny (músico) y Alex (actor). Con su esposo produjo y actuó en la obra *Vaselina* en 1974. Posteriormente la pareja se divorció. Creo el concepto musical La Onda Vaselina, después OV7.

19. Los Seven Teens - Los Reyes del Twist

Inicio y fin................................▶   **Lugar**..................................◻

1959-1966   Ciudad Juárez, Chihuahua

Integrantes... III

- Manuel Valtierra † - Piano y sax
- Salvador Ramírez - Bajo
- Mario Domínguez † - Guitarra
- Jorge Arriaga † - Voz
- Gilberto Valtierra - Sax
- Arturo Salas - Guitarra
- Carlos Molinar † - Batería

Género... 𝄢

Rock and roll y twist, con influencias de Chubby Checker, Hank Ballard, Little Richard, Elvis Presley y The Beatles.

Historia...⏮

El grupo se formó al final de 1959, cuando dos jóvenes que solían jugar beisbol en el parque Borunda de Ciudad Juárez, Chihuahua, decidieron juntarse a tocar rock and roll. Ellos eran Marino Ríos y Manuel Valtierra, quien tocaba el sax y provenía de una familia con larga tradición musical. Fue en una fiesta en el Hotel San Antonio cuando Manuel tocaba con la Orquesta de don Cuco Valtierra, su tío. Marino lo convenció para formar una banda junto a Rafael Moreno Chávez y Chiquis Ramírez, guitarra y bajo, respectivamente. Se enteraron que su amigo Carlos Molinar, recién llegado de Los Angeles, estaba estrenando una batería, regalo de su tía, así que lo invitaron. El último en unirse fue Jorge Arriaga, como cantante. Los primeros ensayos fueron en casa de Marino. Todos rondaban entre los 17 y 20 años de edad.

Durante el siguiente año sufrieron cambios en la alineación original hasta consolidarse con Manuel, Carlos y Jorge, junto al bajista Salvador Ramírez, Gilberto Valtierra, primo de Manuel en el sax y los guitarristas Mario Domínguez y Arturo Salas. Decidieron llamarse Los Seven Teens.

Cierto día de 1961, Cuco Valtierra hijo, quien trabajaba en la Ciudad de México en la discográfica Musart, fue a Ciudad Juárez para visitar a su papá. Al enterarse que su hermano y primo formaban parte de una banda, les ofreció contactarlos con la compañía para la que trabajaba. Ellos, entusiasmados, ensayaron arduamente para hacer una audición. Tras una tardeada en la colonia Hidalgo en la que ganaron 180 pesos, decidieron emprender su viaje al centro del país. Cuando llegaron a casa de Cuco, éste los recibió sorprendido, ya que aún no había hablado con nadie en Musart. «Llevábamos todo fusilado de Chubby Checker, de Hank Ballard, de lo que sonaba en el 59, íbamos calientitos con el twist, le gustó el ritmo de la batería que era tan diferente a como lo tocaban en México, porque estaban Los Rebeldes del Rock que tocaban bien suave, grandes amigos míos, yo jalé con ellos, trabajé con los Rebeldes como un año, pero no le daban al twist, tenían rolas de twist pero no tenían el sabor o el ritmo que teníamos nosotros y, pues, le gustó mucho a Cuco, y nos dijo, 'déjenme ver mañana'. Se fue y después nos habló: 'Vénganse de volada, tráiganse todo'. Después llegamos a la disquera Musart, y ya había periodistas ahí, nos tomaron fotos y todo, salimos en el periódico El Universal, siete humildes músicos provincianos tocando el twist a la perfección. Estaban los Teen Tops en su momento también, pero ni uno le daba al twist, sí había muchos grupos que lo tocaban, pero no sonaba. Cuando llegamos a México traíamos la rola de "Recuerdos de Ipacarai". Esa rola nos la dio un locutor, el «Sordo», Arturo Luján, que estaba en la XEP»: Gilberto Valtierra en entrevista con Jam Bi para *Fusion Magazine*, 17 de enero del 2016.

Grabaron algunos sencillos que destacaron en el norte del país, donde fueron bien difundidos por la radio. Junto al grupo Los Griegos, eran invitados habituales de la XEWR de Ciudad Juárez.

En 1962 grabaron su disco debut, llamado *Los Reyes del Twist*. Tuvieron la particularidad de incluir algunos temas originales, varios de ellos instrumentales.

Comenzaron a trabajar en el cabaret Terraza Social, compartiendo marquesina con Los Panchos, Chucho Martínez Gil y otros. También trabajaron en El Carrusel.

Ese mismo año lanzaron *Los Seven Teens*. Sin embargo, como una decisión mercadotécnica, Musart comenzó a presentar al grupo como Los Reyes del Twist, en ocasiones, poniendo en segundo plano Los Seven Teens. En 1963 lanzaron *Alegría de juventud*.

Hicieron presentaciones en el área de California, Estados Unidos, además de participar en las Caravanas Corona, tocando por toda la república. También acompañaron a varios solistas cuando visitaban Ciudad Juárez.

Para 1964 salió el disco *Los Reyes del Twist Twist Twist*. Ese año, participaron como extras en las películas *Vivir de sueños*, de Rafael Baledón, con Enrique Guzmán y Pili y Mili, y en *El Gángster*, de Luis Alcoriza, con Arturo de Córdoba y Angélica María. También acompañaron a Manolo Muñoz en grabaciones y en vivo.

Para entonces la fórmula del twist se había agotado, lo que provocó la salida de Manuel en 1964. Aunque Gilberto posteriormente intentó mantener vivos a Los Seven Teens con otros integrantes, el grupo ya no fue lo mismo y se desintegró en 1966.

Eventualmente, Los Seven Teens se reunieron para tocar en eventos esporádicos. Su último concierto, con los miembros originales, fue el día del padre en la Feria de Ciudad Juárez de 1995. El 11 de marzo del 2013, falleció Manuel Valtierra como consecuencia de una insuficiencia renal.

Discografía .... O

- *Los Reyes del Twist* (1962)
- *Los Seven Teens* (1962)
- *Alegría de juventud* (1963)
- *Los Reyes del Twist Twist Twist* (1964)

Otras grabaciones

- *Los Reyes del Twist,* EP recopilación (1964)
- *El sensacional Baile Monkey,* recopilación (1964)

1960-1969

Mientras que al comienzo de los años sesenta en los Estados Unidos los ídolos del rock and roll perdían vigencia y tomaban la escena el twist, surf, ska y los solistas acaramelados, en México, desfasados unos años con respecto a los vecinos del norte, aparecieron los primeros discos de grupos de rock and roll.

Como dato curioso, Bill Haley, músico que proyectó el rock and roll de Estados Unidos al mundo, después de una serie de visitas a Latinoamérica, donde le dio un segundo aire a su carrera, decidió quedarse un tiempo en México. Se casó con una mexicana y se integró de una forma extraña a la escena nacional. Firmó con Discos Orfeón en 1961 y lanzó una serie de canciones tradicionales mexicanas a ritmo de twist y rock and roll cantadas en español, en el disco *Bill Haley y sus Cometas en México*. Participó incluso en la película *Jóvenes y rebeldes*, donde aparece tocando sus temas clásicos con los bailes de Resortes.

Era un momento de efervescencia mediática, en el que las compañías discográficas y marcas comerciales patrocinaban programas de radio y televisión para público juvenil. Emisiones televisivas como *Premier Orfeón*, *Música y artistas Musart* o *Estrellas Colgate*, cumplían la función de difundir a las nuevas agrupaciones que representaban un jugoso negocio.

Siguiendo la tendencia norteamericana de los cantantes solistas, las compañías del espectáculo nacionales vieron rentable separar a los cantantes de sus bandas originales, para crear así un nuevo concepto: las estrellas juveniles. Enrique Guzmán, Angélica María, César Costa, Manolo Muñoz, Julissa y Johnny Laboriel fueron los ejemplos más visibles de esta directriz en el mercado musical. Los solistas comenzaron a cantar baladas acompañados de pistas, es decir, grabaciones que sustituían a los grupos, iniciando uno de los peores vicios en las presentaciones artísticas fraudulentas. La imagen de una propuesta musical se centraba en el cantante y los que tocaban eran relleno, por lo que no merecían ni el crédito. El rock and roll era, en la práctica, un fenómeno de grupos y trabajo en equipo que la industria minimizaba.

Un acontecimiento importante de la escena rocanrolera de la primera mitad de la década fue la aparición de los cafés cantantes en diferentes ciudades del país, sitios inspirados en los cafés beatnik de Estados Unidos, los cuales se fueron adaptando a las inquietudes de los jóvenes mexicanos. Mientras allá eran centros de reunión de los intelectuales, que sostenían charlas sobre los escritores de la generación beat, como Burroughs o Kerouac, a la par que escuchaban jazz, en México los cafés cantantes centraban su dinámica en la presentación de los grupos de rock and roll. Eran lugares pequeños, generalmente con una rockola, en donde ofrecían café, refrescos, jugos y malteadas, y no se vendía alcohol. Cuando aparecían las bebidas embriagantes lo hacían de manera clandestina, causando la indignación de muchos. Cerraban temprano y asistir era una forma muy sana de entretenerse. Estos lugares se convirtieron en los foros más importantes para las nuevas bandas; algunas incluso podían presumir de tocar en más de un café cantante en un solo día.

En la capital, lugares como Ruser, Café Amor, Hullaballoo, El Sótano, Chamonix, Schiaffarello, Pau Pau, Milleti, Colo Colo, Ribbeau, La Faceta, Ula Ula, Quid Novick, Up D Lup, La Rana Sabia, La Telaraña, Punto y Fuga, El Coyote, El Ego, Memphis, Chaquiris, La Rue, Yeah Yeah, la Cigarra, La Fusa, Lovel, Barrio Latino, Dar es Salam, Ariel, Roselli, Trip, Harlem, A Plein Soleil, Le Chapeau Melón, el Walrus y La Tortuga, fueron los refugios de una generación que, por primera vez, se divertía con un ritual propio.

Sin embargo, estos sitios entraron en crisis hacia mediados de la década cuando, en un acto autoritario, el regente de la Ciudad de México, Ernesto P. Uruchurtu, aplicó un acoso férreo contra los cafés cantantes con la intención de cerrarlos y bajo el argumento de que atentaban contra las buenas costumbres y promovían adicciones.

Así fue como esta nueva escena joven presentó sus primeras fricciones importantes con el sistema establecido. Mucho se ha hablado de que no entraron al juego de corruptelas gubernamentales, o de que los centros nocturnos veían amenazados sus ingresos por la competencia, o que simplemente los gobernantes veían en el empoderamiento de la juventud una amenaza latente; sin embargo, lo cierto es que con esta acción se dio, quizá, el primer golpe de las autoridades a una naciente cultura con la que los adultos se veían intimidados. Pocos fueron los cafés cantantes que resistieron razias y clausuras. Fueron desapareciendo hasta quedar muy pocos en la segunda mitad de la década.

Al comenzar los sesenta, el rock and roll en el mundo sufrió transformaciones profundas, principalmente en el Reino Unido, dado el fuerte nexo cultural con los Estados Unidos. Allá tomaron al género americano y lo mezclaron con su larga tradición musical. Comenzó así una dinámica que ha continuado hasta hoy. Los británicos adoptaron la música estadounidense para resignificarla y devolverla al país de origen con gran éxito comercial, una y otra vez. Esto hizo que las canciones evolucionaran del típico ciclo de doce compases y tres acordes heredado del blues, a la inclusión de nuevas armonías y estructuras. El rock and roll se fue convirtiendo en lo que ahora llamamos simplemente rock.

La admiración de los británicos por la música de los negros estadounidenses permitió la aparición de un blues eléctrico. También allá, en esos primeros años, se desarrolló una versión del rock and roll cuyo origen estaba en Jamaica, el ska. En Estados Unidos, siguió evolucionando el rhythm and blues de los negros y apareció el soul y funk. De la fusión de estos géneros se alimentó el rock de los años sesenta, mismo que proporcionó hacia la segunda mitad de la década un ambiente de empoderamiento juvenil y de cuestionamiento al sistema establecido: la psicodelia.

Cuando Javier Bátiz llegó de Tijuana a la Ciudad de México en 1963, venía empapado por todos estos cambios que acontecían al otro lado de la frontera. Se encontró con un ambiente anacrónico dominado por canciones de chicles y malteadas de fresa. A él se le puede atribuir la introducción de una nueva visión del rock en la capital del país. Se abrió, pues, la llave para que se desarrollara una renovación en el discurso roquero nacional.

Desde distintas partes del norte de la república, principalmente de Tijuana, comenzaron a llegar a la capital bandas que seguían imitando la música anglosajona, pero con influencias renovadas. A este movimiento se conoció como la Onda Chicana y la encabezaban El Ritual, Javier Bátiz and His Famous Finks, Los Yaki, Bandido, Tinta Blanca, La División del Norte, Love Army, La Tribu y Los Dug Dug's. Cantaban predominantemente en inglés con la ilusión de, alguna vez, ser parte de un *mainstream* internacional. Esta situación fue fomentada por las casas discográficas y estaciones de radio como La Pantera, Radio Capital y Radio Éxitos, que los incluyeron tímidamente en sus programaciones de rock anglosajón, como parte de la transformación de sus mercados. Una aportación importante fue que, aunque en un principio hacían covers cuidadosamente precisos, posteriormente compusieron temas originales.

Cuando llegaron a la Ciudad de México, se presentaron en cafés cantantes, pero conforme éstos fueron desapareciendo, buscaron alternativas combinando presentaciones entre la capital y provincia. Muchos lo hicieron en hoteles y escenarios de los destinos turísticos del país. Otros lograron ser parte de los elencos en centros nocturnos capitalinos como el Champagne a go go, Los Globos, el Aristos y el Terraza Casino. También se organizaban conciertos en pistas de hielo, como la que había en Insurgentes, que se volvió un lugar frecuente para las bandas y los amantes del rock.

Mientras tanto, los empresarios del espectáculo buscaron la etiqueta que les ayudara a vender mejor el nuevo *producto* roquero que, como desde el principio, se encontraba en la ambigüedad de ser un buen negocio y ser cuestionado moralmente por los sectores más reaccionarios del país. Fue entonces cuando todo se volvió *a go go*. Entraron en escena los ritmos a go go, los lugares a go go, los programas de radio y televisión a go go y las chicas a go go. *Orfeón a go go* y *Operación Ja Ja Vanart* daban espacio a la música juvenil sin desprenderse totalmente de la ingenuidad del rock and roll de la primera mitad de los sesenta. De bailar twist, se pasó a bailar jerk y a go go.

Los chavos se enteraban de los lanzamientos discográficos, conciertos e historias de los protagonistas del rock nacional y anglosajón por medio de revistas como *México Canta* y *Pop*. Los medios de comunicación hacían eco de lo que acontecía afuera, en buena medida por la influencia de los Estados Unidos, aunque con cierto desfase en el tiempo. De pronto, los «rebeldes sin causa descubrieron» que, en realidad, sí tenían causas. Dicho de otra forma, la rebeldía evolucionó. El cuestionamiento e inconformismo ante el sistema establecido se volvió también su bandera. Los jóvenes mexicanos se estaban poniendo al tanto de los movimientos culturales, sociales y políticos de su vecino del norte y descubrieron cómo se vivía allá el hippismo, la liberación sexual, la experimentación con drogas, las comunas, la protesta contra la guerra de Vietnam, la lucha por los derechos civiles de las comunidades afroamericanas, el rechazo a la sociedad de consumo, la ecología y la apertura a las experiencias espirituales orientales. Se identificaron y, una vez más, optaron por imitarlos.

La música de fondo de estos movimientos en los países anglosajones fue el rock. A lo largo de la década, The Beatles, Bob Dylan, The Rolling Stones, The Who, The Doors, Aretha Franklin, James Brown, Pink Floyd, Jimmy Hendrix, Janis Joplin, Eric Burdon and The Animals, Credence Clearwater Revival, Chicago y Blod, Sweat and Tears, se convirtieron en estrellas mundiales y, por ende, en las nuevas influencias que las bandas mexicanas quisieron copiar ante la mirada atónita de los adultos, a los que «la chaviza» bautizó como «la momiza».

Las tensiones generacionales crecían. Apareció la Literatura de la Onda, que si bien en un principio fue una etiqueta despectiva creada por Margo Glantz, terminó asumida y englobando el trabajo de diversos escritores como José Agustín, René Avilés Fabila y Parménides García Saldaña, quienes, entre otros, crearon una escritura que tomó como recurso formal la jerga juvenil y tocaba, por medio de una literatura irreverente, el cuestionamiento del poder y la rebeldía imperante.

Desde tiempo atrás hubo artistas que tuvieron un paso fugaz por el rock y que se convirtieron, a la larga, en una referencia para los futuros roqueros mexicanos. Algunos ejemplos son Los Xochimilcas, Lalo Guerrero y su Elvis Pérez o Los Tepetatles de Alfonso Arau, quienes crearon un performance humorístico a partir de una banda de rock, que se presentó en un bar de la colonia Roma. Estuvieron involucrados Carlos Monsiváis en las letras, José Luis Cuevas en la imagen gráfica, Vicente Rojo en la producción, y una banda de músicos reconocidos. El rock permeaba diferentes ámbitos del quehacer artístico de la época.

Paralelamente a este nuevo marco cultural-existencial-espiritual generado a partir del rock y el hippismo, otros jóvenes mexicanos tenían sus propias luchas políticas. Para la segunda mitad de los sesenta, los estudiantes del país, organizados en un Consejo Nacional de Huelga

(CNA), reclamaban apertura democrática y espacios para la libre expresión. Estas ideas tuvieron eco en grandes sectores de la clase media que los apoyaban. La izquierda mexicana también fue uno de los actores de ese gran movimiento estudiantil inconforme con un gobierno corrupto que limitaba los derechos civiles de sus ciudadanos. Pero en términos generales, el mayor número de los jóvenes involucrados no se manejaron a partir de posturas dogmáticas, por lo que resolvían democráticamente sus decisiones. En esa etapa inicial, el espíritu del movimiento fue festivo.

¿Cuál fue la música que acompañó este proceso? Sin duda el rock estaba presente, pero éste no fue el género que adoptaron los estudiantes, en contraste con el vecino del norte. Un segmento de los jóvenes mexicanos, los hippies o jipitecas como se les decía, escuchaban rock y cuestionaban la cultura de los adultos, pero sin rebasar la consigna de «amor y paz»; la gran mayoría de éstos se mantenía al margen del activismo político. El rock tampoco era exclusivo de los hippies. Por otra parte, fueron músicos como Los Nakos, Margarita Bauche o León Chávez Teixeiro, quienes comenzaron a registrar acontecimientos e interpretar canciones inspirados en los movimientos sociales, mezclando diversos géneros como el rock, folk y la música popular mexicana. Oscar Chávez y Judith Reyes fueron otros cantantes relacionados al movimiento estudiantil, aunque no comulgaban precisamente con el rock. El rock anglosajón estuvo presente y lo encabezaron principalmente The Beatles y el folk rock de Dylan y Joan Baez. La canción de protesta latinoamericana también fue un medio de cohesión y difusión de mensajes entre los jóvenes, con canciones como "Me gustan los estudiantes" de Violeta Parra. Sólo algunos exponentes del rock nacional, como los Dug Dug's y Bátiz, entraron con calzador en la lista musical que acompañó las movilizaciones.

Para 1968, a unos meses de que se realizaran las Olimpiadas, el contexto social estaba inmerso en un descontento creciente. El presidente Gustavo Díaz Ordaz vio un gran peligro en la manifestación política masiva de los jóvenes. El 2 de octubre, una gran manifestación llegó a Tlatelolco para ser brutalmente reprimida por el ejército. Los hechos, que resultaron en la matanza de estudiantes, fueron asumidos por el presidente, argumentando que lo hizo en defensa de la patria. El asesino pretextaba su actuación autoritaria, evidenciando ser un títere más en el escenario mundial de la Guerra Fría, diciendo que la rebeldía estudiantil era una amenaza promovida por el comunismo internacional. Fue la coartada perfecta para mandar un mensaje crudo a los jóvenes: deben alinearse con el sistema o pagarán con la vida. La gran mayoría de los medios solaparon al gobierno sin difundir debidamente la magnitud del hecho. Diez días después, Díaz Ordaz inauguró las llamadas «Olimpiadas de la Paz».

Paradójicamente, el hijo menor del presidente, Alfredo, era roquero. Antes de los sucesos de Tlatelolco, el joven músico participó en un par de proyectos psicodélicos, pero su padre lo puso en cintura. Esta escena familiar es sólo una pequeña muestra de la visión autoritaria del gobernante, que se proyectó en la posición que asumió todo un estado ante las manifestaciones de jóvenes en el país, donde ser un jipiteca de pelo largo implicaba todo tipo de abusos por parte de la autoridad. Se estigmatizó al joven como revoltoso y a los roqueros como drogadictos.

En 1969, se concedió el voto para los jóvenes de 18 años, en una especie de dádiva absurda dentro de un país en donde predominaba el fraude electoral. La tensión y rabia se respiraban en el ambiente y la vida abierta daba su paso a la reclusión. Las pistas de hielo desaparecieron con sus conciertos y se pusieron de moda las fiestas privadas multitudinarias, para dar paso así a la etapa de mayor consumo de droga y alcohol entre los jóvenes.

Mientras tanto, una buena parte de las nuevas bandas mexicanas que cantaban en inglés sin ningún compromiso con los dramáticos acontecimientos políticos, siguió apostando por ser parte del *mainstream* del rock internacional que simplemente los ignoró. Si entendemos lo chicano como eso que se confunde entre dos países, que no termina de ser mexicano ni estadounidense, podríamos establecer una definición para la Onda Chicana. Sólo algunos que se fueron del país en esa agitada década, como Santana, Abraham Laboriel y Fito de la Parra, pudieron lograr el desarraigado sueño de los roqueros nacionales de esos días. Los demás se quedaron en la cruda realidad, padeciéndola sin entenderla.

20. Manolo Muñoz †

///

Inicio.................................... ▶ **Lugar**.. ◻

1960   La Barca, Jalisco

Género... 𝄢

Rock& roll y twist, con influencias de Little Richard, Elvis Presley, Freddy Fender, Paul Anka, Pino Donaggio y Pat Boone.

Historia... |◀◀

Tercer hijo de Luis Muñoz y Esther Velasco, Manuel nació en La Barca, Jalisco, el 14 de marzo de 1941. México lo conoció mejor con el nombre de Manolo Muñoz. En su infancia vivió en Guadalajara y después en Colima. En la adolescencia formó un trío junto a sus hermanos, con el que ganó algunos pesos cantando boleros. En 1956 regresó a la capital de Jalisco. Desde joven tuvo diversos trabajos, como dependiente de una tienda, chofer, vendedor y asistente de peluquero. También trabajó en Radio XEAW haciendo *spots* cantados para anuncios de la estación, sus primeros pasos en el canto profesional.

En 1959, junto a los guitarristas Carlos Hernández y Bernardo Colunga daba serenatas y compartía con ellos su gusto por el rock and roll. Aquellos primeros ensayos en la peluquería de Ricardo Casillas, sembraron la semilla de lo que al poco tiempo se convirtió en el grupo Los Gibson Boys. Desde el principio, el flacucho de Manolo llamó la atención por sus bailes desgarbados, su amplia sonrisa y sus grandes lentes. Tras unos ajustes en la conformación del grupo, Los Gibson Boys fueron ganando notoriedad en la zona de Jalisco.

Manolo grabó con Los Gibson Boys sólo ocho temas, ya que surgieron problemas con los representantes del grupo al discutir cómo iba a ser el contrato con Musart. Además, recibió una propuesta de la compañía para ser solista. Así Manolo comenzó su carrera propia en 1960. Fue el primer vocalista de un grupo de rock and roll mexicano que se separó de su banda, iniciando una literal desbandada de cantantes de los grupos pioneros más importantes de esa época. Cabe decir que esto respondió a los intereses mercadotécnicos de las discográficas.

Participó en las giras de La Carabana Extra junto a Los Fugitivos, grupo que comenzaba, teniendo como resultado una buena aceptación del público. También estuvo una temporada como locutor en la estación de radio Canal 58. Posteriormente, se fue a vivir a la Ciudad de México, donde tuvo una mayor proyección ya que participó en películas y programas de televisión en cadena nacional. Ingresó a la Asociación Nacional de Actores (ANDA) y, con el tiempo, se convirtió en socio honorario.

En 1961 salió al mercado *Rockin' con Manolo Muñoz*, una mezcla de covers a canciones rítmicas y baladas rocanroleras.

Al comienzo de 1962, y aprovechando la euforia que se desató con la llegada del twist a México, se lanzó *Twist con Manolo Muñoz*. Fue hasta que salió *El favorito de la juventud*, ese mismo año, que Manolo logró un contundente éxito con las canciones "Speedy González" y "No te creo".

La racha de éxitos continuó con "La pera madura", cover del tema de Pino Donaggio, que se editó en el EP del mismo nombre al final de ese 1962.

En 1963 también lanzó varias producciones. Junto a la Orquesta de Cuco Valtierra sacó un EP con temas nuevos, además de los ya conocidos del cuarto disco. También salió el álbum *Manolo Muñoz*. Y para acabar el año, salió *Los éxitos de Manolo Muñoz*.

Durante 1964 apareció en tres películas que le ayudaron a promover algunos de sus temas: *Un callejón sin salida*, junto a Javier Solís, Alberto Vázquez y Sonia López, dirigida por Rafael Baledón; *El bracero del año*, también de Rafael Baledón, junto a Eulalio González Piporro; y *La edad de la violencia*, de 1964, junto a César Costa, Alberto Vázquez, Patricia Conde y Fany Cano, dirigida por Julián Soler.

Manolo comenzó a ganar mucho dinero y se hizo coleccionista de autos. Llegó a tener hasta 25, que cambiaba cada vez que alguno le aburría. Pero esta abundancia tendría su lado oscuro, ya que cayó en la ludopatía, enfermedad que le acarreó muchos problemas económicos y familiares. Solía viajar a Las Vegas para apostar fuertes cantidades de dinero.

En el lado amable de su personalidad, tenía otras aficiones como la pintura y la pesca, además de cultivar amistades entrañables con personajes de la vida pública, como Chabelo, Enrique Guzmán y Héctor Lechuga.

Fueron frecuentes sus apariciones en programas de televisión y se presentó en los escenarios más prestigiados, como el Terraza Jardín, y fue parte de las famosas Caravanas Corona por todo el país.

En 1966 salió el EP *Juanita Banana* con Discos Gas. Produjo su siguiente disco hasta 1969, llamado también *Manolo Muñoz*, con nuevas versiones de sus viejos temas. Era evidente que el rock and roll había quedado atrás y Manolo comenzaba a recurrir a la nostalgia para mantenerse vigente.

La situación del rock cambió drásticamente con el auge de los grupos de la Onda Chicana y luego, sucedió el Festival de Avándaro con la subsecuente estigmatización del género. Sin embargo, a la mitad de la década de los setenta, hubo un resurgimiento nostálgico del rock and roll inicial y, junto a una serie de eventos que se realizaron esos años, Manolo aprovechó para grabar un disco con éxitos de la época, incluyendo los propios, con su particular estilo, incluyendo los propios, con su particular estilo. En 1974 se lanzó *Manolo Muñoz con Los Belmonts*.

Después, Manolo hizo lo que la mayoría de sus compañeros de generación vigentes hicieron en esa década, migrar a otros estilos de música popular, aprovechando sus dotes como intérpretes y así poder subsistir. Cuando sacó el disco *Llamarada*, en 1976, ya nada tenía que ver con el rock de sus orígenes. Le siguieron muchos discos más en otros géneros durante los siguientes tres lustros.

Fue hasta 1991 cuando lanzó, con Discos Gas, *Ésto sí es Rock and roll*, nuevamente con una selección nostálgica de temas clásicos del rock and roll mexicano. Repitió la fórmula en 1993, con los discos *Ídolos del Rock and roll Vol. 1 y 2*. Al final de la década de los noventa, realizó varios conciertos junto a sus viejos compañeros, Angélica María, Enrique Guzmán y Alberto Vázquez, en el Auditorio Nacional y en otras partes de la república. Con planes para grabar un nuevo disco con temas propios, Manolo no había parado de trabajar desde sus inicios. En su haber existen 75 discos publicados, convirtiéndolo en uno de los cantantes más prolíficos de México.

Lejos de los grandes lujos del pasado, vivía solo en un modesto departamento. Un día de octubre del 2000 sufrió un derrame cerebral y fue internado en el Hospital Santa Elena, de la Ciudad de México. Tras seis días hospitalizado, falleció el 29 de ese mes. Sonaba de fondo, en una guitarra interpretada por Eduardo Torres, el tema "Llamarada", mientras Manolo Muñoz era enterrado en una sencilla ceremonia en Mausoleos del Ángel, ante los llantos y aplausos de su viuda, Angelina Ayuso, y sus hijos Cynthia, Maximiliano y Martín.

Discografía en el rock .... O

- *Rockin' con Manolo Muñoz* (1961)
- *Baladas y Rocks* (1961)
- *Twist con Manolo Muñoz* (1962)
- *El favorito de la juventud* (1962)
- *La pera madura*, EP (1962)
- *Manolo Muñoz con la Orquesta de Cuco Valtierra*, EP (1963)
- *Manolo Muñoz* (1963)
- *Los éxitos de Manolo Muñoz* (1963)
- *Juanita Banana*, EP (1966)
- *Manolo Muñoz* (1969)
- *Manolo Muñoz con Los Belmonts* (1974)
- *Esto si es Rock and roll* (1991)
- *Ídolos del Rock and roll Vol. 1* (1993)
- *Ídolos del Rock and roll Vol. 2* (1993)

Otras grabaciones

- "Adan y Eva" / "Leyenda mexicana", sencillo 78 RPM (1961)
- *No te creo*, EP recopilación (1962)
- *Speedy Gonzalez*, EP recopilación (1962)
- *Los éxitos de Manolo Muñoz*, recopilación (1998)
- *Manolo Muñóz*, recopilación (1999)
- *Éxitos*, recopilación (1999)
- *Frente a frente*, recopilación y *split* con Alberto Vázquez (2001)
- *Puro Rock con Manolo Muñoz*, recopilación (2005)

21. Los Apson (antes Los Apson Boys)

Inicio............................ ▶ **Lugar**............................. ◻

1960   Agua Prieta, Sonora

Integrantes... III

- Arturo Durazo † - Guitarra
- Francisco Javier Durazo † - Batería
- Frankie Gámez - Voz y guitarra
- Polo † - Voz y guitarra
- Raúl Hernández Cota el «Cubano» - Bajo
- Gilberto Maldonado - Sax
- José Luis «Lichy» García - Guitarra y sax

Género... 𝄢

Rock and roll, twist, surf, pop rock, garage, rock psicodélico, balada rock y fusión, con influencia de The Ventures, Johnny & The Hurricanes, Duanne Eddy, Chubby Checker, Jimmy Clanton, Chuck Berry, Roy Orbison, The Beatles, The Rolling Stones y Creedence Clearwater Revival.

Historia.. |◀◀

Al final de la década de los cincuenta, los hermanos Arturo (guitarra) y Francisco Durazo (batería), oriundos de Agua Prieta, Sonora, decidieron formar un grupo de rock and roll. Al vivir en la frontera, crecieron en un ambiente bicultural, en el que la mezcla de la música mexicana con la estadounidense era lo de todos los días. Los Durazo invitaron a su amigo José Luis «Lichy» García, que había recibido como regalo de cumpleaños un saxofón. José Luis solía cruzar la frontera para ver a los artistas del país del norte.

Aún les faltaban elementos para formar una banda. Conocieron a Francisco «Frankie» Gámez (guitarra y voz) y a Raúl Hernández Cota (bajo) tocando música ranchera en un centro nocturno. El mayor apenas alcanzaba los 18 años. En 1960, comenzaron a ensayar arduamente en casa de los Durazo y, cuando consideraron que era el momento, debutaron en una fiesta de XV años, donde cobraron seis dólares. Después empezaron a trabajar en la cantina Silver Dollar, el Copacabana, en el Club Social Anáhuac de Cananea y en diversos bailes de la localidad. El último en integrarse fue el saxofonista Gilberto Maldonado, hijo de un músico filarmónico que tocaba en Los Popokids. En un principio entró para suplir a Lichy, que había enfermado, pero al final terminó quedándose.

El nombre de Apson Boys fue propuesto por el locutor de radio Ricardo Rivas: *apson* viene de Agua Prieta Sonora, y *boys* fue sugerencia de la madre del locutor, ya que en ese tiempo era común añadirlo al final del nombre de las bandas.

En cierta ocasión llegó a su ciudad la Caravana Corona y con ellos el grupo Los Rogers. Su cantante, César Cervera, los escuchó y les sugirió que fueran a la Ciudad de México. Su popularidad crecía en el estado, por lo que se fueron a tocar a Nogales y Hermosillo. Sin embargo, emprender el viaje a la capital era una empresa más complicada. Organizaron una serie de bailes de despedida, pero después la gente comenzó a preguntarse cuándo lo harían, así que llegó el momento inevitable de partir.

En 1962, a bordo de un Ford Mercury, partieron a su aventura. Francisco, que hasta entonces trabajaba en una agencia aduanal, dejó su empleo. Llegaron a Nogales, donde ya los conocían, siguieron a Magdalena de Kino, Santa Ana y la capital del estado, donde permanecieron algunos días. Tocaron en bares, hoteles y salones. De ahí se fueron a Guaymas y Ciudad Obregón, donde el carro se les desvíeló, así que continuaron su viaje en autobús hasta Culiacán, Sinaloa, iban hambrientos y sin dinero. Consiguieron trabajo en un bar llamado La Fogata. En este sitió tocaba el hijo del dueño con su grupo llamado Los Sluggers, el cual les llamó la atención. Para ese momento, Frankie no se sentía a gusto cantando y prefería sólo tocar la guitarra, así que invitaron a este chico, que apenas tenía 15 años, para que se uniera a ellos. Su nombre era Leopoldo Sánchez Labastida, mejor conocido como Polo. Después de un arreglo, éste cantaría las baladas y Frankie, las rítmicas.

Desde Agua Prieta llegaron sus padres a Culiacán, pagaron sus deudas y los apoyaron para que pudieran continuar su odisea, misma que hasta ese momento habían realizado sin perder la esperanza. Pidieron permiso al padre de Polo para que lo dejara acompañarlos y continuaron su camino. Estuvieron unos días en Mazatlán y después se fueron directo a la Ciudad de México. Lichy regresó a Agua Prieta desde Culiacán por cuestiones de salud, pero después los alcanzó en la capital.

En Mazatlán conocieron a Martha Guerrero, quien les ofreció ayudarlos dándoles alojamiento y comida en la Ciudad de México, mientras conseguían alguna oportunidad. Al arribar a la capital, fueron recibidos por Martha y Adolfo «Mandy» Plascencia, en su casa de la colonia Doctores. Mandy se convirtió en su representante. Buscó que les dieran una audición en la discográfica Orfeón, sin ninguna respuesta. No obstante, en Discos Peerless los escucharon y fueron contratados.

En un principio los querían para grabar pistas de otros artistas de la compañía. Su primer disco salió hasta 1963 y fue instrumental, por imposición de la discográfica, por lo que Polo quedó fuera de esa primera producción. Se llamó *Llegaron Los Apson*. A partir de entonces su nombre se acortó por sugerencia de Peerless. Hicieron giras artísticas en lugares cercanos, lo que ayudó a que fueran un poco más conocidos. Sin embargo, con este disco no sucedió nada importante.

Lichy los alcanzó y se reintegró. Ese mismo año grabaron un segundo disco, esta vez con covers en español de éxitos estadounidenses, interpretados por Frankie y Polo. Se llamó *Bailando y cantando con Los Apson*. Después decidieron regresar a Agua Prieta, un tanto agotados de buscar un reconocimiento que no terminaba de llegar.

Un mes después, Peerles los localizó para que regresaran a la capital, ya que su segundo disco estaba funcionando muy bien en la radio, particularmente el tema "Popeye", interpretado por Frankie.

Los llevaron a la televisión en programas como *Estrellas Palmolive* y *Tiempos y contrastes*. A partir de entonces los viajes a Agua Prieta se hicieron más seguidos, ya que les servían para ponerse al tanto de las novedades musicales. Participaron en la Caravana Corona, alternando con artistas de otros géneros. Su presentación en el estadio de beisbol Fernando M. Ortiz de Hermosillo fue memorable. Esto permitió que Arturo comenzara una relación sentimental, la cual culminó en un matrimonio con la cantante de música ranchera Lucha Villa. También acompañaron a otros artistas del sello, como Olivia Molina, Manolo

Muñoz y Vianey Valdez, con quien Polo tuvo un noviazgo de varios años.

Lichy se encontraba desencanchado y decidió salir de Los Apson. Polo, por su parte, tenía serios desencuentros con Frankie, por lo que optó por probar otros caminos con el grupo Los Polaris. Los Apson se transformaron en un quinteto.

En 1963, apareció el disco *Atrás de la raya*, con los cinco integrantes frente a las Torres de Satélite en la portada. Ese año sacaron tres discos más: *El Barba Azul, Aleluya* y *Por eso estamos como estamos*.

Fueron de los primeros grupos en hacer covers de bandas de la ola inglesa, que vino a destronar a las agrupaciones originales de rock and roll en México, como los Locos del Ritmo y Los Rebeldes del Rock, al introducir nuevas formas musicales.

A mediados de 1965, Peerless les otorgó, junto a la cumbiera Rosita Gómez, un Disco de Oro por ser los mayores vendedores de la compañía durante 1964.

Ese 1965, sacaron dos discos más: *Satisfacción* y *Nuevos éxitos*.

Tal era el entusiasmo alrededor de las presentaciones de Los Apson, que sus fans llegaron a tener choques con la policía y los bomberos, en sus intentos por contenerlos.

En 1966 salió *No hay amor*. Al año siguiente lanzaron *En ritmo* y *El arado*.

Al interior del grupo comenzaron las luchas de ego cuando Frankie sugirió que el nombre del grupo se cambiara a Frankie y Los Apson, con el inmediato rechazo de los otros integrantes. El único que respaldó la idea fue Raúl el «Cubano». Fue durante 1967, mientras el tema "Fuiste a Acapulco" sonaba por todos lados, que Frankie decidió dejarlos para comenzar una carrera solista. Se fue a Nogales, y junto a Los Sharks, fundó el grupo Frankie y los Matadores. El Cubano también salió.

Los tres miembros restantes decidieron continuar, mientras siguieron los constantes cambios de integrantes. La ausencia de sus ex compañeros fue muy notoria.

Para 1969, lanzaron el disco *El compadre vacilador*, el cual no encontró la recepción deseada.

En 1970, salió Gilberto, quedando sólo dos miembros fundadores, los hermanos Durazo. Sus presentaciones se hicieron esporádicas a partir de entonces. En 1975, Frakie y los hermanos Durazo grabaron, para Discos Orfeón, tres LPs con versiones regrabadas de los éxitos de

Los Apson. El grupo encontró trabajo en el sur de los Estados Unidos, donde se presentaba con frecuencia interpretando sus temas clásicos.

El 10 de junio de 1984, falleció de cáncer Arturo Durazo. Desde entonces, Los Apson han continuado con diversos integrantes, convirtiéndose en una especie de franquicia del grupo original. El 6 de mayo del 2012, murió Francisco Javier Durazo.

Discografía.. O

- *Llegaron Los Apson* (1963)
- *Bailando y cantando con Los Apson* (1963)
- *Atrás de la raya* (1964)
- *El Barba Azul* (1964)
- *Aleluya* (1964)
- *Por eso estamos como estamos* (1964)
- *Satisfacción* (1965)
- *Nuevos éxitos* (1965)
- *No hay amor* (1966)
- *En ritmo* (1967)
- *El arado* (1967)
- *El compadre vacilador* (1969)

Otras grabaciones

- *Bailando y cantando con Los Apson*, EP recopilación (1963)
- Vianey Valdez con Los Apson – "Amistad" / "Toma tu tiempo", sencillo de 45 RPM (1963)
- *Sr. Apache*, EP recopilación (1963)
- *No puedes decirme adiós*, EP recopilación (1964)
- *Por eso estamos como estamos*, sencillo de 45 RPM (1965)
- "Fue en un café" / "De hoy en ocho", sencillo de 45 RPM (1966)
- "Me salvé" / "La solterona", sencillo de 45 RPM (1966)
- "Desilusión" / "Nunca se lo digan", sencillo de 45 RPM (1967)
- "Fue en un café" / "Nunca lo sabré", sencillo de 45 RPM (1968)

Otros

Raúl Hernández Cota el «Cubano» vive en Douglas, Arizona, y es testigo de Jehová.
Gilberto Maldonado vive actualmente en Tucson, Arizona.
José Luis «Lichy» García es de los miembros fundadores que sigue manteniendo viva la presencia de Los Apson en los escenarios fronterizos, pero acompañado de nuevos músicos.
Frankie se encuentra purgando una condena de 92 años en una prisión de Arizona desde el año 1996. Él argumenta su inocencia y continúa luchando por su libertad.

22. Los Blue Boys

Inicio y fin..................▶ **Lugar**.................◻

1960-1968   Guadalajara

Integrantes...||||

- Efrén Ángel de León - Bajo
- Moisés Ángel de León † - Acordeón
- Manuel Hernández el «Risca» - Guitarra (1960-1965) (1966-1968)
- Antonio Salcido Ramos - Batería y voz
- Salvador Íñiguez Ruíz - Guitarra (1960-1965)
- José Adrián Palomera Morales - Voz (1960-1963)
- Eduardo «Eddy» Hernández - Voz (1963-1968)
- Héctor Hinojosa - Guitarra (1965-1968)
- Leopoldo Landino - Batería (1966-1968)

Género...𝄢

Rock and roll, twist, surf, rock garage, con influencias de The Surfairs, Frankie Valli, Ben E. King y Mike Laure.

Historia..I◄◄

Al final de 1959 y comienzo de 1960, un grupo de jóvenes estudiantes de la colonia Habitación Popular No. 1 (ahora González Gallo) solía ir a la estación de radio Canal 58 en Guadalajara, ubicada en los altos del cine Alameda, para estar cerca de Mike Laure y sus Cometas, quienes se presentaban ahí frecuentemente. Hicieron amistad con ellos y los visitaron en sus ensayos, lo que los motivó para aprender a tocar.

Ya en 1961, de una docena de jóvenes sólo quedaron la mitad, un grupo fuertemente unido por la música. Ellos eran Efrén Ángel de León en el bajo, Moisés Ángel de León en el acordeón, Manuel Hernández en la guitarra, Antonio Salcido Ramos en la batería, Salvador Íñiguez Ruíz en la guitarra y José Adrián Palomera Morales en la voz. Se pusieron Los Blue Boys ya que les gustó la doble interpretación: los chicos azules o los chicos tristes. Comenzaron tocando ritmos tropicales, pero luego cambiaron al rock and roll, haciendo covers en español de los éxitos anglosajones y también compusieron temas propios.

Teniendo claro entre ellos que no abandonarían sus estudios por la música, decidieron verla como una profesión temporal. Comenzaron a tocar en fiestas, pequeños bailes y kermesses, en la Concha Acústica del parque Agua Azul o el balneario Toluquilla, logrando cierta fama local. Aparecieron con Los Spiders en el programa de concursos *Nena vamos a bailar el rock*.

En 1963 tuvieron otra aparición en un concurso de televisión de Canal 6, *A ritmo de twist*. Poco después, cambiaron de vocalista, ya que José Adrián se enfocó en sus estudios. Lo remplazó Eddy Hernández, con quien se presentaron en los programas de televisión del Canal 4 local, *Marcando el paso*, *Muévanse todos* y *Variedades de mediodía*. En radio también tuvieron una nutrida participación en Canal 58 y XEHL. Su estilo se fue definiendo hacia el surf, del que tenían evidentes influencias.

Ese año salió un acoplado donde alternaron con su ídolo Mike Laure y otros artistas, al que llamaron *Surfin'*. Venían los temas "Tijuana" y "Chapala surfin'", compuesto por Manuel Hernández.

En cierta ocasión, durante un ensayo y por intermediación de su amigo Mariano el «Gato de la FEG», llegaron los hermanos Guillermo y Jesús Acosta de Discos Musart, mostrando interés por incorporarlos a su elenco. Viajaron a la Ciudad de México para hacer su primera grabación, un EP homónimo.

En 1965 Salvador Íñiguez decidió probar fortuna en Tijuana como músico, por lo que fue sustituido por Héctor Hinojosa. Ese año sacaron dos sencillos con las canciones "Quiero dinero", "Ven", "No me pasará a mí" y el cover a la canción "Ecstasy", de Ben E. King, que resultó ser la más conocida de su repertorio. Incluso en Guatemala fue todo un éxito. La letra en español fue escrita por Antonio Salcido.

Participaron en dos giras artísticas de La Caravana Extra, tocaron en fiestas particulares, restaurantes, casinos, teatros y cafés cantantes como el Antonio's, Hilda's, Metamorfosis, el Jazz Club y otros. Tocaron en los estados de Sinaloa, Nayarit, Colima, Michoacán y por su puesto en Jalisco.

Manuel Hernández tuvo que salir del grupo temporalmente, por lo que Héctor pasó a la primera guitarra. Cuando regresó, volvieron a la conformación anterior de dos guitarras.

En 1966 Eddy dejó el grupo para ser solista, por lo que se repartieron las voces entre Antonio, quien cantó en inglésn y Moisés en español. Para que Antonio pudiera desprenderse de la batería, ingresó Leopoldo Landino.

En 1968 lanzaron su último sencillo antes de separarse. Este contenía los temas "Puro amor", compuesto por Eduardo Hernández, y "Dime la verdad".

Después de esta aventura y muy en la lógica de dedicarse a una *profesión seria*, todos dejaron la música para dedicarse a sus respectivas carreras.

Discografía..o

- *Los Blue Boys*, EP (1964)
- "Extasis" / "No me pasará a mí", sencillo 45 RPM (1965)
- "Quiero dinero" / "Ven", sencillo 45 RPM (1965)
- "Puro amor" / "Dime la verdad", sencillo 45 RPM (1968)

Otras grabaciones

- *Surfin'*, acoplado (1963)

23. Los Ovnis (antes Los Teddy Bear's)

Inicio.. ▶ **Lugar**...□

1960   Ciudad de México

Integrantes... III

Tedy Bear's (1960-1964)

- Armando Vázquez - Voz y guitarra (hasta la actualidad)
- Héctor Velázquez - Guitarra
- Ismael Velázquez - Bajo
- Tony Pérez - Batería
- Jaime Pérez – Guitarra

Los Ovnis (1965-1968)

- Jaime Pérez - Bajo
- Guillermo Soto - Batería
- Luis Alanís - Teclados
- Ernesto de León - Guitarra (1967-1968)
- Jorge Gutiérrez - Guitarra (1965-1966)

Los Ovnis en la actualidad

- Jaime Pérez - Bajo
- Juan Ávila - Batería
- Giovanni Manzanilla - Teclados
- Aleph Aguilar - Guitarra

Género...𝄢

Rock and roll, rock ácido psicodélico, con influencias de Little Richard, Ray Charles, Elvis Presley, Eric Burdon, Rolling Stones y The Beatles entre otros.

Historia..|◄◄

Por idea de Armando Vázquez, quien reunió a sus vecinos y amigos Jorge del Razo, Jaime Pérez Ruiz y los hermanos Héctor e Ismael Velázquez, nació el grupo Teddy Bear's durante el año 1960.

En sus inicios ellos mismos fabricaron sus instrumentos, ya que no era sencillo adquirirlos. Comenzaron tocando en tardeadas de la colonia Guerrero y luego le siguieron teatros, cines, comercios, privadas y los pocos foros que existían para tocar en la ciudad de México.

En 1961 grabaron su primer material con la compañía Orfeón. Un disco homónimo con diez covers, cuyas letras en español eran obra de Armando. Destacaron "Nena no te irás" y "A bailar y a gozar".

Su sonido estaba influenciado por los grupos estadounidenses de la época, especialmente los del sello Roulette. Alternaron con los grupos Los Beatnicks, Los Apson Boys, Los Loud Jets, entre otros, en un festival en el Auditorio Nacional y aparecieron en el programa de radio *Sábados alegres*, donde Armando llamó la atención por tirarse al suelo durante su interpretación. Eran los tiempos de la locura juvenil del rock and roll.

Para 1963, Discos Coro lanzó su segundo material, un disco de diez covers en español de los cuales cinco eran de The Beatles. Entre sus títulos estaban "Quiero estrechar tu mano", "La vi allá", "La bruja loca", "América" y "Dominique".

Para entonces, con nuevas corrientes musicales surgiendo en escena, y ya cansados de tocar temas de rock and roll, cerraron la etapa de Teddy Bear's y, por sugerencia del locutor de radio Adrián Ojeda, decidieron cambiar el nombre a Los Ovnis. La explosión de la estética *sci-low-fi* y la psicodelia, marcaron sus nuevos caminos.

En 1965, sufrieron algunos cambios en la formación, quedando Armando y Jaime, quien cambió de la guitarra al bajo. Entró a tocar la guitarra Jorge Gutiérrez, ex integrante de Los Blue Caps. Por esos días alternaron con Los Yaki, Los Sparks, Los Dug Dug's, entre otros.

Firmaron con la compañía discográfica Peerless y realizaron seis discos LP. Los primeros cinco siguieron la lógica de los covers con letras en español escritas por Armando. De esa etapa, se dieron a conocer varios temas con buena difusión en la radio nacional, entre los que se encontraban "Enrique VIII", "Voy para loco", "Please, please please", "La última vez", "Muchacha", "Venecia sin ti", "El ovni", "Te necesito", "No, no, no", "El hombre respetable", "Fanático de la moda", "La pequeña ayuda de mamá", "Juntos esta noche", "La Sombra de tu sonrisa" y "El opus 17". Viajaron por la república mexicana y haciendo programas de televisión en Mérida y Monterrey.

A mediados de 1966 entró como guitarrista Ernesto Jesús de León Rodríguez, quien comentó en el texto del folleto que acompañó la reedición del disco *Hippies* del año 2000: «Al día siguiente de su invitación para formar parte del grupo, ya estaba tocando con ellos en el Café Tiki Tiki, el cual, se ubicaba en un sótano. Al bajar las escaleras te encontrabas inmerso en una atmósfera *underground*, respirando rock por todos lados. Hicimos giras por el interior del país. Recuerdo haber tocado en estadios de futbol repletos de fans. En esos años estaba surgiendo el movimiento *hippie* en San Francisco y de ahí se extendió a todo el mundo. Nos identificamos plenamente con el movimiento y sus ideales de paz, amor...y justicia».

Desde mediados de 1967, Armando quería grabar música original en español, cosa que iba en contra de las tendencias de ese momento. Por un lado, los grupos de La onda chicana cantando en inglés, y por otro, los directivos de las discográficas buscando el éxito fácil por medio de los covers. Ya les habían permitido meter un tema en el quinto disco, cuando en realidad había propuesto cinco canciones originales. Así que cuando recibieron una nueva negativa en el sexto disco, decidieron romper lazos con la empresa. Pasó un tiempo y los volvieron a contactar para convencerlos de que desistieran en su intento. Armando respondió: "Los Ovnis, estamos listos para realizar lo que pido". Tuvieron que pasar varias entrevistas entre ellos, para que Peerless concediera grabar un disco con temas originales de Los Ovnis, poniendo la condición de incluir un cover. Armando aceptó.

En enero de 1968 apareció el álbum *Hippies*, considerado por muchos como el primer disco integral de rock ácido psicodélico original en español. Se mandaron hacer uniformes nuevos, se colgaron calendarios aztecas y collares mexicanos y buscaron que sus nuevas fotografías tuvieran de fondo magueyes, nopales y maizales, con un fuerte interés de darle a su música un sentido nacional. Manejaron el *slogan*: "No se necesita la música extranjera para triunfar". Llegó el momento de promoverlo y se toparon con el desinterés de su compañía.

Posteriormente, este disco se convertiría en objeto de culto, tanto en México como en el extranjero, llegando a aparecer ediciones piratas en España y Alemania.

Hippies fue la última grabación de larga duración de Los Ovnis. Posteriormente se han hecho reediciones y se han grabado cuatro discos de 45 RPM, sumando ocho canciones a su repertorio. Tanto Armando Vázquez como Jaime Pérez han mantenido viva a su banda, tocando desde entonces en distintos restaurantes, bares y lugares de la avenida Insurgentes, como La Plaga, La Posada y El Desván. Tocaron en la pista de hielo Insurgentes y en los programas de televisión *Buenos días* con Luis Carbajo y *Animal nocturno*, con Ricardo Rocha; también en eventos en los salones Gran Forum, Riviera y Rubí, incluyendo una actuación especial a lado de los famosos The Platters. Recientemente han pisado escenarios como el Multiforo Alicia, La Faena, El Bombay, Monkey Business y la Delegación Venustiano Carranza.

Actualmente, preparan un nuevo disco con temas inéditos.

Discografía... O

Los Teddy Bear's

- *Los Teddy Bear's* (1961)
- *Los Teddy Bear's* (1963)

Los Ovnis

- *Excitante* (1965)
- *Los Ovnis* (1966)
- *Somos Amantes* (1966)
- *Napoleón XIV* (1966)
- *Mary Mary* (1967)
- *Hippies* (1968)
- *Los Tarros*, 45 RPM (1971) con Musart
- *Los Ovnis*, 45 RPM (1971) con Coro (temas en inglés)
- *Los Ovnis*, 45 RPM (1973), con Coro
- *Los Ovnis*, 45 RPM (1973), con Orfeón

Otras grabaciones

- *Los Ovnis, recopilación* (1988)
- *Hippies,* copia alterada pirata (1997) en España
- *Hippies,* reedición (2000)
- *Los Ovnis, recopilación* (2002)
- *Hippies,* reedición en vinilo (2011) en Alemania
- *No se necesita música extranjera para triunfar* (en proceso)

Otros..((▶

Al salir Ernesto Jesús de León Rodríguez de Los Ovnis, se integró al grupo La Máquina del Sonido y posteriormente al Three souls in my mind.

24. Los Rippers

Inicio y fin...................▶ Lugar..............................□

1960-1962   Ciudad de México

Integrantes.. III

- Gustavo Salcido Romo - Voz
- Jorge Obscura Lango † - Voz y bajo
- Eduardo «Lalo» Toral - Piano
- Victor Chávez - Guitarra
- Rafael Godadrd - Batería
- Francisco Martínez - Guitarra
- Enrique Ampudia - Bajo

Género..𝄢

Rock and roll con influencias de Buddy Holly & The Crikets y temas del cancionero popular estadounidense.

Historia...◄◄

Los Rippers se formaron a mediados de 1960. Fue un grupo que destacó al comienzo de la década por un solo éxito, "Pan con mermelada",
el cual difundieron por la radio de entonces. Fueron lo que ahora se
conoce en inglés como: *one hit wonder*. En total grabaron 10 temas
repartidos entre EPS y sencillos. De sus apariciones en televisión no
queda rastro alguno. Las cintas originales de su paso por la discográfica
Cisne ya no existen tampoco.

Otro dato curioso es que Los Rippers fueron un grupo semillero
de músicos que emigraron a otras bandas pioneras del rock and roll
mexicano, como Los Locos del Ritmo y Los Hooligans.

Ese año, grabaron con Discos Cisne un EP que contenía los temas
"El blues de la vaca lechera", "Lo siento", "Peggy Sue" y "Eres la única".
En 1961 grabaron tres sencillos, pero ahora con Discos Alegría.

Al no lograr la atención de los medios con otro éxito, el grupo se
separó en 1962. Gustavo Salcido se convirtió así en la voz de Los Locos
del Ritmo tras la muerte de Antonio de la Villa. Se integró también a
esa agrupación Lalo Toral. Enrique Ampudia se sumó a Los Hooligans
como bajista. Jorge Obscura Lango se fue de bajista de Los Cinco, pero
luego dejaría la música para dedicarse, con éxito, a la actuación, bajo
el nombre de Jorge Luke.

En 1963 Discos Cisne lanzó un acoplado al que llamó *El gran show de
Los Hermanos Carrión*, que evidentemente contenía temas de Los Hermanos Carrión, además de Los Juniors y de los desaparecidos Rippers.
En ese disco aparecen los temas "Peggy Sue", "Me estoy enamorando
otra vez", "Tu eres la única" y "La marcha de los Santos".

Por otro lado, los temas "Pan con mermelada", "Buscando un amor" y
"Preciosa" fueron incluidos en una compilación llamada *Recuerdos del Rock*
por editada por Audiomex, en 1971. Este mismo acoplado se reeditó en 1988.

En la actualidad, "Pan con mermelada" sigue siendo un tema que
aparece en distintos acoplados editados por Sony-BMG, los poseedores
de los derechos de las canciones que alguna vez fueron de Discos Alegría.

Discografía... ◯

- *Los Rippers*, EP (1960)
- "Estoy enamorado otra vez" / "La marcha de los Santos", sencillo 45 RPM (1961)
- "Pan con mermelada" / "Buscando un amor", sencillo 45 RPM (1961)
- "Preciosa" / "Gordita", sencillo 45 RPM (1961)

Otras grabaciones

- *El gran show de Los Hermanos Carrión*, compilado (1963)
- *Recuerdos del Rock*, compilado (1971)

Otros.. 《▶

Posteriormente, Rafael Godard se enfocó en su profesión, siendo ahora un reconocido arquitecto.

25. Los Spiders (antes Los Spyders)

Inicio........................... ▶ Lugar...............................◻

1960   Guadalajara

Integrantes.. III

- Carlos de Regil - Voz (1960-1969)
- Antonio Vierling Hernández - Voz (1969-1998)
- Talín Avilés - Voz (1998-hasta hoy)
- Manuel Olivera - Bajo y percusión
- Reynaldo Díaz Velez el «Tuky» † - Guitarra y armónica (1960-2008)
- Guillermo Olivera - Batería (1960-1968) (1975-1978)
- Enrique Chaurand - Batería (1968-1975) (1978-hasta hoy)

- José «Chon» Cortés - Teclados (1960-1969)
- Servando Ayala - Teclados (1969-hasta hoy)

Género..🎵

Rock and roll, blues, twist, rock psicodélico, rock latino, hard rock y jazz.

Historia...|◀◀

Al comienzo de la década de los sesenta Guadalajara era una ciudad conocida por su conservadurismo. Sin embargo, desde entonces ha sido un semillero de buenos músicos de rock. En 1960 un grupo de jóvenes inspirados por Los Locos del Ritmo, Los Teen Tops y Los Gibson Boys, que salían en la televisión, decidieron formar su propia banda. Al inicio se llamó Los Spyders. Pronto cambiarían el nombre a Los Spiders.

Tocaban a escondidas de sus padres, quienes no veían productivo que se dedicaran a la música. Su público eran principalmente jóvenes estudiantes. En 1961 los invitaron a presentarse en la televisión local y de ahí siguieron las tardeadas y conciertos en el Círculo Francés, el Casino Español, el Club de Leones y el antiguo Hotel Hilton.

Lanzaron su primera grabación en 1963 con Discos TIP, un EP al que titularon *Por tu amor*.

El grupo se mantuvo interpretando covers en español en los nacientes cafés cantantes y salones de baile de la Perla tapatía y de la Ciudad de México, hasta que en 1969 dejaron el grupo Chon Cortés y Carlos del Regil. Invitaron al tecladista Servando Ayala y al cantante estadounidense Antonio Vierling para reconformar la banda. Antonio les comentó que le interesaba montar temas propios en vez de seguir tocando los covers y los demás estuvieron de acuerdo. Tony, nativo de Estados Unidos, propuso temas escritos en inglés; así Los Spiders se convirtieron en una de las primeras agrupaciones mexicanas en cantar en ese idioma. Su música se tornó psicodélica y pesada.

En 1970, participaron, junto a otras bandas como 39.4, La Revolución de Emiliano Zapata, La Fachada de Piedra y Toncho Pilatos, en el famoso festival-concurso organizado por Radio Internacional de grupos tapatíos, que posteriormente fueron contratados por diferentes casas discográficas. RCA Victor se interesó por ellos y los firmó.

Lanzaron *Back*, que con el tiempo se convirtió en su disco más representativo. Destacó el tema que le dio nombre al álbum, pues fue fuertemente difundido por la radio nacional, en Alemania, Estados Unidos y principalmente por la local, rivalizando con el tema "Nasty Sex", de La Revolución de Emiliano Zapata.

Las cosas cambiaron radicalmente en el país después del Festival de Rock y Ruedas de Avándaro. A partir de ese momento el rock fue proscrito, aunque Guadalajara se mantuvo un poco al margen de la prohibición durante un tiempo, es decir, los grupos tapatíos continuaron trabajando de manera local hasta la mitad de los setenta. Para entonces, Servando Ayala, además de tocar en Los Spiders, colaboraba con La Revolución de Emiliano Zapata, 39.4 y Fachada de Piedra.

En 1973 lanzaron su segundo LP titulado *Nuevas rutas en sonido*.

En 1975 salió temporalmente del grupo Enrique Chaurand, por lo que regresó Guillermo Olivera en la batería, hasta 1978. Ese año, grabaron el sencillo de 45 RMP "Nothing More to Say" / "Run Run Run", que fue el antecedente de su siguiente LP llamado *Corre Corre*, de 1980. La respuesta fue menor que con el disco *Back*, por lo que el grupo bajó su ritmo de trabajo, tocando de manera esporádica en las siguientes décadas.

En 1993 grabaron un disco en vivo realizado en el Salón Osiris de Guadalajara junto al grupo Fachada de Piedra y salió al mercado el disco *Spiders y Fachada de Piedra en vivo*, editado por Mix.

En 1998 Tony Vierling salió del grupo para lanzar un disco solista llamado *Gone*. En su lugar entró Talín Avilés.

En diciembre de 2007 se presentaron en una fiesta privada y los miembros fundadores tocaron juntos nuevamente después de 40 años. Un mes después, el 31 de enero del 2008, Reynaldo Díaz Velez dejó este mundo en el Hospital Civil de Guadalajara por culpa de una cirrosis hepática. Era originario de Tepic, Nayarit, pero radicado en Guadalajara desde su temprana infancia, creador de aparatos de sonido, amplificadores y guitarras. Prácticamente todos Los Spiders que le sobrevivieron hicieron un emotivo concierto de despedida a su compañero fallecido.

Discografía... o

- *Por tu amor*, EP (1963)
- "Juega niña" / "De ti me enamoré", sencillo 45 RPM (1963)

- "No puede ser" / "Hi Ho Silver", sencillo 45 RPM (1963)
- *Back* (1970)
- *Nuevas rutas en sonido* (1973)
- "Nothing More to Say" / "Run Run Run", sencillo 45 RPM (1978)
- *Corre Corre* (1980)

Otras grabaciones

- *Back*, EP recopilación (1970)
- "Love is The Way" / "It's you", sencillo 45 RPM recopilación (1971)
- *Spiders y Fachada de Piedra en vivo* (1993)

26. Los Juniors
//////////////////////////////

Inicio............................ ▶ **Lugar**...............................□

1960   Ciudad de México

Integrantes... III

- José Acosta Rangel - Bajo (1960 - 1967) (1970 - hasta hoy)
- Juan Hurtado - Sax (1960 - 1964) (1970 - hasta hoy)
- Arturo Gómez González - Voz y guitarra (1960 - 1964) (1970 - hasta hoy)
- Antonio de los Cobos - Piano (1960 - 1961)
- Javier Rebollo Lozano - Batería (1960 - 1961) (1970 - 2005)
- Fernando Martínez Meza - Voz y guitarra (1962 - 1970)
- José María Martínez Meza - Batería, guitarra y coros (1962 - 1967) y batería suplente (1968 - 1970)
- Enrique Carrillo Barrios-Gómez - guitarra y coros (1964 - 1967)
- José Madera - Bajo (1967 - 1970)
- José Rodríguez - Batería (1967 - 1970)
- Roberto Ulloa - Guitarra (1968 - 1970)
- José Luis Hernández Di Stéfano † - Batería (1968 - 1970)
- Fernando González Burnat - Guitarra suplente (1968 - 1970)

- Rodolfo Castro Martínez - Batería suplente en grabaciones (1968 - 1970)
- Luis Almeida Herrera - Voz en playback suplente en programas de televisión (1968 - 1970)
- Jose Antonio Méndez † - Teclados (1970 - 1993)
- Eduardo Solís - Batería (2005 - hasta hoy)
- William Plowers - Teclados (1993 - hasta hoy)

Género.. 🔈

Rock and roll con influencias de Elvis Presley, Pat Boone, The Beatles y Rolling Stones.

Historia.. ◄◄

José Acosta y Arturo Gómez eran originarios de Actopan, Hidalgo, donde el papá de Arturo fue diputado suplente por el PRI. Probablemente de ahí surgió el nombre del grupo. Arturo Gómez tenía antecedentes como cantante amateur de boleros y canciones rancheras. Antonio de los Cobos fue un magnífico pianista, inclinado al jazz, tocaba en un restaurante que promovía ese género musical con presentaciones en vivo. Juntos, conformaron la primera alineación de Los Juniors.

Al poco tiempo de haberse formado, firmaron con la compañía Cisne, una pequeña marca sin fuerza ni experiencia, por lo que carecieron de una promoción adecuada con su primer EP, que contenía los temas "Poesía en movimiento", "Tú significas todo para mí, "Cartas de amor en la arena" y "Más y más".

Gracias a Xavier Mora, locutor de Radio 590, se entrevistaron con el director artístico Francisco Mendez y firmaron con Peerless en 1961. Grabaron su primer LP con temas como "A través de los años", "El especial de Frankfurt", "Cartas de amor en la arena" y "Tú significas todo para mí".

En 1962 hubo cambios en la alineación. Debido a una enfermedad que obligó a un retiro parcial de Arturo, el distanciamiento de Antonio y otros compromisos adquiridos por Javier, José Acosta se dio a la tarea de buscar nuevos integrantes. Se incorporaron los hermanos Martínez Meza «Las Urracas». Primero José María y después Fernando, quien ya tenía experiencia con otras bandas, entre las que estaban Los Salvajes, grupo firmado con el sello Columbia y que había acompañado a Enrique Guzmán en varias grabaciones y fue la base para la Orquesta de Sonia López cuando se produjo su separación de la Sonora Santanera.

Lanzaron su segundo disco con los temas "Tequila con limón", "La perla" y "Ven ven Frankestein". Estas piezas fueron producto de experimentos con temas que podían tener éxito comercial. "Tequila con limón" tiene la música de una canción desconocida de Pat Boone y "La perla" es una canción original de Óscar Cossío, excelente músico de Los Silver Rockets, quienes la grabaron como una prueba para ingresar al elenco de Peerless, sin éxito.

La nueva faceta de Arturo como solista (el Chico de oro de Actopan) con éxito aceptable, y haciendo dueto con Vianey Valdéz, lo separaron nuevamente del grupo. Entre José Acosta y Fernando Martínez buscaron a otro integrante que completara el cuarteto. Finalmente dieron con Enrique, fan de los Beach Boys y gran beatlemaníaco. Con Enrique, joven entusiasta como pocos, tuvieron formidables experiencias con muchas anécdotas simpáticas.

Con Peerless lanzaron cinco discos más hasta el 67.

José María Martínez Meza comenta: «Por iniciativa de Enrique nos presentamos en un festival que se realizó en el teatro de Chetumal, Quintana Roo. No fue algo muy agradable, pero ahí conocimos a algunos pilotos del Escuadrón 201, cuya base estaba entonces en la isla de Cozumel. Ellos organizaron un baile y nos llevaron a tocar. En el inter, nos invitaron a volar en sus T-28, con los que hicieron maniobras que nos sacaron el desayuno a casi todos. En recuerdo de ese viaje, grabamos una canción con ese tema».

Después de 1967 vino una sólo de presentaciones, sin grabar. José Acosta no podía continuar con el grupo debido a sus compromisos laborales y se separó de la banda. Se integraron otros dos josés, Rodríguez había sido baterista de Los Mabbers, y Madera había grabado con su grupo el cover "Bájate de mi nube", de los Rolling Stones; ambos le imprimieron a Los Juniors su gusto por los nuevos repertorios.

En 1968 se separaron Enrique Carrillo, José Acosta y Fernando Martínez. La principal actividad del grupo fueron presentaciones en eventos privados y bares, como en el Casino de la selva, en Cuernavaca. «En un bar local tocamos una noche para el boxeador Ernie Terrell y su novia, que eran los únicos parroquianos. Terrell estaba en México para actuar en una de tantas películas de Tarzán que se filmaba en locaciones cercanas a Cuernavaca».

Hacia el final de la década, el grupo se dispersó. En 1970 José Acosta y Arturo Gómez retomaron las actividades hasta el día de hoy, reuniendo nuevamente a Juan Hurtado y Javier Rebollo Lozano, haciendo grabaciones remasterizadas, así como presentaciones en vivo, aunque ya no de forma permanente. En esta etapa también participaron José Antonio Méndez †, Eduardo Solís y William Plowers.

Discografía

- *Los Juniors* EP (1960)
- *Los Juniors* (1961)
- *Los Juniors* (1962)
- *Los Juniors* (1963)
- *Los Juniors* (1964)
- *Los Juniors* (1965)
- *Los Juniors* (1966)
- *Los Juniors* (1967)

Otras grabaciones

- *Los Juniors*; caja con 5 discos (2008)

27. Los Jets (de Monterrey)

Inicio y fin ▶ Lugar

1960-1965

Monterrey, Nuevo León

Integrantes

- Juan Palacios el «Johnny» - Voz
- Arturo Cepeda † - Guitarra
- José Garibay † - Guitarra

- Carlos el «Pato» Pascual Pérez - Bajo
- Carlos Jaime Garza el «Colorín» - Batería

Género

Rock and roll con influencias de Chuck Berry y Elvis Presley.

Historia

El grupo se formó en la ciudad de Monterrey en el año 1960. Al no haber lugares específicos para presentarse, tocaron en toda clase de eventos, en cines, teatros, terrazas o cualquier sitio que tuviera espacio para bailar.

En un principio usaban instrumentos rudimentarios, por lo que la tía de Arturo decidió apoyarlos aportando dinero para que su sobrino viajara a la ciudad de McAllen y pudiera comprar instrumentos profesionales para la banda. En realidad, el dinero no era suficiente, pero Arturo se hizo amigo del dueño de la tienda y le dio crédito. Para pagar, consiguieron trabajo en Reynosa, Tamaulipas, durante 1961, por recomendación de don Beto, propietario del negocio de instrumentos. Se las arreglaron entonces para que, aun siendo menores de edad y con sus padres en contra, ensayaran, viajaran a Reynosa y comenzaran a foguearse en un legendario sitio llamado Eddie's Night. Después trabajaron en el bar Bum Bum, lugar al que solían llegar algunas luminarias de Estados Unidos, por lo que tuvieron la suerte de acompañar a Chuck Berry. La dinámica en la frontera era la siguiente: como en Estados Unidos la vida nocturna tenía restricciones, la gente solía pasar al lado mexicano, por lo que los espectáculos eran para el gusto de los estadounidenses. Esto hizo que Los Jets lograran un nivel interpretativo bastante bueno y crearon cierta fama en la zona fronteriza.

Instalados en Reynosa viajaban a Monterrey eventualmente. Participaron en un concurso organizado por el laboratorio Bristol Meyers y la estación de Radio XEOK, dirigida por Roberto Hernández Jr. También aparecieron en el programa de televisión *Muévanse todos*, conducido por Vianey Valdés. Luego consiguieron trabajo en Ciudad Acuña, donde también permanecieron una temporada.

En 1963 decidieron probar fortuna en la Ciudad de México y se presentaron en diversos cafés cantantes, como El Quinqué y el bar El Cavi. Se presentaron en el programa de televisión *Buscando estrellas*, conducido por Paco Malgesto.

En dicho viaje grabaron para RCA Victor algunos temas que aparecieron en el acoplado *El show de Los Frenéticos*, junto a Emily Crantz, Los Matemáticos, Pyly Gaos, Los Sinners, Los Intocables y Palito Ortega. Ellos participaron con los temas "El diablo con antifaz", cover de "Devil in Disguise", y que hiciera famosa Elvis; y "A mí me llaman Popeye", cover de "I am Popeye The Sailor Man". También grabaron los temas "Payasada" y "Ya verás baby".

Habían logrado incorporarse a diferentes caravanas artísticas junto a grandes nombres del rock and roll, principalmente en el área del estado de Nuevo León.

Ya de vuelta a Monterrey participaron en programas de la televisión local como *A ritmo de twist* del Canal 6, *El clan del martillo*, conducido por Héctor Benavides, y *Campeones de la nueva ola* en el Canal 3.

El grupo se disolvió poco después.

Discografía .... O

- *El show de Los Frenéticos*, compilación (1964).

Otros .... ((▶

Los Jets acompañaron a José López, alias Tommy López, considerado el James Brown mexicano.

28. Los Lluken's
/////////////////////////////////

Inicio y fin ....▶ **Lugar** ....◻

1960 - 1962   Ciudad de México

Integrantes III

- José María Espinosa «Pepe» Luken - Voz y guitarra
- (?) Espinosa Luken - Bajo
- (?) Espinosa Luken - Batería

Género .... 𝄢

Rock and roll, country, canción tradicional y balada rock, con influencia de Elvis Presley, Bert Campfert y Scott Wiseman.

Historia .... |◄◄

El guitarrista y cantante José María Espinosa, mejor conocido como Pepe Luken, creó el grupo Pepe y sus Chicanos en 1960, a lado de sus hermanos, quienes tocaban bajo y batería. De manera vertiginosa hicieron toda su producción discográfica en un año.

Caracterizados por la voz grabe de Pepe, grabaron para la discográfica Peerless cuatro temas en dos sencillos de 45 RPM. Tuvieron el apoyo en los coros de Las Vázquez, y el ex guitarrista de Los Zipps, Alberto Figueroa, colaboró en el tema "Estoy enamorado".

Pepe y sus Chicanos participaron en el disco de Las Vázquez, titulado *Comunicando*, en donde las acompañan en los temas "Corazón corazoncito" y "Cielo temprano".

Su material no obtuvo la respuesta esperada, por lo que los hermanos Espinosa se detuvieron por un tiempo breve, para regresar al estudio de grabación, pero ahora como Los Luken's.

Todavía ese 1960 salió, con Peerless, el EP *Los Luken's*. La respuesta a este material fue muy distinta. "Corazón de madera" se convirtió en el tema por el cual el público los recordó posteriormente.

Durante 1961 Peerless sacó la compilación *ABC del Rock*, donde aportaron los temas de "Rock de la Luna" y "No me dejes ahora", junto a canciones de Los Boppers, Gabriel Rodríguez y Pablito Jr.

Estos hermanos, que en el transcurso de un año le pusieron dos nombres a su banda y grabaron ocho temas además de otros dos con Las Vázquez, lograron tener un éxito radial durante el siguiente año con la canción "Corazón de madera". Al comienzo de 1962 lanzaron un sencillo de 45 RPM de Los Luken's, con los temas "Bim Bom Bay" y "Clementina", provenientes de su EP. Tras un discreto éxito con "Clementina", se separaron para dejar atrás una carrera meteórica, alejándose del medio y no volviéndose a saber nada de ellos.

En 1965, Los Luken's aparecieron en la compilación *Inolvidables en Ritmo*, con el tema "Corazón de madera".

Discografía .... o

Como Pepe y sus Chicanos

- "Rock de la Luna" / "No me dejes ahora", sencillo 45 RPM (1960)
- "Mi querido capitán" / "Estoy enamorado", sencillo 45 RPM (1960)
- *Las Hermanas Vázquez - Comunicando* (1960) participan como Pepe y sus Chicanos

Como Los Luken's

- *Los Luken's*, EP (1960)

Con Pepe y sus Chicanos

- *ABC del Rock*. compilación (1961).

Con Los Lunken's

- "Bim Bom Bay" / "Clementina", sencillo 45 RPM, recopilación (1962)
- *Inolvidables en Ritmo*, compilación (1965)

29. Los Hermanos Carrión

Inicio ....▶ **Lugar** ....◻

1960   Ciudad de México

Integrantes... III

- Ricardo el «Güero» Carrión - Voz y guitarra
- Lalo Carrión - Voz y guitarra
- Hector Carrión † - Voz y Bajo (1961-2015)
- Diego González de Cossío - Guitarra
- Juan Manuel González de Cossío - Batería (1960-1961)
- Eduardo Escáneca - Batería

Género.. 𝄢

Balada rock, balada rítmica, country y bolero con influencias de The Everly Brothers, Paul Anka, Neil Sedaka y Del Shannon

Historia.. |◄◄

Los antecedentes del grupo se remontan a cuando Ricardo el «Güero» Carrión, de 15 años, formó el dueto romántico Añoranza con su primo, en la ciudad de Xalapa, Veracruz. El Güero tocaba una guitarra que su padre le había regalado a su mamá y de la que él terminó adueñándose. En 1958 la familia se trasladó a la Ciudad de México, el Güero se juntó con su hermano Lalo y comenzaron a tocar rock and roll, principalmente en fiestas.

Para 1960, el Güero estudiaba arquitectura en la UNAM y comenzó a trabajar como dibujante en el despacho del arquitecto Juan Sordo Madaleno. Ahí conoció a otro estudiante, Diego González de Cossío, quien tocaba la guitarra con The Black Jeans. Éste lo invitó a los ensayos de su grupo y comenzó una convivencia con los Carrión. Diego González de Cossío y su hermano Juan Manuel, les propusieron al Güero y Lalo grabar un disco. En ese momento nació el grupo de Los Hermanos Carrión. Tocaban lo que ellos denominaron «balada rítmica» y su sonido se caracterizó por tener una fuerte influencia del grupo estadounidense The Everly Brothers, en donde entonaban canciones románticas a dos o tres voces. La mayoría de estos temas eran covers.

Diego se las arregló para, aun estando con Los Camisas Negras, grabar con ellos "Dulce visión", "Dices no", "Dime quién" y "¡Oh solitario!" para Discos Cisne, que aparecieron en un acoplado que extrañamente se llamó *El gran show de Los Carrión* (extrañamente, porque al ser acoplado, contenía también temas de Los Juniors y Los Rippers). Después Cisne sacó un EP con esos temas, llamado *Rock... Rock... Rock'n Roll*. Todos los temas eran originales, menos "¡Oh Solitario!".

Los Camisas Negras lanzaron su primer y único larga duración, y en 1961 se deshicieron. Diego pudo entonces integrarse de lleno a Los Hermanos Carrión. Juan Manuel decidió retirarse para concentrarse en sus estudios y se quedaron con el baterista Eduardo Escáneca.

Ese mismo año se incorporó otro hermano de los Carrión, Héctor, quien aprendió a tocar el bajo con ellos. «¿En dónde ensayábamos? Pues fíjate que lo hacíamos en casa de mis papás, con unas guitarras acústicas que ya teníamos, una guitarra eléctrica que nos compró mi papá y con instrumentos que Diego hacia favor de prestarnos. Héctor entro hasta 1961, cuando nos quedamos sin bajista; él estaba estudiando pintura en la academia de San Carlos y trabajaba como dibujante en la Secretaría de Salubridad y Asistencia ganado la fabulosa cantidad de 900 pesos al mes. A nosotros ya nos estaba yendo bien, así que le propusimos entrar pagándole ¡175 pesos diarios! Por supuesto que aceptó a pesar de que no sabía tocar el bajo": anécdota contada por Ricardo el «Güero» Carrión en el texto titulado *Los Hermanos Carrión (por ellos mismos)* del sitio en internet *Vuelve primavera: El Rock de Los 60 en México*. <http://estroncio90.typepad.com/blog/2009/09/breve-rese%C3%B1a-de-los-hermanos-carri%C3%B3n-por-ellos-mismos.html>.

En 1961, Discos Cisne negoció con Discos Orfeón el traspaso de Los Hermanos Carrión. No pudieron contar con mejor suerte, ya que Cisne resultó ineficiente para promoverlos, de manera que al entrar a Orfeón la proyección de su trabajo fue mayor. En 1962 lanzaron el disco *Los incomparables Hermanos Carrión*.

En 1963 apareció "Las cerezas", tema que da título al disco, y resultó su mayor éxito hasta el momento. La respuesta del público para ambos discos no se hizo esperar. Los Hermanos Carrión se colocaron como uno de los grupos preferidos de la juventud.

Decidieron probar con la compañía CBS, que les permitía intentar carreras solistas y continuar como grupo. Para esta empresa grabaron dos discos. El primero, *Variedades* de 1963, con arreglos y producción de Chuck Anderson. El segundo *Los triunfadores* de 1964, producido por Edgardo Obregón.

A partir de esta etapa Lalo combinó una carrera solista con la de Los Hermanos Carrión, así que logró colocar en la radio los temas "Gina" y "Yo sufro", covers de Johnny Mathis y Roy Orbison respectivamente, y se hizo acompañar de la Orquesta de Chuck Anderson.

Por su parte el Güero también probó la experiencia solista cantando "Lindos ojos", cover de Pretty Blue Eyes de Steve Lawrence, además de "Bésame ya" y "Brenda".

Tras *Los triunfadores*, volvieron grabar con Orfeón en 1964: *Surf, balada y rock*. Ese año les otorgaron disco de oro por el tema "Las cerezas".

Lalo y el Güero grabaron algunos temas más en plan solista, pero finalmente la prioridad fue el grupo, por lo que combinaron en las presentaciones de Los Hermanos Carrión sus temas clásicos en solitario. Por su inclinación romántica comenzaron a mezclar la balada rock con el bolero y música ranchera, cosa que años después tendría gran influencia en los grupos que tocaron en bailes populares.

Durante los siguientes años construyeron una carrera sólida dentro de Orfeón, además de incursionar en el cine, donde solían aparecer en películas de vaqueros, principalmente.

En 1965 lanzaron *Nuevos éxitos*, con "Lanza tus penas al viento" (disco de oro).

Entre 1963 y 1965, hicieron exitosas temporadas en los centros nocturnos La Perla y El Leopardo de El Señorial. También se presentaron en las famosas Caravanas Corona organizada por Ernesto Vallejo y además viajaron a Argentina, Perú y Ecuador en 1964.

Hicieron versiones de temas del Cuarteto de Liverpool en *Éxitos de Los Beatles, con Los Carrión*, en 1966. Ese mismo año vino *Voz y espíritu de un pueblo*.

Participaron en las películas *Gallito veloz*, junto a Eric del Castillo, dirigida por Jaime Salvador y Tito Novaro y producida por Mario García Camberos; *La batalla de los pasteles*, con Viruta y Capulina, dirigida por Agustín P. Delgado; *El secreto del texano*, con Dacia González y Rogelio Guerra, dirigida por Alfredo B. Crevenna y producida por Francisco Gómez y Enrique Rosas Priego; *Tierra de violencia*, junto a Rodolfo de Anda y Lorena Velázquez, dirigida por Raúl De Anda hijo y producida por Raúl De Anda, y *La Valentina*, donde actúa sólo el Güero junto a María Felix y Lalo González «Piporro», dirigida por Rogelio A. Gonzalez y producida por Gregorio Walerstein.

Entre 1966 y 1967 hicieron una exitosa temporada en El Chamicín del Hotel Alameda en la Ciudad de México.

Para 1967 salió *Lágrimas de cristal*, todo un clásico del grupo. Ese año se editó el disco *Los románticos Hermanos Carrión*, que en la actualidad es muy difícil de conseguir.

En el cine, aparecieron en *Qué hombre tan sin embargo*, con Piporro, y dirigida por Julián Soler.

En 1968 lanzaron *Nueva era de Los Hermanos Carrión*, que contiene el tema «Ángel de mi vida».

Ese año, aparecieron en tres películas: *Bajo el imperio del hampa*, junto a Regina Torne y Carlos East, dirigida por Miguel M. Delgado y producida por Ramón Armengod; *Por mis pistolas*, con Cantinflas, dirigida por Miguel M. Delgado y producida por Jacques Gelman; y *Con licencia para matar*, donde el Güero aparece junto a Emily Cranz, Leonorilda Ochoa y Héctor Bonilla, dirigida por Rafael Baledón y producida por Alberto, Eduardo y Jesús Galindo.

Tras siete años de tocar con Los Hermanos Carrión, Diego González de Cossío se retiró para probar nuevos caminos como guitarrista. Desde entonces, la imagen del grupo se concentraría en los tres hermanos.

En 1970 dieron un giro estilístico y sacaron dos discos influenciados por las escenas hippie y psicodélica, pretendiendo no perder vigencia. El primero fue *Buenos días dulce estrella*, y cuyo tema homónimo fue el que sonó en la radio. El segundo disco fue *Álbum de amor y paz*.

La ausencia de Diego, el cambio de dirección estilística y lo sucedido en el Festival de Rock y Ruedas de Avándaro, generaron un ambiente en el cual se hizo más difícil subsistir.

En 1973 sacaron *Te amo necesariamente*, producido por Dogoberto Reyes. Ese año el Güero participó en *Fuga en la noche*, junto a Rodolfo de Anda y Nubia Martí, dirigida por Raúl De Anda hijo y producida por Raúl De Anda. En 1974 Los Hermanos Carrión hicieron la película *Conserje en condominio*, nuevamente junto a Cantinflas, dirigida por Miguel M. Delgado y producida por Jacques Gelman, y en 1975 Ricardo participó en dos películas, *El valle de los miserables*, junto a los hermanos Almada, Alma Muriel y Ana Luisa Pelufo, dirigida por René Cardona Jr. y producida por Gustavo Bravo Ahuja; y *Las Hijas de Don Laureano*, junto a Hilda Aguirre, y Manuel el «Loco» Valdés, dirigida por Gilberto Martínez Solares y producida por Raúl De Anda.

Para mediados de los setenta, el Güero se enfocó en su carrera de actor haciendo varias películas.

No fue hasta 1978 que regresaron discográficamente con *Canción mexicana al estilo Rock*, producido por Jorge Serna. Ese año, participaron también en el Festival OTI. Este evento tuvo la participación de diversos exponentes pioneros del rock and roll, que buscando nuevas maneras de proyectarse ante el público, encontraron en la balada orquestal una manera de seguir vigentes.

Al año siguiente volvieron al estudio, esta vez con Melody, para lanzar un disco con versiones de sus éxitos con arreglos de música disco, al que llamaron *Las baladas de Los Carrión y la nueva Época de Oro*, producido por Lázaro Muñiz. La era del disco estaba en pleno y no quisieron quedar fuera. Una muestra más de su capacidad de adaptación.

En 1985 el Güero volvió a participar en una película. Esta fue *Fiebre de amor*, junto a Luis Miguel y Lucerito, con la dirección de René Cardona Jr.

Buscando nuevos foros, tocaron en los Teatros del Pueblo de las distintas ferias populares, en palenques y bailes. A partir de 1986, y siempre en la búsqueda de mantenerse vigentes, sacaron tres discos más con Orfeón: *Y con sus nuevos éxitos* (1986), *El espalda mojada* (1987), *Lambada rock* (1989).

En el 2000 sacaron con IM Discos *Los éxitos de José Alfredo Jiménez*, y en 2004 *El bailongo*, un álbum con sus clásicos en nuevas versiones y cuatro temas nuevos, entre los que se puede escuchar "Tómalo con calma", un cover de The Eagles.

En 2007, participaron en el reallity show de Televisión Azteca, *Disco de Oro*, donde llegaron a ser finalistas y logrando una nueva proyección en medios masivos.

El 30 de enero del 2015 murió Héctor Carrión de manera súbita, a causa de un paro cardiaco mientras departía en su casa con miembros del grupo. En la actualidad, sus dos hermanos continúan presentándose acompañados de Alejandro García Gómez en la batería, Heriberto Estrada en la guitarra y Marcos Domínguez en el bajo.

Los Hermanos Carrión se han presentado a lo largo del tiempo en infinidad de teatros, ferias, palenques, festivales, centros nocturnos, cafés cantantes, bailes, fiestas, tardeadas, kermeses y caravanas, en México y el mundo. Han salido en prácticamente todos los programas musicales de la televisión mexicana y han hecho innumerables programas de entrevistas, inclusive conduciéndolos. Han actuado en muchas películas y han recibido toda clase de reconocimientos. Han sido un grupo que acercó rock and roll suave y romántico a un público ajeno al inglés y las modas extranjeras. Mezclaron el soft rock y la música tradicional mexicana, sentando una de las principales influencias de un nuevo tipo de balada que abarcó otros ámbitos no roqueros. Crearon una base de seguidores fieles, que sin duda no los olvidan.

Discografía .... O

- *Rock... Rock... Rock'n Roll* (1961)
- *Los incomparables Hermanos Carrión* (1962)
- *Las cerezas* (1963)
- *Variedades* (1963)
- *Los triunfadores* (1964)
- *Surf, balada y rock* (1964)
- *Nuevos éxitos* (1965)
- *Éxitos de Los Beatles con Los Carrión* (1966)
- *Voz y espíritu de un pueblo* (1966)
- *Lágrimas de cristal* (1967)
- *Los románticos Hermanos Carrión* (1967)
- *Nueva era de los Hermanos Carrión* (1968)
- *Buenos días dulce estrella* (1970)
- *Álbum de amor y paz* (1970)
- *Te amo necesariamente* (1973)
- *Canción mexicana al estilo Rock* (1978)
- *Las baladas de Los Carrión y la nueva Época de Oro* (1979)
- *Y con sus nuevos éxitos* (1986)
- *El espalda mojada* (1987)
- *Lambada rock* (1989)
- *Los éxitos de José Alfredo Jiménez* (2000)
- *El bailongo* (2004)

Otras grabaciones

- *El gran show de Los Carrión*, acoplado (1961)
- *Lo mejor de Los Hermanos Carrión*, recopilación (1967)

- *Éxitos internacionales*, recopilación (1967)
- *Mano a mano Rocking Devils - Los Hermanos Carrión*, split compilación (1968)
- *15 grandes éxitos*, recopilación (1985)
- *Sus 20 mejores éxitos*, recopilación (1994)
- *Los Hermanos Carrión*, recopilación (1999)
- *Éxitos y canciones*, recopilación (2000)
- *Rock de los 60's*, recopilación (2001)
- *Colección de 3 CD's*, recopilación (2004)
- *Éxitos de Los Hemanos Carrión*, recopilación (2007)
- *Par de Ases del Rock de los 60´s Los Apson - Los Hermanos Carrión*, split compilación (2008)
- *20 kilates*, recopilación (2015)

Otros..((▶

El Güero fue director artístico en Discos Orfeón, trabajando con los grupos Rockin' Devils, Toño Quirazco, Nina, Los Hitters y Los Belmonts.

30. Los Frenéticos
////////////////////////////////////

Inicio y fin........................▶ Lugar.................................□

1960-1963   Monterrey, Nuevo León

Integrantes.. III

- Sergio Rodríguez Maldonado † - Voz, guitarra y guitarra slide
- David Garza † - Guitarra
- Ramiro Lara - Batería (1960-1962)
- José Humberto «Pepe» Gutiérrez - Batería (1963)
- José Luis Gazcón - Bajo (1962)
- Lisandro Rodríguez - Bajo (1962-1963)

Género..𝄢

Rock and roll, surf y twist con influencias de Chuck Berry, Bill Haley, Elvis Presley y Little Richard.

Historia..|◄◄

No hay que confundir a Los Frenéticos de Monterrey con las bandas homónimas de Guadalajara y Tampico. Se formaron al nacer la década de los sesenta, comandados por el guitarrista y cantante Sergio Rodríguez. Completaban el grupo David Garza en la guitarra de acompañamiento y Ramiro Lara en la batería. Fueron contemporáneos de Los Jets y, como ellos, se fueron a trabajar a Reynosa, Tamaulipas. No tocaron en los mismos sitios, pues El Chaco's era el lugar de planta de Los Frenéticos.

En 1962, se incorporó José Luis Gazcón en el bajo, proveniente del grupo recién desintegrado Los Fender de Matamoros. Estuvo unos meses con ellos, animándolos a viajar a la Ciudad de México, pero no encontró eco a sus sugerencias. Finalmente, abandonó el grupo para integrarse a Los Ángeles Azules (no confundir con el grupo de cumbias), en su natal Matamoros. En su lugar entró Lisandro Rodríguez.

Con esta formación comenzaron a llamar la atención del público local y acompañaron a Tin Tan y su carnal Marcelo en varias ocasiones.

En 1963 Ramiro Lara dejó el grupo para dedicarse a sus estudios de medicina; y Lisandro invitó a José Humberto Gutiérrez para sustituirlo.

Nadie podría haber predicho que la situación laboral en Reynosa cambiaría de una manera drástica después del asesinato de John F. Kenedy, el 22 de noviembre de 1963, cuando el turismo bajó en la zona fronteriza. Ante este panorama, el grupo se desintegró al poco tiempo.

Los integrantes de Los Frenéticos se incorporaron a otras bandas de la región. David Garza se unió a La División del Norte y participó en el Festival de Rock y Ruedas de Avándaro.

31. Los Ángeles Azules

Inicio y fin................................▶ **Lugar**................................◻

1960-1965   Matamoros, Tamaulipas

Integrantes... III

- Eduardo Alberto Meade Centeno - Piano (1960-1962)
- Armando Guajardo - Guitarra (1960)
- César Villarreal † - Guitarra (1960-1963)
- Heriberto Martínez Morales - Voz y guitarra (1960-1964)
- César García Aguayo - Voz (1960)
- Miguel de la Garza Villareal † - Bajo (1960-1962)
- José Luis García Cantú - Batería (1960)
- Homero Tejeda Guerra - Guitarra (1960-1964)
- Heberto Castillo - Batería (1960-1964)
- Óscar de la Garza - Bajo (1962-1963)
- Anarbol González - Piano (1962)
- Saúl Garza - Bajo (1963-1964), guitarra (1964) y bajo (1965)
- José Badiola - Piano (1963)
- José Luis Gazcón - Guitarra (1963-1965)
- Manuel Gazcón - Bajo (1963)
- Sergio Rodríguez - Guitarra (1964-1965)
- José Humberto Gutiérrez - Batería (1964)
- Beto Villareal - Batería (1964)
- Miguel Ibarra - Batería (1964-1965)
- Benny Ibarra - Voz (1965)
- Alfonso Ascencio - Guitarra

Género..𝄢

Rock & roll, twist y rock pop, con influencias de The Beatles y Little Richard.

Historia..|◄◄

Hablar de Los Ángeles Azules, es hablar de una banda en continua transformación. Como ejemplo, podemos mencionar que entre sus últimos integrantes ya no había miembros fundadores. Sin embargo, fue un grupo relevante por varios motivos. Fue la primera banda de rock and roll difundida masivamente por una estación local de Matamoros, en el noreste fronterizo mexicano. Pero fue también el antecedente directo de otra banda que logró proyección nacional, Los Yaki.

Todo comenzó cuando en el verano de 1960, en una tardeada en el Casino Matamorense, a las afueras del café Matamoros, dos jóvenes recién ingresados a la preparatoria, Eduardo Alberto Meade Centeno (pianista) y Armando Guajardo (guitarrista), se pusieron a hablar de sus gustos musicales. De ahí nació la idea de formar un grupo. Aprovechando que en la misma tardeada estaban Miguel de la Garza Villarreal (bajista) y César García Aguayo (cantante), los convocaron para arrancar juntos The Blue Angels, nombre inspirado en el grupo acrobático de jets de la naval estadounidense. Luego, este nombre se transformó en Los Ángeles Azules.

En los siguientes días se incorporaron César Villareal (guitarrista), José Luis García (batería) y Heriberto Martínez (cantante). Montaron seis temas y una introducción que decía: «Somos Los Ángeles Azules y tocamos rock and roll. Somos siete estudiantes y nos gusta el vacilón».

Al terminar las vacaciones de verano, Armando y José Luis abandonaron el grupo, entrando en su lugar Homero Tejeda Guerra en la guitarra y Heberto Castillo en la batería. Aunque comenzaron sin instrumentos eléctricos, es decir, con guitarras de palo y media batería, ahorraron para hacerse de equipo. Cruzando la frontera, en Brownsville, había una tienda de artículos de segunda mano donde fueron adquiriendo instrumentos más adecuados.

Un domingo tuvieron la oportunidad de presentarse en la estación local XEAM, ya que uno de los cantantes de Los Ángeles Azules, César García, era sobrino del dueño. Tenían un estudio-foro con capacidad para 150 personas desde donde transmitían en vivo a toda la región. Es difícil saber si ellos fueron realmente la primera banda de rock and roll de Matamoros, pero el hecho de ser los primeros en aparecer en la radio los convirtió en pioneros ante la percepción general. El éxito fue tal, que tocaron en el siguiente programa, donde interpretaron nuevamente las únicas seis canciones que tenían montadas.

Tiempo después salió César, quedando Humberto como único cantante. El grupo ganó rápidamente popularidad y comenzó a foguearse en los escenarios de su ciudad y la zona fronteriza.

En 1961 viajaron a Houston, Texas, para grabar su primer sencillo de 45 RPM con los temas "Kansas City" y "Matilde".

El siguiente año decidieron probar fortuna en la Ciudad de México, donde firmaron con Musart. Grabaron temas que editaron en diferentes sencillos, varios de ellos a ritmo de twist. Como parte de su promoción aparecieron en programas de televisión como *Ossat-Vanart*, de Televicentro, y en la ciudad de Monterrey en el programa de Vianey Valdéz, *Muévanse todos*.

Ese 1962 salió del grupo Miguel para ser sustituido por su hermano Óscar en el bajo; también lo hizo Eduardo, tomando su lugar Anarbol González en el piano, quien no duró mucho tiempo en la banda. Para 1963, Óscar y Homero salieron, dando entrada a los hermanos José Luis y Manuel Gazcón en la primera guitarra y el bajo, respectivamente. José Luis venía de tocar con Los Chachos.

Después de tres intentos por conquistar la capital del país y gracias a la persistencia de José Luis, ya que los anteriores integrantes parecían preferir no salir de su área de confort en su natal Matamoros, y quizás desmotivados por las dificultades que llegaron a encontrar en sus previas visitas la gran ciudad, volvieron y rentaron una casa en la calle Morena 231 de la colonia Del Valle, que por un tiempo compartieron con sus paisanos, Los Frenéticos. Se presentaron en cafés cantantes como el 170 La Rue y El Pipos.

Heberto Castillo dejó la batería para fungir como representante del grupo, por lo que ingresaron José Humberto Gutiérrez y Sergio Rodríguez de Los Frenéticos, en la batería y la segunda guitarra, respectivamente. Esto a su vez provocó que Saúl Garza pasara de la segunda guitarra al bajo, ya que a Manuel Gazcón tuvo problemas para tocar por ser menor de edad, y éste pasó a ser tesorero del grupo.

En 1964 grabaron para Musart, el EP *Creaciones de Los Beatles con Los Ángeles Azules*.

También tuvieron algunas colaboraciones con otros artistas. Acompañaron a Miguel Ángel Medina en los temas "Oh preciosa", "Beatriz" y uno de sus mayores éxitos, "El esqueleto". También lo hicieron con

Tin Tan en su versión chusca de "I Want to Hold Your Hand", de The Beatles, llamada "Ráscame aquí".

Ese año Musart sacó un LP *El sensacional baile Monkey*, con Los Reyes del Twist. En la actualidad, estas grabaciones son difíciles de encontrar en su formato original, pero en 2013 Musart relanzó todos estos temas en acoplados para descarga digital por internet, con nombres como *Baile Monkey* y *Quiero estrechar tu mano*.

Tuvieron diversas apariciones en medios además de presentarse en la feria de San Marcos de Aguascalientes, y en su natal Matamoros. Fue ahí donde, tras ciertas fricciones, José Humberto y Sergio se salieron del grupo. En su lugar ingresaron Beto Villareal en la batería y regresaron Manuel Gazcón al bajo y Saúl Garza a la segunda guitarra.

Para entonces el grupo había alcanzado un gran nivel y los reconocían por su sonido fresco y agresivo. Sin embargo, tuvieron dificultades con Beto, ya que no avanzaba a la par de los demás. Los hermanos Gazcón conocían a Miguel Ibarra, de Reynosa, Tamaulipas, donde habían trabajado antes. Así que viajaron a la ciudad fronteriza y lo invitaron a Los Ángeles Azules. En ese viaje conocieron a su hermano Benny y pensaron que podría ser un buen integrante como segundo cantante junto a Heriberto. Pero él no mostró mucho interés.

Regresaron a la Ciudad de México y Heriberto Martínez, cantante, líder y miembro más antiguo del grupo, comenzó a tener problemas con su garganta. Ante esta nueva circunstancia, volvieron a pensar en Benny, no como uno de dos cantantes sino como voz principal. Como Heriberto tocaba la guitarra también, a su salida invitaron Alfonso Ascencio para cubrir esa parte de los arreglos. Siguieron tocando en cafés cantantes con mucho éxito, siendo memorables sus presentaciones en el Roselli de Liza Rosell. Ahí fue donde ejecutivos de CBS los contactaron para firmarlos en un nuevo sello de la compañía que se llamaría Capitol. Les pidieron cambiar su nombre ya que tenían la intención de promoverlos en el extranjero. Así que pensaron en un nombre mexicano, e inspirados en los indios yaquis de Sonora, se pusieron Los Yaki.

Discografía

- "Kansas City" / "Matilde sencillo" 45 RPM (1961)
- *Creaciones de Los Beatles con Los Ángeles Azules* (1964)

Otras grabaciones

- *El sensacional baile Monkey*, recopilación split (1964) Los Ángeles Azules con Los Reyes del Twist.

Recopilaciones digitales en red

- *Baile Monkey*, recopilación (2013)
- *Quiero estrechar tu mano*, recopilación (2013)

32. Enrique Guzmán

Inicio..▶ **Lugar**..◻

1960   Ciudad de México

Género..𝄢

Balada rock, balada pop romántica, bossa nova y rock and roll, con influencias de Richie Valens y Frank Sinatra.

Historia..|◀◀

Enrique Guzmán nació en Caracas, Venezuela, el 1 de febrero de 1943. Hijo de mexicanos, vivió en ese país hasta los 12 años, cuando sus padres decidieron regresar a la Ciudad de México con toda la familia. Tiene doble nacionalidad. Entró al Colegio Fray Juan de Zumárraga y solía irse de pinta a las lanchas del Lago de Chapultepec.

En Venezuela aprendió a tocar el cuatro y de ahí se pasó a la guitarra. Siendo aún un adolescente conformó junto a sus amigos Sergio Martel, Jesús y Armando Martínez, el grupo de Los Teen Tops en 1958. Con ellos y Rogelio Tenorio, hizo sus primeras grabaciones en 1960, convirtiéndose en un fenómeno comercial y alcanzando gran popularidad.

A los 17 años recibió el ofrecimiento de CBS, y de José de Jesús Hinojosa, para ser contratado como solista, respondiendo a una estrategia mercadológica en la cual los cantantes de los grupos exitosos fueron lanzados como intérpretes de baladas, convirtiéndolos en una novedosa figura comercial: los ídolos juveniles. El rock and roll, en un principio despreciado por los adultos, había evidenciado el potencial comercial que tenían los jóvenes y los ídolos juveniles fueron, y son hasta la fecha, la creación más eficiente de los estrategas de ventas. En ese contexto salió su primer disco como solista, titulado *Enrique Guzmán Vol. 1*, en 1960. El tema que se promovió fue "Mi corazón canta".

En 1961 lanzó dos discos: *Enrique Guzmán Vol. 2* y *Enrique y el Twist*, en el que apareció "Muñequita", acompañado por el grupo Los Salvajes. Con ellos realizó algunos de EPs y sencillos.

En 1962 participó como actor en la película *Twist, locura de juventud*. Ese mismo año lanzaron *Enrique Guzmán Vol. 4*.

Para 1963 participó en la película *Mi vida es una canción*, con Angélica María. La mancuerna de Enrique con ella se convertiría en una gran fórmula para varias cintas. Se convirtieron en la pareja juvenil del momento. También colaboró con las actrices españolas Pili y Mili en *Como dos gotas de agua* y participó en el programa de televisión *Cómicos y canciones*, con los comediantes Viruta y Capulina. Ese año salieron dos discos: *Enrique Guzmán Vol. 5* y *Enrique Guzmán Vol. 6*.

De las tres películas que hizo en 1964, destacaron *La Juventud se impone*, que hizo junto a César Costa, y *Vivir sueños*, coprotagonizada por Angélica María y Manolo Muñoz. Ese año lanzaron el disco *El Romántico*; su sencillo fue "Tu voz".

En 1965 salió *Éxitos Internacionales*. También ese año fue nutrido en cuanto a su participación en películas. De las cuatro que hizo destacaron *Especialista en chamacas* y *Nacidos para cantar*.

En 1966 participó en la película *Acompáñame*, filmada en España junto a Rocío Durcal. Ese año salieron dos discos: *Enrique Guzmán a go go* y *Sentimental y alegre*.

En 1967 salió su onceavo disco titulado simplemente *Enrique Guzmán*. Participó en las películas *Persíguelas y alcánzalas*, y en 1968 *Sor Ye-Ye*, con Hilda Aguirre y *Como perros y gatos*, nuevamente con Angélica María. Ese mismo año se lanzaron los discos *Hoy* y *Sor Ye-Ye*, con Acuario Discos.

En el apogeo de su carrera se casó con la actriz Silvia Pinal, generando cierto revuelo social por la diferencia de edades entre ambos.

Procrearon dos hijos: Alejandra Gabriela, quien siguió los pasos de su padre en el medio musical, y Luis Enrique.

De 1968 a 1972 estuvo al aire el programa de televisión *Silvia y Enrique*, donde ambos hacían sketches cómicos. Por si fuera poco, a la par tuvo un programa cómico donde hacía el personaje de Bartolo Taras. Llegó a ser tan popular, que en la calle lo reconocían más por este personaje que como el cantante Enrique Guzmán, por lo que dio por terminada la emisión en 1973. Con este programa logró records de audiencia. En ese mismo lapso hizo trece películas más, entre las que destacaron *Caín, Abel y el otro* de 1971, donde actuó junto a Alberto Vázquez y César Costa; *The Incredible Inasion*, film de terror realizado en Estados Unidos y donde compartió créditos con Boris Karloff, y *Cómo hay gente sin vergüenza* de 1972, junto a su esposa Silvia Pinal.

Los discos de esa etapa fueron *Vuelve Enrique Guzmán*, de 1969 con CBS; *En ese mismo lugar*, de 1971 con Discos Peerless, y *Que vuelvas*, de 1973 con Discos Raff. De este último destacó el tema homónimo, una composición del entonces joven Juan Gabriel.

En 1974, lanzó dos discos acompañado del grupo Náhuatl de Ricardo Ochoa, en los que retoma sus primeros éxitos y los presenta con un sonido actualizado y roquero: *Los grandes éxitos del rock and roll* y *Los grandes éxitos del rock and roll Vol. II*, editados por Discos Raff. Ese mismo año, se separó de Silvia Pinal. A partir de ese momento disminuyó su producción, no discográfica, pero sí como actor. En 1975 sacó los discos *El triunfador* con Discos Orfeón y *Sugar*, de la obra de teatro homónima, presentada en el Teatro Insurgentes. En 1977 fueron *¿Por qué lloras?* y *Espectacular*, editados por Discos Orfeón y Melody, respectivamente. Además, apareció el disco *Lili*, de la obra de teatro homónima. Entre ese año y 1978, Enrique volvió a aparecer en televisión, con una segunda temporada de *Bartolo*.

Durante 1978 y en plena era disco, lanzó la producción *Amor en el aire*, con Discos Orfeón. Con el tema "El amor está en el aire", cover de John Paul Young, logró cierto repunte en la radio.

No volvió a aparecer una nueva producción hasta 1981, cuando sacó el disco *Fue una historia de amor*, con Discos Orfeón. Al año siguiente, ganó el Festival OTI nacional con la canción "Con y por amor", de Mario Molina Montes y Chamín Correa. Este tema apareció en 1982 en el disco del mismo nombre, editado por Orfeón, siendo ésta su última producción discográfica. Sin embargo, siguió presentándose ininterrumpidamente con su show durante los siguientes años.

En 1994 reapareció actuando junto a Angélica María y Alberto Vázquez en la telenovela *Agujetas de color de rosa*. Como empresario abrió el bar La Plaga, en donde se presentó con regularidad. Para promover la apertura de su lugar apareció del 29 al 30 de abril en el programa de televisión *En vivo* de Ricardo Rocha, donde reunió a Los Teen Tops, con quienes no tocaba desde hacía 30 años. La Plaga se convirtió durante la década de los noventa en el foro de muchos de los viejos pioneros del rock and roll.

En 2008 lo invitaron a participar en el programa televisivo *La Academia* y en 2013 lo hizo de nuevo en *La Academia Kids*.

A lo largo de su carrera musical pasó de interpretar el rock and roll a balada rock y balada pop orquestal. En los setenta exploró un sonido roquero más pesado, con el grupo Náhuatl. Volvió a sus orígenes durante los noventa. Pasó de ser el integrante de una banda exitosa, a ser un exitoso solista; de ser un ídolo juvenil en los sesenta, a ganar el Festival OTI en los ochenta.

Su trabajo musical, como sucedió con los cantantes solistas de su generación, no se puede separar de su trabajo actoral, donde invariablemente salía cantando. Los temas de sus películas y programas de televisión aparecían en sus discos, y viceversa. Fue una importante influencia en otros artistas, como en el caso de Miguel Ríos de España, gracias a la gran proyección que tuvo su trabajo en toda Iberoamérica.

Discografía .... O

- *Enrique Guzmán Vol. 1* (1960)
- *Enrique Guzmán Vol. 2* (1961)
- *Enrique y el twist* (1961)
- *Enrique Guzmán Vol. 4* (1962)
- *Enrique Guzmán con Los Salvajes*, EP (1962)
- *Enrique Guzmán con Los Salvajes*, EP (1963)
- *Enrique Guzmán con Los Salvajes*, EP (1963)
- *Enrique Guzmán con Los Salvajes*, EP (1963)
- *Enrique Guzmán Vol. 5* (1963)
- *Enrique Guzmán Vol. 6* (1963)

- *El romántico* (1964)
- *Éxitos internacionales* (1965)
- *Enrique Guzmán a go go* (1966)
- *Sentimental y alegre* (1966)
- *Enrique Guzmán* (1967)
- *Hoy* (1968)
- *Sor Ye-Ye* (1968)
- *Vuelve Enrique Guzmán* (1969)
- *En Ese Mismo Lugar* (1971)
- *Que vuelvas* (1973)
- *Los grandes años del rock and roll* (1974) con el grupo Náhuatl.
- *Los grandes años del rock and roll Vol. II* (1974) con el grupo Náhuatl.
- *El triunfador* (1975)
- *Sugar* (1975)
- *¿Por qué lloras?* (1977)
- *Lili* (1977)
- *Espectacular* (1977)
- *Amor en el aire* (1978)
- *Fue una historia de amor* (1981)
- *Con y por amor* (1982)

Otras grabaciones

- *Los grandes éxitos de Enrique Guzmán*, recopilación (1974)
- *15 auténticos éxitos*, recopilación (1983)
- *Sus grandes éxitos en España*, recopilación (1998)
- *Románticas con Enrique Guzmán*, recopilación (2002)

Otros..((▶

Practica el aeromodelismo, le gusta esquiar sobre nieve y es radioaficionado. Abrió el bar La Plaga, primero frente al hotel El Diplomático, en Insurgentes Sur. Posteriormente sobre la misma avenida, pero más al sur.

33. Los Topsy's

Inicio y fin .... ▶ **Lugar** .... ▫

1960-1961   Toluca, Eestado de México

Integrantes III

- Óscar Luja - Piano
- Polo Jiménez - Batería
- Carlos González - Guitarra y voz (1960)
- Gustavo Ramírez - Guitarra (1961)
- Nicolás González - Voz (1961)
- Juan de Anda - Bajo (1960)
- Jorge Mendoza García - Bajo (1961)
- David - Sax (1961)

Género .... 𝄢

Rock and roll con influencias de Elvis Presley y Bobby Rydel.

Historia .... |◀◀

Los Topsy's fue el primer grupo de Toluca en grabar rock and roll. Estuvo conformado en un principio por Óscar Luja en el piano, Carlos González en la guitarra y la voz, Juan de Anda en el bajo y Polo Jiménez en la batería.

Con esta formación grabaron el sencillo de 45 RPM "Estoy triste" / "Adiós mi alma", editado por Discos Orfeón en 1960.

Posteriormente salieron del grupo Carlos González y Juan de Anda, por lo que ingresaron Nicolás González en la voz, Gustavo Ramírez en la guitarra, David en el sax y Jorge Mendoza en el bajo. Con esta segunda formación grabaron en 1961, también para Orfeón, el sencillo de 45 RPM "Alócate nena" / "Moviéndose".

Esta efímera agrupación, con sus dos formaciones, duró activa sólo once meses. El bajista Jorge Mendoza formó, algunos años después, el grupo Los Belmont's y se le conoció mejor como Jorge Belmont.

Discografía... **O**

- "Estoy triste" / "Adiós mi alma", sencillo 45 RPM (1960)
- "Alócate nena" / "Moviéndose", sencillo 45 RPM (1961)

34. Los Hooligans

Inicio y fin   **Lugar**......................................□

1960-1968   Ciudad de México

Integrantes... **III**

- Humberto Cisneros † - Guitarra
- Ricardo Roel - Voz (1960-1963)
- Luis Felipe Cisneros - Batería (1960-1963)
- John Richards - Bajo (1960)
- Jorge Vargas - Guitarra (1960)
- Javier de la Cueva - Piano (1960-1961)
- Johnny Perdomo † - Bajo (1960)
- Juan José «Johnny» Ortega - Bajo (1960-1962) y voz (1963-1965)
- Enrique Ampudia - Bajo (1962-1968)
- Alejandro Velázquez el «Cuervo» - Piano (1961-1963)
- Micky Salas † - Batería (1963-1968)

Otros integrantes

- Armando Alvirez - Batería
- Nacho Pérez - Voz y bajo
- Fito de la Parra - Batería
- Javier «Zoa» Flores - Bajo
- Jaime Marín - Bajo
- Fito Girón - Voz (1966)

Género... 𝄐:

Rock and roll, surf, rock pop, rock naive y twist con influencias de Elvis Presley, Johnny Brunette, Ricky Nelson, Harry Belafonte, Tony Bennett, Roy Orbison y The Kinks.

Historia.. |◄◄

El grupo fue formado inicialmente por el hermano de César Costa, Ricardo Roel en la voz, Humberto Cisneros en la guitarra y su primo Luis Felipe en la batería, John Richards en el bajo, Jorge Vargas, futuro esposo de Lupita Dalessio, en la segunda guitarra y Javier de la Cueva, quien tocaba en Los Camisas Negras, en el piano. El nombre lo tomaron de un grupo de combatientes polacos que lucharon contra los Nazis en la Segunda Guerra Mundial (nada que ver con los vándalos ingleses en los partidos de futbol de finales del siglo xx).

Se inscribieron en un concurso organizado por Jaime Ortiz Pino, de Radio Éxitos, del que fueron finalistas junto a Los Jiggers, Los Sparks, Los Loud Jets, Los Blue Caps y Los Spitfires, entre una gran cantidad de bandas más. La euforia juvenil generada por el rock and roll era tal, que el día de la final se armó un alboroto afuera del salón de baile El Ciros, de las Lomas, y el evento tuvo que ser suspendido. Se realizó 15 días después, a puerta cerrada, en un galerón de la colonia Nápoles, donde solían hacerse tardeadas. Al final, Los Hooligans fueron los ganadores indiscutibles. El premio ofrecido por la estación de radio era la grabación de un sencillo de 45 RPM, que contuvo los covers "Money Honey", de Elvis Presley, y "Soñando" (Dreaming), de Johnny Brunette, para la compañía discográfica Columbia, salió en 1960. Tras esta la grabación dejaron la banda Jorge Vargas y John Richards, entrando de manera temporal Johnny Perdomo en el bajo.

La respuesta del público a este sencillo fue buena, por lo que Columbia les ofreció grabar un disco de larga duración. Éste fue lanzado con el nombre del grupo al comienzo de 1961. Para entonces entró en sustitución de Johnny Perdomo, un talentoso joven llamado Juan José «Johnny» Ortega, quien grabó los bajos del disco y que paralelamente tenía su propio grupo, Johnny y su Conjunto. También salió Javier de la Cueva, dando entrada a Alejandro Velázquez el «Cuervo» en el piano.

Para 1962 editaron un EP con los temas "No está aquí", "Agujetas de color de rosa", "Viejo río" y el inédito "Acapulco Rock".

Ese año lanzaron su segundo disco larga duración también con el nombre del grupo, sin embargo, no lograron la respuesta de su primer material.

Antes de terminar 1962, lanzaron *Los Hooligans Twist*, queriendo aprovechar la moda en boga de ese nuevo ritmo. Éste fue el último disco que grabó con ellos Ricardo Roel, ya que después comenzó una carrera solista, cambiándose el nombre a Ricardo Roca. Por otro lado, salió Luis Felipe Cisneros y entró Micky Salas como nuevo baterista. Juan José «Johnny» Ortega permaneció en la agrupación, pero ya no como bajista, sino como la nueva voz del grupo, cediendo su lugar a Enrique Ampudia quien se volvió desde entonces en el nuevo bajista.

Con todo este reacomodo interno grabaron su cuarto disco, también homónimo, que fue lanzado en 1963. De lo poco destacable en este material se puede mencionar el tema "Difícil de atrapar".

Para entonces ya habían participado en varias películas como *A ritmo de twist*, de Antonio Díaz Conde, junto a Manuel «Loco» Valdés, Alberto Vázquez y Beto el Boticario; *Jóvenes y bellas*, de Fernando Cortés, junto a Fernando Luján, Gastón Santos y María Eugenia San Martín; y *Barridos y regados*, de Jaime Salvador, junto a Viruta y Capulina.

La relación de trabajo con Columbia se encontraba desgastada y decidieron buscar oportunidades en otra discográfica. Se incorporaron a Discos Orfeón. Los Hooligans sobrevivieron a la salida de su cantante y al cambio de compañía para entrar en una nueva etapa que daría nuevos éxitos.

En 1964 lanzaron otro disco homónimo con el éxito radial "Despeinada", de la autoría de Palito Ortega y Chico Novarro. Con este tema aparecieron en la película *La edad de la violencia*, dirigida por Julián Soler, con Fernando Soler, César Costa, Alberto Vázquez, Manolo Muñoz y Julissa. Su participación en la televisión mexicana se hizo patente a partir de entonces en el programa *Discoteque Orfeón a go go*.

Ese mismo año lanzaron *El secreto*. También fue una época en que Orfeón no desaprovechó la oportunidad para sacar diversos EPS con las canciones en promoción.

Parte de la permanencia de Los Hooligans en el gusto del público se debió a que se adaptaron a las nuevas corrientes musicales. Muchos grupos emblemáticos de las primeras etapas del rock and roll en México tuvieron dificultades para seguir vigentes conforme la década avanzaba. Pero Los Hooligans tuvieron éxito tras éxito, en buena medida gracias a la proyección que lograron en la televisión nacional, de manera que cada nuevo disco se traducía en buenos dividendos para Orfeón. Fueron dejando el rock and roll, el surf y el twist atrás y presentaron temas más pop y a go go.

Es así como llegó el turno de *El gato loco*, de 1965, disco que tuvo como punta de lanza el tema homónimo y que generó buenas ventas.

En 1966 lanzaron *Juanita Banana*, cuyo tema homónimo continuó con la cadena de éxitos. Un dato interesante es que, el día de la grabación en los estudios de Orfeón, Johnny Ortega no llegó al llamado y Fito Girón, que estaba ahí por otras razones, fue invitado a ponerle letra y cantarla. Posteriormente salió de la agrupación Juan José Ortega e ingresaron diferentes cantantes, perdiendo la inercia lograda hasta ese momento.

Sus siguientes discos fueron *Los Hooligans*, de 1967 y *Judy con disfraz*, de 1968. Después el grupo se desintegró.

Algunos miembros de Los Hooligans se reunieron en forma esporádica durante las siguientes décadas en eventos que revivían la nostalgia por los buenos tiempos. Humberto Cisneros, el único miembro que estuvo en todas las etapas del grupo, falleció en 2012 por complicaciones hepáticas.

Discografía... O

- "Money Honey" / "Soñando", sencillo 45 RPM (1960)
- *Los Hooligans* (1961)
- *Los Hooligans* EP (1962)
- *Los Hooligans* (1962)
- *Los Hooligans Twist* (1962)
- *Los Hooligans* (1963)
- *Los Hooligans* (1964)
- *El secreto* (1964)
- *El gato loco* (1965)
- *Juanita Banana* (1966)
- *Los Hooligans* (1967)
- *Judy con disfraz* (1968)

Otras grabaciones

- *Rock'n Roll*, compilación (1961) contiene "Honey Money"
- *Agujetas de color de rosa*, EP (1962)
- *Twist por Los Hooligans*, EP (1962)
- *Despeinada*, EP (1963)
- *No te comas las uñas*, EP (1963)
- *El secreto*, EP (1964)
- *Juanita Banana*, EP (1966)
- "Saludo Galileo Pecos Bill" / "El Mago", sencillo 45 RPM (1968)

35. Martín Roca †

Inicio............................▶ **Lugar**..............................◻

1960   Acapulco, Guerrero

Género..🎼

Rock and roll, twist, rock pop y balada, con influencias de Del Sharon, Connie Francis, Trini López y éxitos americanos del llamado estilo High School.

Historia..⏮

Quizás algunos recuerden la canción del grupo Tex Tex llamada "Martín Roca", la historia de un roquero que luchó contra las adversidades para poder tocar el saxofón. Resulta que sí existe un Martín Roca que es parte de la historia del rock mexicano, aunque poco tiene que ver con el personaje mencionado. Él fue Martín Beltrán, nacido en el puerto de Acapulco, que muy joven se trasladó a la Ciudad de México y entró a trabajar, mientras estudiaba, como empleado de la estación de radio XEW en 1954.

Mientras acudía a la Preparatoria 5, en 1959, dio sus primeras luces en la música, aunque su inicio formal fue hasta 1960, cuando adoptó el nombre de Martín Roca cantando en la XEW covers de los éxitos estadounidenses del momento, tal como lo acostumbraban los cantantes de esos días.

Captó el interés de la discográfica Peerless, y para 1961 salió el disco *Roca Rocks*, acompañado por la Orquesta de Pancho.

Con este material logró internacionalizarse cuando, en 1962, se editó en España por Discos Polydor, un EP con los temas "Tengo un ángel en mi hombro", "Me toca reír", "Esta noche mi amor" y "Es un ángel", logrando gran aceptación en la madre patria.

En un principio tuvo canciones que sonaron en la programación de diversas radiodifusoras, pero su proyección se vio opacada cuando otros artistas con mejor promoción grabaron temas que ya aparecían en su disco. Al final, tuvo mejores resultados en España.

Ingresó a Los Twisters sustituyendo a Julio Carranza, y grabó con ellos el tema "Pildorita".

Entre 1962 y 1965 grabó al menos tres sencillos de 45 RPM.

El tiempo transcurrió y el rock and roll fue pasando de moda. Su propuesta se fue quedando atrás y provocó que sus últimas grabaciones ya no tuvieran el impacto del comienzo.

Para 1966 sacó con Discos Polydor su última grabación, un EP titulado *Yo soy aquél*.

Después fue invitado a participar con el grupo Los Dominic's, con quienes se presentó en Centro y Sudamérica, Europa y Estados Unidos. En una visita con ellos a Las Vegas durante 1975, decidió quedarse a vivir ahí. En noviembre 8 del 2013, falleció como consecuencia de un derrame cerebral, en un hospital de la ciudad de Fontana, California.

Discografía.. o

- *Roca Rocks* (1961)
- *Martín Roca*, EP (1962)
- "Los limones" / "Qué me pasa a mí", sencillo 45 RPM
- "Cásate conmigo" / "Twist de la mujer cruel", sencillo 45 RPM
- "Tribilín" / "Casanova", sencillo 45 RPM
- *Yo soy aquél*, EP (1966)

36. Los Dug Dug's (antes Xippos Rock)

Inicio................................. ▶ **Lugar**................................◻

1960   Durango, Durango

Integrantes... |||

- Armando Nava - Guitarra, teclados y voz (1963-hasta hoy)
- Roberto Miranda - Guitarra (1960-1964)
- Moisés Muñoz - Bajo (1960-1966)
- Jorge Luján - Guitarra (1963-1966)
- Sergio Orrante - Batería (1963-1964)
- Francisco Alcalde - Voz (1960-1964)
- Jorge «Borrega» de la Torre † - Coro (1963-1964) y voz (1964-1971)
- Gustavo Garayzar - Guitarra (1968)
- Enrique Luján «Caracho» - Batería (1965-1971)
- Genaro García † - Bajo (1966-1971)
- Alberto Escoto - Batería (1971)
- Jorge Torres Aguayo «Chochona» † - Bajo, percusión y coros (1972-1982)
- Daniel Tello - Batería (1972)
- Enrique Nava - Voz y batería (1972-hasta hoy)
- Gabino Araujo - Bajo (1974)
- Miguel «Gallo» Esparza Soto - Bajo (1975-1980)

Otros integrantes

- Rubén Rojas
- Javier Salas

Género...𝄢

Rock pop, psicodelia, rock progresivo y hard rock, con influencias de Los Locos del Ritmo, la ola inglesa, The Beatles, Cream y The Doors.

Historia ....⏮

Armando Nava nació en Durango, en 1946. Desde los 14 años comenzó a tocar la guitarra a y nunca se separaba de ella. Fue un regalo de su padre que marcó su vida. Sus ídolos eran, en aquel entonces, Los Locos del Ritmo.

En 1963 conoció a Roberto Miranda y a Moisés Muñoz, que lo invitaron a ser la segunda guitarra del grupo Xippos Rock, que ellos habían iniciado en 1960. Se unieron también Jorge Luján, primo de Armando, en la guitarra; Sergio Orrante en la batería, Jorge de la Torre en los coros y Francisco Alcalde en la voz. La mayoría se conocían de la preparatoria de la UJED. Con instrumentos precarios, estos adolescentes montaron un repertorio con canciones de Los Teen Tops, Los Locos del Ritmo, Los Rebeldes del Rock y Los Hooligans, entre otros. Comenzaron a presentarse en fiestas, teatros e incluso en la radio local.

Por ser agente de viajes, el padre de Armando se mudó temporalmente, con todo y familia, a Tijuana. Fue en ese lugar donde el joven músico escuchó por primera vez en la radio a The Beatles y quedó maravillado. También lo impactó la vida cosmopolita de la ciudad fronteriza y se le metió en la cabeza tocar ahí con los Xippos Rock.

Seis meses después regresó a Durango y convenció a sus compañeros de realizar una gira a Tijuana. Lo consiguieron, gracias a la intervención de la madre de Armando, Elena Muñoz de Nava, quien financió su viaje y mandó arreglar una vieja camioneta *pick up* para su recorrido hacia el norte. La señora posteriormente se convirtió en representante del grupo y de otros más. Así que, en el verano de 1964, se encaminaron hacia Tijuana atravesando el peligroso Espinazo del Diablo y presentándose en Mazatlán, Culiacán y Ciudad Obregón. Tocaron covers en español de The Beatles y The Doors. En algún punto del trayecto, a Armando se le ocurrió cambiar el nombre de la banda a Los Dug Dug's, pensando en una especie de simplificación de Durango, Durango.

En Tijuana comenzaron a trabajar en el bar de desnudistas Fantasías, y posteriormente en el Mike's Bar, donde crearon una gran reputación tocando una combinación de covers y temas originales en inglés, marcando la pauta para lo que después muchas bandas hicieron y que se denominó la Onda Chicana. La cercanía con los Estados Unidos les permitió estar al día con las nuevas tendencias del rock anglosajón. A los pocos meses de su llegada a Tijuana, Sergio Orante regresó a Durango para terminar la escuela. Comenzaron a tocar así con distintos bateristas.

Por decisión de Armando viajaron a la Ciudad de México en 1966, para buscar nuevos horizontes; esto provocó la salida de Moisés Muñoz y Jorge Luján. De esta manera, Jorge de la Torre y él quedaron como base, apoyados por diferentes músicos, entre los que estuvieron Enrique Luján en la batería y Genaro García en el bajo. Comenzaron a presentarse con mucho éxito en la pista de hielo Insurgentes y en los cafés cantantes El Harlem, el 2+2, el Trip Café y el Hullabaloo Café. Aparecieron en televisión y captaron la atención de la discográfica RCA Victor. Pese que tenían canciones originales en inglés, la compañía los obligó a grabar en español.

Lanzaron el sencillo "Chicotito sí, chicotito no", tema de un programa infantil de televisión. Posteriormente sacaron el EP *Brinca brinca*. En total grabaron diez sencillos en esa primera etapa.

En 1967 aparecieron en las películas *El mundo loco de los jóvenes* y en *Cinco de chocolate y una de fresa*, junto a Angélica María, para la que crearon la pieza instrumental el "Tema de Los Dugs", que después salió como sencillo.

En 1968 regresaron a Tijuana e hicieron una temporada en el club Sans Sous Ci, donde los escuchó el estadounidense Frank Magano y les ofreció introducirlos en el mercado estadounidense. Al final de ese año, Armando Nava, Jorge de la Torre y el guitarrista Gustavo Garayzar viajaron a Nueva York. Grabaron en vivo "Gimme Some Lovin'", "Summer in the City" y "Shake", cover de Sam Cooke. También registraron en estudio los temas "World of Love" y "Eclipse", hasta la fecha inéditas, pero que se regrabaron posteriormente como parte de su primer larga duración. Por cuestiones sindicales no les fue permitido seguir tocando en ese país y tuvieron que volver. Además, allá se generaron tensiones que provocaron la ruptura del grupo al regresar, cuando Armando pretendió vender el proyecto a los estadounidenses como Armando Nava y Los Dug Dug's. A partir de ese momento entraron y salieron del grupo integrantes originales y otros, pero siempre bajo la decisión de Armando Nava.

Los Dug Dug's gozaban de una gran reputación en México, pero aún no habían grabado más que EPS y sencillos. En 1971, lanzaron con

RCA Victor su primer larga duración con la última alineación del grupo, al que llamaron *Dug Dug's*. La autoría de las canciones se repartió entre Armando Nava, Genaro García, Gustavo Garayzar y Jorge de la Torre. En septiembre de ese mismo año, se realizó el Festival de Rock y Ruedas de Avándaro, al que fueron invitados como una de las primeras opciones. Ahí ya se presentaron como cuarteto, al salir antes poco Jorge de la Torre.

Tras el festival se dio la estigmatización del rock. Muchos grupos sobrevivieron abandonando el género o migrando a los Estados Unidos. Los Dug Dug's contaban con su representante, la señora Nava, quien no dejó que claudicaran y les consiguió giras. Los resultados fueron sorprendentemente buenos.

En esos años, Los Dug Dug's ya no eran los únicos que cantaban en inglés y el codiciado *crossover* para que el mercado estadounidense se fijara en ellos había fallado, así que buscaron que su propuesta diera un giro. Armando literalmente se encerró a componer el material de su segundo larga duración en español, con toda la conciencia de generar música desde México.

Al final de 1972 apareció *Smog*, nuevamente con RCA Victor, y contiene seis canciones ligadas en un solo track de 12 minutos, llamado "Hagámoslo ahora 2a parte". En este disco Armando tocó las guitarras, flauta, piano y percusión, acompañado por Jorge Torres Aguayo en el bajo, percusión y coros; Daniel Tello en la batería y Enrique Nava en la voz.

Armando Nava se convirtió en productor de RCA Victor, no obstante, la discográfica mostraba cada vez menos interés en Los Dug Dug's.

En su siguiente disco, *Cambia cambia*, lanzado de 1974, Nava volvió a componer en español. Con un sonido menos pesado, pero conservando el aire psicodélico, la música de este material fue más calmada comparada con el anterior. Tuvo en la voz al Pájaro Alberto, y a su hermano Enrique como baterista. En el bajo participaron Gabino Araujo y Jorge Torres. Armando se encargó de la guitarra, teclados y voces.

Apenas lograron sonar en algunas estaciones de Guadalajara, Tijuana y La Paz. Sin embargo, no perdieron el apoyo del público, que siempre estuvo pendiente de sus movimientos.

Para *El loco*, Nava decidió volver a un sonido más pesado, combinar piezas en español e inglés, y experimentar con la fusión invitando, en el tema "Stupid People - Gente tonta", al Mariachi Vargas de Tecalitlán. Lanzado durante 1975, este ambicioso disco no contó con el apoyo de RCA Victor y marcó el final de una larga relación con la discográfica.

Un factor que se sumó al ambiente adverso en el rock mexicano, fue la aparición de la música disco en la segunda mitad de la década de los setenta. Los Dug Dug's tuvieron que sobrevivir en los hoyos fonquis y con dificultades económicas para sacar nuevos materiales. En esos años su alineación fue el power trío: Armando, su hermano Enrique y Miguel «Gallo» Esparza en el bajo.

En 1985, RCA Victor sacó la recopilación *15 éxitos de Los Dug Dug's*, provocando la desaprobación de Armando Nava por usar versiones preliminares que no son las de los discos editados.

Para competir con esa recopilación, Nava editó por su cuenta y con distribución de Ariola, el disco *Abre tu mente*, en homenaje al recientemente fallecido Jorge Torres Aguayo. Éste contenía versiones distintas de sus viejas canciones, que Armando fue juntando a lo largo de varios años. Este disco fue reeditado en 1999 con la inclusión de once temas más, ya que el formato de CD lo permitió.

En 1998 fueron la atracción principal del concierto Avándaro 2, realizado en el Teatro Metropolitan de la Ciudad de México.

Los Dug Dug's fueron un grupo pionero en muchos sentidos: la Onda Chicana al final de los sesenta, el reencuentro con las letras en español y la fusión con lo mexicano en los setenta, la cuidadosa producción y vestimenta para cada espectáculo, las giras por el Pacífico hacia Tijuana y la península de Baja California, la constancia y resistencia, son sólo algunas de las cosas en las que esta banda fue precursora. Su frustración quizá, fue la malograda internacionalización, aunque siendo justos, es de los pocos grupos mexicanos de los cuales sus discos son altamente cotizados en Europa. Tampoco lograron un éxito radial, ni han sido invitados jamás a un Vive Latino. Sin embargo, pocos dudarían del importante lugar que tienen en el rock mexicano.

En la actualidad, Armando Nava continúa presentándose esporádicamente con Los Dug Dug's, acompañado de diversos músicos, entre ellos, su hermano menor Enrique.

Discografía...o

- "Chicotito sí, chicotito no" / "Brinca brinca", sencillo 45 RPM (1966)
- *Brinca Brinca*, EP (1966)
- *Dug Dug´s* (1971)
- *Smog* (1972)
- *Cambia Cambia* (1974)
- *El Loco* (1975)
- *Abre tu Mente* (1985) reedición aumentada (1999)

Otras grabaciones

- Dug Dug's, EP recopilación (1971)
- "Lost in My World" / "It´s Over", sencillo 45 RPM recopilación (1971)
- "Let's Make it Now" / "World of Love", sencillo 45 RPM recopilación (1971)
- "Stupid People" / "Joy to People", sencillo 45 RPM recopilación (1971)
- "Smog" / "Yo no sé", sencillo 45 RPM recopilación (1972)
- *Let´s Make it Now*, EP recopilación (1972)
- "Cambia cambia" / "Tímido", sencillo 45 RPM recopilación (1974)
- "Al diablo" / "Ya te dejé", sencillo 45 RPM recopilación (1974)
- "Brillo de sol" / "No te asustes (Es sólo vivir)", sencillo 45 RPM recopilación (1974)
- "I Got My Motion" / "Let me Breath", sencillo 54 RPM recopilación (1976)
- "El loco" / "La gente", sencillo 45 RPM recopilación (1977)
- "You Better Think Twice" / "I've Got To Run Away From Here", sencillo 45 RPM recopilación (1978)
- "Flying Floating Rolling" / "Show Me", sencillo 45 RPM recopilación (1979)
- *15 éxitos de Los Dug Dug's*, recopilación (1985)

37. Las Hermanas Vicary

Inicio y fin................................▶   **Lugar**.....................................◻

1960-1962   Ciudad de México

Integrantes.. III

- Carmen Abundes - Voz
- Victoria Abundes - Voz

Género.. 𝄢

Rock and roll y twist, con influencias de Bill Haley, Paul Anka, Pat Boone y Joey Dee and The Starliters.

Historia... ⏮

Las hermanas Carmen y Victoria Abundes, fueron conocidas por haber acompañado a Bill Haley †, haciendo coros en su gira de ocho meses por México durante 1961. Esto se dio gracias a que Bill consideró a nuestro país como su plataforma para darse a conocer en Latinoamérica, por lo que incluso hizo un disco pionero de twist en español con la discográfica Orfeón.

En dicha gira, Las Hermanas Vicary también trabajaron como teloneras de Bill Haley y sus Cometas, cantando su propio repertorio y teniendo a los Cometas como su grupo de acompañamiento.

Al terminar la gira participaron en la grabación de los temas "El twist lento" y "Qué pachanga", en el disco de Haley en Orfeón. Aunque sus créditos no aparecen debido a que ellas tenían contrato con Discos CBS.

Las Hermanas Vicary sacaron durante ese año varios sencillos.

Carmen Abundes fue la madre de un hijo de los muchos que Bill engendró, dentro y fuera del matrimonio (una decena, según se dice). De hecho, él estaba casado en terceras nupcias con otra mexicana, Martha Velasco, desde 1960.

Posteriormente, Carmen y Victoria se separaron y migraron a los Estados Unidos. Una a Nevada y la otra a Florida.

Discografía.. o

- "Rock de las campanas" / "Cien novios", sencillo 45 RPM (1961)
- "Adán y Eva" / "Cuando vuelven las golondrinas", sencillo 45 RPM (1961)
- "Baile del conejo twist" / "Yerbabuena twist", sencillo 45 RPM (1962)
- "Está bien" / "Polita toca las cacerolas", sencillo 45 RPM (1962)

38. Los Jets (de Nogales)

Inicio y fin................................▶ **Lugar**...◻

1960-1967   Nogales, Sonora

Integrantes.. III

- Manuel Caballero - Bajo (1960-1964)
- Ricardo Torres - Batería (1960-1963)
- Rafael González - Guitarra y voz (1960-1966)
- Armando Manríquez - Piano (1960 1961)
- Homero Calles - Voz (1960)
- Leslie Royal - Voz (1960-1964)
- Roberto Octavio «Quito» Monteón - Voz (1960-1963) y batería (1963-1966)
- Enrique Meza - Guitarra, bajo y voz (1961-1967)
- Héctor Romero el «Caperuzo» - Voz (1962-1964) (1965-1967)
- Roberto Castellanos † - Teclados, guitarra, bajo y voz (1964-1965) (1967)
- Salvador Guevara - Batería (1967)
- Guillermo Castañeda - Guitarra (1967)

Género.. ♪

Rock and roll, twist, surf, balada rock, garage y rock pop, con influencias de The Ventures, The Beatles, The New Beats, Phill Phillips, Gerry and The Pacemakers y The Kinks.

Historia..|◄◄

El joven guitarrista Manuel Caballero, que venía de tocar con el grupo de rock and roll amateur Blue Moon, se juntó con Ricardo Torres, que tenía una tarola, y con el guitarrista Rafael González (mi tocayo), para tocar en vivo cada semana en una estación de radio local. Se fueron agregando Armando Manríquez en el piano y Homero Calles en la voz, aunque en realidad, él estuvo no más de un mes. Ante la falta de bajista, Manuel compró unas cuerdas de bajo y se las puso a su guitarra, completando la formación de lo que llamaron Los Jets. Comenzaban los sesenta en la ciudad fronteriza de Nogales. La cercanía con lo que sucedía al otro lado, los hizo estar actualizados.

Al quedarse pronto sin vocalista, invitaron al afroamericano Leslie Royal del grupo vocal de Arizona, The Sinners (no confundir con Los Sinners mexicanos). También ingresaron Roberto Octavio Monteón, el sobrino de Rafael, haciendo otra voz y Armando Manríquez que hasta entonces trabajaba con ellos como *secre*, en la segunda guitarra.

En 1962 grabaron de manera precaria un demo con diez temas que mandaron a algunas discográficas en la Ciudad de México. Sin la capacidad de estar ahí y poder dar seguimiento a la respuesta que este material podría causar, vieron frustrado su esfuerzo. En términos de evolución como grupo, lo que ganaban por la cercanía con los Estados Unidos se convirtió en complicaciones por estar lejos de la capital mexicana, donde estaban las oportunidades.

En tanto, un muchacho de Hermosillo, Sonora, se les acercó pidiéndoles que lo escucharan, ya que quería cantar con ellos. Fue así como Héctor Romero «Caperuzo» se convirtió en un cantante más de Los Jets.

Comenzaron a tener mucho trabajo, no sólo en Nogales, sino en todo Sonora y el sur de Arizona.

En 1963 recibieron el ofrecimiento de la discográfica local, Discos Tambora, que lanzaba música de otros géneros, para que se convirtieran en sus primeros artistas de rock and roll. Grabaron en la estación de radio XEXW, el sencillo de 45 RPM "Decídelo tú" / "La ola nueve", con muy buena aceptación por parte de los medios y el público de Nogales y sus alrededores.

Viajaron por el estado tocando en Cananea, Agua Prieta, Magdalena, Santa Ana, Hermosillo, Empalme y Guaymas. Las cosas comenzaron a pintar más serias y Ricardo decidió dejar el grupo. Uno de los cantantes, Roberto «Quinto», sin haber tenido conocimiento previo de cómo tocar la batería, tomó la plaza y lo hizo bien.

Siguieron grabando temas nuevos en la estación de radio, una combinación de covers en español e instrumentales en un EP.

En 1964 Discos Tambora les produjo un disco de larga duración, grabado esta vez en Tucson, Arizona, al que llamaron *Los Jets de Rafael González*.

Durante la grabación Héctor Romero salió temporalmente del grupo. A la vez ingresó, refrescando el sonido de Los Jets, el tecladista y multiinstrumentista Roberto Castellanos. Realizaron otras grabaciones de temas para Discos Tambora.

El puertorriqueño el «Pomales» organizó en las ciudades de la región una serie de eventos con grupos locales, a la que llamó La batalla de las bandas. Participaron Los Jets junto a Los Sharks, Los Shake Downs, Los Black Kings, Los Shippy's, Los Darts, Los Five Men y Thunderbirds, entre otros.

Ese año, los invitaron a presentarse en el programa *Muévanse todos* del Canal 4 de televisión, en Guadalajara. Aprovecharon su estadía para grabar algunos temas en la estación de radio Canal 58.

Mario Rincón, gerente de Canal 4, les ofreció aparecer en un programa diario. Aceptaron, no sin antes cumplir con algunos compromisos adquiridos previamente. Unas semanas después, mientras se presentaban en Mazatlán, Sinaloa, Leslie Royal dejó la banda para incorporarse al grupo local Los Rangers. Ya sin él, se instalaron en Guadalajara y salieron regularmente en el programa *Marcando el paso*, que conducía Sergio Núñez Falcón.

El programa fue un éxito y eso les redituó una gran popularidad en esa zona del país. Tuvieron oportunidad de alternar con Los Gibson Boys, Mike Laure y sus Cometas, Manolo Muñoz, Los Yaki y Los Papos, entre otros. El programa, que estaba contemplado para durar seis meses, duró más de un año. Los Jets combinaban sus apariciones en la televisión con presentaciones todos los sábados en el Camichín del hotel Camino Real y en El Arlequín de San Pedro, junto a Los Gibson Boys.

Cuando el contrato con Canal 4 estaba por concluir, los escuchó André Midani, director de Discos CBS. A través de Mario Rincón les hizo saber que las puertas de la discográfica estaban abiertas para ellos en la Ciudad de México. Sin embargo, Discos Tambora no los quiso soltar hasta que se cumpliera el contrato con ellos, así que tuvieron que esperar hasta 1965 para trasladarse a la capital del país.

Entre tanto, Manuel Caballero tuvo que viajar a la frontera, pues al tener la nacionalidad estadounidense, fue enviado a la guerra de Vietnam.

También recibieron el trofeo del Conjunto del Año 1965, que la Asociación Mexicana de Periodistas de Radio y Televisión en Guadalajara les otorgó.

Apenas pudieron, se trasladaron a la Ciudad de México, se entrevistaron con el Güero Gil y concretaron su trato con CBS, ahora Capitol. Comenzaron a grabar temas instrumentales y covers en español, muchos propuestos por la compañía discográfica que fueron apareciendo en sencillos y EPs. Buena parte de sus letras fueron escritas por Rafael.

Pronto les dieron trabajo en el café cantante Hullabaloo, en la colonia Roma, alternando con grupos como Los Yaki y Los Dug Dug's. Se integraron al circuito de lugares y conciertos de la ciudad, llegando a tocar en un evento de estudiantes de la Prepa 1, ante diez mil personas. También viajaron por la república mexicana y salieron en el programa de televisión *Operación Ja Ja*, que conducía Manuel el «Loco» Valdez.

Las cosas marchaban bien y los ingresos económicos no eran un problema. De pronto, se encontraron con un ritmo de trabajo tan intenso, que comenzaron a haber muestras de agotamiento y desgaste al interior del grupo. Los Jets, en vez de tomarse un descanso, tuvieron un distanciamiento con tintes de separación en 1966.

Seis meses después, Roberto, Enrique y Héctor hicieron un intento por rehacer el grupo al invitar al baterista Salvador Guevara y al guitarrista Guillermo Castañeda, para regresar a tocar en el Hullabaloo. Participaron en las Caravanas Corona y grabaron los temas del EP *La culebra*.

Sin embargo, el intento por continuar no funcionó y el grupo terminó por desintegrarse en 1967. Ese año, Discos Capitol lanzó su segundo disco de larga duración llamado *Los Jets*, mismo que contuvo los temas grabados en su etapa capitalina.

Discografía.. O

- "Decídelo tú" / "La ola 9", sencillo 45 RPM (1963)
- *El Mar del Amor*, EP (1963)
- *Los Jets de Rafael González* (1964)
- *La culebra*, EP (1966)
- *Los Jets* (1967)

39. Los Summers (antes Summers boys)

Inicio y fin............................... ▶ **Lugar**............................... □

1960-1967   Monterrey, Nuevo León

Integrantes.. III

- Carlos Zepeda del Valle - Guitarra y voz
- Víctor Manuel Aguirre - Batería
- José Luis Navarro - Sax
- Jaime Cárdenas - Teclado
- Fernando Pérez Elizondo † - Bajo y voz

Nuevos integrantes

- Víctor Vega - Batería
- Rolando Garza - Teclado
- José Luis Romero - Percusión

Género... ♪:

Rock and roll con influencias de Chuck Berry, Mongo Santamaría y The Searchers,

Historia .... |◀◀

Comenzaron tocando covers en español en tardeadas y bailes de lugares como el Club de Leones de Gonzalitos.

Para 1963, ya como Los Summers, obtuvieron gran proyección mediática en Nuevo León, al aparecer como grupo base de los programas de televisión *Sonrisas Ipana*, del Canal 6 local, así como en *Desfile de éxitos, Campeones de la nueva ola* y *El klan del martillo*, del Canal 3, ahora Canal 2 local. Además de tocar su repertorio, acompañaron a las grandes figuras nacionales como Enrique Guzmán o Angélica María, que visitaban esos programas cuando pasaban por Monterrey.

En 1965 grabaron su primer y único disco para Peerless, al cual llamaron *Veraneando... con Los Summers*.

Después de viajar a la Ciudad de México y hacer giras por la república, decidieron separarse cuando acabaron sus estudios profesionales en 1967, para dedicarse entonces a sus respectivas carreras.

En 1987, Peerless los incluyó en el disco compilatorio *Inolvidables de los 60*, con el tema "Robacorazones".

En el año 2008, se reunieron Carlos Zepeda y Fernando Pérez para presentarse en algunos programas de televisión local y eventos varios.

Carlos, por su parte, abrió un lugar en el centro de Monterrey llamado El Klan, donde solía ser el punto de reunión de veteranos del rock and roll regiomontano. Era común encontrar cada viernes a integrantes de Los Reno, Los Rockets, Los Toppers y Los Summers, entre otros. Fernando Pérez Elizondo falleció unos años después.

Discografía .... O

- *Veraneando... con Los Summers* (1964)

Otras grabaciones

- *Inolvidables de los 60*, compilación (1987)

40. Los 4 Soñadores (antes Los Soñadores de Pepe Cruz, Los Soñadores)

Inicio y fin................................▶ **Lugar**...............................◻

1960-1962   Ciudad de México

Integrantes...III

- José G. «Pepe» Cruz Ayala - Voz
- Felipe Uribe - Bajo
- Alfredo González - Voz
- Javier Álvarez - Guitarra
- Gabriel Uribe - Batería
- Rodrigo Guzmán - Guitarra
- Antonio Mota - Voz

Género...𝄢

Rock and roll, country y twist, con influencias de Elvis Presley, Fats Domino y Boots Brown.

Historia...I◀◀

Los Soñadores de Pepe Cruz fue un grupo que creó el editor de la revista *La Historia del Rock and Roll en México*, José G. Cruz Ayala, al comienzo de la década de los sesenta. Estuvo conformado por la base rítmica de los hermanos Uribe, Felipe y Gabriel, bajo y batería respectivamente; las guitarras de Javier Álvarez y Rodrigo Guzmán; y las voces de Alfredo González, Antonio Mota y el mismo Pepe Cruz. Al tener tres cantantes, solían hacer arreglos a dos voces y apoyarse con coros.

Pepe, además, trabajaba como director artístico y cazatalentos en Orfeón, donde estableció una amistad con el productor artístico Paco de la Barrera. Esto facilitó que, en 1961, ahora con el nombre simplificado a Los Soñadores (no confundir con el grupo de Cuautla, Morelos, surgido en los setenta), pudieran grabar seis temas, además de trabajar como músicos de sesión en dicha empresa, acompañando a Víctor Blanco Labra.

Ellos por su cuenta grabaron los sencillos "Mi chica Josefina", cover de Fats Domino y algunos discos de 45 RPM, teniendo mediana respuesta de los medios y del público.

Su área de acción fue la Ciudad de México, aunque tuvieron algunas salidas, por ejemplo, su presentación en Coatzacoalcos, Veracruz, para el Sindicato de Trabajadores Petroleros, donde acompañaron a Vivi Hernández.

Probaron con otra compañía discográfica, Peerless, y en 1962 lanzaron, bajo el nombre de Los 4 Soñadores, otro sencillo de 45 RPM. La respuesta tampoco fue favorable, por lo que al poco tiempo decidieron separarse.

Su tema "Mi chica Josefina" fue incluido en el disco compilatorio *Tequila Rock Vol. 2*, **lanzado en la red por Treasure Goldies en 2013.**

Discografía .... o

- "Trabalenguas" / "No vengas a mí", sencillo 45 RPM (1961)
- "Mi chica Josefina", sencillo 45 RPM (1961)
- "El pollo rocanrolero" / "Cerveza", sencillo 45 RPM (1961)
- "Estás encantadora" / "Yo viviré para ti", 45 RPM (1962)

Otras grabaciones

- *Tequila Rock Vol. 2*, compilación (2013) con el tema "Mi Chica Josefina".

Otros .... ((•

José G. Cruz, además de ser fundador de la revista *La Historia del Rock and Roll en México*, fue colaborador de *Notitas Musicales*.

41. Los Diggers

Inicio y fin...................▶ **Lugar**.................................◻

1960-1963   Ciudad de México

Integrantes.. Ⅲ

- Mario Ruiz Adame - Voz
- Miguel A. Bejarano el «Orange» - Piano
- Félix Ireta - Batería
- Luis Sepúlveda el «Pato» - Bajo
- Leonel Hernández - Guitarra
- Héctor García Padilla - Guitarra

Género.. 𝄢

Rock and roll y twist, con influencias de Roy Orbison y Chris Montes.

Historia... |◀◀

Durante 1960, en el Instituto Vasco de Quiroga, se conocieron cuatro estudiantes de bachillerato que formaron un grupo de rock and roll. Ellos eran Héctor García Padilla y Leonel Hernández, ambos guitarristas que venían de tocar en el grupo Los Stompers, además del bajista Luis Sepúlveda y el pianista Miguel A. Bejarano. Para completar la banda, invitaron a amigos que no estudiaban ahí; cantante Mario Ruiz y el baterista Félix Ireta. Así nacieron Los Diggers.

Como muchos grupos de entonces, comenzaron haciendo sus propias tardeadas y participando en las que organizaban otros. Tocaron en escuelas e incluso en asilos, inauguraciones de fraccionamientos y cárceles. Conforme se dieron a conocer, se presentaron en una cafetería de la colonia Roma, La Faceta, y comenzaron a viajar por la república mexicana, visitando Acapulco, Acámbaro, Zihuatanejo, Veracruz, Puebla, Orizaba, Torreón, y otros lugares más. Alternaron con otras bandas como Los Showys, Los Red Spiders, Los Frenéticos y Los Stompers, entre otros.

En 1961 firmaron un contrato con la discográfica Peerless y grabaron un primer sencillo de 45 RPM con el tema original "Bellísima nena", de Leonel Hernández, y el cover en español "Cindy, oh Cindy", de Eddie Fisher. Siguieron grabando temas con la dirección artística de José G. Cruz Ayala, Guillermo Bruckle y Armando Martínez, hasta lanzar, en 1963, su primer y único disco de larga duración llamado *Los Digers y su cantante Mario Adame*. Es de notar que mientras ellos escribían su nombre como Los Diggers, la portada de su disco los anuncia como Los Digers. Por ende, en la propaganda del disco y los carteles de sus presentaciones, anunciaban con su nombre escrito de las dos formas.

Muchos años después, Peerless sacó, como parte de su serie Los Originales, una reedición en CD en un *split* con *Los Digers y su cantante Mario Adame*, compartido con el disco *Veraneando... con Los Summers*.

También hicieron la música para un comercial en televisivo de Viana y Cía. y se presentaron en los programas de Daniel Pérez Alcaraz, y en *Domingos alegres*, con Sergio Núñez Falcón.

Fueron invitados a participar en las Caravanas Corona y acompañaron a los cantantes Armando Amores y Luís Moreno. Para entonces Los Diggers alternaron con César Costa, las Hermanas Jiménez, Vianey Valdéz, Los Jockers, Los Polivoces, Los Blue Jeans, Los Teddy Gang's, Los Rogers, entre muchos otros.

Todo esto conllevó que descuidaran totalmente sus estudios. En cierta ocasión el padre de Félix, que era un general de división del Ejército Mexicano y ex gobernador de Michoacán entre 1940 y 1944, visitó la escuela de su hijo, la Academia Militarizada México. Dado su rango, hicieron salir al alumnado al patio de la escuela para rendirle honores. Al pasar lista su hijo no estaba, ya que se encontraba tocando con Los Diggers en Acapulco. En ese momento el militar se enteró de que llevaba muchos días sin asistir a clases. La tempestad se había desatado. La reprimenda fue tal, que provocó la desintegración del grupo. Desde ese momento, todos regresaron a sus respectivos estudios, no sin antes haberse ganado el mote de «músicos baratos» por parte del general.

Discografía... O

- "Bellísima nena" / "Cindy, oh Cindy", sencillo 45 RPM (1961)
- *Los Digers y su cantante Mario Adame* (1963)

Otras grabaciones

- *Los Originales-Los Digers y Los Summers*, reedición (2014)

42. Alberto Vázquez

Inicio... ▶ **Lugar**..□

1960   Ciudad de México

Género...𝄢

Balada rock y twist con influencias de Pat Boone, Frank Sinatra, Elvis Presley, Neil Sedaka, Paul Anka y Bill Haley.

Historia...|◀◀

Alberto Vázquez Gurrola nació en Guaymas, Sonora, un 20 de abril de 1940. Cuando tenía 6 años, su familia se trasladó a la Ciudad de México, donde creció. Siendo adolescente estudió pintura en la Academia de San Carlos y la Esmeralda. Desde pequeño, además de mostrar aptitudes para la pintura, también las tenía para el canto. A los 14 años se presentó en el Teatro Alameda, donde su padre era gerente, en un festival organizado por la revista *Radiolandia*. A los 17 comenzó a cantar profesionalmente, trabajando en cabarets como el Afro y el Cádilac. Cantaba en inglés, por lo que le ofrecieron cantar en Las Vegas, propuesta que rechazó.

A sus 20 años firmó con Discos Musart, después de que el director artístico, Guillermo Acosta, lo escuchó cantar en un cabaret. En 1960 apareció su primer disco de baladas en español. En la portada se le ve exhalando humo de tabaco, imagen que se volvió su sello distintivo.

Fue el momento en el que las compañías discográficas lanzaron solistas como una nueva tendencia que buscaba crear estrellas juveniles a partir de baladistas jóvenes. Por su voz grave llamó la atención del público femenino. Logró gran fama con los temas "El secreto", "Rosalía", "Olvídalo", "Tú significas todo para mí", "La felicidad llegó", "Perdóname, mi vida", "Uno para todas", "Bambina, bambina", "Esta noche mi amor", "Desencadena mi corazón", "16 toneladas" y "El pecador".

En 1962 comenzó una carrera fílmica con la película *A ritmo de twist*.

A partir de 1964 participó en los programas de televisión *Premier Orfeón, El estudio de Pedro Vargas* y *TV Musical Ossart*. Ese mismo año hizo la película *La edad de la violencia* y en 1965 obtuvo su primer estelar en *Perdóname la vida*.

Al terminar la primera mitad de los años sesenta, los primeros rocanroleros y baladistas perdieron vigencia comercial y comenzaron a cantar otros géneros para subsistir. Alberto Vázquez combinó su faceta de baladista con la de cantante ranchero. Para los años setenta, se había alejado de la balada rock. En su discografía hay más de un centenar de discos que exploran otros estilos.

En la entrevista de mayo del 2004, *Alberto Vázquez: del rocanrol a la canción bravía*, publicada en bitacoradelauditorionacional.com, Jesús Quintero le preguntó si en aquellos tiempos estaba sujeto a las imposiciones de los productores, a lo que Alberto respondió: «Exactamente. Por decirte algo: Escuchaba La Plaga, en inglés Good Golly, Miss Molly, llegaba a mi compañía discográfica y les decía: Acabo de oír una canción a todo dar, ¿por qué no traducimos la letra y la grabo? Y respondían: No, tú debes grabar cosas de Pat Boone, de Sinatra, como Extraños en la noche, eso no te queda. Era el tiempo donde se hacían covers de Paul Anka, Elvis, Gene Vincent y Bill Haley. Yo lo aceptaba todo porque lo que deseaba en la vida era ser cantante y ellos tenían más experiencia. La prueba está en que pegué con las canciones que ellos escogieron. Pero siempre me quedó la espinita por grabar "Cosas" (...). Ya con 117 álbumes, la grabé, en 1997 o 98, en el álbum que me tiene más satisfecho [sic.]».

Discografía ligada al rock and roll... O

- *Alberto Vázquez* (1960)
- *Ritmos juveniles* (1962)
- *Alberto Vázquez Vol. 2* (1963)
- *Alberto Vázquez Vol. 3* (1964)
- *Baladas bailables* (1964)
- *Alberto Vázquez Vol. 4* (1964)

- *Nuevos éxitos de Alberto Vázquez* (1965)
- *Ven amorcito, ven* (1966)
- *Con amor* (1966)

43. Los Blue Jeans (de Puebla)

Inicio y fin.................................▶ **Lugar**..◻

1961-1964   Puebla, Puebla

Integrantes...|||

- Rafael del Valle † - Guitarra
- Guillermo San Martín «Chacho» † - Batería
- Rafael Hernández Espíndola el «Charal» - Voz
- Alejandro Espinoza Moreno el «Liberace» - Piano
- Gustavo San Martín «Mi Loro» - Bajo

Género..𝄡

Rock and roll con influencias de Elvis Presley, Little Richard, Chuk Berry, Bill Haley y Jerry Lee Lewis, entre otros.

Historia...|◀◀

Los Blue Jeans fueron un grupo pionero del rock and roll en su estado. Nació en 1961 (no confundir con Los Blue Jeans de Guadalajara). Ellos eran Rafael del Valle en la guitarra, los hermanos Guillermo y Gustavo San Martín en la batería y el bajo, respectivamente, Rafael Hernández en la voz y Alejandro Espinoza en el piano.

Firmaron con la discográfica Orfeón en la Ciudad de México y sacaron tres sencillos entre 1962 y 1963. Nos dejaron seis canciones para el recuerdo, ya que después de esto no se supo nada más de ellos.

Por su lejanía con la capital del país, la promoción de su material fue muy poca, por no decir nula. Así que su éxito se dio más bien a nivel regional. Ante la falta de resultados, decidieron separarse en 1963 para concentrarse en sus estudios universitarios.

En la actualidad sobreviven Rafael Hernández, Alejandro Espinoza y Gustavo San Martín, viviendo los dos primeros en Puebla y el último en Orizaba, Veracruz.

Discografía... O

- "Hagamos una fiesta" / "Melodía del corazón", sencillo 45 RPM (1962)
- "Ella es así" / "La mosca existencialista", sencillo 45 RPM (1963)
- "Tiempo de verano" / "Ya tengo a mi chica", sencillo 45 RPM (1963)

44. César Costa

Inicio................................. ▶ **Lugar**.. ◻

1961   Ciudad de México

Género... 𝄢

Rock and roll, balada rock y balada pop con influencias de Paul Anka, Frank Sinatra, Elvis Presley, Bill Haley, Armando Manzanero, Frankie Valli y baladas italianas.

Historia... |◀◀

César Antero Roel Schreurs nació el 13 de agosto de 1941. Vivió su infancia en la colonia Condesa e iba al Colegio Alemán. César heredó el gusto por la música de su madre, que tocaba el violín. Junto con su hermano tomó clases de piano y después aprendió violín. Al terminar la secundaria fue enviado un año a la Saint Patrick High School, en Chicago. Ahí comenzó a tocar la guitarra. Regresó y estudió la preparatoria en el Centro Universitario de México (CUM). Para entonces, su familia ya vivía en la colonia Nápoles.

En cierta ocasión, durante 1959, César acudió como espectador a un concurso de rock and roll en Radio Éxitos, organizado por su director Jaime Ortiz Pino. Lo invito su amigo Martín de la Concha. Ahí conoció a Carlos Loftus, bajista de The Black Jeans, grupo que se había quedado sin cantante. Fue cuestión de tiempo para que Carlos lo propusiera como nuevo vocalista. César, además de cantar en The Black Jeans, tocaba la guitarra de acompañamiento. Con ellos grabó una de las primeras grabaciones de rock and roll en español hecho por jóvenes para jóvenes, con Discos Peerless. Después, firmaron con Discos Musart y cambiaron su nombre a Los Camisas Negras.

César firmó con Discos Orfeón y comenzó su carrera solista inspirado en los cantantes juveniles de Estados Unidos. Corría el año de 1961. A sus 20 años, y por primera vez, se hizo llamar César Costa, en honor a Dan Costa, productor de Paul Anka, su ídolo.

Paralelamente a su carrera musical, César se había inscrito en la Facultad de Derecho de la UNAM, misma que no abandonó durante esta nueva etapa de su carrera como cantante.

En 1961 debutó con el disco *Canta*, con covers de Paul Anka, acompañado de la Orquesta de Gustavo Pimentel y bajo la producción artística de Paco de la Barrera. La respuesta fue tan buena que el disco se editó en varios países iberoamericanos, con gran éxito. Ese mismo año salió el disco *Sinceramente*.

Una de las fórmulas más rentables del negocio de los ídolos juveniles, fue el de hacerlos protagonistas de películas donde se representaban a sí mismos y salían cantando las canciones en promoción. Así fue como César debutó en el cine participando en la película *Juventud rebelde*.

Para 1962 salió su tercera producción llamada *Para enamorados*, en la que lo acompañó la Orquesta del cubano Chico O'Farrill. En este disco, César interpretó, en su mayoría, temas de Armando Manzanero. Ese año apareció en la película *Si yo fuera millonario*, protagonizada por Miguel Aceves Mejía.

También debutó como conductor de televisión en el programa *Premier Orfeón*. Su buen trato lo identificó desde ese momento ante los televidentes. Puso de moda el uso del suéter, llegando a coleccionar una gran cantidad de ellos, todos regalados por sus seguidoras. Según cuenta el propio César, su viejo amigo Martín de la Concha le regaló uno con el que salió en televisión. A partir de ese momento no dejó de usarlos por un buen tiempo. Su colección de suéteres, que ascendió a más de dos mil 500 prendas, se donó y subastó para diferentes causas; en la actualidad sólo conserva el primero.

En 1963 lanzó *La historia de Tommy*, cuya portada es una fotografía de César con casco dentro un auto deportivo. Lo acompañó nuevamente la Orquesta de Gustavo Pimentel.

Se creó un grupo de admiradoras de César Costa, que llegó a tener 600 mil afiliadas a lo largo de toda América Latina.

En la película *La juventud se impone*, de 1964, actuó junto a Enrique Guzmán. Es de llamar la atención que, por esos días, los publicistas creaban tanto rivalidades como noviazgos ficticios para generar expectativa en torno a los ídolos juveniles. Así que por mucho tiempo se habló de enemistades entre César Costa, Enrique Guzmán y Alberto Vázquez, así como del noviazgo entre Enrique y Angélica María. Ese año, César participó también en la película *La edad de la violencia*, junto a Alberto Vázquez, Manolo Muñoz y Julissa.

«En ese tiempo yo llegué a realizar caravanas de mes y medio en las que daba tres funciones diarias en tres diferentes ciudades cada día. Eran jornadas matadoras pero maravillosas. Conocí hasta el último rincón de la república mexicana, lo que para mí fue extraordinario. Viví un mundo mágico. Tener la sensación de ser el representante de todo un movimiento musical juvenil, no tiene comparación». César Costa en entrevista con José Antonio Fernández, publicada en la revista *Pantalla* del 13 de febrero del 2006.

Al terminar su contrato con Orfeón, firmó con RCA Mexicana y cambió su propuesta por una más melódica y con influencias del pop italiano. En 1964 se lanzó *Lo nuevo*, acompañado por las orquestas de Pablo Beltrán Ruiz, Chucho Zarzota y Chucho Ferrer.

Tu amor... y mi cariño, salió en 1965, acompañado por las orquestas de Chucho Ferrer, Gustavo Pimentel, Robbi Pointevin y Enrico Cabiatti, incluye temas grabados en Italia. En cine, apareció junto a Fernando Luján en la película *¿Qué haremos con papá?*

Su tercer y último disco con RCA fue *Jornada sentimental*, de 1966. Se hizo acompañar en esta ocasión, por el grupo Los Matemáticos, además de las orquestas de Magallanes, Chucho Ferrer, Gustavo Pimentel, Robbi Pointevin y Joaquín Prieto. César cantó algunos temas en inglés.

Ese año participó en las películas *Arrullo de Dios*, con Libertad Lamarque, Fanny Cano y Jorge Rivero; y *¡Adiós cuñado!*, con Maricruz Olivier, Alma Delia Fuentes y Héctor Suárez. En 1967, César apareció parodiando a Frank Sinatra en *El mundo loco de los jóvenes*, con Julissa, Roberto Gómez Bolaños y los Dug Dug's.

En 1968, apareció el disco *Chao! Amiga*, con Discos Capitol. Ese año participó en la película *Al fin a solas*, que funcionó como la segunda parte de *¡Adiós cuñado!*

En 1969, RCA editó por su cuenta el disco *Corazón loco*, que contenía algunos temas conocidos junto a otros inéditos de César.

Salió para ese mismo año el disco *César Costa en vivo*, editado por Capitol, producido por Alfredo M. Gil y grabado por Pedro Zavala y Rogiero J. Silva. En este material hace un viaje por toda su historia musical. El lugar donde se grabó no viene especificado en los créditos.

Romance sobre ruedas fue su siguiente película, en la que comparte créditos con Ana Martín, Teresa Velázquez y Leonorilda Ochoa. En 1970 participó en *Caín, Abel y el otro*, junto a Enrique Guzmán, Alberto Vázquez, Lorena Velázquez y Germán Valdés «Tin Tan».

En 1971, lanzó *Un vaso de vino*, cuyo sencillo del mismo nombre volvió a colocar a César en los primeros lugares de difusión en la radio mexicana. Ese año apareció en la cinta *Bang bang, al hoyo*, donde comparte créditos con Enrique Guzmán, Viruta y Chabelo.

Con el disco Negra Paloma de 1972, continuó sonando en radio, y en 1973 terminó su trato con Capitol con el lanzamiento de dos discos: *César* y *Ni tú ni yo*.

Ese año, tuvo mayor presencia en televisión al incorporarse al programa *El show del Loco Valdés*, donde hacía sketches cómicos con a Chabelo.

Para 1974 produjo el disco *Así comenzó el rock and roll*, con Discos Musart. Este álbum apareció en un contexto en el cual el rock and roll de los sesenta vivía un resurgimiento, un intento nostálgico por remontarse a épocas exitosas del pasado.

A partir de 1978 su carrera comenzó a desarrollarse en la televisión con programas como *La carabina de Ambrosio*, donde era conductor y hacía sketches cómicos. En términos musicales, fue perdiendo fuerza conforme avanzó la década de los setenta, aunque tuvo un repunte en los ochenta gracias al tema "Tierno", con el cual participó en el Festival OTI de 1983, muy alejado ya de sus orígenes rocanroleros.

Siguió presentándose en vivo durante los ochenta y noventa, cantando viejos temas e incorporando nuevo material. De 1987 a 1994, protagonizó el programa *Papá soltero*, que se convirtió en un éxito televisivo en México y Latinoamérica. Se hizo también una versión en cine de esta serie en 1995, que se llamó *Me tengo que casar*.

En 1993 se presentó junto a Angélica María, Enrique Guzmán, Manolo Muñoz y Alberto Vázquez en el Auditorio Nacional de la Ciudad de México, en el evento denominado Los cinco grandes del Rock. Debido al éxito generado, se crearon distintas recopilaciones de discos por parte de las diferentes compañías que lo han grabado a lo largo de su carrera.

Fue elegido Mister Amigo en 2001, designación que se otorga cada año por una asociación de Brownsville, Texas, y que fomenta el encuentro entre México y Estados Unidos. También fue nombrado embajador de la Unicef para México, en agosto del 2004.

Continuó conduciendo programas de televisión y radio como *Un nuevo día*, *Al fin de semana*, *De Costa a Costa*, *Ensalada César* y *Las 100 favoritas de México*. Tampoco han dejado de editarse recopilaciones y compilaciones de sus canciones en los últimos años.

Desde el 2011 ha participado en diferentes eventos por toda la república con el espectáculo La caravana del Rock, en donde alterna en el escenario con sus viejos compañeros de los sesenta.

En 2013, a sus 72 años de vida, César Costa sorprendió nuevamente con el lanzamiento de un disco al cual tituló *A mi manera*, editado por EMI y en el que tiene como invitados a Ely Guerra, Jay de la Cueva y el ex Sin Bandera, Leonel García. Sobresalió el tema "Gracias" y estuvo en los primeros lugares de ventas ese año.

Discografía... O

- *Canta* (1961)
- *Sinceramente* (1961)
- *Para enamorados* (1962)
- *La historia de Tommy* (1963)
- *Lo nuevo* (1964)
- *Tu amor... y mi cariño* (1965)
- *Jornada sentimental* (1966)
- *Chao! Amiga* (1968)

- *Corazón loco* (1969)
- *César Costa en vivo* (1969)
- *Un vaso de vino* (1971)
- *Negra paloma* (1972)
- *César* (1973)
- *Ni tú ni yo* (1973)
- *Así comenzó el rock and roll* (1974)
- *Vidita mía* (1976)
- *César Costa* (1979)
- *Algo distinto* (1981)
- *Sorprendentemente tierno* (1983)
- *Tierno y más* (1983)
- *Una vez más* (1985)
- *César Costa* (1987)
- *Bajo mi piel* (1998)
- *A mi manera* (2013)

Otras grabaciones

- *Baila muchachita*, recopilación (1963)
- *Lo mejor de César Costa*, recopilación (1972)
- *Mi pueblo*, recopilación (1974)
- *30 selecciones de oro*, recopilación (1975)
- *Mis momentos*, recopilación (1997)
- *20 éxitos de César Costa*, recopilación 2CDS (1998)
- *El rock de los 60*, recopilación (2001)
- *Antología*, recopilación (2001)
- *RCA 100 años de música*, recopilación (2002)

Otros..((▶

En 1998 César Costa hizo el doblaje en dos episodios de Stan March de la serie de dibujos animados South Park.

45. Los Salvajes

Inicio y fin .... ▶ **Lugar** .... ◻

1961-1964   Ciudad de México

Integrantes .... ❙❙❙

- Manuel Gallegos - Batería
- Hugo del Castillo - Voz
- René Ferrer † - Voz
- Julio Murillo - Guitarra
- Manuel Campos - Percusión
- Filemón Guzmán - Saxofón
- Jorge Basel † - Piano y órgano
- Bernardo Martínez Mesa - Guitarra
- Gilberto Avilés - Bajo

Género .... 𝄢

Rock and roll y twist.

Historia .... |◀◀

Los guitarristas Julio Murillo y Bernando Martínez, así como el percusionista Manuel Campos, el saxofonista Filemón Guzmán, el tecladista Jorge Basel y el cantante Hugo del Castillo, todos dirigidos por el baterista Manuel Gallegos, formaron en 1961 el grupo Los Salvajes. Se caracterizaron por sus interpretaciones energéticas a los temas anglosajones de éxito.

En poco tiempo captaron el interés de la discográfica CBS y lo que les dio la oportunidad de grabar los temas "Dinamita", "Bertha Lou" y "Multiplicando", aunque sin trascendencia alguna. Después de esto, salió Hugo, y al quedarse sin cantante, les propusieron acompañar a Enrique Guzmán en el disco *Enrique Guzmán y el twist*. Fue el comienzo de una colaboración con el ex cantante de los Teen Tops y de la aparición en los respectivos créditos en los discos.

Por recomendación del director artístico de CBS, Edgardo Obregón, se incorporaron al grupo el ex cantante de los Blue Caps y Los Playboys, el carismático René Ferrer. Con él grabaron el disco *Los Salvajes*. Le siguió, en 1962, el disco *Los Salvajes y el twist*. Si bien lograron colocar sus temas en la radio mexicana, su trabajo logró mayor reconocimiento en España y Sudamérica, donde también se editaron sus discos.

Pero la desgracia estaba a la vuelta de la esquina. La noche del 23 de octubre de 1962 René Ferrer y su amigo Agapito Gazca Martínez, fueron detenidos por orinar en una calle de la colonia Obrera. Al mostrar cierta resistencia al arresto, los oficiales le respondieron con exceso de violencia. La golpiza policiaca continuó en las galeras de la 4a Comandancia, donde fueron trasladados. Tras un fuerte golpe en la cabeza, fue llevado a un hospital al que ya no llegó vivo. Apenas con 22 años, René falleció por la brutalidad de la autoridad. El 25 de octubre fue enterrado en el panteón Americano.

Después de esta tragedia. Los Salvajes continuaron acompañando a diversos artistas de CBS. Durante 1963 grabaron cuatro EPS con Enrique Guzmán, y los larga duración *Enrique Guzmán Vol. 5 y 6*. También participaron en las grabaciones de Sonia López, Ricardo Carrión y Johnny Dynamo.

No lograron superar la muerte de su compañero, por lo que en 1964 decidieron desintegrarse.

Discografía..**O**

- *Los Salvajes* (1961)
- *Los Salvajes del twist* (1962)

Los Salvajes con Enrique Guzmán

- *Enrique Guzmán y el twist* (1961)
- *Enrique Guzmán con Los Salvajes*, EP (1962)
- *Enrique Guzmán con Los Salvajes*, EP (1963)
- *Enrique Guzmán con Los Salvajes*, EP (1963)
- *Enrique Guzmán con Los Salvajes*, EP (1963)
- *Enrique Guzmán Vol. 5* (1963)
- *Enrique Guzmán Vol. 6* (1963)

Otras grabaciones

- *Los grandes éxitos de Enrique Guzmán con Los Salvajes*, recopilación (1974)

46. Los Rockin Devil's

Inicio y fin...................▶ **Lugar**.................................◻

1961-1972 / 1975-1981
1989-hasta hoy.

Tijuana, Baja California

Integrantes.. III

- Francisco «Frankie» Estrada - Voz (1976-1972) (1989-hasta hoy)
- Blanca Estrada - Voz (1976-1972) (1989-hasta hoy)
- Irma Estrada - Voz (1961-1965) (1989-hasta hoy)
- Jesús Olivas - Voz (1976-1972)
- Luis Jaime «Güero» González † - Teclados (1976-1972) (1975-1981)
- Elías Manuel Amabilis Palma - Guitarra (1961-1964) (1965-1972) (1989-hasta hoy)
- Miguel Ángel Osuna - Bajo (1961-1967) (1989-hasta hoy)
- José Luis Villanueva - Batería (1961-1964)
- Juan Campos - Trompeta (1961-1964)
- Francisco Campos - Sax (1961-1964)
- Mario Rojas - Sax (1965-1967)
- Memo Méndez Landeros - Guitarra (1965)
- Alejandro Robles - Batería (1964-1972) (1989-hasta hoy)
- Esteban Ríos - Sax (1964-1965)
- Víctor Mariano «Mario» Rojas - Sax (1965-1972) (1989-hasta hoy)
- David González - Bajo (1967-1972)

Género .... 𝄞

Rock, garage, rock psicodélico, soul y rock pop, con influencias de James Brown, Them, Tommy Roe, Bobby Moore & The Rhythm Aces, The Mc-Coys, Sam the Sham & The Pharaohs, The Teen Queens, Rolling Stones, Donovan, The Kinks y Jakie Lee, entre otros.

Historia .... |◄◄

Los Rockin Devil's se formaron en la ciudad fronteriza de Tijuana en 1961, cuando varios jóvenes de diferentes partes de la república mexicana coincidieron para crear una de las bandas más prolíficas del rock de los sesenta en México. Conformada originalmente por los hermanos Francisco, Blanca e Irma Estrada Gómez en las voces y Luis Jaime González Castellanos en los teclados, todos ellos originarios de Guadalajara, así como el guitarrista Elías Amabilis de Coatzacoalcos, Veracruz, y el bajista Miguel Ángel Osuna de Mazatlán, Sinaloa. En el comienzo tenían el apoyo rítmico de José Luis Villanueva en la batería, así como una sección de metales con los hermanos Francisco y Juan Campos en el sax y la trompeta, respectivamente. Poco después se incorporó Jesús Olivas como un cantante más del grupo. Su nombre se inspiró en el de Los Rebeldes del Rock, que en su primer disco se hicieron llamar Rockin Rebels.

Fueron el típico grupo de garage que tocaba en fiestas y conciertos locales de diversa índole. Poco a poco se integraron a foros más profesionales, tocando en centros nocturnos y en varias plazas de los estados del norte.

En 1964 grabaron para Discos Tambora el que sería su disco debut titulado *Los Rockin' Devils* (nótese la forma como escribieron su nombre en aquel entonces). Fue grabado en la estación de radio local XEC de Tijuana. Destacó de ese material el tema "Sospechas", cantado por Jesús Olivas.

Ese mismo año, en una presentación en el hotel Flamingos, donde alternaron con Los Hermanos Carrión, fueron escuchados por Ricardo Carrión, quien como director artístico de Discos Orfeón los invitó a integrarse en dicha compañía.

Ante esta nueva etapa, hubo varios cambios en la alineación de Los Rockin Devil's, ya que salieron José Luis Villanueva y Miguel Ángel Osuna, que fueron sustituidos por el baterista Alejandro Robles y el guitarrista Memo Méndez Landeros. También salieron los hermanos Campos, integrándose dos saxofones, Esteban Ríos y Víctor Mariano «Mario» Rojas.

En 1965 viajaron a la Ciudad de México, donde grabaron *The Rockin Devil's*, destacando el tema "Bien o mal", interpretado por Irma. Al terminar este disco salió del grupo la hermana menor de los Estrada, Irma, quien regresó a Tijuana por disposición de sus padres, quienes consideraban que su hija aún era muy joven para lidiar con el medio artístico.

Después de un tiempo razonable, y de ver que el disco pasó prácticamente desapercibido, pensaron en abandonar todo y regresar a Tijuana. Américo Tena †, de Los Rebeldes del Rock, les ofreció trabajo en el café cantante Harlem, lo que los animó a no claudicar. En dicho espacio los escuchó el periodista Alejandro Guzmán Mayer †, quien les propuso ser su representante. Desde ese momento las cosas dieron un giro favorable para Los Rockin Devil's, ya que él cuidó muy bien los aspectos de la promoción.

Ese mismo año salió el disco *Los sensacionales Rockin Devil's: Bule Bule*, que resultó ser un fenómeno comercial con la canción "Bule Bule".

Por otra parte, y como estrategia promocional, fueron invitados a participar en la película *Juventud sin ley (Rebeldes a go go)*, dirigida por Gilberto Martínez Solares, donde aparecieron junto a Marga López, Fany Cano, Fernando Luján, Manolo Muñoz y Arturo de Córdoba.

En 1966 lanzaron dos discos. El primero fue *Éxitos a go go con Los Rockin Devil's*, con temas como "Perro lanudo"; el segundo fue *Nuevos éxitos con Los Rockin Devil's*.

Ese año aparecieron en la película *Amor a ritmo de go go*, dirigida por Miguel M. Delgado, junto a Javier Solís, Rosa María Vázquez y Leonorilda Ochoa.

Su presencia en los medios era patente. Se les podía ver en los programas de televisión *Super remate de autos*, *Sábados Vanart*, *Disk Jokey*, *Orfeón a Go Go*, *Operación Ja Ja* y *Hit Parade*. Después vinieron las giras por toda la república, Centro y Sudamérica, así como en los Estados Unidos.

En 1967 sacaron otros dos discos. El primero fue *Los Rockin Devil's*, y el segundo *Nuevos Hit's con Los Rockin Devil's*.

Siguiendo con sus apariciones en cine, ese año participaron en la película *Con licencia para matar*, junto a Fernando Casanova, Emily

Cranz, Ricardo Carrión, Héctor Bonilla y Leonorilda Ochoa; dirigida por Raphael Baledón.

A mediados de ese año, salió Miguel Osuna para evitar conflictos internos, ya que mantenía una relación amorosa con Blanca Estrada. Posteriormente se casó con ella. En su lugar entró el bajista David González, quien además colaboró en varias adaptaciones de letras del inglés al español. Por otro lado, tuvieron que despedir a Víctor Mariano Rojas por problemas de drogadicción.

Entre los premios obtenidos, recibieron El Heraldo, El Xochipilli, El Micrófono de Oro y toda clase de reconocimientos de la prensa, radio y televisión. Orfeón certificó tres Discos de Oro y dos Discos de Plata por más de un millón de copias vendidas de sus discos.

En 1968, y siguiendo con el ritmo creativo de los años anteriores, sacaron dos discos más. El primero *Los Rockin Devil's: Pata pata Psicodélico*, y el segundo fue *Más grandes hits de Los Rockin Devil's*.

Volvieron a hacer con el director Raphael Baledón otra película, llamada *Cazadores de espías*, junto a Carlos East, Manolo Muñoz, Ricardo Carrión y Leonorilda Ochoa.

En 1969 sacaron *Los Rockin Devil's: Esos fueron los días*. También lanzaron el disco *Nuevos hits de Los Rockin Devil's*.

Para entonces, el grupo ya había tocado en los principales foros del país. Su presencia en el extranjero se mantuvo prácticamente toda la segunda mitad de la década, con una aceptación particular en la zona de California, Estados Unidos,

En 1970 lanzaron *Grandes hits de Los Rockin Devil's*, donde venía el tema "Venus", que podríamos considerar el último de sus éxitos. A partir de ese momento, la disposición de Orfeón para editar discos de los Rockin Devil's cambió, al interesarse más por editar recopilaciones y reediciones de sus trabajos anteriores. Para un grupo con un ritmo de creación intenso fue un duro golpe. Los cierto es que los tiempos fueron cambiando, el grupo ya no tuvo el impacto mediático de los sesenta y, por otra parte, la tendencia era el rock en inglés. Todo esto jugó en contra de su vigencia como banda creadora de éxitos. Si sumamos las circunstancias del rock en la era post Avándaro, el panorama no pintaba bien para Los Rockin Devil's. Esto generó tensiones internas que derivaron en la separación del grupo en 1972.

En 1975, José Jaime González intentó resucitar al grupo con nuevos integrantes, que incluyeron a su entonces pareja; realizó presentaciones y logró que Discos Orfeón se interesara en regrabar viejos éxitos con nuevos arreglos en el disco *Los Rockin Devil's: Baila el Bump Bump*.

Así el grupo se mantuvo activo por unos años. Sin embargo, el 3 de octubre de 1981, el Güero murió en un trágico accidente automovilístico, en circunstancias sospechosas. Desde entonces comenzó un pleito por el nombre y los derechos de las grabaciones, que quedaron en manos de la viuda de José Jaime González, Martha. Al final de la década de los ochenta llegaron a un acuerdo y los demás miembros del grupo recuperaron su nombre, por lo que pudieron reiniciar sus presentaciones de manera continua hasta 1996. A partir de entonces han hecho algunos conciertos esporádicos con dos formaciones, una en Tijuana con Francisco, Blanca, Miguel e Irma, y otra en la Ciudad de México con Alejandro, Elías y Mariano. En algunas ocasiones, han llegado a tocar las dos formaciones juntas.

En su haber, además de sus 13 discos de larga duración, existen editados 33 EPS y 29 sencillos de 45 RPM recopilatorios. Discos Orfeón ha publicado también un sin fin de recopilaciones y acoplados en discos de larga duración.

Discografía.. O

- *Los Rockin Devil's* (1964)
- *The Rockin Devil's* (1965)
- *Los sensacionales Rockin Devil's: Bule Bule* (1965)
- *Éxitos a go go con Los Rockin Devil's* (1966)
- *Nuevos Éxitos con Los Rockin Devil's* (1966)
- *Los Rockin Devil's* (1967)
- *Nuevos hit´s con Los Rockin Devil's* (1967)
- *Los Rockin Devil's: Pata pata psicodélico* (1968)
- *Más grandes hits de Los Rockin Devil's* (1968)
- *Los Rockin Devil's: Esos fueron los días* (1969)
- *Nuevos hits de Los Rockin Devil's* (1969)
- *Grandes hits de Los Rockin Devil's* (1970)
- *Los Rockin Devil's: Baila el Bump Bump* (1975)

Otras grabaciones

- *Los Rockin Devil's: Esos fueron los días,* recopilación (1973)
- *Disco de Oro de Los Rockin Devil's,* recopilación (1974)
- *Rockin Devil's: Serie Rock Collection,* recopilación tres discos (1975)
- *Rockin Devil's: 30 selecciones,* recopilación 3 discos (1975)
- *Rockin Devil's: 15 éxitos,* recopilación (1983)

47. Baby Bátiz

Inicio................................ ▶ **Lugar**....................................◻

1961   Tijuana, Baja California

Género..𝄢

Rock pop, soul, blues, surf, rock psicodélico, funk y disco, con influencia de Janis Joplin, Etta James, Tina Turner y Aretha Franklin.

Historia..|◀◀

María Esther Medina Núñez, mejor conocida como Baby Bátiz, nació en Tijuana, Baja California, el 24 de noviembre de 1949. Comenzó su carrera como cantante siendo muy pequeña, a los 11 años, junto a su hermano Javier en el grupo Los TJ's, presentándose en tardeadas y bailes escolares. Solía cantar baladas de rock and roll. Influida por el blues, rock y soul que se daba al otro lado de la frontera, creció alejada del concepto de cantante juvenil conservador impuesto por la industria de la música predominante en el centro del país.

Cuando su hermano migró a la Ciudad de México, ella lo alcanzó al poco tiempo. Fue el comienzo de una dinámica entre 1964 y1968, en la que Baby iba y venía de Tijuana a la capital del país cada vez que tenía vacaciones en su escuela, a trabajar con su hermano en cafés cantantes, bares, fiestas y teatros.

A los 15 años grabó su disco debut, el cual se llamó *Aconséjame mamá*, para Discos Peerless. Como se acostumbraba entonces, la discográfica definió el perfil de este trabajo, amoldándolo al concepto de cantante juvenil preponderante, es decir, cantantes ñoñas que no mataban ni a una mosca. Su repertorio fue compuesto principalmente por temas italianos traducidos al español. Se presentó en los programas de televisión *Operación Ja Ja* y *Orfeón a go go*. Sin embargo, la promoción de este material no fue suficiente, debido a su situación como menor de edad y su lejanía de la Ciudad de México. Con todo, esto representó el comienzo de su carrera como cantante.

Tuvo diversas colaboraciones, entre las que estuvieron la grabación de un sencillo con Mario Sanabria en 1967 y en el disco *¿Estás Listo?*, de Los Winners, en 1968.

Durante la segunda mitad de la década, la influencia de las cantantes negras del soul y el blues estadounidense comenzó a aflorar en su forma de interpretar, a la par del ocaso de los cafés cantantes. Su presencia en los escenarios estuvo ligada a la carrera de su hermano, con quien se presentó y grabó de manera permanente.

Al comienzo de los setenta colaboró con el grupo La Raza junto a Maricela Durazo, ex integrante del grupo Tequila. También participó con Tito Bauche, el creador del soul latino, en el disco *Dulce encierro*.

En 1971 grabó con Discos Orfeón el sencillo de 45 RPM "Demasiado tarde" / "Un lugar cerca del sol". El primero, un cover en español de la conocida "It's too late", de Carol King.

En 1973 acompañó a su hermano en el disco *Javier Bátiz y su onda*. Ese año sacó con Discos Capitol el EP *Abrázame Bésame*.

Vinieron los tiempos difíciles en los cuales el rock fue acorralado en los hoyos fonquis, de los cuales ella salió bien librada. No muchos lograron sobrevivir a esas nuevas circunstancias. En 1976, colaboró nuevamente con su hermano en el disco *Ella fue*.

En 1979 fue invitada por Rafael Acosta, de Mr. Loco, para que junto a Norma Valdéz y Mayita Campos formara Las Loquettes y así grabar juntos *Mr. Loco Loco*, una producción dentro del género disco music, que estaba de moda. Su nombre hacía alusión al grupo vocal femenino estadounidense The Ikettes.

Con respecto a la relación con su pareja, Baby comenta: «Mi esposo nunca ha estado en contra de mi profesión, me ha dejado ser. Él sabe lo que significa para mi cantar. Cuando tuve a mis hijos me retiré un poco, no podía participar en giras, aunque sí hice grabaciones y presentaciones sin salir de la ciudad». Testimonio del libro *Sirenas al ataque - Mujeres roqueras al ataque*, de Tere Estrada.

A partir de 1984, volvió a aparecer con Javier en dos de sus discos, *Esta vez* y *Radiocomplacencias*. Después de éstos, no se supo de ella hasta 1989, cuando participó nuevamente con Javier en el disco *Esta vez 2*.

A partir de 1994, continuó su nutrida colaboración con su hermano en el disco *Di si tú te acuerdas de mí*; en 1996 en *Me Gusta el Rock*, y en 1997 en *La casa del sol naciente*.

En 1998 grabó con Discos Continental *Those Were The Days*, disco con una serie de covers en inglés.

En 1999 lanzó otro disco con Discos Continental, con temas de Andrew Loyd Webber, llamado *Grandes musicales*.

En 2003, editó el disco *En vivo en el Monumento a la Revolución*, con Discos Denver, donde interpreta sus temas más conocidos. Siguió colaborando con su hermano en los discos de la serie El Brujo. En 2004 sacó con Denver *De veras me atrapaste*.

Al paso del tiempo, Baby Bátiz ha contado con un gran reconocimiento como cantante de rock y blues, con un repertorio extenso que canta con un personal estilo. Si bien los medios masivos mexicanos nunca la promovieron como se merecía, para entonces ella ya era una de las voces más respetadas del rock nacional.

En 2010 lanzó el disco *Antología*, con el que hace un recorrido por sus temas más conocidos en versiones nuevas.

Baby bien puede presumir el haber tocado en toda clase de foros, desde tardeadas, hasta hoyos fonquis. Ha tenido diversas colaboraciones con artistas de diferente índole. Actualmente, continúa cantando en todo tipo de escenarios de la Ciudad de México y tiene en mente grabar un disco tributo a Janis Joplin.

Discografía .... ○

- Aconséjame Mamá (1965)
- Demasiado Tarde/Un Lugar Cerca del Sol sencillo 45 RPM (1971)
- Abrázame Bésame EP (1973)
- Those Were the Days (1998)

- Grandes Musicales (Andrew Loyd Webber) (1999)
- En Vivo en el Monumento a la Revolución (2003)
- De veras me Atrapaste (2004)
- Antología (2010)

Colaboraciones

- ¿Estás Listo?- Los Winners (1968)
- Bátiz and Hair - Javier Bátiz (1968)
- Javier Bátiz y su Onda - Javier Bátiz (1973)
- Ella Fue - Javier Bátiz (1976)
- Mr. Loco Loco - Mr. Loco (1979)
- Esta Vez - Javier Bátiz (1984)
- Radiocomplacencias - Javier Bátiz (1985)
- Esta Vez 2 - Javier Bátiz (1989)
- Di si tú Te Acuerdas de Mí - Javier Bátiz (1994)
- Me Gusta el Rock - Javier Bátiz (1996)
- La Casa del Sol Naciente - Javier Bátiz (1997)
- El Brujo en Vivo desde el Zócalo Vol. 1 - Javier Bátiz (2002)
- El Brujo en Vivo desde el Zócalo Vol. 2 - Javier Bátiz (2002)
- El Baúl del Brujo Volumen 1 - Javier Bátiz (2003)
- El Baúl del Brujo Volumen 2 - Javier Bátiz (2003)
- El Baúl del Brujo Volumen 3 - Javier Bátiz (2003)
- El Baúl del Brujo Volumen 4 - Javier Bátiz (2003)

Otros

Baby Bátiz ha cantado en una gran cantidad de comerciales para radio y televisión, entre los que están Coca Cola (3 campañas), El Canal de las Estrellas, Teletón, Fabuloso y Levi's. Ha sido corista de estudio y en vivo de una gran cantidad de artistas como Yuri, Lupita D'Alessio, Timbiriche, Magneto, incluso llegó a cantar con Deep Purple.

48. Los Johnny Jets

//////////////////////////////////

Inicio.. ▶ **Lugar**...□

1961   Reynosa, Tamaulipas

Integrantes... III

- Mauro Monreal Bracamontes - Bajo (1961-1976)
- Pablo Flores - Guitarra y voz (1961-1964) (1971)
- Adrián Huerta - Guitarra (1961)
- Pablo Ismael Reyna Alemán - Guitarra (1961-1975)
- José Isaías Landeros Silva - Sax (1962-hasta hoy)
- Raúl Galván Castillo - Batería (1961-1975)
- Óscar Álvarez Hernández - Voz (1964-1970)
- Efrén Olvera González el «Oso» - Guitarra (1964-1967)
- Miguel Núñez - Guitarra (1967-1975)
- Óscar de la Rosa Rivas - Voz (1970-1975)

Género.. 𝄢

Rock and roll, twist, surf, rock pop, rock psicodélico, redova y bolero con influencias de Elvis Presley, Little Richard, Sack Darry, Fredy Fender, Bill Haley, James Brown, The Platters, Fats Domino, Chubby Cheker, The Mc Coys, Mike Laure, The Beatles, Roberto Carlos y música norteña.

Historia...|◀◀

Los jóvenes amigos Raúl Galván (batería) y Pablo Flores (guitarra y voz) compartían su gusto por la música y sus ganas de formar una banda. El destino los haría encontrarse con Mauro Monreal (inicialmente guitarra) en un traslado en camión que varios muchachos de la región tomaron para ir a un día de campo en la alberca Santa Anita de Reynosa, Tamaulipas. Aunque nunca antes habían tocado juntos, casualmente cada uno llevó por separado sus instrumentos, y se acoplaron mágicamente. Ese día fue inolvidable, así que los tres decidieron comenzar a ensayar. Al poco tiempo ingresó a la banda el guitarrista Adrián Huerta, por lo que le propusieron a Mauro tocar el bajo. Adrián no duró mucho en el grupo y entró en su lugar Pablo Reyna en la segunda guitarra y coros.

Ensayando en un lugar cerca del Puente Internacional, y todavía sin nombre, los escuchó Héctor Arredondo, dueño del Night Club Bum Bum, y les ofreció trabajo en su negocio por tres dólares cada noche. Ahí estuvieron un año. Después, Edelmiro Velazco los invitó a trabajar en el Eddie's, por cinco dólares la noche; ahí tocaron casi dos años. Eso les permitió comprarse mejores instrumentos en una tienda de productos de segunda mano en McAllen, Texas.

El saxofonista Isaías Landeros llegó a Reynosa tocando con el grupo Los Vikingos, de Monterrey, pero éstos se separaron durante su estancia en la frontera, por lo que se integró también a esta nueva banda desde 1962. Se presentaron en la estación de radio local xeor y tocaron en algunas ciudades del sur de Texas. También Pedro Ortiz Guadarrama los animó para viajar a Nuevo León.

En 1963, se pusieron el nombre de Los Johnny Jets, por la unión de las palabras *Johnny*, que era la forma como los clientes estadounidenses del Bum Bum se referían a ellos para pedirles canciones, y *Jets*, en honor al grupo Los Jets de Monterrey.

En 1964 viajaron a Tampico, donde fueron bien recibidos. Se presentaron en la estación de radio xes, en la Laguna del Chairel, alternando con la Orquesta Tampico de Claudio Rosas, en el bar Imperial, el stand de Coca Cola de la Feria Regional, en La Esquina Superior y en el jardín Corona. También acompañaron a la cantante Ángela Castani. Ella les sugirió que viajaran a la Ciudad de México.

Ese mismo año se mudaron a la capital y comenzaron a trabajar junto a Johnny Laboriel y Mayté Gaos. Pablo Flores abandonó el grupo, por lo que Mauro viajó a Reynosa para reclutar al guitarrista Efrén Olvera y a Óscar Álvarez, que venía de cantar con Los Golden Star.

En 1965 firmaron con la discográfica CBS. El director artístico de la compañía, Armando Manzanero, les pidió que grabaran temas clásicos del folclor con arreglos de rock. Ellos se negaron a hacerlo, así que grabaron un híbrido de temas sugeridos por la empresa con temas propios. La primera grabación de Los Johnny Jets fue el sencillo de 45 rpm "Yeah Yeah" / "El Sapito".

Ese año se lanzaron dos discos *Ritmo juvenil* y *Éxitos al estilo de Los Johnny Jets*.

Hubo un cambio en la dirección artística de CBS y fue Jaime Ortiz Pino quien les permitió grabar su propio repertorio. El segundo sencillo fue "Es Lupe" / "Por fin", de 1966, con el que tuvieron un buen despegue en su carrera al sonar en la radio de todo el país, en Centro y en Sudamérica.

Su siguiente LP fue *Los Johnny Jets a go go*. A partir de ese momento, y hasta el final de los años sesenta, tuvieron una cadena de éxitos con sus posteriores grabaciones. Al principio, la mejor respuesta la recibieron en diversas poblaciones de la república mexicana, siendo la Ciudad de México la plaza más crítica a su trabajo.

En 1967 produjeron *Mary Mary*. El reconocimiento llegó poco a poco en la capital del país y comenzaron a trabajar en los centros nocturnos más prestigiosos como Los Globos, el Terraza Casino y La Fuente. Crearon un estilo al que denominaron la Redova psicodélica, en el que mezclaban la música norteña con rock. Para entonces Efrén Olvera se había separado del grupo para formar uno propio. En su lugar entró el guitarrista de Ciudad Juárez, Miguel Núñez.

Ese año participaron en la película *Mujeres, mujeres, mujeres*, de José Díaz Morales, junto a actores como Julio Alemán, Raúl Astor, Mauricio Garcés e Isela Vega, entre otros. También lo hicieron los filmes *Destructor de espías*, al lado de Blue Demon; y *Con licencia para matar*, junto a Emily Cranz.

En 1968 lanzaron *La minifalda de Reynalda*. También fueron parte de la famosa Caravana Corona, haciendo giras por toda la república mexicana, además de tocar en ferias regionales, carnavales y en el Teatro Blanquita de la Ciudad de México.

Para 1969 apareció el álbum *Felipe el Hippie*. Su trato con CBS estaba por concluir, pero todavía sacaron los sencillos "Ay de mí" / "Si te quiero", de 1969 y "Juguete viejo" / "La Plaga", de 1970.

Estuvieron tocando en bailes de su ciudad de origen, Reynosa, e hicieron una gira por Estados Unidos, visitando lugares como Nuevo México, California e Illinois. En esa gira, Óscar Álvarez se casó y se fue a su luna de miel, de la cual ya no regresó, es decir, abandonó al grupo.

Volvieron a la Ciudad de México y se reintegró después de muchos años Pablo Flores en la guitarra principal. En sustitución de Óscar Álvarez, entró Óscar de la Rosa Rivas en la voz.

A partir de ese momento, el grupo dio un giro estilístico hacia la música norteña, deslindándose totalmente del rock. Con esta nueva modalidad, grabaron en 1971, para la discográfica Peerless, el disco *El milagro*. Al terminar esta producción Pablo Flores volvió a abandonar la agrupación. Con Peerless sacaron dos discos más de música norteña, llamados *La Piriswiris* de 1972 y *Es mejor* de 1973.

Para 1975, Raúl Galván dejó el grupo en un ambiente de gran inestabilidad, a lo que Mauro e Isaías reaccionan buscando nuevos elementos para Los Johnny Jets. Un día, Mauro desapareció, y después de un tiempo se supo que había migrado a Fort Worth, Texas. En la actualidad, Isaías Landeros es quien continúa liderando a Los Johnny Jets, en su novena generación. Interpretan los éxitos por los que fueron muy conocidos en los sesenta.

Discografía... **O**

- "Yeah Yeah" / "El Sapito", sencillo 45 RPM (1965)
- *Ritmo Juvenil* (1965)
- *Éxitos al estilo de Los Johnny Jets* (1965)
- "Es Lupe" / "Por fin", sencillo 45 RPM (1966)
- *Los Johnny Jets a go go* (1966)
- *Mary Mary* (1967)
- *La minifalda de Reynalda* (1968)
- *Felipe el hippie* (1969)
- "Ay de mí" / "Sí te quiero", sencillo 45 RPM (1969)
- "Juguete viejo" / "La Plaga", sencillo 45 RPM (1970)
- *El milagro* (1971)
- *La Piriswiris* (1972)
- *Es mejor* (1973)

Otras grabaciones

- *Es Lupe*, EP recopilación (1965)
- *Los Johnny Jets a go go*, EP recopilatorio (1966)
- "Cul Jerk" / "Este es el Jerk", sencillo 45 RPM recopilación (1966)
- *Más éxitos de Los Johnny Jets*, EP recopilación (1966)
- *Mary Mary*, EP recopilación (1967)

- "La minifalda de Reynalda" / "Tres regalos", sencillo 45 RPM recopilación (1968)
- *Es Lupe*, EP recopilación (1968)
- *En el Hit Parade*, EP recopilación (1968)
- "Felipe el hippie" / "Madre perla", sencillo 45 RPM recopilación (1969)
- "Las pestañas de Cirila" / "Vuela paloma", sencillo 45 RPM recopilación (1969)
- "El milagro" / "Solo dos", sencillo 45 RPM recopilación (1971)
- *Los grandes años del rock and roll*, recopilación (1976)
- *26 grandes éxitos*, recopilación (2003)
- *60 aniversario*, recopilación (2007)
- *Reynosa surf*, recopilación (2007)

49. Los Mabber's

Inicio y fin..............................▶ **Lugar**..□

1962-1964   Ciudad de México

Integrantes..III

- Baltazar Mena – Voz
- Se desconoce el nombre de los demás integrantes

Género..𝄞

Surf, rock and roll y twist con influencias de The Beach Boys, Trini López, Rips Chords y Jan & Dean.

Historia...I◀◀

Los Mabber's es considerada la primera banda en grabar surf en México. Como muchos grupos y solistas, ubicaron su nicho de mercado haciendo mayoritariamente covers de algún artista en particular. En su caso, fueron los Beach Boys, aunque también interpretaron temas de Trini López, Rips Chords y Jan & Dean.

El quinteto, comandado por su cantante Baltazar Mena, comenzó en 1962 tocando principalmente en hoteles de la Ciudad de México. Para 1963, firmaron con Discos Musart y editaron el disco *Surfin' con Los Mabber´s*. De este material se les recuerda por los temas "Kilowatts" y "Chica cruel".

Ese mismo año salió el EP *Twist*, que contuvo los temas inéditos "El martillito" y "La niña del yoyo", además de temas del primer disco. Este EP se editó en España en 1964 y tuvo buena aceptación.

Los Mabber's, además, colaboraron con otros artistas de Musart durante 1963 y 1964, grabando como grupo de apoyo de Manolo Muñoz y Malú Reyes. Después de esto se separaron.

Discografía... **O**

- *Surfin' con Los Mabber's* (1963)
- *Twist* (1963)

Malú Reyes y Los Mabber's

- "Copetón" / "El intocable", sencillo 45 RPM (1963)
- "Ya me amolé" / "La reconciliación de la Despeinada y el Copetón", sencillo 45 RPM (1963)

Manolo Muñoz y Los Mabber´s

- *Angelito*, EP (1964)
- "Las cerezas" / "Es un secreto", 45 RPM (1964)

50. Ricardo Roca
///////////////////////////////////

Inicio... ▶ **Lugar**...□

1962   Ciudad de México

Género .... ♪

Balada rock con influencias de Jodie Sands, Frankie Avalon, Terry Staford, Frank Sinatra y Nico Fidenco.

Historia .... |◀◀

Ricardo Roel nació el 22 de enero de 1945. Es el cuarto hijo de una familia de siete hermanos, de los cuales uno es César, mejor conocido como César Costa. Desde pequeños, los hermanos Roel contaron con una buena formación musical fomentada por sus padres, destacando particularmente en el canto. Estudió primero en el Colegio Alemán donde fue parte del coro dirigido por Josefina Álvarez Ierena y después, en la adolescencia, siguió sus estudios en el Colegio Franco Español.

Fue en esa época cuando conoció a los que serían sus compañeros de banda, Los Hooligans. Solían ir a los ensayos de Los Black Jeans, donde cantaba César y que, por lo demás, era sitio de encuentro de los primeros rocanroleros mexicanos. Así, comenzaron a foguearse en ese medio, incluso el pianista de Los Black Jeans, Javier de la Cueva, se unió posteriormente a Los Hooligans.

Con Los Hooligans ganó un concurso, lo que les abrió las puertas para grabar con la compañía discográfica Columbia. Con ellos grabó varios discos: *Agujetas de color de rosa*, *Adiós a Jamaica*, *Acapulco rock* y *Al final*, actualmente clásicos del rock and roll mexicano.

Siguiendo los pasos de su hermano, decidió salir de Los Hooligans y continuar con una carrera solista en 1962. A partir de ese momento tomó el nombre de Ricardo Rocca, aunque después perdiera una *c* y terminara siendo Ricardo Roca. Hizo sus primeras grabaciones con Discos Columbia, acompañado de la Orquesta Columbia, lanzando una serie de sencillos y EPS sin ninguna repercusión importante.

Decidió entonces probar con Discos Orfeón, donde su hermano César ya era una figura. Por ello, firmó sin objeciones y lanzó su primer y único larga duración.

El disco *Ricardo Roca*, de 1962, dio varios éxitos radiales. Para 1963 lanzó el sencillo de 45 RPM "Y ahora qué" / "En el altar", para poco tiempo después anunciar su retiro del medio artístico y así dedicarse a la abogacía, la profesión de varios miembros de su familia.

Sin embargo, al siguiente año tuvo un breve regreso al sacar el EP *No es para mí*, con la discográfica RCA Victor. Luego resolvió sus dudas vocacionales y optó por dedicarse exclusivamente al Derecho, siendo en la actualidad un renombrado abogado. Aunque hay que mencionar que hizo una fugaz aparición durante 1987 en una serie de programas televisivos dedicados al rock and roll, conducidos por Ricardo Rocha.

Discografía...o

- *Ricardo Roca*, EP (1962)
- *Ricardo Roca* (1962)
- "Y ahora qué" / "En el altar", sencillo 45 RPM (1963)
- *No es para mí*, EP (1964)
- "Sospecha" / "Vete calladita", sencillo 45 RPM (1964)
- *Pensé jugar*, sencillo 45 RPM (1964)

Otras grabaciones

- *Ricardo Roca Orquesta Columbia - Los Sparks*, recopilación split (1962)
- "Hazme feliz", sencillo RPM (1962)
- *Campanitas*, EP (1963)
- *Granito de arena*, EP (1963)

51. Angélica María

Inicio.................................... ▶ **Lugar**..................................□

1962   Ciudad de México

Género..𝄢

Balada rock y rock and roll, con influencias de Doris Day, Sandra Dee, Suzanne Pleshette, Joannie Summers y Dodie Stevens.

Historia...◄◄

Angélica María es hija del músico norteamericano Arnold Frederic Hartman y la productora de cine y teatro Angélica Ortiz Sandoval †. Nació prematuramente en la ciudad de Nueva Orleans, durante una gira de su padre por Estados Unidos. Desde pequeña vivió siempre cerca de los escenarios. Sus padres se divorciaron cuando ella tenía cinco años; así llegó a vivir a la Ciudad de México.

Representada por su madre, comenzó una temprana carrera como actriz participando en varias películas a lado de actores famosos como Pedro Infante, Elsa Aguirre y Rafael Baledón. A los 17 años ya tenía en su haber una telenovela, siete programas de televisión, obras de teatro, fotonovelas y un sinfín de películas.

Angélica quería cantar, así que le pidió a su madre que la acompañara a una editora de música, a buscar temas para un disco. Ahí conoció a Armando Manzanero, un joven pianista y compositor que deseaba ser famoso. Éste le presentó la canción "Edi Edi", tema de Dodie Stevens llamado "Johhnny get Angry", al que le había hecho una adaptación al español. Posteriormente, Manzanero la contactó con Guillermo Acosta, de Discos Musart, quien quedó encantado con la posibilidad de un trabajo en conjunto.

Grabó un primer disco en 1962, logrando el éxito inmediato, lo que la llevó a hacer sus primeras giras con la famosa Caravana Corona. Su inteligencia y simpatía jugaron un papel importante en su creciente popularidad. Angélica encajó perfectamente en la lógica de los ídolos juveniles. El lanzamiento de discos se complementaba con su aparición en películas. En éstas, aparecía junto a César Costa, Alberto Vázquez y el ex Teen Tops, Enrique Guzmán, con quien supuestamente mantuvo un romance. Los dos jóvenes ganaron fama con su noviazgo de «manita sudada» y a Angélica se le comenzó a nombrar como «La novia de la juventud». Tal fue su popularidad que se convirtió en la primera baladista ídolo de Latinoamérica.

La mancuerna musical con Armando Manzanero continuó, dando frutos durante los siguientes años. Los temas de Angélica eran en su mayoría adaptaciones de Manzanero, pero también se convirtió en la intérprete de sus primeros éxitos. Grabó su segundo disco y reafirmó su carrera musical con "Paso a Pasito" de Manzanero, que también fue el primer *hit* de éste como compositor. De ese disco, también destacó la canción "Vivaracho".

En 1963, vino el tercer disco con las canciones "Con un beso pequeñísimo" y "Dominique".

Continuó haciendo películas y grabando discos en los siguientes años, de donde destacaron los temas "El día", "Sabor a nada", "Yo que no vivo sin ti", "Abrázame fuerte" y "Yo te quiero todavía".

Su fama la llevó a viajar a España en 1966, donde hizo la película *Fray Torero*, con Paco Camino. Hizo giras internacionales e incluso viajó a China. Su carrera musical se encontraba en su mejor momento.

Ese año realizó junto con el escritor de La Onda, José Agustín, la película *Cinco de chocolate y uno de fresa*, donde letras de la música eran del escritor y la interpretación de los Dug Dug's. Su participación en esta película marco su transición de la imagen de niña delicada, linda e ingenua, a una Angélica menos «fresa» y más audaz. En esta etapa, mantuvo una relación sentimental con José Agustín.

En 1968, cambió de compañía discográfica a RCA Victor, y grabó el disco *Cuando me enamoro*, cuyo tema homónimo se convirtió en uno de los más sonados de ese año en un país convulso.

Para 1969, lanzó el disco doble *La paloma*, con su portada psicodélica y en 1970, *El primer amor*, con el cover de la canción de Dionne Warwick, I´ll Never Fall In Love Again, que en español se llamó "Nunca volveré a enamorarme". En este disco también cantó los temas de protesta "Adiós, abuelo", "Por ti por mí" y "Soñar con la verdad".

En 1971 participó en la película *La verdadera vocación de Magdalena*, compartiendo el papel protagónico con el grupo La Revvolución de Emiliano Zapata. Fue dirigida por Jaime Humberto Hermosillo y salió hasta el año 1972. En ésta se intercalaron tomas reales del Festival de Avándaro y Angélica cantó en inglés.

Sin embargo, tras los acontecimientos sociales y políticos de esos años, la «Novia de México», nombre que le dio el periodista Octavio Alba, se fue alejando del rock y comenzó a cantar balada ranchera, volviéndose una de las intérpretes del compositor Juan Gabriel. Aunque su discografía es muy extensa, sino guarda relación con el género musical que la vio nacer.

Su discografía llegó a ser mucho más extensa, pero sin relación con el género musical que la vio nacer.

A partir del segundo milenio, ha realizado una serie de presentaciones denominadas La Caravana del Rock and Roll, en el Auditorio Nacional y por toda la república mexicana, con los cantantes y grupos de los años sesenta, donde ella es indispensable.

Discografía en el rock

- *Angélica María 1* (1962)
- *Angélica María 2* (1962)
- *Angélica María 3* (1963)
- *Angélica María 4* (1964)
- *Perdóname la vida* (1965)
- *Angélica María 5* (1965)
- *Angélica María 6* (1966)
- *La novia de la juventud* (1966)
- *Angélica María 8* (1967)
- *Cinco de chocolate y uno de fresa* (1968)
- *Angélica y Armando* (1968)
- *Cuando me enamoro* (1968)
- *La paloma* (1969)
- *El primer amor* (1970)

Otros..((▶

Angélica María tiene una extensa discografía con más de cuarenta títulos, una filmografía de sesenta películas, ha hecho veinticinco telenovelas, dieciséis obras de teatro, ocho programas y seis series de televisión. Ha actuado y cantado en diversas ocasiones con su hija Angélica Vale.

52. Álvaro López

Inicio y fin...................▶   **Lugar**...............................◻

1962-1963   San Nicolás, Guanajuato

Género...🎵

Twist con influencia de la música popular mexicana mezclada con Little Richard, Chubby Checker y Sam Cooke, entre otros.

Historia..⏮

Nació en San Nicolás, Guanajuato, pero desde los 5 años se mudó a la Ciudad de México. Desde pequeño estudió solfeo con su padre, Telésforo López, entre otros conocimientos básicos de música. Fue un niño prodigio, ya que a los 7 años comenzó a tocar la batería y a los 11 ya lo hacía profesionalmente en la Orquesta de Lupe López, no sin tener algunos problemas con la Secretaría de Gobernación por ser menor de edad. A los 17 comenzó a tocar jazz en diversas bandas, algunas de éstas sus propias agrupaciones.

Cuando el twist llegó a México en 1962, Álvaro quedó fascinado con el nuevo ritmo y le dio su propia interpretación. El grupo lo conformaron Álvaro López y sus Grandes del Twist, invitando ocasionalmente al cantante Flavio.

En 1963 salió su único trabajo discográfico con Discos Maya: *Álvaro López y sus Grandes del Twist*, con temas que resultaron de una mezcla de twist con melodías populares mexicanas. Toda una rareza. Después no editó nada más

En 1967 nació su hijo Álvaro López Jr., quien como su padre es un reconocido baterista de jazz. Ha tocado con José José, Yuri, Daniela Romo y Luis Miguel, entre muchos otros; todo esto antes de conformar un grupo de música cristiana.

En 1975, Álvaro padre creó la Academia de Batería, institución vigente que mantiene altos niveles de calidad y exigencia en sus alumnos. Actualmente lleva el nombre de Academia de Batería Jorge López, en honor a uno de sus hijos que ha sido docente y director de dicha academia.

Álvaro padre, como fundador, continúa enseñando.

Discografía...⭕

• *Álvaro López y sus Grandes del Twist* (1963)

53. Los Toppers

Inicio y fin...................... ▶ **Lugar**..□

1962-1966   Monterrey, Nuevo León

Integrantes.. III

- Juan Antonio Espinosa † -Voz
- Óscar García - Guitarra
- Felipe Garza - Guitarra
- Manuel Rodríguez - Bajo
- José Juan García Ábrego - Batería

Género..𝄢

Rock pop, soul, rhythm & blues y rock garage con influencia de Fredy Fender entre otros.

Historia...I◀◀

El joven guitarrista Óscar García se juntó durante los primeros años de la década de los sesenta con el igualmente joven cantante Juan Antonio Espinosa, para formar un grupo; al que poco tiempo se unió Felipe Garza, en la segunda guitarra. En una fiesta conocieron al bajista Manuel Rodríguez y finalmente completaron su alineación con el baterista Juan José García Ábrego. Ensayaban en la colonia Obrera, junto a la fundidora de fierro y acero, ahora convertida en el Parque Fundidora. Comenzaron tocando en tertulias los domingos sobre una tarima en el desaparecido mercado San Pedro. Se hicieron llamar Los Tip Toppers, que después se simplificó a Los Toppers.

En 1963 Los Toppers tuvieron la oportunidad de grabar un disco compartido con otros grupos, para la discográfica Maya. Salió con el nombre de *Los Toppers y otros artistas*. Los otros participantes del disco fueron Los Zig Zag (no confundir con la banda de los setenta) y Los Cinco Soles.

Gracias a esto los primeros temas de Los Toppers comenzaron a escucharse, y eso se tradujo en mejor y más trabajo. Viajaron a la Ciudad de México buscando nuevas oportunidades. En agosto de 1964 firmaron un contrato como artistas exclusivos de Discos CBS, sacando ese mismo año, un par de sencillos de 45 RPM. Esto permitió una mejor proyección de su trabajo y comenzaron a hacer pequeñas giras por la región noreste del país.

En 1965, bajo la producción de Edgardo Obregón, grabaron su primer y único LP, al que nombraron *Juventud*.

El disco tuvo gran éxito y comenzaron a presentarse en teatros, festivales y medios de comunicación masiva. No dejaron de participar en el popular programa *Muévanse todos* del Canal 6, en su natal Monterrey.

Sin embargo, en 1966 Juan Antonio Espinosa salió del grupo para iniciar una carrera como solista, lo que provocó la desintegración de la banda.

Discografía.. o

- *Los Toppers y otros artistas*, compilado (1963)
- "Chikiguagua" / "Libro de amor", sencillo 45 RPM (1964)
- "Ven a mí" / "Ya-Ya", sencillo 45 RPM (1964)
- *Juventud* (1965)

Otros.. ◖▸

Juan Antonio Espinosa continuó cantando rock hasta ya entrados los años setenta. Después cambió de género, convirtiéndose en uno de los más reconocidos cantantes de la Onda Grupera, integrándose a grupos como Pegasso y Corcel Negro. También modificó su nombre al agregarle una z a Espinoza. Falleció el 11 de diciembre de 1998 en el mismo hospital donde atendieron a Kennedy, el Parkland Hospital de Dallas, Texas.

Óscar García grabó posteriormente como solista un disco instrumental.

Manuel Rodríguez se mantiene activo, tocando esporádicamente los temas de Los Toppers que les dieron fama.

54. Vianey Valdez

Inicio..▶ **Lugar**..□

1962   Ciudad de México

Género...𝄞

Rock pop, folk y soul, con influencias de Brenda Lee, Marianne Faithfull, Paul & Paula y Bob Dylan.

Historia...⏮

Hija menor de un ingeniero civil y con dos hermanos, Elsa María Peláez Vega nació en agosto de 1943 en la Ciudad de México. Cuando apenas tenía tres años de edad falleció su madre, por lo que fue criada por su padre y abuela en un ambiente cortante y rígido. Entonces vivían en la colonia Lindavista, al norte de la capital. A los 17 años dejó la escuela, ya que tenía claro que quería cantar. «Yo me salí de mi casa y me fui a vivir con mi hermana porque a mi abuela y a mi padre no les gustaba que cantara. Dejé de tener relación con mi abuela y con mi padre. Para mantenerme le pedí trabajo al señor Heinz, un alemán directivo de Perrless»: Vianey Valdés en entrevista para Tere Estrada, *Sirenas al ataque*.

En 1961 visitó a su padre que por entonces trabajaba en la ciudad de Saltillo, Coahuila. Ahí tuvo oportunidad de ver a Los Teen Tops y entabló una amistad con el baterista, Armando Martínez. De vuelta en la Ciudad de México, Armando le presentó a José G. Cruz, director artístico de la discográfica Peerless. Hizo una audición en donde interpretó la canción "Todos me aman menos tú", cover de Brenda Lee. Pancho Méndez, también director artístico de dicha compañía, fue quien pidió que se quedara y le dieron el nombre artístico de Vianey Valdez. Como se acostumbraba entonces, los ejecutivos de la discográfica decidían qué temas tenía que cantar. Al inicio interpretó baladas en la línea de otras cantantes del momento.

En 1963 grabó *Trucutú*, acompañada por la Orquesta de Sergio Pérez, y un disco a dúo con Arturo, el cantante de Los Juniors, llamado

Hey, Paula, acompañados por Los Apson y reforzados con el órgano de Sergio Pérez. Pepe Negrete, pianista de Los Locos del Ritmo, comenzó a manejarla por un tiempo.

Sin embargo, estos discos no tuvieron mayor trascendencia. Fue hasta la salida del álbum *Muévanse todos* que logró su primer y más conocido éxito. El tema en cuestión, cover de "Twist and Shout", de The Isley Brothers, fue una propuesta de Homero González, quien veía en Vianey una cantante más roquera y menos baladista. Vianey se identificó rápidamente con ese estilo más desenfadado, raspando la voz y emitiendo gruñidos. Aunque la canción ya la habían grabado Los Rebeldes del Rock, no tuvieron reparo en hacer su propia versión que resultó un hit.

En 1964 se lanzaron los discos *Una rebelde encantadora* y *Mis siete novios*. Para entonces Homero González escribía prácticamente todas las letras de estos covers.

Dado el éxito obtenido por Vianey, le propusieron conducir un programa de televisión en Houston, Texas, pero no pudo por problemas de salud. Por otra parte, Homero tenía la idea de hacer un programa de televisión dirigido a la juventud del tipo de los que se hacían en los Estados Unidos, en el cual se presentaran cantantes y grupos con parejas del público bailando. Fue primero a Telesistema Mexicano en la Ciudad de México, pero no les interesó. Al comienzo de 1965, Vianey viajó a Monterrey, Nuevo León, para hacer un programa piloto para el Canal 10 local, sin que se concretara nada. Pero Vianey y Homero ya habían conversado con la gente del Canal 6 de Televisión Independiente de México (TIM), que finalmente les propuso realizar un programa al que nombraron *Muévanse todos*. Lo condujeron en un principio Vianey y Arturo, con la dirección artística de Homero. La primera emisión se hizo el 1 de febrero de 1965. Al comienzo se emitía una vez a la semana, pero fue tal el éxito que comenzaron a transmitirlo una hora, todos los días. El sábado, el programa era de lujo y llevaba por nombre *A bailar joven*. Ambos se hacían en vivo. El papel de anfitriona de Vianey fue rápidamente reconocido, generando así una gran simpatía por parte del público. Interpretó sus canciones, fue animadora, cómica, bailarina y hasta actriz dramática, garantizando en cada programa una actuación especial.

Como Discos Orfeón tenía su escaparate televisivo en programas como *Orfeón a go-go*, *Muévanse todos* se convirtió en el de Peerless, desde el norte del país, con gran influencia a nivel nacional. Por ahí desfilaron muchos artistas que viajaban a Monterrey para participar.

Dada la intensidad de trabajo con el programa de televisión, Peerless permitió que Vianey Valdez grabara sus discos en la capital regiomontana, incluyendo más de cien canciones en doce LPS. Ambos programas duraron hasta 1968, convirtiéndose en un referente obligado, sobre todo del noreste mexicano y de la cultura juvenil de esos días.

Su actividad artística no se limitó a su programa de televisión, ya que continuó presentándose en kermesses, centros nocturnos, bailes, la Caravana Corona y toda clase de espectáculos.

Desde su llegada a Monterrey en 1965, Vianey fue adoptada como regiomontana, por lo que continuó haciendo televisión con *El programa de Vianey Valdez*, al lado de Rafael Banquells, e hizo programas variados incluyendo uno de cocina. También se dedicó a la producción de música para comerciales. Actualmente vive retirada de la música, tiene un negocio de repostería, está casada con el locutor Enrique González y es madre de dos músicos que han pertenecido al grupo Jumbo.

Discografía .... O

- *Trucutú* (1963)
- *Hey, Paula* (1963)
- *Muévanse todos* (1964)
- *Una rebelde encantadora* (1964)
- *Mis siete novios* (1964)
- *Dónde andarás* (1966)
- *Vianey Valdez '66* (1966)

Otras grabaciones

- *Hey, Paula*, EP recopilación (1963)
- "Muévanse todos" / "Sé mi gran cariño", sencillo 45 RPM recopilación (1964)
- *Muévanse todos*, EP recopilación (1964)

55. Los Matemáticos

Inicio y fin......................▶ **Lugar**...............................◻

1963 - 1967   Nuevo Laredo, Tamaulipas

Integrantes... III

- Juan Garza - Voz
- Guillermo López † - Guitarra
- «Chuy» Ruiz † - Guitarra
- Rafael Zabala - Bajo y segunda voz
- Esteban Delgado - Batería
- Tomás Hinojosa † - Sax y clarinete

Género... 𝄢

Rock and roll, surf y rock pop, con influencias de los grupos garage, The Kinks, The Beatles, Willie and The Dots y Chris Montez.

Historia.. ⏮

Al comienzo de la década de los sesenta, en la ciudad fronteriza de Nuevo Laredo, Tamaulipas, seis jóvenes conformaron el grupo Los Halcones Rojos, inspirados por el rock and roll estadounidense que escuchaban de las estaciones de radio de Laredo, Texas. Esta cercanía con el país vecino permitió que estuvieran al tanto de las novedades musicales, no así de lo que acontecía en el centro del país, ya que por esos días la señal de televisión no cubría esa y otras partes del país. Ensayaban en el taller mecánico de El Chorreado en la calle Dr. Mier.

En plena efervescencia del twist viajaron a la Ciudad de México, pero ya con el nombre de Los Matemáticos, y firmaron un contrato con la discográfica RCA Victor. En 1963 lanzaron su primer disco llamado *Ésta es nuestra fórmula*, donde mostraban un sonido actualizado comparado al de los grupos de la capital, que seguían instalados en ritmos viejos. Los Matemáticos fueron de los primeros grupos en dejarse influir por las bandas de garage, y pioneros en tocar surf y entrar de lleno a la moda a go go. El siguiente año sacaron *Surf con Los Matemáticos*

La promoción abarcó la difusión de sus temas en la radio nacional, así como apariciones en diversos programas de televisión como *La escuelita*, junto a Los Polivoces, Alejandro Suarez, Rubén Zepeda y Mayté Gaos. Sin embargo, no todo fue glamuroso. En alguna ocasión, Juan Garza comentó que el equipo de producción de cierto programa de televisión, donde interpretarían su tema "El pato", llevó un ave real, para que apareciera en escena. Al final nadie quiso responsabilizarse del animal y el grupo se lo llevó a la casa donde vivían. Llegaron a estar tan apretados de dinero que, en una decisión pragmática, optaron por comérselo.

RCA Victor aprovechó lo bien que sonaba el grupo, para pedirles que acompañaran a algunos de sus artistas solistas, tanto en grabaciones como en vivo. Se convirtieron en el grupo de apoyo de diversos cantantes como Pily Gaos, Diana Mariscal, Roberto Jordán, Tommy López y César Costa.

Paralelamente a estas colaboraciones, grabaron el disco *Del Op al Pop*, el cual no contó con la promoción necesaria, convirtiéndose, en uno de los discos más difíciles de conseguir de Los Matemáticos.

Para 1967, lanzaron *Go Go en rojo*. Si bien hicieron largas temporadas en centros nocturnos de la capital, fue en el noreste mexicano donde gozaron de más popularidad.

Ese año Juan Garza decidió iniciar una carrera solista provocando la desintegración del grupo. Desde ese momento se le comenzó a conocer como Juan el «Matemático», lanzó dos discos con RCA Victor y se integró al programa de televisión regiomontano *Muévanse todos*, conducido por Vianey Valdez.

En 2007, Juan Garza recibió un homenaje por su carrera como solista y cantante de Los Matemáticos, en su ciudad natal. En dicha ocasión cantó los clásicos del grupo acompañado por Los Tobby's. En 2010, se reunió en Reynosa, Tamaulipas, con Juan Garza, Esteban Delgado y Rafael Zabala, los únicos sobrevivientes de Los Matemáticos, en un concierto para Luis Jaime Chapa, amigo y gran coleccionista de música.

Discografía .... 𝚶

- *Ésta es Nuestra Fórmula* (1963)
- *Surf con Los Matemáticos* (1964)

- *Del Op al Pop* (1966)
- *Go Go en Rojo* (1967)

Otros..((▶

- *Los Matemáticos - Pan con mantequilla,* EP recopilación (1965)
- *Los Matemáticos-Me Atrapaste,* EP recopilación (1967)

56. Los Panky's (antes Las Ánimas y The Black Dimonds)

Inicio y fin.........................▶ Lugar.................................◻

1963-1967   Ciudad de México

Integrantes...III

- Julio Saldívar - Guitarra
- Silverio Pérez - Bajo (1963-1965)
- Marcel Ruano - Guitarra
- Raúl San Martín - Batería
- César Hernández - Voz
- Ramón - Bajo (1965-1967)

Género...𝄢

Rock garage, surf, mood y rhythm & blues con influencia de la ola inglesa, Los Apson Boys, Los Sleepers, Los Rebeldes del Rock, Los Teen Tops, Tommy James & The Shondells, Los Picapiedra y Enrique Acosta.

Historia..|◄◄

El grupo se formó en 1963 con el nombre de The Black Dimons. Fueron parte de una nueva generación de jóvenes que surgieron después de las bandas pioneras del rock and roll. Solían tocar en fiestas y tardeadas de la colonia Federal, al oriente de la ciudad, a un lado del aeropuerto. Sus miembros originales fueron Julio Saldívar en la guitarra, Silverio Pérez en el bajo, Marcel Ruano en la guitarra, Raúl San Martín en la batería y César Hernández en la voz.

Discos Orfeón se interesó por ellos y cambiaron su nombre a Las Ánimas. Grabaron un sencillo de 45 RPM con los covers "A las 5 PM" y "Nada te ofrezco", los cuales tuvieron poca promoción, aunque salieron en el programa de televisión *Orfeón a go-go*.

Después Orfeón perdió interés en ellos y tras dos años sin producir ninguna grabación, pidieron su carta de retiro. Tras el desánimo, se separaron temporalmente y Silverio salió. En 1966 Vladimiro Reyna, director artístico de Discos Cisne, les propuso grabar el tema "Hanky Panky". Es así como, con el nombre de Los Pankys, participaron en un acoplado llamado *Hanky Panky'66* junto a Los Picapiedra y Enrique Acosta. Ramiro Garza de Radio Variedades los promovió sin gran respuesta.

Ese año salió su larga duración al que titularon *Sólo amor y otros éxitos*, en el que rescataron el tema "A las 5 PM". La canción "Sólo amor" llegó a sonar en las estaciones del país.

Tuvieron presentaciones en cafés cantantes como Cantarrecio, Zorro 67, Little Devil y Las Imágenes, entre otros. Hicieron giras visitando Guadalajara, Veracruz y Acapulco. También participaron en los festivales organizados por la revista *México Canta*.

Discografía... O

- "A las 5 PM" / "Nada te ofrezco", sencillo 45 RPM (1963) como Las Ánimas
- *Solo amor y otros éxitos* (1966)

Otras grabaciones

- *Hanky Panky'66*, compilación (1966)

57. Johnny Laboriel †

Inicio y fin................................▶   **Lugar**...□

1963 - 2013   Ciudad de México

Género...𝄢

Rock and roll, twist, calypso rock, surf, soul, psicodelia, tropical, balada, con influencias de Bill Halley, The Platters, Elvis Presley, Paul Anka, Little Richard, entre otros.

Historia..⏮

Juan José Laboriel López, mejor conocido como Johnny Laboriel, nació en la Ciudad de México el 9 de julio de 1942. Hijo del actor y compositor Juan José Laboriel y de la actriz Francisca López, de origen hondureño. Su padre manejaba una agencia artística, por lo que siempre estuvo rodeado de música y buen ambiente. Johnny no desaprovechaba la ocasión para cantar en las tardeadas de su escuela. Tan propicio fue el ambiente para el desarrollo de talentos artísticos en casa de los Laboriel, que su hermano Abraham, que emigró a los Estados Unidos, es reconocido como uno de los mejores bajistas del mundo. También están sus hermanas, las cantantes Francis y Ela Laboriel. Como dato adicional, su sobrino Ave Laboriel Jr., hijo de Abraham, es baterista de Paul McCartney.

Johnny creció cantando canciones tipo "Granada" y "Violetas imperiales", cuando aún no se conocía nada del rock and roll. Luego ganó varios concursos. Al final de 1958, su amigo Ruíz López lo animó para entrar a un certamen de Radio Éxitos, el cual ganó con "Only you" de The Platters y "Tutti Frutti" de Little Richard. Hacía todo un show, que hasta en el suelo terminaba. Ahí conoció a Los Reyes del Rock, una banda de adolescentes como él, que estaban buscando a alguien que cantara junto a Sammy Fournier, su voz principal. Sin embargo, al poco tiempo, Sammy prefirió salir para hacer otro proyecto y Johnny quedó como su único cantante.

Por esos días todos estaban muy influidos por las películas estadounidenses de James Dean, Elvis Presley y Marlon Brando. La rebeldía
juvenil de los vecinos del norte contagió rápidamente a los nuevos
rocanroleros mexicanos. Así que los Reyes del Rock se convirtieron en
la pandilla de Johnny.

En 1959 les dieron trabajo en el Teatro Follis y el cómico Palillo les
puso Los Rebeldes del Rock, alegando que ya existían muchos *reyes*
en el medio artístico. Nació una de las bandas pioneras del rock and
roll en español. Con ellos grabó tres larga duración y parte del cuarto.

Johnny solía presentarse con frecuencia en el programa de televisión *Rock 7.30*, transmitido por Telesistema Mexicano desde Televicentro, cuyas instalaciones se encontraban en el edificio de la Lotería
Nacional, y que se convertiría en Televisa, su «casa materna», como él
mismo la definía. Después participó en *Premier Orfeón a go go* y otros
programas con Pérez Alcaraz.

Johnny dejó a Los Rebeldes del Rock en 1963, presionado por Paco de
la Barrera de Discos Orfeón, para convertirse en solista. La presión había
comenzado años antes cuando a los cantantes de los otros grupos los
sacaban éstos para explotarlos como ídolos juveniles. Johnny se resistió a
ello, ya que no quería dejar a su grupo. Finalmente, cedió. «En ese tiempo
siempre fui utilizado, porque lo único que quería era cantar... Hicimos
la Caravana Corona, en la que recorrimos toda la república y había un
camión que se llamaba El camión a go-go y El camión de las estrellas. En
el A go-go íbamos Angélica María, Enrique Guzmán, César Costa, Manolo
Muñoz, Leda Moreno, Las Hermanas Jiménez, Los Rebeldes y Los Locos
del Ritmo. Todo lo hicimos así porque éramos explotados, porque no nos
interesaba el billete»: Johnny Laboriel en el artículo "Un rebelde del rock
muy carismático", de Alex Carranco y Benjamín Salcedo en el número
especial Rock Latino 1956-1970, de la revista *Rolling Stone*.

Los primeros temas que grabó como solista en 1963 fueron "Bigote
Sam", editado por Discos Orfeón, en el que Johnny tiene un sonido más
relacionado con el soul, el rhythm & blues y la moda a go-go. En 1964
grabó con la misma compañía un EP que contenía "Aleluya", un tema
de corte religioso, así como "Hay que ver", "Que padre" y "La raspa",
tema que sale cantando en la película *El dengue del amor*.

Al darse cuenta de la explotación en la que se había desenvuelto, y
ante un mal manejo emocional, según sus propias palabras, comenzó

a tener problemas de adicción a la mariguana, la cocaína y el alcohol, no obstante, siguió dando presentaciones y su fama se mantuvo. Se convirtió así en un *show man*.

Para 1967 grabó un disco con su hermana, quien también incursionaba como solista después de haber sido parte de Las Yolis; fue el disco *Ela y Johnny Laboriel*, editado por Discos Maya.

Hacia el final de la década y comienzo de los setenta, su participación en televisión se fue haciendo más nutrida. Participó en *Estrellas Palmolive, Baile con Vanart, Estrellas musicales Musart, Cita musical con Emilio Tuero, Max Factor, Las estrellas y usted, Impactos Cuervo, Los Polivoces, Viruta y Capulina, Musical Nescafé*, así como en el coro de Televisa dirigido por el maestro Torres, entre otras apariciones, por mencionar algunos.

Para 1969 sacó con Discos Musart, un álbum con ciertos aires de psicodelia pop llamado *El juego de Simón*. De esta producción destaca particularmente la canción "Pelo", cover de "Hair" del musical del mismo nombre.

Con la llegada de su hijo en diciembre de 1970, Johnny tomó conciencia del daño que le provocaban sus adicciones, decidió dejar las drogas por completo y se metió de lleno en una búsqueda de sí mismo.

Al comienzo de la década firmó con Discos Philips y lanzó algunos sencillos, regrabando algunos de sus viejos éxitos, pero con arreglos actualizados.

En 1974 hubo un resurgimiento del rock and roll y se hicieron diferentes eventos en los que participó con sus viejos compañeros de Los Rebeldes del Rock. Por mucho tiempo no dejó de acudir a las posteriores invitaciones de sus compañeros.

Después del Festival de Avándaro y en un ambiente de persecución del rock, varios músicos se vieron orillados a probar otros géneros diferentes al rock. En los primeros años de la década, fue invitado por Raúl Velasco para participar en los festivales OTI por nueve ediciones. En esta etapa cantó balada romántica. En esos años se editaron discos con los finalistas de cada festival, en donde invariablemente estaba él. Fue memorable su interpretación de "Señora corazón", de Felipe Gil, en 1978.

Ese año incursionó en ritmos tropicales y sacó con Orfeón el disco de rock salsa, *Oye, Salome*.

En 1979 Discos Orfeón editó *Ay, quién pudiera*. Siguió con sus apariciones en programas de televisión como *Los Polivoces*, *Variedades con Manuel «El Loco» Valdés* y *Siempre en Domingo*.

En los ochenta no dejó de trabajar. Su repertorio incorporó sus éxitos con Los Rebeldes del Rock en versiones actualizadas.

En 1989, actuó en el papel del padre Cirilo, en la telenovela *Carrusel*, de Valentín Pimpstein y Angeli Nezma, misma que tuvo una gran difusión y llegó a lugares como Perú, Argentina y Rusia.

Continuó presentando su show ininterrumpidamente en los siguientes años. Salió en los programas televisivos de Verónica Castro, *La Movida* y *Mala noche no*.

En 1997 editó con Orfeón el disco *40 años de Rock and roll*. Además, hizo una gran celebración en el Auditorio Nacional por sus 40 años de trayectoria, donde tuvo invitados como Angélica María.

En 1999, grabó junto a Alejandro Rosso, de Plastilina Mosh, el tema "La vida es una tómbola", para la película *Todo el poder*, dirigida por Fernando Sariñana. Johnny se acercaba a una nueva generación de seguidores.

En 2002, Discos Orfeón editó la compilación *Grandes leyendas del Rock and roll*, que contiene temas de Johnny Laboriel, además de canciones interpretadas por otras figuras de su generación.

Para 2004 Alex Lora lo invitó a participar en el aniversario 36 del Tri, cantando con él la canción "Sería gacho". De este concierto se editó un disco y un DVD llamado *35 años y lo que falta todavía*.

En 2005 Johnny grabó el cover de "No me hallo", de la banda tapatía El Personal, para el disco *Mortalidad y continuidad*, producido por Gerardo Montagno. Ese mismo año, Orfeón lanzó la recopilación *Historia musical - Johnny Laboriel grandes éxitos como solista*, una colección de 50 temas en tres CDs.

En 2006 colaboró con Luis Álvarez en el 16 aniversario de El Haragán y Compañía. El concierto se celebró el 6 de noviembre en el Teatro Metropolitan.

En 2013 grabó en forma independiente un nuevo sencillo titulado "Cómo extraño el Rock and roll" que salió a la venta por internet, en un intento por adaptarse a las nuevas tecnologías.

También fue invitado a participar en el capítulo 2 de la serie *Tropikal Forever*, interpretando a El Doctor.

Siempre dispuesto a colaborar con otros artistas, grabó con el grupo de rockabilly Los Rebel Cats, en su disco *Rebel Cats y sus amigos*, el tema "No hagas caso a tus papás". Esto fue tres semanas antes de su fallecimiento el 18 de septiembre de ese año, a los 71 años debido a cáncer de próstata.

A lo largo de su extensa carrera se presentó en ferias, palenques, en el Auditorio Nacional, el Teatro Metropolitan, La Cantera, El Riviera, El Campanario, el Hotel Flamingos Radisson y una interminable lista de centros nocturnos por toda la república mexicana y el extranjero. Hasta el último momento de su vida, siguió cantando sus primeros éxitos, vestido con sus características túnicas y levantando la *trompa* para provocar sonrisas.

Discografía .... o

- "Bigotes Sam", sencillo (1963)
- *Aleluya*, EP (1964)
- "Calor", sencillo (1965)
- *Ela y Johnny Laboriel* (1967)
- *El juego de Simón* (1969)
- "Yo ya me voy" / "Bote de bananas", sencillo (1972)
- *Oye, Salomé* (1978)
- *Señora corazón* (1978)
- "Señora corazón", sencillo (1978)
- *Ay, quién pudiera* (1979)
- *Qué hice yo de malo* (1984)
- *40 años de Rock and roll* (1997)
- *Mortalidad y continuidad*, compilado (2005) con el tema No me hallo.
- "Cómo extraño el Rock and roll", sencillo (2013)

Otras grabaciones

- "La niña pop", sencillo (1969)
- "Algo tonto", sencillo (1969) interpretado por Francis y Johnny Laboriel.
- *Todo el poder*, soundtrack (1999) con el tema La Tómbola junto a Alejandro Rosso.

- *Grandes leyendas del Rock and roll*, recopilación (2002)
- *35 años y lo que falta todavía* (2004) con El Tri
- *Historia Musical - Johnny Laboriel grandes éxitos como solista*, recopilación (2005)
- *Johnny Laboriel colección*, recopilación 5CDs (2013)
- *Rebel Cats y sus amigos* (2013) cantando el tema "No hagas caso a tus papás".

Otros...((▶

A lo largo de su carrera hizo fotonovelas y comerciales. Para los medios realizó un sinfín de entrevistas de radio y televisión. Actuó en teatro de revista y en películas como *El último mexicano, El derecho de nacer, Furia roja, Al ritmo de twist, El dengue del amor, Venganza de Gabino Barrera, Los hijos de don Laureano, Super Zan el invencible*, por mencionar algunas.

58 Los Fugitivos (de Guadalajara)

Inicio y fin...............................▶ **Lugar**..◻

1963-1968   Guadalajara, Jalisco

Integrantes.. III

- Sergio Ibarra el «Tarzán» Partida - Voz
- Antonio «Toño» Ibarra - Voz (1963) (1964-1968)
- Héctor García † - Guitarra
- José Luis Ibarra - Bajo (1963-1964)
- Luis (?) - Guitarra (1963-1964)
- Carlos Martínez Ramírez - Batería (1963-1965) (1967-1968)
- (?) Bernal - Bajo (1964-1968)
- Roberto López Escarreño - Guitarra (1964-1965)
- Miguel Ángel «Cholo» - Teclados (1966-1968)

Otros colaboradores

- «Tizoc» - Batería
- Carlos Bozo - Batería
- «Payaso» † - Batería

Género...♪:

Rock and roll, twist, surf, garage y rock pop, con influencia de Fruitgum Co., The Beatles y Ricthie Valens.

Historia...⏮

Los Fugitivos (no confundir con Los Fugitivos de la Ciudad de México) surgieron en la colonia Moderna de la ciudad de Guadalajara en 1963. Originalmente se llamaron Los Galeans. Los miembros originales fueron Sergio Ibarra el «Tarzán» Partida y Antonio «Toño» Ibarra en las voces, Héctor García y Luis en las guitarras, José Luis Ibarra en el bajo y Carlos Martínez Ramírez en la batería.

Tras un periodo de preparación, los invitaron a tocar como grupo de apoyo de Manolo Muñoz en varias plazas de Jalisco. Al poco tiempo, Toño se fue a los Estados Unidos y estuvo fuera por un año. En 1964 hubo un intercambio curioso de bajistas entre Los Fugitivos y Los Gibson Boys, ya que José Luis se fue con ellos y en su lugar se integró Bernal. También se sumó Roberto López Escareño en la guitarra de acompañamiento, sustituyendo a Luis. Con esta formación se presentaron en el Canal 58 de Televisión y grabaron un EP con covers.

Se consolidaron localmente cuando Toño regresó del extranjero. Los contrataron en el Casino Arlequín y también viajaron a Puerto Vallarta. Entre otros lugares, tocaron en el Café París de la calzada Independencia donde sustituían a Los Gibson Boys cuando éstos tenían otros compromisos.

En 1965 participaron en *Marcando el paso* y *Muévanse todos* (no confundir con el programa homónimo de Monterrey) en el Canal 4 de la televisión local.

Captaron la atención de la discográfica Son-Art, con quienes lanzaron su primer y único larga duración, mismo que grabaron en los estudios de Orfeón en la Ciudad de México. Estaba compuesto por covers y dos temas originales, "Una mujer como tú", de Héctor y "Stop", de Carlos Chelly de Los Gibson Boys.

En ese año los contrataron en el Hotel Camino Real alternando con Paco Cañedo. Acabando la temporada en ese lugar, se trasladaron a Tijuana, donde se instalan por un par de años. Se presentaron en lugares como Ciros's Club y The Blue Note. A los cinco meses de estar ahí, Roberto López y Carlos Martínez regresaron a Guadalajara. A partir de entonces, en la batería tuvieron varias colaboraciones como las de Tizoc de los Dug Dug's, Carlos Bozo de Peace & Love, Payaso de Los Dreamers y otros más. Por otro lado, entró su paisano Felipe Maldonado de Peace & Love en sustitución de Roberto, pero después, buscando un cambio en su sonido, incorporaron en 1967 a un adolescente sonorense de 16 años llamado Miguel Ángel «Cholo», quien tocó los teclados en las últimas fechas que tenían contratadas en la región.

Regresaron a Guadalajara con Cholo incluido, y se reincorporó Carlos Martínez en la batería. Participaron nuevamente en los programas rocanroleros del Canal 4 local y fueron invitados a *La Caravana*, recorriendo algunas plazas de la república.

En 1968 Cholo regresó a Sonora y tras varios intentos por rearmarse, esta buena banda terminó por separarse ese mismo año.

Discografía... **O**

- *Los Fugitivos*, EP (1964)
- *Los Fugitivos* (1965)

59. Lisa Rossell

Inicio..▶ **Lugar**..................................◻

1963   Ciudad Juárez, Chihuahua

Género.. 𝄢

Jazz y twist, con influencia de Chubby Checker,

Historia...|◄◄

Lisa Rossell se crio en Ciudad Juárez, Chihuahua. Hija de padre mexicano y madre española; tuvo dos hermanos. En 1955, a los 14 años, se casó con un músico de jazz, que era 17 años mayor que ella; tuvieron tres hijos. Se separó en 1958 y se trasladó a la Ciudad de México, donde trabajó como modelo en algunas películas como *Al compás del rock and roll*. Con ese sustento mantenía a sus hijos. Se interesó por tocar la batería, así que ingresó entre 1960 y 1963 a la Escuela Libre de Música, donde estudió percusión. Participó en la película de 1962 *A ritmo de twist*, donde tocó la batería y bailó de manera provocativa para los estándares de la época.

Comenzó a tocar en un pequeño café llamado La Mosca Azul, donde hacía dos turnos. Al principio tocaba como invitada de otros grupos, hasta que hizo su propia banda llamada Lisa Rossell y su conjunto. Tocaban jazz y twist. Guillermo Acosta, de discos Musart, la conoció y le propuso grabar un disco. Así que se armó un grupo en donde ella tocaría la batería y cantaría, Carlos Macías sería el bajo, Tomy Rodríguez, el sax, Félix Agüero, la guitarra y Paulito Jaimes, el piano. Los coros estuvieron a cargo de Los Vocalistas, que eran Matilde y Nacho Méndez. En 1963 se lanzó el EP *Lisa Rossell*.

Lisa sacó provecho a sus atributos, usando faldas cortas, antes de la aparición de la minifalda. Solía tocar la batería descalza y aunque al principio sus colegas varones no la tomaban muy en serio, poco a poco se fue ganando el respeto como ejecutante de la batería.

Alternó con Paul Anka en El Patio durante su visita a México ese año. También se casó con Francisco Cañedo, cantante de Los Boppers, con quien después procreó un hijo.

Grabó otros temas que la llevaron a Argentina y Venezuela. A su regreso hizo una larga temporada en el Terraza Chantilly. Participó en las Caravanas Corona y tocó en centros nocturnos como Los Pericos, Los Globos y el Terraza Casino, así como en el Teatro Blanquita y Lírico, donde siempre llamó la atención por ser una mujer baterista.

Siguió tocando, pero se involucró más en el jazz, al colaborar con Mario Patrón y Carlos Macías en un sitio llamado El 33.

Discografía .... O

- *Lisa Rossell*, EP (1963)
- "Dooby, Dooby" / "La novia del gran Tomás", sencillo 45 RPM (1964)

Otros .... ((▶

A mediados de los sesenta abrió los cafés cantantes El Trip y Rossielli, entre otros, donde solían presentarse Los Sinners, Los Yaki, Olivia Molina, Los Rockin Devils y Vivi Hernández.

También tuvo un programa de televisión llamado Rosselin a Go Go.

Dato curioso: Jorge, hijo de su primer matrimonio, ha sido bajista de Guillermo Briseño.

60. Johnny Dynamo †

Inicio .... ▶ **Lugar** .... ◻

1963 - 2008   Piedras Negras, Coahuila

Género .... 𝄢

Balada rock, twist, rock psicodélico y rock pop, con influencias de Bressman, Bruce Channel, The Bee Gees, Union Gapp, Blood Sweat & Tears, The Kinks, Rolling Stones, Miguel Ríos y The Beatles.

Historia .... ◄◄

Manuel Alejandro González Galindo nació en Piedras Negras, Coahuila, en 1945. A temprana edad se fue a radicar con su familia a la Ciudad de México. En 1959, siendo un adolescente, tocó la guitarra en el grupo amateur Los Sonámbulos. Para 1960, conoció al tecladista Hesiquio Ramos, quien después pertenecería a Los Monjes y que junto al baterista Jorge Sánchez Galguera querían formar un grupo de jazz al que llamaron Los Fanáticos. Ensayaba en la colonia Santa María la Ribera. Manuel Alejandro se integró con ellos tocando el bajo. Solían tocar en cafés cantantes como La Rana Sabia y el restaurante El Chips.

Al poco tiempo, el joven bajista Luis de Llano Jr., junto a su hermana Julissa, lo invitaron a ser el guitarrista de Los Spitfires. El grupo participó en un concurso organizado por Radio Éxitos del que existe un disco con los finalistas, ellos incluidos. Después la banda se disolvió y Julissa comenzó una carrera solista. Todo esto sucedía mientras Manuel Alejandro comenzaba sus estudios de Ingeniería química.

En 1963 comenzó una carrera como cantante. Sacó un primer sencillo para CBS con los temas "Sueño roto" y "Nunca nunca". Desde se momento, adquirió el nombre artístico de Johnny Dynamo.

En 1964, grabó un LP compartido con Al Suárez, que se llamó *Ritmos de juventud* y que contenía la canción "Hey Baby", donde lo acompañó el grupo Los Salvajes; el tema promovido fue "La gallinita", con el acompañamiento del grupo Los Matemáticos.

Ese mismo año participó en la película *Los endemoniados del ring*, dirigida por Alfredo B. Crevenna, donde Johnny aparece junto a Emily Cranz, Carlos Lagarde y René el «Copetes» Guajardo.

Sin embargo, su carrera como cantante no terminaba por despegar del todo, pues pasaba casi desapercibida para el público. Para 1966 se integró al grupo Los Leos, junto al bajista Agustín Anaya, el tecladista Mario Ortiz el «Abuelo» y el baterista Francisco Javier Ugalde †. Además de cantar, Johnny tocó la guitarra nuevamente.

Con ellos grabó, para la discográfica Bel-Art, el LP *Éxitos del Año con Los Leos y su cantante Johnny Dynamo*.

Ese mismo año firmaron con Discos Orfeón y prepararon el que sería su segundo disco, *Palabras*, que salió hasta 1968. Contenía temas originales, entre ellos el que se convirtió en su primer gran éxito, "Palabras". Los Leos con Johnny Dynamo fueron fuertemente difundidos en el programa de televisión *Orfeón a go go*. Como consecuencia, esta producción consiguió el Disco de Oro por sus altas ventas.

El siguiente año salió, con mucho éxito también, el disco *Eloísa*, cuyo tema homónimo se colocó rápidamente en las listas de popularidad de la radio mexicana.

Para entonces, su presencia en todos los medios de comunicación impresos y electrónicos fue patente y, junto a Los Leos, participó en las

Caravanas Corona, recorriendo todos los rincones del país. Tuvieron colaboraciones con otros artistas, como Ela Laboriel, y compusieron la canción "Un lugar cerca del sol" para Baby Bátiz, quien por esos días era su novia. Su influencia como ídolo juvenil fue tal, que comenzó a imponer modas de vestir y los clubs de admiradoras aparecieron por toda la república.

Al final de 1969, dejó a Los Leos y se lanzó nuevamente como solista.

En 1970 grabó el disco *Himno a la alegría*, acompañado de la Orquesta de Kay Pérez, Los Leos y Los Sportmen. En este álbum se pueden escuchar, además de la canción que le dio nombre a esta producción, "Dame una oportunidad, "La La La", entre otras.

El siguiente año participó en el disco *Canciones triunfadoras del Primer Festival Internacional de la Canción Popular de México*, con el tema de Alfonso Martínez, "Guitarra", ganando el derecho de ser incluido en esta producción por ser finalista.

En 1972 grabó el EP *Melody*. Además del cover al tema de la película homónima, creado por los Bee Gees, también se encuentran los temas "Amor desesperado", "Dulcinea" y "Sólo quise soñar".

En 1973 sacó, con la discográfica Polydor, los sencillos "Tarde de verano", "Boleto para viajar" y "Sacudiéndose todo", con cierta reminiscencia al sonido psicodélico. Ese mismo año sacó con Orfeón el disco *Ve con él*, en el que se notaba una marcada preferencia por la balada orquestal, alejándose de lo que hizo en los años sesenta.

En 1974 lanzó el disco *La chica más linda del mundo*, que contuvo los temas "Mandy" y "Ángel mío" (cover de "Angie" de los Rolling Stones), entre otros.

Conforme avanzaba la década fue retirándose paulatinamente de la televisión y entró en una etapa en la que, ante la falta de apoyo de las discográficas, no lanzó discos, pero siguió teniendo presentaciones en vivo.

Regresó al estudio en 1978, grabando un par de temas originales con Discos Cisne Raff en un sencillo de 45 RPM: "Esto es Rock & Roll" y "Rock & Roll viejo". Con estas canciones Johnny buscó su regreso, en un contexto en el cual la música disco se encontraba en pleno apogeo. Después, Johnny Dynamo se fue retirando del medio musical hacia el final de la década.

En 2005 tuvo un reencuentro con Los Leos para hacer una serie de programas de radio en la Ciudad de México.

Después de un tiempo se fue a radicar, junto a su esposa Edna Ross, a Ensenada, Baja California. Tras sufrir un derrame cerebral, la muerte lo alcanzó el 8 de marzo de 2009.

Discografía .... O

- "Sueño roto" / "Nunca nunca", sencillo 45 RPM (1963)
- *Ritmos de Juventud*, split con Al Suárez (1964)
- *Éxitos del año con Los Leos y su cantante Johnny Dynamo* (1966)
- *Palabras - Los Leos y Johnny Dynamo* (1968)
- *Eloisa - Los Leos y Johnny Dynamo* (1969)
- *Himno a la alegría* (1970)
- *Canciones triunfadoras del Primer Festival Internacional de la Canción Popular de México*, compilado (1971) con el tema Guitarra.
- *Melody* (1972)
- *Ve con él* (1973)
- "Ángel mío" / "Soledad", sencillo 45 RPM (1974)
- *La Chica más linda del mundo* (1974)
- "Esto es Rock & Roll" / "Rock & Roll viejo", sencillo 45 RPM (1978)

Otras grabaciones

- *Todos los éxitos Vol. 4*, compilación (1964)
- *Palabras*, EP recopilación (1968)
- *Eloísa*, EP recopilación (1969)
- "Será verdad o será mentira" / "Mandy", sencillo 45 RPM recopilación (1975)
- *Mandy*, EP recopilación (1975)
- *Johnny Dynamo 15 éxitos*, recopilación (1987)
- *Johnny Dynamo con Los Leos*, recopilación (1997)
- *Las 100 canciones más importantes del rock and roll*, compilación (2008
- *Éxitos del Rock & Roll - Johnny Dynamo con Los Leos*, recopilación (2011)

61. Los Solitarios (antes Los Blue Jeans)

//

Inicio y fin........................▶   **Lugar**...............................◻

1963-1970 (etapa roquera)   Tijuana, Baja California

Integrantes.. III

- Agustín el «Tocos» Villegas - Voz
- Daniel López - Guitarra
- Rogelio - Bajo
- Francisco Hernández el «Piky» - Órgano
- Armando Ayala - Guitarra
- Alfredo el «Fachas» - Voz (1963)
- Pablo Valdez - Batería

Género..𝄢

Rock pop, balada rock y country rock, con influencias de The Beatles y Creedence Clearwater Revival.

Historia...|◀◀

En el año 1963, un grupo de jóvenes de la colonia Alemán, cerca del centro de Tijuana, en Baja California, se juntó para formar un grupo al que llamaron originalmente Los Blue Jeans.Tocaban principalmente covers de grupos de la ola inglesa y particularmente de The Beatles, pero con letras en español. Se conformaron por el guitarrista Daniel López, el tecladista Francisco Hernández, el baterista Pablo Valdez, el bajista Rogelio y el vocalista Alfredo el «Fachas». Al poco tiempo, Alfredo dejó el grupo y lo sustituyó Agustín Villegas que provenía de la colonia La Mesa.

    Iniciaron tocando en fiestas de su colonia y en quince años, llegando poco a poco a salones de baile, que junto a los clubs de carros se convirtieron en la sensación de Tijuana. Fue cuando Jesús Fermat Esparza, locutor del programa *Complacencias*, en Radio Enciso, los comenzó a programar, y el grupo ganó relevancia. Lograron entonces captar la atención de la discográfica RCA Victor, con quienes firmaron un contrato por dos discos. Fue entonces cuando cambiaron su nombre a Los Solitarios, por petición de la compañía.

En 1965 sacaron su disco debut homónimo, con covers. Su segundo álbum, también homónimo, salió en 1967.

Al terminar su trato con RCA Victor, firmaron con Discos Peerless. Para el año 1969 lanzaron el disco *Lo que te queda*, en el cual combinaron algunas baladas originales con covers, algo burdos, de Creedence Clearwater Revival, principalmente.

Comenzaron a tener más éxito con sus propias baladas, lo que fue marcando la dirección que tomaron en los años setenta, y hasta la actualidad, en el que se integraron a la llamada Onda Grupera, alejándose completamente del rock.

Su último roquero disco, el cual contuvo algunos covers del rock anglosajón cantados en español fue *Mi amor es para ti*, de 1970.

Con Discos Peerless lanzaron ocho discos más en los setenta, marcando el inicio de una exitosa carrera, pero en otro género.

Discografía

- *Los Solitarios* (1965)
- *Los Solitarios* (1967)
- *Lo que te queda* (1969)
- *Mi amor es para ti* (1970)

62. Los Seven Days

Inicio y fin............................▶ **Lugar**...◻

1963-1966   Nuevo Laredo, Tamaulipas

Integrantes...Ⅲ

- Pedro «Pet» Rodríguez † - Bajo

- Nacho Morales - Voz
- Alfredo Campero - Voz
- Ramiro Martínez † - Órgano
- José Luis Pérez † - Batería
- Enrique Garza † - Sax
- Juan González - Guitarra

Género... 𝄢

Rock pop, balada rock y surf con influencia de The Persuaders, Terry Staford, Etta James, The Beatles, René & René, Lonie Mack, Dave Clarck Five y The Rivieras.

Historia... |◄◄

Se formaron bajo la influencia de los Estados Unidos, en la ciudad fronteriza de Nuevo Laredo, Tamaulipas, durante 1963. Pudiendo sintonizar las estaciones de radio del otro lado, el bajista Pedro Rodríguez, los cantantes Nacho Morales, originario de Chihuahua, y Alfredo Campero, el tecladista Ramiro Martínez, el baterista José Luis Pérez, el saxofonista Enrique Garza y el guitarrista Juan González, estuvieron al tanto de las novedades en la música estadounidense de manera instantánea.

Al comienzo de la década de los sesenta, las bandas del norte del país comenzaron a llegar a la Ciudad de México y traían ideas frescas que vinieron a renovar la escena del rock en la capital. Los Seven Days no fueron la excepción con su sonido post twist y rock & roll. Tocaban surf y ponían a todos a bailar el jerk.

Firmaron un contrato con la discográfica Peerless. Durante 1964 sacaron con ésta tres discos LPS: *The Seven Days y su cantante, Sha La La* y *Laredo*.

Su presencia en el centro del país fue relativamente pobre, no así en el norte, donde solían rivalizar con sus paisanos, Los Matemáticos. La lejanía de Nuevo Laredo con la Ciudad de México, no ayudó para que lograran consolidar su imagen y alcanzaran proyección a nivel nacional.

En 1965 Peerless sacó un compilado de varias bandas al que llamó *Inolvidables en ritmo*, donde apareció su tema "Tijuana". Salieron en dicho material junto a otras bandas como Los Apson, Los Juniors, Queta Garay, Los Boopers, Los Reno, Polo y Los Luken's, entre otros. También hubo un EP con el mismo nombre, donde fueron una de las cuatro bandas seleccionadas.

En 1966 lanzaron *The Seven Days*. Ese año, decidieron separarse al no cumplirse las expectativas del grupo. En la actualidad sobreviven Juan González y los dos cantantes, Nacho Morales y Alfredo Campero, que viven en la ciudad de Laredo, Texas.

Discografía

- *The Seven Days y su cantante* (1964)
- *Sha La La* (1964)
- *Laredo* (1964)
- *The Seven Days* (1966)

Otras grabaciones

- "Angelito" / "Tijuana", sencillo 45 RPM recopilación (1964)
- "Sospecha" / "Ayer vi a Linda", sencillo 45 RPM (1964)
- *Los Seven Days*, EP recopilación (1964)
- *Inolvidables en ritmo*, compilación (1965)
- *Los Originales-Los Seven Days*, reedición (2014) contiene los discos The Seven Days y su cantante y Laredo.

63. Los Hitter's

//////////////////////////////

Inicio y fin..................................▶ **Lugar**...◻

1964-1969   Chihuahua, Chihuahua

Integrantes...III

- Manuel «Menny» Muñoz - Voz
- Juan José «Johnny» García - Guitarra
- Pedro Martínez - Batería
- Rodolfo el «Zorro» Tovar - Teclados

- Beto González - Bajo (1964-1965)
- Raúl Ávila - Bajo (1965-1969)
- Esteban García - Guitarra (1964-1966)
- Carlos de la Rosa - Guitarra (1966-1969)

Género..🎵

Rock pop, rock garage, soul, balada rock y rock psicodélico, con influencias de The Beatles, Rolling Stones, The Kinks, The Doors, Tommy James, The Shondells, Gary Lewis, Tom Jones, The Stalter Brothers, Wilson Pickett, Dave Clark Five y The Monkees.

Historia..◄◄

Los Hitter´s comenzaron a tocar en fiestas particulares en la ciudad de Chihuahua. Comandados por su vocalista Manuel «Menny» Muñoz, el grupo lo completaban Juan José «Johnny» García en la primera guitarra, Pedro Martínez en la batería, Rodolfo el «Zorro» Tovar en los teclados, Beto González en el Bajo y Esteban García en la segunda guitarra.

En 1965 decidieron viajar a la Ciudad de México para buscar nuevos horizontes. Salió del grupo Beto y fue sustituido por Raúl Ávila como nuevo bajista. Lograron captar el interés de Discos Orfeón con quienes grabaron ese mismo año su disco debut *Los Hitter's*. Como era costumbre en esos años, la firma de su contrato estaba condicionada a hacer covers en español de los éxitos de la ola inglesa. El encargado de hacer las letras en español fue Menny, siguiendo la costumbre en la cual, las versiones al español no solían tener relación con las letras originales, pues eran menos contestatarias.

Como parte de la promoción de este disco aparecieron en los programas de televisión *Orfeón a go-go* y *Operación Ja Ja* con Manuel el «Loco» Valdez. Pronto se integraron a la generación de grupos fuertes de la segunda mitad de los sesenta, junto a Los Yaki, Los Rockin Devil's, Los Belmont´s y Los Apson.

Su segundo disco fue *Un hombre respetable* de 1966, con el que lograron una mayor proyección. Después de un desencuentro entre su representante y Orfeón, decidieron despedirlo para continuar su relación con la discográfica. En 1967 lanzaron *Hits de Los Hitter's*.

Hubo otro cambio en la alineación, ya que salió Esteban García de la segunda guitarra e ingresó en su lugar Carlos de la Rosa. Grabaron su cuarto LP al que titularon *Alto más alto*, que fue lanzado en 1968.

Entre 1966 y 1969, lograron mantenerse en la atención de los medios. Sin embargo, al finalizar esta etapa, el grupo se desintegró tras la baja en su popularidad.

Menny continúa tocando como Menny y sus Hitter's, acompañado de diversos músicos, entre los que se pueden nombrar a Virgilio Velázquez, José María Serrano, Armando de la Torre, Fito Valero y Kelly.

Por su parte, Rodolfo Tovar formó el grupo Los Zorros.

Discografía .... o

- *Los Hitter's* (1965)
- *Un hombre respetable* (1966)
- *Hits de Los Hitter's* (1967)
- *Alto más alto* (1968)

Otras grabaciones

- "Mary y Juana" / "Hey Lucy", sencillo 45 RPM recopilación (1965)
- "La hora del Jerk" / "Un hombre respetable", sencillo 45 RPM recopilación (1965)
- *Un hombre respetable*, EP recopilación (1966)
- *Todos aman a un payaso*, EP recopilación (1966)
- *Hanky Panky*, EP recopilación (1966)
- *Ahora estoy solo*, EP recopilación (1967)
- *Alto más alto*, EP recopilación (1968)
- *Lo mejor de Los Hitter's*, recopilación (1968)

64. Polo †

//////////////////////////

Inicio y fin ....▶ **Lugar** ....◻

1964-1974   Bachigualato, Culiacán, Sinaloa

Género .... 𝄢

Rock pop, surf, garage rock y balada rock, con influencia de Sony and Cheer, Chris Montez, The Bee Gees, The Turtles y Claude Ciari.

Historia .... |◄◄

Hay dos versiones sobre el origen y la fecha de nacimiento de Polo. Una es que Leopoldo Sánchez Labastida, su nombre real, nació el 2 de abril de 1945 en Bachigualato, a las afueras de Culiacán, Sinaloa. La otra es que nació el 30 de enero de 1946, en la calle Prado Sur 292 en la Ciudad de México. Siendo todavía menor de edad viajó a Sinaloa, donde su padre era dueño del bar La Fogata en Culiacán. Él tocaba ahí con un grupo que formó, llamado Der Lugger's. En 1962, llegaron a dicho lugar Los Apson de Agua Prieta, Sonora. Ellos tocaban piezas instrumentales y necesitaban un cantante, así que lo invitaron a formar parte del grupo. Con la ayuda económica y moral de sus padres, emprendieron una gira hacia la Ciudad de México, pasando previamente por Mazatlán. Polo cantaba las piezas románticas, mientras el guitarrista Frankie, las rítmicas. Como los grupos de la época, interpretaban covers en español de éxitos anglosajones.

Los Apson gustaron en la capital del país y, entre 1963 y 1964, colocaron con Discos Peerless varios éxitos radiales. Polo grabó con ellos en el segundo LP del grupo.

Al tener diferencias con Frankie, se separó en el mejor momento de Los Apson para integrarse al grupo Los Polaris, en 1964. Con ellos grabó un sencillo con el que no sucedió nada.

Ese año decidió continuar como solista y grabó para Peerless un EP homónimo. En 1965, salió su primer LP, en donde cantaba, entre otros temas, "El último beso", en el cual, curiosamente y a petición de él, fue acompañado por Los Apson.

Igualmente, en ese año fue invitado a participar en el programa *Muévanse todos*, en el Canal 6 de la televisión regiomontana, que condujo su amiga Vianey Valdez. «Yo tuve la oportunidad de conocerlo a él y a Los Apson en unas grabaciones que empezaron a hacer en Peerless México, fuimos compañeros de empresa. Tenían un sonido diferente. Yo vivía en México y estaba en ese momento grabando como ellos (...). Un día me vengo yo a Monterrey a hacer un programa de televisión y

Homero González me dijo: 'si ves a Polo, tráetelo, es muy importante que venga'; y curiosamente saliendo yo de la compañía me lo encontré, estaba parado en una esquina esperando un camión y me dijo: 'Sí, como no'; ese mismo día se fue. Tenía como 18 años». Vianey Valdez entrevistada por Héctor A. Herrera, para el artículo "Un sinaloense icono de rock de los sesenta", *El Debate* del 30 de julio de 2015.

Desde entonces su carrera como cantante solista se dio a la par de su participación en *Muévanse todos*, donde además compartía créditos con Juan Garza y Jorge Barón (ex cantante de Los Zipps).

En 1966, Peerless lanzó el LP *La Barca de Oro*, donde Polo cantaba junto a Vianey. Ese mismo año sacó su segundo LP, al que llamaron *Viento, cielo y sol*. Al siguiente salió *Brasilia*.

En 1967, volvió a hacer mancuerna con Vianey Valdez en el EP *Otoño triste*. Ese año salió un nuevo LP llamado *El duelo*. Por último, en 1968, sacó el disco *Enamorado en ritmo*.

En Monterrey hizo grandes amigos, como los grupos Los Reno o Frankie y Los Matadores, la nueva banda de su ex compañero en Los Apson. Gracias al programa, gozaba de gran popularidad en el noreste mexicano. En *Muévanse todos* grabó infinidad de temas junto a Vianey y otros artistas, de los que se conservan unos pocos registros, ya que los demás se perdieron entre bodegas y regrabaciones de cintas.

En 1969, se terminaron las emisiones del programa y también su contrato con Peerless. Sin embargo, Polo fue de los pocos solistas que lograron mantenerse vigentes al comenzar los setenta, integrándose al grupo La Tribu (la agrupación estuvo activa hasta 1973).

En 1974, participó en un evento que se llamó Los Grandes del Rock, donde también participaron Los Rebeldes del Rock. Como Johnny Laboriel ya no tocaba con ellos, invitaron a Polo para que tomara su lugar. Se fueron de gira, pero en su paso por Mérida, Yucatán, el 30 de julio de 1974, Polo falleció ahogado tras una convulsión en la alberca del hotel donde se hospedaban. Su cuerpo fue trasladado a la Ciudad de México, donde lo enterraron.

Discografía

- *Polo*, EP (1964)
- *Polo* (1965)

- *Vianey y Polo-La barca de oro* (1966)
- *Viento, cielo y sol* (1966)
- *Brasilia* (1967)
- *Vianey y Polo-Otoño triste*, EP (1967)
- *El duelo* (1967)
- *Enamorando en ritmo* (1968)

Otros

- *El último beso*, EP recopilación (1966)
- Vianey y Polo - "Algo tonto" / "Faltabas tú", sencillo 45 RPM recopilación (1967)
- Vianey y Polo – "No te escondas" / "Otoño triste", sencillo 45 RPM recopilación (1967)

65. Los Reno

Inicio................................ ▶ **Lugar**...................................... ◻

1964   Monterrey, Nuevo León

Integrantes... III

- Jesús Horacio González Treviño - Guitarra
- Raúl Chapa Montemayor - Bajo (1964-1967)
- Abraham Noyola Téllez - Guitarra (1964-1980)
- Gonzalo Rodríguez de León - Batería
- Humberto Sandoval Rodríguez - Voz
- Eldemiro Esparza Gutiérrez - Bajo (1967-hasta hoy)
- Roberto Magallanes - Guitarra (1980-hasta hoy)

Género.. 𝄢

Rock and roll, garage rock, balada y rock pop, con influencias de The Beatles, People, Jerry & Johnny, The Ron-Dels, The Daly's y Johnny Mathis.

Historia...|◂◂

Existen dos versiones sobre el origen de su nombre. Una es que es una simplificación de tomar la primera y última sílaba de la palabra regiomontano. La otra es que se inspiraron en el nombre de la agrupación texana Reno Boops de Rudy González. Sus integrantes originales fueron Jesús Horacio González Treviño en la guitarra principal, Raúl Chapa Montemayor en el bajo, Abraham Noyola Téllez en la segunda guitarra, Gonzalo Rodríguez de León en la batería y Humberto Sandoval Rodríguez en la voz. Como los grupos de esos años, interpretaban covers de los éxitos anglosajones.

En 1965 fueron invitados para aparecer en el popular programa de televisión local *Muévanse todos*, lo que sirvió de escaparate para que la discográfica Peerless se interesara en firmarlos.

Así que, en julio de ese año, entraron al estudio y grabaron su disco debut al que llamaron *Surgen Los Reno*. Fueron considerados por algunos medios como un «grupo revelación».

Al siguiente año grabaron su segundo material titulado *Los Reno*, continuando con la buena recepción por parte de medios y público, por lo que viajaron a la Ciudad de México para hacer una serie de presentaciones en la televisión. Aparecieron en *Sonrisas Colgate*, *Los Polivoces* y *Operación Ja Ja*.

Aprovecharon su estadía en la capital para incorporarse al circuito de cafés cantantes, tocando en lugares como el Harlem, el Hullabaloo y en A Plein Soleil. Ese año lanzaron el EP *Te quiero*.

Para 1967 grabaron *Tienes que esconder tu amor*. Poco después de la aparición de su tercer disco salió Raúl Chapa, entrando en su lugar Eldemiro Esparza Gutiérrez en el bajo.

Con nuevo integrante, entraron a grabar *Sólo un juego*, su última producción con Peerless y también la más difícil de conseguir en la actualidad.

El grupo decidió hacer un receso, que terminó siendo de seis años. En 1975 reaparecieron con un quinto LP al que titularon *Lo mejor de ayer y hoy*, editado por Discos Sultana.

Sin embargo, la situación para los grupos de rock era radicalmente distinta a la de la década anterior por lo que, como muchos otros de sus contemporáneos, se acercaron a lo que después se definiría como la Onda Grupera. Aunque hicieron un par de discos homenaje a los pioneros del rock and roll mexicano, sus siguientes discos editados por la discográfica MCM durante los ochenta siguieron la línea estilística de las baladas. En esta etapa, salió Abraham Noyola y fue sustituido por Roberto Magallanes.

En tiempos recientes, Peerless ha hecho varias recopilaciones en CD de los primeros discos de Los Reno, una de ellas en su famosa Serie Diamante. A lo largo de su carrera han grabado 153 canciones impresas en diez discos LP. Participaron en la fotonovela *Siempre te amaré* y, con el tiempo, se han seguido presentado regularmente en la zona noreste del país, tocando las canciones que los proyectaron a nivel nacional como las leyendas que son después de 50 años de actividad.

Discografía... **o**

- *Surgen Los Reno* (1965)
- *Los Reno* (1966)
- *Te quiero*, EP (1966)
- *Tienes que esconder tu amor* (1967)
- *Sólo un juego* (1968)
- *Lo mejor de ayer y hoy* (1975)

Otras grabaciones

- *Los Reno*, EP recopilación (1967)

Otros.. ((▶•

Humberto Sandoval es ingeniero civil, Jesús González es médico especialista, Gonzalo Rodríguez es maestro de música, Roberto Magallanes y Edelmiro Esparza son arquitectos, todos egresados de la UANL.

66. Los explosivos

Inicio y fin .... ▶ Lugar .... □

1964-1966   Ciudad de México

Integrantes III

- Óscar Cossío Flores el «Toby» - Voz (1964-1965)
- Agustín Anaya - Guitarra
- Antonio «Tony» González - Guitarra
- Emilio Linares «Chico» - Batería
- José Román el «Pigui» - Bajo
- Pepe Barrera el «Pollo» - Voz (1966)

Género .... 𝄢

Rock and roll, garage, con influencia de Gino Paoli, Edoardo Vianello, Palito Ortega, The Beatles y el bolero.

Historia .... |◀◀

Tras la desaparición de Los Silver Rockets, su cantante Óscar Cossío Flores, mejor conocido como el «Toby», creó el grupo Los Explosivos. Lo acompañaron los guitarristas Agustín Anaya y Tony González, así como el baterista Emilio Linares y el bajista José Román. Inspirados por los exponentes del rock and roll anglosajones y mexicanos, así como por las películas *El salvaje* y *Rebelde sin causa*, componían sus propios temas y evitaban interpretar algo que no fuera suyo. Sin embargo, el medio no daba mucho espacio para que se salieran con la suya, ya que cuando firmaron con Discos Orfeón, les marcaron la línea de los covers.

Ese año salió, con la submarca Maya de Orfeón, su primer y único disco llamado *Sorpasso*, mismo que contuvo "La malosa" y "Nina la pelirroja", temas originales de Óscar de Cossío. Destacaba la forma de tocar la guitarra de Agustín Anaya, en la que se notaba una fuerte influencia de las armonías y el requinto del bolero.

Con este disco no pasó nada, aunque tuviera buenos temas, bien producido y ejecutado. Al ver pocos resultados, el grupo decidió probar suerte en Acapulco, donde sobrevivieron por un tiempo tocando en lugares como El Carioca, convirtiéndose junto a Los Teddy Gangs, Johnny Dynamo y Los Desenfrenados, en las bandas que tocaban rock en el puerto guerrerense. En su última etapa, Óscar abandonó el grupo y lo sustituyó Pepe Barrera. El grupo terminó por disolverse cuando Agustín Anaya creó Los Leos en 1966.

Discografía .... O

- *Sorpasso* (1964)

67. Los Novels

Inicio y fin

1964-1967,
reaparición de 1994-2006

Lugar .... ▫

Ciudad de México

Integrantes III

- Carlos Castillo - Voz
- Sergio Ruiz - Bajo (1964-1967) (1994)
- Jaime Martín - Batería
- Pedro Guzmán - Guitarra (1964-1965)
- Manuel Irentel - Guitarra (1964-1965)
- Fito Girón - Voz y guitarra (1965-1966)
- Antonio Cisneros † - Guitarra (1965-1967)
- Víctor Constantino - Guitarra (1965-1966)
- Jorge Triana † - Guitarra (1966-1967)

Nueva etapa

- Tony S. Cisneros - Guitarra (1994-2006)
- Hugo Fernández - Bajo (1994-2006)

Género..𝄢

Rock & roll, jerk y rock pop, con influencia de The Beatles y The Kinks.

Historia..|◄◄

Ya desde antes, Carlos Castillo, Jaime Martín, Manuel Irentel y el vera-cruzano Sergio Ruiz jugaban junto a otros amigos a tocar en un con-junto de rock and roll. Esto reforzaría su interés por tomarse más en serio cantar, tocar la batería, la guitarra y el bajo, respectivamente. En 1964, se les unió Pedro Guzmán en la segunda guitarra y así nació for-malmente el grupo Los Novels. El nombre fue una propuesta de Jaime.

En 1965 hubo algunos cambios en la alineación, pues los guita-rristas Manuel y Pedro fueron sustituidos por Toño Cisneros † y Víctor Constantino. Igualmente, se integró como una voz adicional y guita-rra de apoyo Fito Girón, recién llegado a México tras estudiar en los Estados Unidos.

En 1966 volvieron a tener cambios, al salir Fito y Víctor. Entró al grupo Jorge Triana para cubrir la segunda guitarra. A partir de ese momento se dio la etapa más estable y productiva del grupo. Tocaban covers de rock pop en español de grupos anglosajones, principalmente de la onda inglesa como The Beatles. Aunque por esos tiempos comen-zaron a desaparecer, todavía se presentaron en diversos cafés cantantes. Tocaron en diferentes plazas de la república mexicana y Centroamérica, así como presentaciones en radio, televisión y centros nocturnos.

En un encuentro casual en el Bar Cingaros con Gloria Ríos, impro-visaron juntos algunas canciones. Al sentirse a gusto tocando, ella les propuso que la acompañaran, lo que resultó en una breve colaboración con la introductora del rock and roll a México. Al final, todo quedó en buenas intenciones, pues hubo poco entendimiento y cada quien siguió su camino.

Lograron el interés de Discos Orfeón, por lo que grabaron los te-mas "Todo mi amor" y "El diablo en tu corazón", que salieron en un sencillo de 45 RPM. Poco después, su tema "Un sueño" apareció en el LP compilatorio *Ritmo 66*, donde aparecieron canciones de Los Pájaros, Las Ánimas, Los Gemelos de Oro, Los Hitter's, Los Sliper's, Los Cinco, Elizabeta y Los Rebeldes del Rock.

Grabaron cuatro canciones más: "Pobre Juan", "No me trates de atrapar", "Tú en mí" y "Todo mi amor", que nunca se editaron debido a una serie de eventos desafortunados.

Para 1967, Los Novels ensayaban en el mismo cuarto que el grupo Los Hooligans. Esto fue debido a que Toño Cisneros era hermano de Humberto, guitarrista de éstos. Así que practicaban en la casa familiar en la colonia Roma. Los Novels montaron los temas "Un sorbito de champagne" y "Renacerá". Los sorprendió enterarse que Los Hooligans las habían grabado y sonaban por la radio. Esto provocó que buscaran otro sitio para ensayar. Poco después, sufrieron el robo de sus instrumentos, lo que representó un duro golpe en el ánimo del grupo. Por lo pronto decidieron parar, provocando que Toño se fuera a Perú donde falleció en un trágico accidente automovilístico. Esto entorpeció una posible reunión de Los Novels, y provocó que Orfeón enlatara los temas ya grabados.

Después de esto Sergio y Jorge se fueron a los Estados Unidos para tocar con Los Chamacos, convocados por el director del grupo Los Dorman. Jaime Martín, por su lado, se integró a Los Gnomos, donde tocóel órgano.

En 1994 Jaime Martín intentó resucitar a Los Novels junto a Carlos, Sergio y Jaime. En la guitarra estuvo Tony S. Cisneros, sobrino de Humberto de Los Hooligans y de Toño. Después de un tiempo salió Sergio, siendo sustituido por el bajista Hugo Fernández. En el año 2000 grabaron dos discos con Denver, llamados *Todo mi amor* y *Rock reciklado*. Sin embargo, el grupo se transformó en 2006 en Los Hooligans Siglo XX!, ya sin la participación de Jaime.

Discografía...O

- "Todo mi amor" / "El diablo en tu corazón", sencillo 45 RPM (1966)
- *Ritmo 66*, compilado (1966)

Nueva etapa

- *Todo mi amor* (2000)
- *Rock reciklado* (2000)

Otros..((▶

Manuel Irentel se retiró del medio.

Al salir Pedro Guzmán de Los Novels, se integró a Los Sleepers.

Fito Girón entró por una breve etapa en Los Hooligans y posteriormente desarrolló una extensa carrera como *show man*.

Sergio Ruiz y Jorge Triana se integraron a Los Chamacos en los Estados Unidos. Después de algunos años, Sergio regresó a México y Jorge se quedó tocando la guitarra en Minessotta, hasta su muerte en un accidente automovilístico en 2003.

Jaime Martín creó el grupo Los Gnomos y El Globo de Cantoya. Se casó con Betty Cisneros, hermana de Antonio y Humberto.

68. Los Pájaros Azules

Inicio y fin.........................▶   **Lugar**.................................□

1964-1966   Tampico, Tamaulipas

Integrante

Rodolfo Sandoval Galindo el «Pilucas» - Guitarra

Género..𝄢

Surf con influencias de Dick Dale y Henry Mancini

Historia..|◀◀

Fue un grupo de música surf, principalmente instrumental, formado en Tampico, Tamaulipas, por el guitarrista Rodolfo Sandoval Galindo el «Pilucas». Originalmente llamados Los Frenéticos, viajaron a la Ciudad de México y firmaron con la compañía discográfica RCA Victor, que les sugirió cambiarse el nombre a Los Pájaros Azules, pues ya había al menos dos bandas más con el nombre de Los Frenéticos.

En la banda participaron diversos músicos entre los que se pueden mencionar a Satur Barrón, David García, Mario C. Reta, José Galifa, Gabriel el «Flaco» Alexander, Agapito Hernández, Sergio Salas, Juan Juvencio y Esteban Miranda.

Con RCA grabaron su único larga duración llamado *Los Pájaros Azules con Surf*, que salió en 1965 y contenía algunos temas compuestos por Rodolfo. A diferencia de los grupos tradicionales, en donde la atención se centraba en su cantante, en Los Pájaros Azules la virtuosa ejecución de la guitarra era la base del discurso sonoro.

Con este material hicieron diversas giras y tuvieron una breve estancia en la Ciudad de México. Poco después, el grupo se disolvió. Rodolfo Sandoval decidió radicar en Salamanca, Guanajuato, convirtiéndose en profesor de guitarra y alejándose del medio.

Discografía .... o

- *Los Pájaros Azules con Surf* (1965)

69. Toño Quirazco †

Inicio .... ▶ **Lugar** .... ◻

1964 - 2008   Xalapa, Veracruz

Integrantes III

- Toño Quirazco - Guitarra Hawaiana y voz
- Rubén el «Copetes» Ceballos - Batería
- Alejandro Díaz «Paquín» - Bajo
- Toño Aguilar - Guitarra
- Ricardo Madrid - Sax
- Juanita Aguilar - Sax y voz
- Martín Aguilar - Sax
- Rafael Jiménez - Trompeta

Género..𝄢

Ska con influencias de Skatalites, Jakie Opel, Roland Alphonso y Byron Lee.

Historia..|◄◄

Para la mitad de la década de los sesenta, el rock and roll, el twist y el surf entendidos como modas bailables, ya daban serias señales de agotamiento. En esta lógica, en Discos Orfeón apostaron por un nuevo ritmo, el ska. Proveniente de Jamaica, este tipo de música ya llevaba algunos años permeando la música anglosajona en una especie de continuidad del calypso. Para hacer la incursión en este género pensaron en el músico Antonio Quirazco y lo mandaron a Jamaica, a estudiar el ritmo.

Toño Quirazco nació en la ciudad de Xalapa, Veracruz, el 22 de abril de 1935. Creció en el seno de una familia que fomentó su gusto por la música. Mientras estudiaba la educación media, formó su primer grupo al que llamó Conjunto Musical Preparatorio, junto a Jorge Saldaña, Aristeo Rivas, Rubén Ceballos, Alejandro Díaz, los hermanos Antonio, Juanita y Martín Aguilar, Ricardo Madrid, Pedro Caba y Valentín Muñoz. Toño sabía tocar guitarra, piano, bajo y cantaba. Se las ingenió para tocar la guitarra hawaiana o *slide gitar*, con la que solía acompañar a los que iban a cantar en la estación de radio local, la XEKL.

Al terminar la preparatoria viajó a la Ciudad de México para estudiar medicina en la UNAM. Sin embargo, tras un accidente tuvo que volver a Xalapa sin poder concluirla. Mientras estudiaba una carrera técnica, tocó con la Orquesta de Ingeniería durante 1958. Entre 1959 y 1962, dirigió la Orquesta Electrónica Preparatoria del Colegio Preparatorio de Xalapa. Buscando nuevos horizontes, regresó a la capital del país en 1963 y formó, junto a algunos de sus viejos compañeros, un grupo con el cual firmaron un contrato con la discográfica Orfeón. Vivían y ensayaban en dos casas de la colonia Narvarte.

En 1964, grabaron un primer disco *Toño Quirazco y sus Hawaian Boys*, con el que exploraron el twist y surf, entre otros ritmos, sin que causara mayor interés por parte del público y los medios. En 1965 Orfeón le ofreció a Toño viajar al Caribe para traer el ska a México. A su regreso ensayó con su grupo para poder mostrar los resultados a los ejecutivos de la discográfica. «Aprendí a tocar el ska como es, como era... pero llegué con eso a México y vimos que no funcionaba así de lento, entonces había que acelerarlo un poquito. Lo aceleré y lo aceleré al grado que llegó a tener el aire de música norteña, más o menos. El muchacho, el baterista, le encontró el golpe, porque el golpe es especial, lo mismo el guitarrista... Los muchachos que teníamos eran de aquí, de Xalapa, y muy buenos músicos. Fuimos a la compañía y les dimos una muestra... y les gustó el ritmo que tocamos entonces... pues empezamos a grabar». Entrevista a Toño Quirazco por Chema Skandal!, en el blog *Quirazco Style Ska Ska Ska*. Es así como, mexicanizando el ritmo e imprimiéndole el sonido de la guitarra hawaiana, Toño Quirazco logró un estilo propio.

Durante ese año salió *Jamaica Ska*, el primer disco completo dedicado al género en México. Un año antes, Pily Gaos grabó "Mi novio esquimal", cover de "My Boy Lollipop", de Millie Small, pero pocos fueron conscientes en su momento de que eso era ska. Fue Toño Quirazco quien presentó puntualmente, y con éxito, este nuevo género al público mexicano.

Para mostrar el nuevo estilo, Toño Quirazco y su grupo se hicieron acompañar por un par de bailarinas conocidas como Las Gemelas de Oro. El resultado fue que comenzaron a tener mucho trabajo recorriendo la república mexicana, Centro y Sudamérica. Hacían apariciones en el programa de televisión *Discoteque Orfeón a go go*, lo que ayudó fuertemente a su proyección.

En 1966 sacaron *Ska Vol. II*, otro larga duración dedicado en su totalidad al género. Continuaron las presentaciones nutridas por un tiempo. Ahora los contrataban por temporadas en diferentes hoteles de los puntos turísticos del país. Sin embargo, el auge del ska se fue perdiendo y, por ende, el trabajo de Toño y su grupo, por lo que comenzaron a experimentar con otros géneros alejados del ska y el rock. Así llegaron a tener una extensa discografía.

En 1981 Toño se retiró a vivir tranquilamente con su familia en las cercanías de Xalapa y a dirigir el Teatro del Estado. El 25 de octubre del 2008 falleció tras una breve enfermedad.

Discografía en el ska

- *Jamaica Ska* (1965)
- *Ska Vol. II* (1966)

70. Carlos Matta

Inicio............................▶ **Lugar**.............................□

1964   Ciudad de México

Integrantes.. III

· Carlos Matta - Voz y guitarra

Género..𝄢

Fusion rock, experimental, progresivo, con influencias de clasicos del rock de los años cincuenta y sesenta.

Historia..|◀◀

Carlos Matta nació en Ciudad Juárez, Chihuahua. Cuando aún era pequeño, su familia viajó para establecerse en la Ciudad de México. De origen humilde, Matta empezó en forma empírica su carrera artística en 1964,.

Perteneció a diversas bandas, coincidiendo con una etapa de renovación y cambios drásticos en el rock mexicano. A los 15 años formó el grupo Stambul's, con el que montó sus primeras composiciones, "El mongol" y "El surf del pato". Después tocó con Los Yeah-Yeah y The Gant's, con quienes, como banda de apoyo, acompañó a Estela Núñez. Tocó en Last Soul División, Los Fugitivos y, comenzando los años setenta, creó Abraham Lincoln junto a los hermanos Armando y Miguel Suárez.

Con esta banda captó el interés de la compañía Polydor, y con la condición de que cambiaran su nombre, sacaron el sencillo "Qué ritmo", primera grabación de Nuevo México, en 1971. El nombre surgió de tomar las iniciales NM de la Escuela Nacional de Música, donde Matta estudiaba solfeo, armonía y contrapunto desde 1968.

La propuesta conceptual de Nuevo México fue original e innovadora al mezclar elementos prehispánicos con rock progresivo. Matta se inspiró en la conquista española para crear sus imágenes musicales. Modificó los pedales de su guitarra para crear atmósferas y sonidos de jaguar.

En 1971 sucedió el Festival de Avándaro y como consecuencia se estigmatizó al rock. Nuevo México, como algunas bandas del momento, optó por sobrevivir en los hoyos fonquis durante los siguientes años. Fue un medio cuyo público no aceptaba estilos que se alejaran del rhythm & blues y el hard rock. A diferencia de otras agrupaciones con perfil progresivo, el grupo logró adaptarse sin hacer concesiones.

Para 1973, Matta invitó a su compañero de clase en la Nacional de Música, Jorge Reyes, a incorporarse a su banda. Con él grabó "Una cara en la lluvia" y "Hecho en casa". Después Jorge creó con los hermanos Suárez, Al Universo. Posteriormente, Jorge se fue a Alemania por tres años.

A su regreso, Reyes se incorporó otra vez a Nuevo México y grabaron "La pirámide". La relación entre Matta y Reyes se deterioró cuando el primero le reclamó la apropiación del concepto prehispánico al segundo. Jorge Reyes se separó y creó Chac Mool.

Matta tuvo que armar de nuevo su banda y tomó otra dirección con Nuevo México, optando por un sonido más roquero-bluesero y menos progresivo. Creó su propio sello discográfico llamado Década, con el que sacó sus posteriores discos.

Por su banda han desfilado un sinfín de músicos de planta e invitados, entre los que se encuentran Jorge Ahumada, Sergio Moreno, José Luis Huerta, Camerino Ángeles, Estevan Olivares, José Carrillo, Joe Caroline, Jorge Vargas, Carlos Ortiz, Francloli Vázquez, Rodolfo Vázquez, Leo el «Bato», Óscar el «Mosca», Emilio Aguilar, Francisco López, Alberto Isiordia, Tinin R., Raíl Noriega, Elías Briskin, Mauricio Bieletto, Jorge Dávila, Alejandro de León, Omar Jasso, J. Carlos Zenteno, Miguel Flores, Aristeo Gómez, Daniel García, Ramón Sanabria, Sergio Hidalgo, Carlos Castro, Blanca Estrella, Dietherson, Jenifer Murillo, Abel Burgos, Mario Rojas el «Muerto» y Arturo Labastida el «Papaito».

Con *Quiero Rock*, de 1987, Matta intentó incorporarse al movimiento de Rock en tu Idioma con el tema que le da nombre al disco.

Memorable fue el concierto del 28 de agosto del 2011 en el Teatro de la Ciudad de la capital, donde tocó principalmente canciones del disco *Rompe el silencio*.

En 2013 salió el disco *Justicia*, un trabajo con reminiscencias a los años setenta. Al respecto comentó para el periódico *La Crónica de Hoy* del 23 de febrero del 2014, en entrevista con Erik Solís: «En ese tiempo (1970) muchos músicos con sus respectivas bandas comenzamos a realizar música original, nada de covers, impusimos nuestro sello, algo que los grupos nuevos encontraron, un camino que nosotros trazamos».

El 15 de noviembre de 2014 se realizó en el Salón Zafiro del Sindicato Único de Trabajadores de la Música, un concierto para festejar los 50 años de actividad musical de Carlos Matta, presentándose con su primera banda, Stambul 64.

Discografía como Carlos Matta .... o

- "Stambul 64", sencillo (1964)
- *Los Fugitivos-En la Esquina* (1969)

Discografía como Carlos Matta y Nuevo Mexico

- *Qué ritmo*, sencillo (1971)
- *Una cara en la lluvia* (1973)
- *Hecho en casa* (1974, pero apareció en 1975)
- *La pirámide* (1976)
- *En el camino* (1982)
- *Quiero Rock* (1987)
- *Rompe el silencio* (2005/2006)
- *Justicia* (2013)

Otras grabaciones

- *Recopilación éxitos* (1989)

71. Las Hermanas Alegría

Inicio y fin................................▶ **Lugar**..................................◻

1964-1968   Ciudad Guadalupe, Nuevo León

Integrantes...III

- Guadalupe Escamilla - Voz
- Herlinda Escamilla - Voz

Género..𝄢

Rock and roll y twist con influencia de Sor Alegría.

Historia...|◂◂

Las Hermanas Alegría fueron Guadalupe y Herlinda Escamilla, de Ciudad Guadalupe, Nuevo León. Se dieron a conocer con el tema "Dominique", que hiciera famoso la religiosa francesa Sor Alegría, de donde ellas tomaron el nombre. Ellas no eran monjas, aunque el nombre sugiriera lo contrario.

En 1964 grabaron para la compañía discográfica Peerless el larga duración *Las Hermanas Alegría*, que contiene la exitosa canción "La novia de Nacho".

En 1965, se hicieron muy conocidas a partir de su aparición en el programa de televisión que conducía Vianey Valdéz, *Muévanse todos*, del Canal 6, que se transmitía en la Ciudad de Monterrey. Se convirtieron en parte del elenco, llegando incluso a ser integrantes del ballet del programa. Tomando en cuenta que esta emisión era muy popular entre la juventud de la región, lograron tener una gran proyección en el noreste del país y el valle de Texas.

Durante los siguientes años produjeron nuevos sencillos como "Migas", "Uno de esos días", "Caperucita Stroli" y "Luna vieja".

Hicieron coros para otros artistas como Vianey Valdéz, Enrique Linares y Polo, entre otros.

En 1966 cambiaron de discográfica y lanzaron un sencillo con RCA Victor, que contenía la canción "¡Oh, No!", que interpretaron junto a Jorge Barón, y que estuvo acompañada por el grupo Los Zignos. Para 1967 sacaron para la misma compañía el sencillo de 45 RPM "Se lo prohibió el doctor" y "Frijolitos pintos".

En 1968 se terminó el programa *Muévanse todos* y Las Hermanas Alegría perdieron presencia ante el público. Actualmente están retiradas del medio artístico.

Discografía .... o

- "Dominique", sencillo 45 RPM (1963)
- *Las Hermanas Alegría* (1964)
- "Migas", sencillo de 45 RPM (1965)
- "Caperucita Stroli" / "Luna vieja", sencillo 45 RPM (1966)
- "Se lo prohibió el doctor" / "Frijolitos pintos", sencillo, 45 RPM (1967)

72. Los Dovel's
///////////////////////////////

Inicio .... ▶ Lugar ....□

1964   Ciudad de México

Integrantes III

- Fernando Escobar el «Bolillo» - Voz y batería
- Javier Escamilla - Bajo
- Carlos Aguilar - Guitarra
- Enrique Aguilar - Teclado (1964-1968)
- Germán Anguiano Silva - Baterista
- Rosalba Espadín - Voz (1965-1968)
- Abraham Escamilla - Teclados (1968-Hasta hoy)

Músicos invitados en el primer disco

* César Blasio - Guitarra
* Eduardo Magallanes - Teclados

Género .... 𝄢

Rock pop, garage y country con influencias de The Beatles, The Shocking Blues, Johnny Nash, Small Faces, Norman Greenbaum y Creedence Clearwater Revival.

Historia .... |◄◄

En 1964 un grupo de jóvenes de la colonia Reynosa, en Azcapotzalco, crearon el grupo Los Dovel's. Tuvieron sus antecedentes en el grupo amateur Los Lancer's, de 1961. Lo iniciaron Fernando Escobar en la voz, Javier Escamilla en el bajo, Carlos Aguilar, que había participado con los Teddy Bear's, en la guitarra, Enrique Aguilar, sin ningún nexo familiar con Carlos, en el teclado, y Germán Silva en la batería. En 1965 se incorporó Rosalba Espadín como voz femenina.

Comenzaron a tocar covers en tardeadas y en un lugar de Azcapotzalco llamado El Frontón. En 1966 fueron incluidos en un cartel, junto a El Klan, en el Teatro lírico del centro de la ciudad. Posteriormente fueron invitados a integrarse a las Caravanas Corona, lo que les permitió una mayor proyección como grupo.

Con la idea de grabar un disco, en 1968 se inscribieron en el concurso *Fanáticos a go go*, que conducía Alonso Sordo Noriega en Canal 2 de televisión, el cual ganaron y obtuvieron como premio la oportunidad de hacer un primer sencillo con RCA Victor, que contenía el tema "Lo volveré a intentar", el cual funcionó en el norte del país, por lo que les propusieron hacer un primer larga duración. Lanzaron *Regresa (Get Back)* en 1969.

Al terminar la grabación de este disco Rosalba salió del grupo para integrarse fugazmente a Los Zignos. Con ellos y Germán González, de El Klan, formó después el grupo La Fresa Ácida. También salió Enrique Aguilar, tomando su lugar en los teclados Abraham Escamilla, hermano de Javier.

Ese año, Los Dovel's hicieron la música incidental para la película *Sor Ye Yé*, junto a Estela Núñez e Hilda Aguirre.

Para 1969 lanzaron el disco *Venus*. Al acabar su contrato con RCA Victor, el grupo dejó de grabar, pero se ha mantenido activo hasta la actualidad. Fernando Escobar ahora, además de cantar, toca la batería en la ausencia de Germán Silva.

Discografía ○

- "Lo volveré a intentar", sencillo 45 RPM (1968)
- *Regresa (Get Back)* (1969)

Otras grabaciones

- "Nadie más que yo", sencillo 45 RPM (1968)
- "Quiero un poco de cariño" / "Mamy Panchita", sencillo 45 RPM (1970)

Otros

Rosalba, después de grabar varios discos con La Fresa Ácida, trabajó junto a Javier Bátiz y La Banda Zeus. En 1972, se convirtió en solista, como "Rosalba, la voz de caramelo", y tiene en su haber una decena de discos.

73. Los Espías

Inicio y fin ▶ Lugar ◻

1965-1967

Reynosa, Tamaulipas

Integrantes |||

- José Humberto García - Voz
- Rubén Rodríguez - Batería
- Juan Loera Palacios el «Espía» - Guitarra

- Dionisio Flores † - Guitarra
- Felipe Olvera - Bajo

Género .... ♩:

Rock and roll para niños, con influencias de los clásicos del rock and roll, twist, rhytthm & blues y la música tradicional infantil.

Historia .... |◄◄

Oriundos de Reynosa, Tamaulipas, Los Espías tuvieron el crédito de haber sido el primer grupo mexicano de rock para niños que hizo un larga duración.

Viajaron a la Ciudad de México en 1965 y firmaron con la casa discográfica CBS. En 1966 grabaron *Baby a Go Go*, con la dirección artística de Jaime Ortiz Pino. La iniciativa de un disco como éste fue de la profesora Melissa Sierra, como una manera de acercar los nuevos ritmos a los más pequeños.

Ese año, también grabaron un sencillo de 45 RPM con los temas "Dandy" y "Batijugando".

Posteriormente los integrantes del grupo, a excepción de José Humberto García, decidieron regresar a Reynosa. Humberto quiso reclutar a nuevos elementos en la capital del país. Ellos fueron Antonio Salas en la primera guitarra, Jaime Zetina en la Batería, Daniel Rosas en el bajo, Fernando Landeros en la segunda guitarra y Daniel Rivera en el saxofón. Desprendiéndose de la música enfocada a los niños, con ellos grabó los temas "Soledad" y "Vete tranquilo". Sin embargo, con este material no hubo mayor trascendencia y el grupo se desintegró sin dejar rastro.

Discografía .... O

- *Baby a Go Go* (1966)
- "Dandy" / "Batijugando", sencillo 45 RPM (1966)
- "Soledad" / "Vete tranquilo" sencillo 45 RPM (1967)

74. Los Belmont's

Inicio y fin............................ ▶ **Lugar**................................... ◻

1965-1973   Ciudad de México

Integrantes... III

- Jorge Mendoza - Voz y guitarra
- Francisco el «Pancho» - Piano
- Jorge Roig - Batería
- Rogelio Boyzo - Bajo

Género.. 𝄢

Rock garage, surf, yenka, calypso, rock pop y rock psicodélico, con influencias de The Dave Clark Five, Leo Dan, Manfred Mann, The Beatles, The Kinks y The Yardbirds.

Historia.. |◀◀

Fueron un grupo del movimiento conocido como *a go go*. No fue una banda distinta a las del post rock and roll y el twist, en cuanto a que interpretaban covers en español de éxitos anglosajones, particularmente de la llamada invasión inglesa.

Grabaron su disco debut, *Los Belmonts*, para la compañía discográfica Orfeón en 1965. Contaron con el apoyo promocional de su compañía apareciendo en los programas de televisión *Orfeón a go go* y *Discoteque Orfeón a go go*.

Le siguió el disco *Amarrado*, en el que repitieron sus covers, aparecidos en el primer disco, a los temas de los programas de televisión *Combate* y *Los Locos Adams*. Su tercer disco fue *The Belmont's a Go Go*, de 1967.

Para entonces, Los Belmont's ya pertenecían a una serie de grupos representativos del movimiento a go go, junto a Los Rockin Devil's, Los Yaki y Los Apson, en una especie de protopsicodelia.

En 1968 Orfeón sacó la recopilación *Lo mejor de Los Belmont's*. Ese mismo año se terminó su contrato y el grupo se dio de frente con la realidad, al no contar con el apoyo promocional al que estaban habituados. Comenzó a haber conflictos internos que se tradujeron en cambios de integrantes y en su separación en 1969.

Jorge Mendoza decidió rehacer el grupo con otros integrantes en 1973, y grabó otra vez para Orfeón el disco *La carta*. Para entonces Jorge se cambió el nombre a Jorge Belmont y sacó algunos discos solistas.

Discografía ○

- *Los Belmonts* (1965)
- *Amarrado* (1966)
- *The Belmont's a Go Go* (1967)

Con Los Belmont's de Jorge Belmont

- *La carta* (1973)

Otras grabaciones

- *Lo mejor de Los Belmont's*, recopilación (1968)
- *Apriétalo*, recopilación (1975)
- *Éxitos de oro de Los Belmont's*, recopilación (1975)
- *15 Éxitos 15*, recopilación (1984)

75. Los Stranger's (de la Ciudad de México)

Inicio y fin ▶ **Lugar** ◻

1965-1970   Ciudad de México

Integrantes |||

- Emilio Mejía Huerta † - Voz

- Pablo Ortiz Nava † - Bajo
- Marcel Blass - Guitarra (1965-1966)
- Hugo Blass - Guitarra (1965-1966)
- El «Gallo» - Batería (1965-1966)
- Luis Adolfo Ramírez López - Guitarra (1967-1970)
- Jorge Cardoso - Guitarra (1967-1970)
- Jesús Vargas Montalvo - Batería (1967-1970)

Género ... ♪

Rock, pop, psicodelia y blues con influencia de The Monkees, The Beatles, Four Seasons, The Doors, Human Beinz, Five Americans, Animals y Cream.

Historia ... |◀◀

Aquí hablaremos de Los Stranger's de la Ciudad de México, no confundir con los Strangers de Tijuana. La historia de este grupo se puede dividir en dos etapas. La primera, conformada por Emilio Mejía en la voz, Pablo Ortiz Nava en el bajo, los hermanos Marcel y Hugo Blass en las guitarras y el «Gallo» en la batería. Así lograron cierta proyección, llegando a aparecer en el programa televisivo *Orfeón a go go*, que conducía Luis el «Vivi» Hernández. Con esta alineación duraron de 1965 a 1966.

La segunda etapa se dio a partir de la firma con la discográfica Orfeón. Quedaron Emilio y Pablo como miembros fundadores y se incorporaron Luis Adolfo Ramírez López y Jorge Cardoso en las guitarras, y Jesús Vargas Montalvo en la batería.

Con Orfeón grabaron trece temas que aparecieron en un par de EPS y varios sencillos, además de en compilados junto a otras bandas del momento.

Durante 1967, grabaron los covers "Si corre", "Palabras", "Noches de San Francisco", "Telegrafiando", "Nadie como yo", "Enciende mi fuego", "Lady Madonna", "Sólo una mirada", "Más que nada", "NSU", "Te llevo dentro de mí", y los temas originales "El farsante", de Mejía, Blass y Cardoso, y "Amor", de Mejía y Cardoso.

El grupo desapareció en 1970 sin que Orfeón editara un larga duración.

Discografía... O

- *Si corre*, EP (1967)
- "Nadie como yo" / "Enciende mi fuego", sencillo 45 RPM (1967)
- *Nadie como yo*, EP (1967)

76. Los Down Beats

Inicio y fin..............................▶ Lugar..◻

1965-1970   Tijuana, Baja California

Integrantes... |||

- Mario Márquez el «Chato Checker» - Voz
- Sammy Hernández - Voz
- Jaime Valle el «Perro» - Guitarra
- Gilberto Venegas - Sax tenor
- Paco García - Sax alto
- Alfredo Aceves el «Brujo» † - Bajo
- Andy Salas - Batería

Género..𝄢

Soul, rock y rhythm & blues, con influencia del sonido Motown.

Historia..|◀◀

Los Down Beats se conformaron en Tijuana con músicos de diversas procedencias. El Chato Checker y Sammy Hernández fueron los encargados de las voces, Gilberto Venegas y Paco García conformaban la sección de vientos, el chiapaneco Jaime Valle en la guitarra, Alfredo Aceves en el bajo y Andy Salas en la batería. Fueron uno de los mayores exponentes de la música negra en nuestro país, cuando la tendencia fuerte era la de la música inglesa. «Los que estábamos en la órbita musical gabacha nos dividíamos en dos grandes bloques: los que seguíamos la onda soul, motown (que incluía metales), y los afiliados al british sound. Genny Silva y los Down Beats, tocábamos el motown sound. Los Dug Dugs, Los Tijuana Five, Los Cuervos y el Apocalipsis (con Fernando Romero y Lupillo Barajas), ejecutaban el Liverpool sound de la invasión británica. Nosotros no traíamos el pelo largo y ellos sí». Comentario de Jaime Valle en el blog de Elías Casillas, *Lunazul*.

Solían tocar en el Mike's a Go Go, el Aloha Bar, el Tequila a Go Go y otros foros de la zona de Avenida Revolución, lugares que eran frecuentados por público estadounidense.

En 1966 viajaron a la Ciudad de México, donde recibieron el apoyo de Javier Bátiz, que se encontraba bien establecido en la capital del país. Se presentaron en El Quid, en el hotel María Isabel, Los Globos, El Harlem, el A Plein Soleil, el 2+2, y en Cuernavaca, en el hotel Casino de la Selva.

En 1970 el grupo se disolvió y varios de sus integrantes regresaron a Tijuana.

Otros

Jaime Valle creó el grupo Love Army.
Sammy creó por su cuenta el grupo Sammy's People.

77. Los Yaki

Inicio y fin ▶ Lugar

1965-1970   Matamoros y Reynosa, Tamaulipas

Integrantes

- Benito Raúl «Benny» Ibarra - Voz
- José Luis Gazcón - Guitarra y voz
- Manuel Gazcón - Bajo
- Luis Alfonso Ascencio - Guitarra

- Miguel Ángel Ibarra - Batería
- Lalo Toral - Teclados (1968-1970)

Género...♪:

Rock pop, rock psicodélico, rock and roll, soul y garage, con influencias de The Kinks, The Animals, The Beatles, The Troggs, Ray Charles, Wilson Pickett, The Yardbirds y James Brown.

Historia...|◄◄

Todo comenzó en 1965, cuando ejecutivos de CBS le propusieron al grupo Los Ángeles Azules ser la primera banda mexicana firmada en su nuevo sello discográfico, Discos Capitol. Como la pretensión era internacionalizarlos, les pidieron cambiar su nombre, por lo que, inspirados en los indios Yaqui de Sonora, decidieron llamarse Los Yaki. Ellos eran Benny Ibarra en la voz, su hermano Miguel Ángel en la batería, José Luis Gazcón en la guitarra y voz, su hermano Manuel en el bajo y Luis Alfonso Ascencio en la segunda guitarra. Aunque la agrupación se conformó así en la Ciudad de México, los Ibarra provenían de Reynosa y los demás de Matamoros, ambas ciudades de Tamaulipas.

Su primera grabación fue el EP *Auxilio*, de 1965, que contenía covers de la ola inglesa, imprimiéndole un sonido agresivo mezclado con el espíritu de las primeras bandas de rock and roll mexicano, resultando una propuesta novedosa para esos tiempos. Ellos serían de los grupos que conformarían el estilo a go go, tan común en la segunda mitad de la década. Benny Ibarra tuvo el mérito de haber sido el primer roquero en usar el pelo largo en México. Con su estilo de cantar a lo Mick Jagger, llamó la atención desde el primer momento. Por su parte, José Luis Gazcón cantaba los temas románticos del grupo.

Para 1966 sacaron su primer LP, llamado *El sonido agresivo de Los Yaki*, que contenía su primer gran éxito, "Diablo con vestido azul". Lograron una gran proyección al aparecer en el programa televisivo *Operación Ja Ja*, donde causaron furor en el público. Pronto ganaron miles de admiradores en todo el país. El segundo disco fue *Vol. 2*, lanzado ese mismo año.

En 1967 apareció *Los Yaki*. Comenzaron a tener gran éxito, a viajar dentro y fuera del país y a ganar mucho dinero. Entre varias anécdotas, en Torreón los tuvieron que sacar en helicóptero de un estadio en el cual se habían presentado. En Acapulco fueron correteados por las fanáticas que previamente les habían arrancado mechones de cabello y pedazos de ropa, además de dejarles arañazos y mordidas en los labios. En Puebla y Guadalajara tuvieron que escapar de las fanáticas por las azoteas de las construcciones aledañas a los lugares donde se presentaban, donde tampoco podían salir a comer o ir al cine sin ser abordados por éstas. Viajaron, además, a España, Inglaterra, Estados Unidos y Centroamérica.

Ese año, participaron en la película *Vestidas y alborotadas*, junto a Alberto Vázquez y las gemelas españolas Pili y Mili, dirigida por Miguel Morayta. En ésta, Los Yaki aparecieron tocando su éxito "Diablo con vestido azul".

Los Yaki fueron los primeros en grabar una presentación y lanzarla en dos discos en vivo. El concierto fue en la XEW, estación de radio emblemática en la Ciudad de México, donde interpretaron temas en inglés y español. El segundo álbum salió un año después y se llamó *En vivo Vol. 2*.

El año 1968 fue altamente productivo en materia discográfica, ya que también salieron los discos *Ayer y hoy*, una mezcla de temas nuevos con otros ya grabados, y *Muchachita*.

En todos los discos solían reaparecer algunos temas, justo como sucedía en los álbumes de The Beatles, a quienes imitaban en muchos sentidos. Se incorporó Lalo Toral en los teclados, cubriendo la labor que hasta entonces había realizado Marcos Lizama, productor de la banda y al que nunca se le consideró formalmente parte del grupo.

Ese año también participaron en la película *Sor Ye Yé*, junto a Hilda Aguirre y Enrique Guzmán, dirigida por Ramón Fernández.

Mientras Los Yaki formaban parte de una de las Caravanas Corona, Benny conoció a la cantante juvenil Julissa y comenzaron una relación sentimental que al principio mantuvieron en secreto; se supo que se habían casado hasta que nació su primer hijo, en 1970. Con ella compartió el gusto por el teatro y la actuación, por lo que literalmente viajaban por el mundo viendo comedias musicales.

En 1969, Los Yaki participaron en la película *El Quijote sin mancha*, protagonizada por Cantinflas y dirigida por Miguel M. Delgado.

Para ese año las cosas comenzaron a descarrilarse al interior de Los Yaki. Hubo fricciones entre José Luis Gazcón y Benny Ibarra, quien se comportaba de manera irresponsable. Se volvió común que no llegara a las presentaciones. El grupo tuvo que recurrir en más de una ocasión a Wayo Roux, cantante de Los Profetas, para cubrir las ausencias de Benny.

Cuando grabaron el disco *Vuelve el sonido agresivo*, el grupo se encontraba dividido, lo que se reflejó en la poca intervención de los hermanos Gazcón, que sólo participaron en las canciones "Dame, dame cariño", "La niña fresa" y "Murmullo".

La separación definitiva se dio al comienzo de 1970, cuando José Luis Gazcón se negó a firmar un contrato para realizar una serie de conciertos por Sudamérica. El requisito era que debían firmarlo todos los integrantes del grupo. Benny intentó reorganizar a la banda con nuevos elementos, pero ya no fue lo mismo. El grupo que participó en el Festival de Avándaro, acompañando a Mayita Campos, ya poco tenía que ver con el que causó furor en la segunda mitad de los sesenta.

En 1972, Capitol lanzó el disco recopilatorio *Lo mejor de Los Yaki*. En 1974 sacó el disco recopilatorio *Los grandes años del Rock*, donde reunió los clásicos del rock and roll mexicano que Los Yaki interpretaron en varios de sus discos.

En 1998 hubo un reencuentro cuando se presentaron en la Plaza de Toros México, convocados por el periodista Ricardo Rocha.

Discografía ⭘

- *Auxilio* EP (1965)
- *El sonido agresivo de Los Yaki* (1966)
- *Vol. 2* (1967)
- *Los Yaki* (1967)
- *Ayer y hoy* (1968)
- *Please, Please, Please en vivo* (1967)
- *En vivo Vol. 2* (1968)
- *Muchachita* (1968)
- *Vuelve el sonido agresivo* (1969)

Otras grabaciones

- "Recargado en el farol", sencillo 45 RPM (1966)
- *El submarino amarillo*, EP recopilación (1966)

- "Cenizas" / "Nadie como yo", sencillo 45 RPM recopilación (1966)
- "Serafín" y "Tres Pescaditos", EP recopilación (1967)
- "Shake" / "Lucila", EP recopilación (1967)
- *Diablo con Vestido Azul*, EP recopilación (1967)
- "Cenizas", sencillo 45 RPM (1967)
- *Cenizas*, EP recopilación (1967)
- *Teresa*, EP recopilación (1967)
- *Muchachita*, EP recopilación (1968)
- "Sor Ye Yé", sencillo 45 RPM (1968)
- "Por favor, por favor, por favor" / "Cosa loca", sencillo 45 RPM recopilación (1968)
- "Tus ojos", sencillo 45 RPM (1969)
- "Murmullo" / "La niña fresa", 45 RPM recopilación (1969)
- *Murmullo*, EP recopilación (1969)
- "Hair" / "Cumpleaños", sencillo 45 RPM recopilación (1969)
- *Hair*, EP recopilación (1969)
- *Lo mejor de Los Yaki*, recopilación (1972)
- *Los grandes años del Rock*, recopilación (1974)

Otros

Benny Ibarra se dedicó a la actuación, dirección y producción de obras teatrales. Trabajó como actor para Roberto Gómez Bolaños «Chespirito» e hizo producción para la televisión en programas como *XE-TU* y *Cachún Cachún Ra Ra*.

José Luis Gazcón compró el rancho El Alvareño, en Michoacán. Junto a su hermano Manuel creó el grupo Los Malos.

78. Wence Ponce

Inicio ▶ Lugar

1965

Nuevo Laredo, Tamaulipas

Género... 𝄞

Rock pop y soul con influencias de Frankie Valli and the Four Seasons, The Diamons, The Toys y The Supremes con su sonido motown.

Historia.. |◄◄

Desde que asistía a la primaria de la escuela Miguel Hidalgo de Nuevo Laredo, Tamaulipas, Wence Ponce era de los niños que nunca podían faltar en los festivales, donde mostraba ya sus aptitudes para el canto.

Ya en la adolescencia se integró al grupo Los Checkers, de Reynosa, Tamaulipas, con quienes en 1965 grabó un sencillo para la discográfica Polydor que contenía un cover de "Chains", de Karol King, basada en la versión que le hicieran The Beatles y a la que titularon "Cadenas". El otro tema del sencillo fue "Palabras de amor".

En 1966 creó Los Supremos, inspirado en Frankie Valli and The Four Seasons, ya que su tesitura aguda se adaptaba muy bien a los tonos de sus canciones. Hicieron varios covers de sus temas y de Diana Ross and The Supremes, de donde tomaron el nombre.

En 1966 lanzó el disco *Con la voz de*, con el sello discográfico Bel-Art/DUSA. Con este material logró cierta proyección en la zona noreste del país.

Pero sin duda su disco *Wence Ponce y Los Supremos*, editado por CBS en 1968, fue el que alcanzó mejor proyección nacional.

Wence Ponce corrió con la suerte de muchos cantantes y agrupaciones de la época, los cuales no estaban en la Ciudad de México, es decir, que aunque contaban con contratos de conocidas compañías discográficas, carecían de la atención necesaria en términos promocionales, por lo que únicamente tenían impacto regional, pese a contar con la calidad para ser valorados en otras partes.

A partir de 1970, y ya sin Los Supremos, Wence sacó con CBS catorce covers en distintos sencillos y EPs. Ya en la década de los setenta se fue alejando del rock, incursionando en otros géneros, como la balada y el bolero.

En la actualidad Wence Ponce está retirado del medio artístico debido a que sufre lagunas mentales, y con dificultad recuerda esta etapa de su vida. No es difícil encontrarlo caminando por las calles del centro de Nuevo Laredo.

Discografía... ⓞ

Con Los Checkers

- "Cadenas" / "Palabras de amor", sencillo 45 RPM (1965)

Con Los Supremos

- *Con la voz de* (1966)
- *Wence Ponce y Los Supremos* (1968)
- *Wence y Los Supremos*, sencillo EP (1968)

79. Los Monjes (de la Ciudad de México)

Inicio y fin...........................▶ **Lugar**.............................◻

1965-1967   Ciudad de México

Integrantes.. ⫴

- Hesequio Ramos - Órgano, piano y voz
- Jorge Bracho † - Batería
- Fernando Pazos - Bajo (1965)
- José Antonio de la Mora † - Bajo (1965-1967)

Género.. ♪

Rock psicodélico, jazz y música clásica, con influencia de The Monks.

Historia... ⏮

A sus 23 años, el tecladista Hesiquio Ramos tuvo la inquietud de formar una banda que propusiera algo totalmente distinto a lo que ofrecían sus contemporáneos. Una música influida por el jazz, la música clásica y un rock que comenzaba a enfilarse hacia la psicodelia. Para esto se juntó con Jorge Bracho, hijo del famoso director de cine Julio Bracho y hermano de la actriz Diana Bracho, quien tocó la batería y escribió las letras que cantó Hesequio; y Fernando Pazos en el bajo, quien duró poco tiempo en la banda, para ser sustituido por José Antonio de la Mora. Este poderoso trío prescindió de guitarras y estuvo inspirado en el grupo The Monks. Incluso, al igual que la banda estadounidense, usaban hábitos de monjes en sus presentaciones. Su repertorio era una mezcla de temas instrumentales y canciones originales en inglés y español, con un nivel de ejecución por encima de la media de otros grupos de entonces.

Sus primeras participaciones fueron en el cine durante 1965, cuando Fernando Pazos aún estaba con ellos. Aparecieron en la película *Cuernavaca*, dirigida por Julio Bracho. Le siguió la película *La Muerte es puntual*, dirigida por Sergio Véjar.

Después de esto, salió Fernando y entró José Antonio. Grabaron su primer sencillo de 45 RPM para la compañía discográfica CBS, con los temas "Mi mami dijo" y "Pobre niña". Al año siguiente le apareció el EP *Música de las esferas*.

Ese mismo año lanzaron su obra más interesante, un disco en vivo grabado en el Instituto Politécnico Nacional, en el que se nota la gran calidad que tenían como banda. «No hubo mejor presentación que la del Politécnico, el auditorio era exclusivo para nosotros. Para mí fue impresionante y emocionante ver una grabadora de cinta de época grabarnos en vivo, fue increíble, la máxima reacción de la gente al recibirla tan bien que nosotros en ese concierto dimos lo máximo». Hesequio Ramos entrevistado por Denep Velasco Ferretis, en el artículo "Los Monjes / Hesequio Ramos el Monje mayor en el Rock Mexicano", para el sitio de internet *Foco Magazine*, 2015.

Ese año volvieron a participar en una película de Julio Bracho llamada *Damiana y los hombres*.

En 1967 lanzaron los sencillos de 45 RPM "Mi mami dijo" / "Pobre niña" y "Ruidos de la ciudad" / "Promesa". También participaron en la película de Julio Bracho, *Andante*. Después, el grupo se desintegró.

Con el tiempo, el grupo ha sido revalorado por las nuevas generaciones, dándoles el lugar que no les dieron en su momento. Tras el fallecimiento de sus compañeros, Hesequio Ramos es el encargado de mantener vivo el recuerdo de Los Monjes.

Discografía..⊙

- "Mi mami dijo" y "Pobre niña", sencillo 45 RPM (1965)
- *Música de las Esferas*, EP (1966)
- *Janky Panky*, EP (1966)
- *Los Monjes en el Politécnico* (1966)
- "No te burles más" / "¿Qué será?", sencillo 45 RPM (1967)
- "Ruidos de la ciudad" / "Promesa", sencillo 45 RPM (1967)

Otas grabaciones

- "El Janky Panky" / "Problemas en la mente", sencillo 45 RPM recopilación (1966)
- "Safari" / "Oh Yeah (I Got my Mojo Working)", sencillo 45 RPM recopilación (1966)
- "Música de las esferas", recopilación (2006)

80. Las Ánimas de Saltillo

//

Inicio y fin..........................▶   **Lugar**...................................□

1965-1970   Saltillo, Coahuila

Integrantes...**III**

- Carlos Raúl Flores Zepeda - Batería
- Salvador Moreno Ortiz - Bajo
- Joel Díaz Puente - Teclados
- Cuauhtémoc Ávila Aguirre - Voz
- Ramiro García Carmona - Guitarra
- Adolfo Hernández Pérez † - Guitarra (1968)

Género...𝄢

Rock pop, psicodélico, soul, polka y garage, con influencias de Five Americans, Al Martino y The Green Pipers.

ojo no línea   base

Historia...|◀◀

Mientras el país vivía la ola a go go durante 1965, en Saltillo, Coahuila, nació el grupo Las Ánimas (no confundir con el proyecto Las Ánimas de Toño Sánchez de la Ciudad de México). Estuvo conformado por Carlos Raúl Flores en la batería, Salvador Moreno en el bajo, Joel Díaz en los teclados, Cuauhtémoc Ávila en la voz y Ramiro García en la guitarra. Escogieron ese nombre ya que, en un comienzo, ensayaban en una vieja casona por las noches, y al terminar, salían con miedo, ya que se decía que en ese lugar había espíritus y fantasmas.

Comenzaron tocando en fiestas y pequeñas presentaciones locales, alcanzando cierto renombre.

En 1966 grabaron la canción "A las 5 PM", cover en español de "Five o'clock world", de Jerk, para el compilado álbum *Ritmo 66* que sacó Discos Orfeón junto a los grupos Los Novel's, Los Pájaros, Las Gemelas de Oro, Rosa María, Los Hitter's, Los Sliper's, Elizabeta, Los Cinco y Los Rebeldes del Rock.

En cierta ocasión los escuchó Jesús López Castro de la estación de radio de Saltillo, la XEKS y les propuso usar sus cabinas para grabar una cinta de prueba. Ese material llegó a manos de la discográfica Peerless que se interesó en sacarles un disco. Firmaron un contrato, y viajaron a Monterrey para grabar en un estudio ubicado en El Obispado.

El disco *Vuelve...* salió en 1968. Por un imprevisto, Ramiro no pudo estar presente en la grabación y los apoyó entonces Adolfo Hernández en la guitarra. Realizaron la promoción de este disco principalmente en la capital de Nuevo León. Participaron en el programa de televisión *Muévanse todos*, en donde compartieron la pantalla con artistas como Juan el «Matemático» y Jorge Barón.

Continuaron trabajando por un tiempo en la zona norte del país y regresaron a Saltillo, donde se separaron al terminar la década de los sesenta.

Discografía...○

- *Ritmo 66*, compilado (1966)
- *Vuelve...* (1968)

81. Roberto Jordán

///////////////////////////////////

Inicio............................. ▶ **Lugar**.............................. ◻

1965   Los Mochis, Sinaloa

Género.. 🎵

Rock pop con influencias de Fruitgum Company, Ohio Express, Brenton Wood, The Monkees, The Turtles y la denominada música bubblegum.

Historia... |◀◀

Roberto Pérez Flores nació en Los Mochis, Sinaloa, el 20 de febrero de 1943. Siendo muy pequeño se mudó a Culiacán con su familia, donde estudió primaria y secundaria. Desde entonces, él y su hermano Federico el «Borrego» mostraron interés por el beisbol y el futbol. Después su hermano se haría profesional del balompié para el Atlante y Los Tiburones Rojos de Veracruz.

Su padre fue Roberto Pérez Alvarado, pionero de la radiodifusión sinaloense, ya que en 1941 creó la estación XESA de Culiacán. Eso permitió que, desde muy joven, Roberto condujera un programa de radio al final de la década de los cincuenta. Ahí tuvo su primer contacto con el rock and roll. «Conducía los éxitos en inglés y recibía una entrega de hits americanos, de repente empezaron a llegar los discos de los roqueros mexicanos, de Los Rebeldes, Los Tip Tops, Los Locos del Ritmo, todo ese movimiento tremendo que hubo ese año, a fines de los cincuenta, los escuché como programador; qué buena música, me gustó, y obviamente me empezó a motivar». Roberto Jordán entrevistado por Claudia Peralta para *noreste.com el portal de Sinaloa*, el 6 de noviembre del 2010.

A los 17 años se trasladó a la Ciudad de México para estudiar la licenciatura en administración de empresas en el ITAM. Sin embargo, Roberto tenía la inquietud de cantar y lo que comenzó como una afición, se convirtió en algo más serio cuando conoció al compositor Rubén Fuentes, director de la discográfica RCA Victor. Al ver que tenía aptitudes, lo puso a trabajar con el productor Paco de la Barrera. Desde ese momento, adquirió el nombre artístico de Roberto Jordán.

Apoyado por el grupo Los Matemáticos, grabó los covers "Ninguna como tú" y "Buscando un lugar", mismos que aparecieron en 1965 en su primer LP llamado *Un mundo de amor*. Como era práctica común dentro de las campañas promocionales de las discográficas, Roberto apareció en la película *Juventud sin ley*, de 1966.

El disco pasó desapercibido, pero en 1967, la discográfica volvió a apostar por él con el sencillo "Hazme una señal", que obtuvo mediana respuesta por parte del público mexicano, pero no así en Centro y Sudamérica, donde comenzó a tener una fuerte proyección. Para 1968 lanzó su segundo LP también titulado *Hazme una señal*.

Poco después salió el LP *¡1, 2, 3, detente!* que representó su inmediata consolidación en los medios masivos de comunicación con el tema "Amor de estudiante", compuesto por Enrique Rosas.

Durante ese año Roberto Jordán se convirtió en el solista más exitoso y en el representante mexicano de la denominada música bubblegum. Comenzó a aparecer en programas de televisión como *El mundo está loco*, de Raúl Astor; *Operación Ja Ja, Revista Musical, TV Musical Ossart* y en las primeras emisiones de *Siempre en Domingo*.

A la par del gran éxito que Roberto adquirió ese año, el país vivía momentos socio-políticos difíciles, principalmente para los jóvenes. Las condiciones para la música juvenil cambiaron en los siguientes años, y Roberto, aun siendo considerado un roquero fresa, no fue ajeno a estos cambios.

En 1972 se lanzó su cuarto LP llamado simplemente *Roberto Jordán*. Ese mismo año participó en la película *La fuerza inútil*.

La respuesta no fue la misma que en sus dos discos anteriores. Como muchos de los solistas que originalmente interpretaron temas de rock pop, Roberto Jordán comenzó a migrar hacia otros estilos. Su siguiente éxito fue el tema de un joven, por el momento casi desconocido, llamado Juan Gabriel. La canción fue "No se ha dado cuenta", de 1973.

Siguió grabando discos y apareciendo en películas, programas de televisión y fotonovelas hasta el final de la década de los setenta. Después se retiró temporalmente, para dedicarse a actividades relacionadas con el deporte y los negocios. Regresó al medio artístico a mediados de los ochenta y se ha mantenido activo desde entonces.

En 1984 hizo varios programas para Imevisión Canal 13, viajando por diferentes partes del mundo. Realizó teatro junto a Enrique Guzmán en el musical *Hay buen rock*. Ha participado en las Caravanas del Rock & Roll realizadas en el Auditorio Nacional.

En 2005 regrabó el tema "Hazme una señal", con Claudio Yarto del grupo Caló, y se ha presentado esporádicamente en eventos de rock and roll junto a los Rockin Devil's, Los Teen Tops y Los Hermanos Carrión.

En la actualidad, sus canciones han sido reeditadas por Sony-BMG en una gran variedad de discos recopilatorios.

Discografía de rock .... o

- *Un Mundo de Amor (1965)*
- "Hazme una señal", sencillo 45 RPM (1967)
- *Hazme una señal* (1968)
- *¡1, 2, 3, detente!* (1968)
- "Rosa Marchita" / "Un viejo amor", sencillo 45 v (1972)

Algunas recopilaciones

- *Consejo*, EP recopilación (1965)
- "Amor de estudiante" / "Na na hey hey, adiós", sencillo 45 RPM recopilación (1968)
- "Amor de Estudiante" / "Confesiones de media noche", sencillo 45 RPM recopilación (1968)
- "Pronto serás mujer" / "Hazme una señal", sencillo 45 RPM recopilación (1968)
- *El juego de Simón*, EP recopilación (1968)
- "El juego de Simón" / "Susana", sencillo 45 RPM recopilación (1968)
- *Hazme una señal*, EP recopilación (1968)
- "Palabras" / "Voy a meterme en tu corazón", recopilación (1968)
- *Na na hey hey, adiós*, EP recopilación (1970)

82. Los Zignos

Inicio y fin.................................▶ **Lugar**..◻

1966-1969   Ciudad Acuña, Coahuila

Integrantes... III

- José Luis Burciaga - Voz
- Rolando Orozco el «Pinocho» - Guitarra y voz
- Raúl Aguirre - Guitarra y voz
- Manuel Rodríguez - Bajo y voz
- José Carlos Hernández - Batería

Género.. 𝄢

Rock pop, soul y rhythm & blues con influencias de The Beatles, The Doors, Ike and Tina Turnner y el sonido motown.

Historia.. ⏮

Los Zignos fueron una banda de jóvenes de Ciudad Acuña, que solían tocar en un lugar llamado Acapulco Bar en su ciudad natal.

Decidieron probar fortuna en la Ciudad de México, y en marzo de 1967 comenzaron a tocar con éxito en el café Hullabaloo. Fueron escuchados por Vianey Valdez, que los invitó a participar y a acompañarla en su programa de televisión en la ciudad de Monterrey, el popular *Muévanse todos*.

Al regresar a la capital aparecieron en los programas de Manuel el «Loco» Valdez y Raúl Astor, logrando una importante proyección.

Al final de ese año, fueron contratados en exclusividad por la compañía discográfica RCA Victor y grabaron un primer disco homónimo con música original, algo poco común en esos días. También aparecieron en la película *Báñame mi amor*, junto a Emily Cranz, Fernando Luján y Marco Antonio Muñiz.

RCA Victor los usó como grupo de apoyo para cantantes de la compañía, por lo que participaron como músicos de estudio y acompañamiento en dos discos de Roberto Jordán, Estela Núñez, François y Jorge Barón, entre otros. Para entonces era común verlos en los foros roqueros del momento como el Harlem o el Terraza Casino, compartiendo el escenario con Los Yaki, Los Dugs Dug's y Los Ovnis.

En 1968 salió su segundo disco homónimo. En los siguientes años editaron dos sencillos de 45 RPM: "En una esquina" / "Oh querida" y "Hola te amo" / "Alicia".

El movimiento hippie comenzaba a permear fuertemente los ambientes juveniles mexicanos. Los Zignos recibieron entonces la propuesta del trompetista del grupo El Klan, Germán González, para reconceptualizar el trabajo del grupo.

Contando con el apoyo de RCA Victor, se transformaron en La Fresa Ácida, dejando en el camino a Raúl Aguirre, quien ya no se incorporó a esta nueva agrupación.

Discografia .... O

- *Los Zignos Vol. 1* (1967)
- *Los Zignos Vol. 2* (1968)
- "En una esquina" / "Oh querida", sencillo 45 RPM (1968)
- "Hola te amo" / "Alicia", sencillo 45 RPM (1969)

83. Los Brujos
////////////////////////////

Inicio .... ▶ Lugar .... □

1966   Monterrey, Nuevo León

Integrantes III

- Guillermo «Willie» Salinas - Batería
- Heriberto «Beto» Ruiz - Bajo
- Mario H. Coronado «Rumayor» - Guitarra y coros
- Rafael Castañeda - Guitarra y Coros (1966-1994)
- Antonio «Tony» López - Coros (1967)

Género .... 𝄢

Rock pop y surf, blues eléctrico y funk con influencias de Johnny Rivers, Cream, Hendrix, The Animals, Kinks y Tommy James & The Shondells.

Historia .... |◄◄

En 1966 tocaban rock pop con cierta influencia del surf. En 1967, obtuvieron un contrato con Discos Cisne e integraron a Antonio López para apoyar en los coros. En su haber, sólo tienen un disco de diez temas, de los cuales dos son de su autoría, "Café a go go", que le da nombre al disco, y "Carta a mi niña". Los ocho temas restantes son covers de canciones en inglés traducidos por ellos, entre los que está la interpretación de "Batman", tema de la serie homónima que tan de moda estuvo en la segunda mitad de los sesenta. Al poco tiempo del lanzamiento de su disco, Antonio dejó el grupo.

Por esos años tocaron en fiestas, cafés cantantes como el Swamp a go go y eventos de todo tipo en Monterrey. Incluso a salieron en la contraportada de la revista *México Canta*. Ocasionalmente colaboraron con ellos César Hernández en los teclados y Raúl Martínez en la voz cantante. Con el tiempo se adaptaron a los nuevos géneros, incursionando en el funk y el blues eléctrico, además, acompañaron a otros artistas como Socorro Pacheco. Aunque después ya no lanzaron más discos, la banda sigue tocando hasta nuestros días. En el camino salió Rafael Castañeda, que se integró en 1994 al grupo regiomontano Cactus. Actualmente, Willie y Beto son los únicos miembros fundadores que siguen tocando junto al guitarrista Jimmy Cárdenas.

Discografía .... o

- *Carta a mi niña* (1967)

84. Los Tijuana Five

Inicio y fin.................................▶ **Lugar**..............................◻

1966 - 1970   Tijuana, Baja California

Integrantes...III

- Alberto el «Pájaro» Isiordia - Voz
- Guadalupe «Lupillo» Hernández Barajas - Guitarra y coros (1966-1970)
- Jorge el «Cacacho» Luján - Batería (1966-1967)
- Fernando «Penny» Castañeda Martínez - Órgano
- Fernando Vahauks - Batería (1967-1970)
- Jorge Hernández Barajas - Bajo (1966-1970)

Género...𝄢

Rock pop y rock psicodélico, con influencia de la ola inglesa, The Beatles, Neil Diamond, Chris Montez, Rolling Stones, The Animals y The Outsiders.

Historia..|◀◀

En la segunda mitad de los años sesenta, nació en Tijuana este grupo que adquirió reconocimiento a partir de su precisa interpretación de covers en inglés de los grupos de la llamada ola inglesa.

Era común ver llenos totales en sitios como Flamingo's Drive o el Mike's a Go Go, cuando eran anunciados en sus marquesinas. Después de tocar en el programa de televisión *El club de las estrellas*, atrajeron la atención de Discos Capitol, con quienes grabaron su primer y único disco homónimo en 1967. La canción "Dime" fue la más difundida en la radio de esos días. En el disco tocó la batería Fernando Vahauks, integrándose formalmente al grupo ya que Jorge Luján había dejado la banda. Ese mismo año salieron dos EPs con temas del LP: *Los Tijuana Five* y *Ya no espero*.

El dueño del Mike's a Go Go, Miguel León, los llevó a la Ciudad de México, donde permanecieron algunos meses tocando en diversos cafés cantantes, triunfando en el A Plane du Soleil, que estaba ubicado en el cruce de Insurgentes y Reforma. En un viaje que hicieron hacia el puerto de Acapulco, tuvieron un accidente automovilístico, quedando heridos algunos miembros de la banda. Esto ocasionó que regresaran a Tijuana y dejaran de tocar por algún tiempo. Lo que en principio se veía como un hecho desafortunado, en realidad se convirtió en la posibilidad de probar nuevas ideas y composiciones. Incorporaron instrumentos como la cítara, el koto y la gaita, seducidos por la psicodelia y el hipismo reinante. Además, a partir de la difusión del disco, la fama del grupo se extendió por todo el país, lo que se tradujo en trabajo y en un ir y venir constante a la Ciudad de México.

El 9 de marzo de 1969, abrieron el concierto de The Byrds en el estadio de la Ciudad de los Deportes, que actualmente el Estadio Azul. También estaba anunciado el grupo Union Gap, que no tocó debido a la mala organización del evento. Esto provocó disturbios en el público asistente. El resultado fue un escándalo mediático. «La raza enseñó el bronce», se leía en algún encabezado periodístico al día siguiente.

En cierta ocasión, mientras tocaban el Mike's a Go Go de su ciudad natal, se acercó Alfredo Calles para ofrecerles ser su representante. Aceptaron y gracias a las buenas credenciales de Calles, viajaron a los Estados Unidos, donde tocaron en grandes salones de su propiedad; luego los llevó a la Ciudad de México para prepararse, ya que serían el grupo de planta de un centro nocturno que estaba por inaugurar en Acapulco, el Tiberios. Les cambió la imagen y definió su repertorio. Tras un mes de preparativos y ensayos, se mudaron al puerto. A dicha inauguración asistieron toda clase de celebridades de México y Estados Unidos, como Tony Curtis, Yul Brynner y María Félix. Calles, les dio un buen sueldo y vivían cómodamente.

Lo que en principio les pareció una gran oportunidad laboral, con el tiempo se convirtió en un trabajo tedioso para algunos, y surgieron diferencias. En 1970, los hermanos Hernández Barajas decidieron regresar a Tijuana y formaron el grupo Apocalipsis. Los integrantes que se quedaron en el puerto se transformaron en Love Army.

Discografía.. o

- *Los Tijuana Five* (1967)

Otras grabaciones

- *Los Tijuana Five*, EP recopilación (1967)
- *Ya no espero*, EP recopilación (1967)

85. Beans (antes Los Frijoles)

Inicio y fin...............................▶ **Lugar**...................................◻

1966-1971   Reynosa, Tamaulipas

Integrantes.. |||

- Francisco Hernández «Pako Madera», el «Frijol» - Guitarra
- Juan Carlos Campos - Guitarra
- Rafael Avendaño el «Abuelo» - Bajo
- Enrique Ávila - Batería
- El «Bandolo» Lecuona - Voz (1969-1971)

Género... 𝄢

Psicodelia, latin funk, soul y blues con influencias de 13th Floor Elevators y Eric Burdon.

Historia... |◀◀

El grupo surgió a mediados de la década de los sesenta en Reynosa, Tamaulipas, con el nombre de Los Frijoles. Liderado por el guitarrista Francisco Hernández, mejor conocido ahora como Pako Madera, decidieron probar suerte en la Ciudad de México, pero no les fue bien, lo que provoco su separación temporal.

Varios de sus integrantes solían tocar ocasionalmente con el grupo Los Yaki, por lo que visitaron con frecuencia la capital del país haciendo temporadas con ellos. Fue en una de esas giras cuando decidieron rehacer el grupo cambiando su nombre a Beans. No contaban entonces con un cantante fijo. Comenzaron a tocar en los cafés cantantes de la época como Le Chateau Melón y la pista de hielo de Insurgentes.

En cierta ocasión los escuchó Jorge Barreiro de la discográfica CBS y firmaron un contrato. Invitaron al cantante de color el Bandolo para integrarse al grupo y grabar en 1969 el sencillo de 45 RPM "Por ser negro" / "Machinery", el primer tema en español y el segundo en inglés. Al año siguiente grabaron un nuevo sencillo que contuvo los temas "Derrama el vino" y "La pregunta", esta última compuesta por Francisco. Combinaron en ambos sencillos covers con temas originales.

La banda decidió desintegrarse, de forma definitiva, en 1971. El Abuelo y Pako Madera se integraron a Los Yaki y junto a Mayita Campos se presentaron en el Festival de Avándaro en septiembre de 1971.

En la actualidad, Pako Madera sigue tocando en su natal Reynosa y es un guitarrista reconocido, principalmente en la zona fronteriza. En el año de 1996 grabó un disco independiente junto a Mario Ordaz y Poncho Ayala: *Los Frijoles-Rock a la mexicana*.

En el año 2000, Sol & Deneb Records lanzó el compilado *Historia del rock en México Vol. 1*, en el que se incluye el tema "Machinery de Beans".

Discografía .... O

- "Por ser negro" / "Machinery", sencillo 45 RPM (1969)
- "Derrama el vino" / "La pregunta", sencillo 45 RPM (1971)
- *Los Frijoles-Rock a la mexicana* (1996)

Otras grabaciones

- *Historia del rock mexicano Vol. 1*, compilado (2000)

Américo Guillermo Tena, guitarrista de Los Espontáneos y Los Rebeldes del Rock.

Pepe Negrete, pianista y fundador de Los Locos del Ritmo.

Diego González de Cossío, guitarrista de Los Camisas Negras y Los Hermanos Carrión.

Javier Batiz, guitarrista que llevó al centro del país el sonido fresco
de la frontera, dejando atrás los rocanrroles originales.

Manolo Muñoz, vocalista de Los Gibson Boys y primer solista del rock mexicano.

Enrique Guzmán, vocalista de los Teen Tops y,
como solista, uno de los primeros ídolos juveniles.

Armando Nava, guitarrista, tecladista y vocalista de Los Dug Dug's.

Johnny Laboriel, vocalista de Los Rebeldes del Rock y solista.

Benito Raúl «Benny» Ibarra, vocalista de Los Yaki y solista.

Armando Molina, bajista y vocalista de La Máquina del Sonido.
Programador del Festival de Rock y Ruedas de Avándaro.

Francisco «Kiko» Rodríguez, vocalista de Tequila y Bandido.

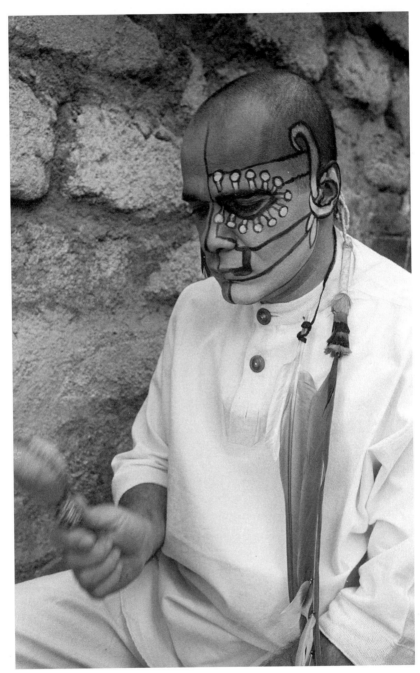

Jorge Reyes, colaboró con Carlos Matta, Al Universo y Chac Mool.
Con su proyecto solista se convirtió en el mayor exponente del denominado etno rock.

Alejandro Lora, exintegrante de Three Souls in my Mind y actual líder de El Tri.

Ricardo Ochoa, productor y guitarrista líder de Peace & Love, Náhuatl, Súper Náhuatl, Kenny y los Eléctricos y Cita y sus Muñecas Rotas. Socio de la discográfica independiente Comrock.

Piro Pendas, vocalista de Ritmo Peligroso.

Kenny Avilés, vocalista de los Eléctricos y una leyenda femenina del rock nacional.

86. El Klan

//////////////////////

Inicio y fin........................ ▶ **Lugar**................................□

1966 - 1972   Ciudad de México

Integrantes.. III

- Germán González - Trompeta, sax, teclados y coros
- Ogi Aguinaga - Sax
- Jaime Briones - Sax
- José Bayote - Sax
- Carlos el «Tigre» Duffó † - Guitarra
- Agustín Islas - Bajo
- Óscar Luja - Teclados y coros
- Juan de Anda - Batería

Otros integrantes

- Mario Ontiveros el «Cuñado» - Voz y percusión
- Antonio de los Cobos - Teclados
- Enrique Muñiz el «Cubo» † - Batería
- René Vidal - Sax barítono

Género...𝄢

Rock pop, jazz, rhythm & blues, funk y soul con influencias de James Last, Herb Albert, Ray Charles y James Brown.

Historia..|◀◀

Este grupo tiene su antecedente en Los Paladines, pero fue hasta que entró el bajista Agustín Islas en 1966, que cambió de nombre a El Klan. Teniendo como líder al trompetista Germán González, ex Los Boppers, esta banda mostró al principio fuertes influencias de la música de Herb Albert, pero pronto incorporaron el soul, funk y música europea, volviéndose así un precursor de las bandas que usaron metales, como las de la Onda Chicana al final de la década de los sesenta y comienzo de los setenta.

En 1966 lanzaron con Polydor su disco debut *El Klan*.

En los años siguientes hubo movimientos en la alineación y colaboraron con músicos como Antonio de los Cobos en los teclados, Enrique Muñiz, mejor conocido como el Cubo, en la batería, y René Vidal en el sax barítono. Solían tocar en lugares como el A Plein Soley y El Señorial, entre otros. Como grupo de planta tocaron en el hotel María Isabel Sheraton de Reforma.

Ese año sus temas sonaron en las películas *Blue Demon Vs. los Cerebros Infernales*, *Me quiero casar*, e incluso tuvieron una breve aparición a lado de Julissa en *Despedida de casada*.

Para su siguiente producción se integró Mario Ontiveros el «Cuñado» en la voz y la percusión. Con él grabaron *El Klan* para la discográfica RCA Victor, con quienes lograron una gran proyección en el extranjero, donde se editó el disco con el nombre de *El Klan is a Swedish Thing*, con el sello sueco SWE Disc. Con este título hacían alusión a su tema "Love is a Swedish Think". Con este material se presentaron en varias ocasiones en Europa, especialmente en Escandinavia.

Para 1970, salió con RCA Victor su última producción, *Una carta a María y otros éxitos*.

La calidad de sus interpretaciones era precisa y de alto nivel, por lo que sus discos se volvieron piezas preciadas para los coleccionistas de todo el mundo.

En 1969 apareció un disco compartido con el grupo La Fresa Ácida (banda alterna de Germán), llamado *Fiesta hippie*, editado por RCA Victor, que actualmente es una rareza.

En 1972 el grupo se desintegró y Germán González se dedicó de lleno a La Fresa Ácida.

Discografía .... O

- *El Klan* (1966)
- *El Klan* (1968)
- *Fiesta hippie*, compartido con Fresa Ácida (1969)
- *Una carta a María y otros éxitos* (1970)

Otras grabaciones

- *El Klan is a Swedish Thing,* edición europea de El Klan de 1968 (1969)

87. Los Blue Jeans (de Guadalajara)

Inicio y fin........................▶ **Lugar**...............................◻

1966-1973   Guadalajara, Jalisco

Integrantes.. III

- Juan José Zabalgoitia - Voz y guitarra
- Jaime Solórzano el «Pacholín» - Bajo
- Enrique Chaunrad - Batería (1966)
- Sergio Munguía - Guitarra (1966)
- Pedro Calvillo - Batería (1967)

Género..𝄢

Psicodelia y hard rock con influencias de Jimi Hendrix, Pink Floyd y Traffic, entre otros.

Historia...⏮

Los antecedentes de este grupo se remontan a 1963, cuando un grupo de jóvenes de Guadalajara, entusiasmados por la efervescencia mediática del rock and roll nacional, conformaron un grupo sin nombre fijo y comenzaron a tocar en fiestas y reuniones de conocidos. Con una formación cambiante, se mantuvieron tocando así hasta 1966, cuando se estabilizaron con Juan José Zabalgoitia en la voz y segunda guitarra, Jaime Solórzano en el bajo, Enrique Chaunard en la batería y Sergio Munguía en la primera guitarra. En cierta ocasión, y por casualidad, todos los integrantes del grupo se presentaron vestidos con pantalones de mezclilla. Unas fans les sugirieron uniformarse así y, desde ese momento, adoptaron el nombre de Los Blue Jeans.

Al paso de los meses se dieron a conocer en su ciudad, por lo que fueron invitados a salir en el Canal 4 local, en el programa *Muévanse todos* (no confundir con el de Monterrey). Ante la popularidad alcanzada y la posibilidad de contrataciones formales, surgieron dudas al interior del grupo y Sergio salió. Enrique también dejó el grupo y se integró a Los Spiders. Entró Pedro Calvillo en la batería, con quien grabaron un sencillo con los temas originales "Di" y "San Francisco", lanzado durante 1967. Después, por el grupo desfilaron un sinfín de bateristas y otros músicos de apoyo, quedando Juan José y Jaime como los miembros fijos de Los Blue Jeans.

Dieron conciertos en el Club de Leones, el Club Francés, el Club Libanés, en hoteles y en la concha acústica del parque Agua Azul. También tuvieron apariciones constantes en los medios locales. Su sonido se fue haciendo pesado y psicodélico.

A finales de 1971, editaron otro sencillo con Discos Gas, que contenía los temas originales "Strange Thoughts" y "Human Reality". En la actualidad es un material muy cotizado entre coleccionistas. Con esa producción se les identificó como parte del movimiento de la Onda Chicana.

Visitaron lugares como Manzanillo, Mazatlán y Culiacán.

Sin embargo, los tiempos cambiaron y el rock fue proscrito a nivel, así que en 1973 la banda decidió separarse.

Discografía..o

- "Di" / "San Francisco", sencillo 45 RPM (1967)
- "Strange Thoughts" / "Human Reality", sencillo 45 RPM (1972)

88. Bodo Molitor
//

Inicio y fin................................▶ **Lugar**................................□

1966-1970   Ciudad de México

Integrantes.. III

- Bodo Molitor - Guitarra y voz
- Juan García - Guitarra
- Jorge René González - Órgano
- «El Chapala» - Bajo
- «La Gaviota» - Batería
- «El Zorro» - Piano

Género.. 𝄢

Rock psicodélico, funk, y blues, con influencia de Ray Charles, The Doors, Steppenwolf, The Beatles y Wilson Picket, entre otros.

Historia... |◄◄

Bodo Molitor nació en la región alemana de Sauerland en 1944, durante la Segunda Guerra Mundial. Su familia se mudó a Dortmund cuando él tenía apenas 5 años. Fue el comienzo de una vida errante que lo llevó por varios países, antes de llegar a estudiar a México procedente de París.

Creó su banda en 1966, integrándose a la escena roquera mexicana. Sin haberse dedicado previamente a la música, Bodo tocó la guitarra y cantó. Lo acompañaban Juan García en la guitarra, el Chapala en el bajo, la Gaviota en la batería, el Zorro en el piano y Jorge René González en el órgano. Al comienzo se presentaron en cafés cantantes y diversos foros pequeños de la Ciudad de México.

Hicieron audición en Orfeón y les ofrecieron un contrato por dos discos. Grabaron un larga duración en 1968, producido por Porfirio Reyna, pero quedó enlatado hasta 1969. Mientras tanto, como Bodo era artista plástico, ofreció sus servicios como diseñador de portadas con la intención de ganar algo de dinero extra. Orfeón le pidió el diseño de la portada de un nuevo grupo, que con el tiempo se hizo famoso junto a su carátula. El grupo era Kaleidoscope, a quienes paradójicamente nunca conoció ni escuchó su música.

También comenzó a pintar y a exponer sus obras, actividad con la que apoyaba sus finanzas.

En 1969, por fin se editó *Hits internacionales*, un disco de covers de grupos anglosajones en el más puro estilo psicodélico, que además contenía tres canciones originales escritas por Bodo. La portada también corrió a su cargo. Se hizo un pequeño tiraje de vinilos, convirtiéndolo a la larga en un disco muy codiciado por los coleccionistas.

Cobijados por Discos Orfeón, realizaron presentaciones en el programa de televisión *Orfeón a go go* y tocaron en lugares como el Champagne a Go-Go y el hotel María Isabel Sheraton, donde alternaron con Los Yaki y Mayita Campos.

El segundo disco nunca se realizó debido a que hubo una huelga en los estudios de grabación de la Ciudad de México. Aun teniendo el material, no encontraron la forma de financiarlo o de hacerlo en otro lugar. Grabar el nuevo disco pasó a segundo plano, ya que las circunstancias económicas de Bodo empeoraron y optó por migrar en 1970.

Tras la separación, el tecladista Jorge René González se integró a Los Sinners y posteriormente a La Máquina de Sonido y otros más.

De su primera y única grabación se quedaron enlatados algunos temas, variaciones instrumentales de canciones del disco. Éstos vieron la luz hasta el 2006, cuando se reeditó el CD *Hits internacionales*.

Después de México, Bodo se fue a Cuba por seis meses y de ahí partió a Europa. Tocó en plan solista y con diversas agrupaciones en Alemania, Italia, Francia, Holanda y España. También fue a Senegal y Zambia. Vivió por un año en Río de Janeiro. Después de tanto peregrinar, en los ochenta llegó al Cairo, donde radica actualmente. Sigue haciendo música solo y con The Boomerangs. Nunca ha olvidado su modesta aportación al rock psicodélico mexicano, de la que ha declarado sentirse orgulloso.

Discografía .... ⬤

- *Hits internacionales* (1969)

Otras grabaciones

- *Hits internacionales*, reedición (1969) con cuatro pistas adicionales.

89. Renata

Inicio............................ ▶ **Lugar**................................... ☐

1966   Ciudad de México

Género... 𝄢

Rock pop y garage, con influencia de The Angels.

Historia... |◄◄

Martha Silvia Flores Corona nació en 1949 y fue mejor conocida como Renata. A sus 19 años era lo que en aquel entonces se llamaba una chica rebelde y ye ye. La antítesis del modelo de chica buena al estilo de Angélica María. Cantaba sobre sentimientos adolescentes, novios y besos.

En 1966 lanzó el EP *Mi novio Juan*, que resultó ser un gran éxito por el tema que le da nombre. De pronto captó la atención de los medios. Se le hacían entrevistas sobre su afición a los toros y su deseo de ser torera. Apareció, como lo hizo todo el elenco de Discos Orfeón, en el programa de televisión *Orfeón a go go*, donde proyectó su imagen desvergonzada, provocando la aceptación de muchos jóvenes y el rechazo de sus padres, una fórmula eficaz, utilizada innumerables veces por los mercadólogos de la música juvenil.

Grabó otros temas, ya sin tanta difusión, como "Aquellos tiempos, "Mi ritmo es", Deja en paz a mi novio" y "Recuérdalo siempre".

En 1967 participó en la telenovela *Gente sin historia*, iniciando así lo que fue finalmente su carrera: actriz de televisión.

En una cita de Silvia Hernández Mejía que aparece en el libro *Sirenas al Ataque - Historia de las mujeres roqueras mexicanas* de Tere Estrada, dice: «Mi opinión es que Renata tenía elementos de personalidad que algún directivo de la industria del fonograma y la música detectó y aprovechó para fabricar un 'concepto'. En suma, ella no era auténtica, y aunque muy inteligentemente construida, no tenía cimientos y pasó después de un breve estallido impactante, pero efímero».

Discografía .... **O**

- *Mi novio Juan*, EP (1966)

Otras grabaciones

- *Hanky Panky a go go*, compilado (1966)

Otros .... **((▶**

Colaboró con Ernesto Cortázar II, con quien grabó canciones de la época barroca.

Ha actuado en un sin fin de telenovelas, entre las que destacan *Rosa salvaje* y *Chispita*.

90. Los Brillos

Inicio y fin ....▶	Lugar ....□
1967-1968	Monterrey, Nuevo León

Integrantes .... **III**

- Virgilio Canales - Teclados
- René Bodegas Valera - Voz
- Rubén Morales - Batería
- Jaime S. Cadenas - Guitarra
- Rosendo González - Bajo

Género .... **𝄢**

Rock pop, rock psicodélico, garage y soul, con influencias de The Animals, The Outsiders, The Buckinghams y música tradicional norteña.

Historia ....|◄◄

El grupo fue formado en Monterrey en 1967 por el tecladista Virgilio Canales de Agualeguas, Nuevo León. Él venía de tocar con Los Rítmicos y Los Happy Boys. En la voz estaba René Bodegas Valera, ex Crazy Kings, en la batería el ex Los Summers, Rubén Morales; en la guitarra Jaime S. Cárdenas y el bajista Rosendo González.

En un principio su estilo estaba enfocado en el sonido pop psicodélico, en una extraña mezcla de temas inspirados en la música norteña. Esto quedó plasmado en el disco *Capitán capitán*, que editó RCA Victor en su sello Camden.

Sin embargo, después se acercaron al sonido de la Onda Chicana, interpretando covers en español de grupos como The Animals, The Outsiders y The Buckighams. Sacaron diversos sencillos y un EP.

Fueron muy conocidos en el noreste mexicano, ya que aparecieron en varias ocasiones en el popular programa de televisión *Muévanse todos*. Pero en Monterrey, la situación laboral por esos años era difícil ya que había poco trabajo. La mayoría de los grupos sólo tocaban en tertulias los domingos y ocasionalmente los sábados en algunos bailes. Esto provocó la separación de Los Brillos hacia el final de 1968.

Virgilio Canales pasó después a otras agrupaciones, como la Banda Macho y Liberación.

Discografía .... ○

- *Capitán capitán* (1967)
- *Los Brillos*, EP (1968)

Otras grabaciones

- *La del moño colorado*, EP compilación (1967)

91. Las Robin

Inicio y fin .... ▶ **Lugar** .... ◻

1967 - 1970   San Francisco del Oro, Chihuahua

Integrantes III

- Rosa Ávila - Voz
- Blanca Ávila - Voz

Género .... 𝄢

Rock pop, ska y soul con influencias de Doris Day, Innocense, Martha and The Vandellas, The Supremes, Sergio Mendes y Peter & Gordon.

Historia .... ⏮

Las hermanas Rosa y Blanca Ávila mostraron aptitudes para el canto desde temprana edad. Con el apoyo de su padre, viajaron a la Ciudad de México, donde siendo aún niñas, participaron en el programa de Televicentro *Las aventuras de Rancho Chico*, donde actuaba también la niña Estela Núñez; así nació una fuerte amistad entre ellas. En ese programa, solían interpretar temas rancheros y de otros géneros.

En la segunda mitad de los sesenta, y ya adolescentes, firmaron para grabar con la discográfica Capitol. Desde ese momento, se les comenzó a conocer como el dueto vocal Las Robin.

Hicieron covers en español 28 de temas repartidos en dos discos de larga duración y algunos sencillos. Tuvieron muy buena aceptación a nivel radiofónico, sonando en estaciones como Radio Variedades y Radio Felicidad. También sacaron dos EPs que apoyaban las canciones en promoción.

Su primer disco, *Palabras de amor*, apareció en 1967. Al poco tiempo se lanzó el EP *Palabras de amor*. Sin embargo, el disco no cumplió las primeras expectativas. Aun así, Capitol apostó en 1968 por un segundo material al que llamaron *Las Robin Vol. 2*. La respuesta fue mejor.

En 1969 salió otro EP homónimo. Ese año dejaron Capitol y continuaron grabando algunos temas sueltos con Discos Musart, entre los que destacaron "Llorar, llorar, llorar" de 1969 y el sencillo de 45 RPM "Una perla en el mar" / "Un mundo más bonito", editado en 1970.

Aunque se retiraron del medio y se enfocaron en sus vidas privadas, hicieron algunas presentaciones como Las Robin de manera eventual.

En la actualidad, su música es difícil de encontrar y existen varias tesis del porqué. Aquí un comentario escrito por Blanca Ávila en YouTube: «Desgraciadamente con el temblor de 1985 se derrumbó Televicentro, y creo que mucho material no se pudo rescatar». Aunque me parece dudoso el hecho de que unas cintas maestras o grabaciones originales de compañías como Capitol o Musart se encontraran en ese lugar. Si esto es cierto, se comprende el porqué no se hicieron reediciones.

Discografía ....

- *Palabras de amor* (1967)
- *Las Robin Vol. 2* (1968)
- "¿Que será será?" / "Cuatro vidas", sencillo 45 RPM (1968)
- "Una perla en el mar" / "Un mundo más bonito", sencillo 45 RPM (1970)

Otras grabaciones

- *Palabras de amor*, EP recopilación (1967)
- *Las Robin*, EP recopilación (1969)

Otros ....

Al menos Blanca Ávila siguió cantando música ranchera con el nombre de Blanca Becker.

92. La Fachada de Piedra (antes Stone Facade)

Inicio y fin................................▶ **Lugar**.................................◻

1967-1979 y 1992-hasta hoy   Guadalajara, Jalisco

Integrantes.. III

- Miguel Ochoa - Guitarra
- Tomás Yoakum - Batería percusión y voz (1967-1974)
- Tony Baker - Guitarra y voz (1967-1970)
- Mark Harvey - Bajo y guitarra (1967-1968)
- Tomás Parra - Bajo (1968-1969)
- Adrián Cuevas - Bajo (1969-1974)
- Guillermo Olivera - Voz, batería y congas (1968-1974) (1992-2002)
- Servando Ayala - Teclados (1971-1974)
- Carmen Hernández Ochoa - Voz (1977-hasta hoy)
- René Alonso - Bajo (1974-1979)
- José Luís Zúñiga - Batería (1974-1979)
- Edmundo Pérez - Bajo (1992-2002)

Género... 𝄢

Heavy blues ácido, blues eléctrico, rock latino y psicodélico, Jimi Hendrix, Cream, B.B. King, Alvin Lee, John Mayall, Peter Green, The Yardbirds, Etta James, Dinah Washington, Julie Driscoll, Albert King y Freddie King.

Historia... |◄◄

El grupo se fundó en 1967, por los guitarristas Miguel Ochoa (ex The Beat Makers) de Guadalajara, Jalisco, y Tony Baker de Oakland. También fueron parte de esa primera alineación Mark Harvey en el bajo y Thomas Yoakum en la batería y voz, ambos estudiantes estadounidenses que radicaban en Chapalita. Ahí había un castillo con su fachada de piedra, así que la esposa de Mark propuso el nombre de Stone Facade. Al poco tiempo lo castellanizaron.

Desde el principio alimentaron su fama de grupo duro, ya que sonaban más pesado que los demás. Con esa primera formación tuvieron una trayectoria ascendente cuyo clímax fue un concierto que dieron junto a los Dug Dug's en el Teatro Degollado, con un lleno total.

Hubo cambios de integrantes; Mark dejó la banda y en su lugar entró Tomás Parra en el bajo, que al poco tiempo fue sustituido por Adrián Cuevas. Además, ingresó Guillermo Olivera (ex Spiders) que tocaba la batería, las congas y también cantaba, por lo que podía intercalarse con Tomás Yoakum en la batería y la voz. El grupo entonces incorporó a su sonido un estilo más latino.

En 1970 grabaron un EP, sin embargo, fue editado hasta 1971 con el nombre de *La Fachada de Piedra en Avándaro*, debido a que su compañía discográfica negoció para que los incluyeran en el cartel del festival, siendo la única banda tapatía invitada, que aunque no quedaron en el cartel oficial, se presentaron como parte de una serie de actividades previas dirigidas al público que iba llegando.

Cuando salió el EP, Tony Baker ya había dejado al grupo, por lo que invitaron al organista Servando Ayala (ex Spiders). Con esta formación se presentaron en Avándaro.

Para la ocasión, Servando invitó a su amigo Enrique Sánchez Ruiz « Larry », cantante del grupo 39.4, para que lo acompañara, sin saber que se presentaría una situación de emergencia con La Fachada de Piedra, en la que Larry salió al quite. Resulta que antes de su turno en el escenario, a uno de los cantantes, Guillermo Olivera, se le ocurrió ir por comida sin tomar en cuenta lo difícil que era entrar y salir del área. Llegó el momento en que los anunciaron y él faltaba. Tomás Yoakum nunca había ensayado para tocar y cantar a la vez, por lo que se sintió inseguro para resolver la situación. Así que la respuesta fue invitar a Larry, quien no conocía sus canciones, para que improvisara. Fue una acción desesperada, pero que resultó bien después de todo, pues los cientos de miles de personas que estaban ahí no notaron nada extraño. A la tercera canción llegó Guillermo para hacerse cargo de la voz y seguir el concierto. «De repente, el anuncio del grupo y Tomás comienza la cuenta: 2, 3, 4... Yo, simplemente canté que qué buena onda, que cámara, y no sé ni qué tanto dije, de tantas filosóficas palabras en mi improvisación; pero la raza respondió. Sin ser nada del otro mundo, el público se prendió como si estuviéramos tocando rolas bien ensayaditas». Larry en el libro *El rock tapatío - La historia por contar*, editado por la Universidad de Guadalajara y La Federación de estudiantes Universitarios, 2004.

En 1972, lanzaron su segundo EP, titulado *La Fachada de Piedra*. Ese mismo año salió una grabación pirata del concierto que dieron en el auditorio Ángela Peralta, editado en Alemania. En 1974 se presentaron en el Teatro Experimental de Guadalajara, del que también existe una grabación independiente y de mala calidad, llamada *En vivo*.

Como a todas las bandas de ese tiempo, la persecución al rock por parte del Estado les afectó fuertemente y el grupo sufrió varios cambios de alineación durante los siguientes años. La represión gubernamental y la llegada de la música disco, con el consecuente auge de la música grabada, terminaron por orillar a los roqueros a la clandestinidad.

En 1977, se incorporó como cantante Carmen Hernández (ex 39.4), con quien Miguel se casó. Después ambos se volvieron el alma de La Fachada de Piedra. En 1979, ante la falta de trabajo, decidieron emigrar a los Estados Unidos. «Allá trabajábamos en una tienda de música y formamos un grupo llamado The Blues Nucleus, y también a veces nos juntábamos a tocar con Lalo Toral y Fito de la Parra (...). Tocábamos por no perder la pasión, pero en realidad dependíamos del salario de la tienda de música». Carmen Hernández en entrevista con Julio Ríos, en el artículo "Entrevista con Fachada de Piedra", para el sitio musicavital.wordpress.com, 2010.

En 1989 viajaron a la Ciudad de México para presentarse en el Teatro Blanquita, alternando con El Tri y Los Locos del Ritmo.

Mientras ellos estaban en el país del norte, la situación para el rock en México fue cambiando. En Guadalajara había una escena con nuevas bandas que los animó a volver en 1992. Comenzaron a presentarse en el bar Barba Negra, en la colonia Americana, donde han abarrotado el lugar cada fin de semana desde entonces.

En 1993, grabaron un concierto junto al grupo Los Spiders, realizado en el Salón Osiris de la capital jalisciense. El disco fue editado por Mix Records con el nombre de *Spiders y Fachada de Piedra en vivo*. Al año siguiente salió el disco independiente *Memorias del Barba Negra*.

En el 2002, apareció de manera independiente el disco/DVD *Fachada de Piedra capturado en vivo*, que rápidamente se agotó, demostrando el interés de las nuevas generaciones por el trabajo de esta legendaria banda.

En 2007, con motivo de los 40 años de La Fachada de Piedra, se realizó un concierto junto a Tony Baker y Thomas Yoakum, del cual existe una grabación.

Actualmente, Miguel y Carmen están acompañados por Manolo Olivera en el bajo, Felipe Aceves en los teclados y Pierre Chaurand en la batería.

Dato curioso: en cierta ocasión, durante la década de los setenta, alguien le robó al ex Beatle George Harrison una guitarra que fue a parar a manos de Miguel Ochoa por azares del destino. La compró en una tienda de instrumentos musicales en un viaje a Los Ángeles. Al percatarse de esto por una notificación que llegó al negocio donde la compró, Miguel se puso en contacto con George vía telefónica desde Guadalajara. Éste le explicó que había sido un regalo muy preciado de Eric Clapton, y que podía conseguirle otra igual e intercambiarla por la que habían sustraído de su casa. Miguel accedió gustosamente y ése fue el fin de la historia.

Discografía.. o

- *La Fachada de Piedra en Avándaro*, EP (1971)
- *La Fachada de Piedra*, EP (1972)
- *Memorias del Barba Negra* (1994)

En vivo

- *En vivo* (1973)
- *Spiders y Fachada de Piedra en vivo*, split con el grupo Spiders (1993).
- *Fachada de Piedra capturado en vivo* (2002)

Otras grabaciones

- *Rock en Avándaro*, compilación (1972)
- *Love, Peace & Poetry: Mexican Psycodelic Music*, compilado (2003)
- *La Fachada de Piedra - The Stone Facade (1971-1974)*, recopilación (2006)

93. Los Correcaminos

Inicio y fin............................▶

1967-1969

Lugar.................................▫

Ciudad de México

Integrantes..........................Ⅲ

- Luis Javier Saldaña - Guitarra
- Rey Arturo Rodríguez - Batería
- Alejandro Rosas - Bajo
- Ray García - Voz
- Jorge Ortega - Teclados

Género..............................𝄢

Rock pop con influencias de The Beatles, Eric Burdon and The Animals, Strawberry Alarm Clock y Brenton Woods.

Historia............................|◀◀

Entre 1967 y 1969, Los Correcaminos grabaron para Discos Musart una serie de covers que aparecieron en un larga duración. Posteriormente, lanzaron un EP con temas del LP y un sencillo con "Lady Madonna".

Grabaron otro sencillo que contenía el tema "Linda nena no te enojes", que con el tiempo se ha vuelto una pieza de colección.

Ante la pérdida de interés por parte de Discos Musart, la banda se desintegró en 1969, para después reintegrarse como el grupo Los Chicanos, ya enfocados en la balada romántica y alejándose totalmente del rock.

Discografía..........................○

- *Los Correcaminos* (1968)
- "Linda nena no te enojes", sencillo (1968)

Otras grabaciones

- Los Correcaminos, EP (1968)
- "Lady Madonna", sencillo 45 RPM (1968)

94. Los NicolQuinn

Inicio.. ▶ **Lugar**...□

1967   Ciudad de México

Integrantes...III

- Jimmie Nicol - Batería
- Eddie Quinn - Voz y guitarra

Género..𝄢

Baroque pop, experimental con influencias de rock, pop y psicodelia.

Historia...I◄◄

Durante la gira de The Beatles por Holanda, Dinamarca, Hong Kong y Australia, los acompañó en la batería por quince días su compatriota Jimmie Nicol, del grupo Georgie Flame and the Blue Fames, ya que Ringo se encontraba recuperándose de una inesperada operación de amígdalas. Tras esta experiencia que lo convirtió en uno más de los denominados «quinto Beatle», Jimmie continuó con su vida, tocando con varias bandas, hasta unirse al grupo sueco The Spotnicks, con quienes visitó México en 1966 e hizo una temporada en el bar del Hotel Alameda.

Conoció a la bailarina y cantante mexicana Julia Villaseñor y decidió quedarse en México para establecer una relación formal en 1967.

En cierta ocasión, Jimmie asistió a un estudio de grabación de RCA Victor y ahí conoció casualmente a Eddie Quinn, un joven guitarrista México-húngaro, con el que surgió una admiración mutua. Con entusiasmo, comenzaron a componer juntos para un proyecto al que bautizaron Los NicolQuinn, contagiando de entusiasmo a directores artísticos, ingenieros de audio, técnicos y personal de RCA Victor. El resultado final fue el disco *Los NicolQuinn*, una producción de excelente manufactura que tuvo cierta aceptación, aunque en términos generales pasó inadvertido. Con el tiempo se ha vuelto una rareza y un álbum de colección muy cotizado. Con este proyecto se presentaron en algunos sitios de la república mexicana y el sur de los Estados Unidos.

Pasado el entusiasmo original, Jimmie se involucró en el grupo de su esposa, Abraxas, y un año después se divorció, no sin procrear un hijo. Se implicó en otros proyectos como Los Checkmates, y en 1971 creó Blue Rain. Vivió en México hasta 1975.

Lo que hicieron después, tanto Jimmie como Eddie, es difícil de rastrear.

Discografía... **O**

- *Los NicoleQuinn* (1967)

Otros... (▶

Jimmie Nicol trabajó como A&R de RCA Victor en México e hizo los soundtracks de las películas *El mes más cruel,* en 1967, y *Anticlímax,* de 1969.

95. Kaleidoscope

Inicio y fin...................................▶ **Lugar**.................................□

1967 - 1971   Santo Domingo,
                                               República Dominicana

Integrantes... III

- Frank Tirado - Bajo y voz

- Pol Tirado - Voz (1969-1971)
- Pedro «Pedrín» García - Guitarra
- Julio Arturo Fernández - Teclados (1967-1968)
- Rafael Cruz - Batería
- Orlando «Orly» Velázquez - Bajo y guitarra (1967-1968)
- Héctor Gutiérrez - Guitarra (1969-1971)
- Jorge René González - Teclados (1969-1971)

Género.. ♪

Rock psicodélico, funky ácido y progresivo, con influencias de John Lennon, Led Zeppelin, Donovan y The Doors.

Historia.. |◄◄

No podría haber mejor nombre para una banda cuyos integrantes son una variedad colorida de nacionalidades (no confundir con The Kaleidoscope de Estados Unidos). Sus integrantes originales fueron el bajista y cantante Frank Tirado, de Puerto Rico; el guitarrista Pedro García, de España, y los dominicanos Julio Arturo Fernández y Rafael Cruz, tecladista y baterista, respectivamente. Tocaban covers de grupos en inglés para la juventud dominicana. Se presentaron en radio y televisión, en centros nocturnos y ganaron el Festival Amucaba, logrando una sólida reputación en el país caribeño.

Al poco tiempo entró como bajista Orly Velázquez, compatriota de Frank, quien quedó de cantante. Con esa formación grabaron un sencillo para el sello local Fabiola, con los temas "Colours" y "I'm Crazy".

Le siguió una grabación del larga duración. Los adolescentes tuvieron una afortunada libertad para grabar su disco, ya que por la inexperiencia de Discos Fabiola, no hubo fiscalización en la producción de dicho material. Las composiciones eran originales y los jóvenes se permitieron la experimentación. El resultado fue bastante decoroso, dadas las circunstancias.

En la grabación estuvo presente el productor peruano Edgar Zamudio †, que entonces trabajaba para la discográfica mexicana Orfeón. Al escucharlos, les propuso editar su disco en México. La banda decidió esperar en República Dominicana mientras Edgar sondeaba el terreno en la Ciudad de México. Cuando recibieron la confirmación del interés de Orfeón, viajaron primero a Miami, donde ensayaron arduamente, y después se trasladaron a México.

Poco antes, Julio Arturo decidió dejar la música y Orly regresó a Puerto Rico. Frank invitó entonces a su hermano Pol, que entró como cantante y él regresó al bajo. Se incorporó también el guitarrista dominicano Héctor Gutiérrez. Así que, con esa nueva formación, se instalaron en la capital de la república mexicana.

Conocieron al tecladista mexicano Jorge René González en una de sus presentaciones y se dio buena química entre ellos, así que lo sumaron a la banda.

Edgar Zamudio logró sin mucho esfuerzo que la discográfica quisiera editar un disco con composiciones originales completamente desconocidas, cuando la tendencia general en la industria era hacer que las bandas tocaran covers. La decisión no fue difícil para la empresa, desde el momento en que la grabación no les representaba una inversión de dinero, sin embargo, aprovecharon mañosamente que en los Estados Unidos existía un grupo con el mismo nombre, dejando que los medios confundieran a ambas agrupaciones. Promoción gratuita. Para la portada acudieron al dibujante, pintor y músico Bodo Molitor.

De esta manera se lanzó *Kaleidoscope* ese 1969, con la post producción de Porfirio Reyna. Según expresiones del periodista José Xavier Navar, se hizo un tiraje de 800 discos, de los cuales la tercera parte tuvo que ser retirada de las tiendas por las nulas ventas y destruida para evitar el pago de impuestos. Los 200 restantes han acabado en muy pocas manos, lo que ha hecho de este disco todo un fenómeno de arqueología musical. Los vinilos originales pueden alcanzar cifras estratosféricas, que si bien no es un disco malo, los precios no están en correlación con la calidad musical y de producción. Es un mito mexicano creado por coleccionistas de todas partes del mundo. Paradójicamente costó 19.90 pesos mexicanos cuando salió al mercado.

El grupo tuvo contrato de un mes para tocar en El Salvation de la avenida Juárez, logrando una muy buena aceptación del público mexicano, por lo que el contrato se extendió y se convirtieron en el grupo de casa. Ahí consolidaron su sonido pesado y psicodélico.

Ellos no comprendían por qué los presentaban como un grupo de San Francisco, California. Comenzaron a manejar un discurso en sus entrevistas, en el cual ponían énfasis en la búsqueda de su verdadera personalidad, llegando a plantear incluso la necesidad de hacer rock psicodélico en español. Llegaron a decir que eran mexicanos y que estaban orgullosos de serlo. Aparecieron en los programas de televisión *Premiere musical Orfeón* y *Orfeón a go go*. Tocaron en otros centros nocturnos de la ciudad como el Quid Nova de la Zona Rosa.

Entre 1970 y 1971, decidieron terminar con Kaleidoscope, mas no así su colaboración juntos. Formaron el grupo Latino y grabaron, con el sello Zave, un sencillo de 45 RPM con los temas "Reincarnation Way" y "You Know I've Cryed", mismo que produjeron en Cuernavaca, donde fijaron su residencia. Después de unos meses, Latino emigró a los Estados Unidos donde hicieron algunas giras y se desintegraron. El mexicano Jorge René decidió ya no acompañarlos en esa aventura, ya que se incorporó al grupo Epílogo!

En 2011, se hizo una réplica legal en vinilo, de 2000 unidades, a imagen y semejanza del disco de 1969, a cargo de Manuel Álvarez Valdez, comerciante del Tianguis Cultural del Chopo.

Discografía .... O

- "Colours" / "I'm Crazy", sencillo 45 RPM (1967)
- *Kaleidoscope* (1967)

Otras grabaciones

- *Kaleidoscope*, reedición (2011)

96. Los Monkys
////////////////////////////////

Inicio y fin ....▶   **Lugar** ....□

1967-1968   Xalapa, Veracruz

Integrantes III

- Jorge Arturo Barragán Montiel - Bajo
- Roberto Alarcón el «Chino» - Bajo
- Filemón Arcos - Guitarra
- Armando Arcos - Voz y guitarra

Género .... 𝄢

Rock, country, pop, psicodelia con influencia de The Monkees y The Beatles

Historia .... |◀◀

Provenientes de Xalapa, Veracruz, el bajista Jorge Arturo Barragán, el bajista Roberto Alarcón y los hermanos y guitarristas Filemón y Armando Arcos, conformados como Los Jetters, llegaron a la Ciudad de México en 1967 con la intención de firmar un contrato con alguna discográfica. Discos Orfeón les abrió las puertas ofreciéndoles hacer covers de una nueva banda del país del norte.

En Estados Unidos, la reacción comercial a la invasión británica fue la creación del grupo The Monkees, dando como consecuencia la Monkeemanía. Así que Los Jetters cambiaron de nombre al paródico Los Monkys, para enfocarse en hacer covers de The Monkees.

Ese año grabaron un primer EP con los temas "Hey, somos los Monkys", "Soy creyente (Dame tu Vida)", "Así está bien" y "Mi sueño".

Poco después lanzaron su primer y único larga duración al que llamaron *The Monkys a go go*. Para 1968, decidieron dar un giro estilístico, alejándose del rock, y cambiaron de nombre a Los Joao, en honor al cantante brasileño Joao Gilberto. Como Los Joao, hicieron una exitosa carrera en el terreno de la música versátil durante las siguientes décadas.

Discografía .... ○

- *Los Monkys*, EP (1967)
- *The Monkys a go go* (1967)

97. Pop Music Team

Inicio y fin.................................▶ **Lugar**..□

1967-1972   Ciudad de México

Integrantes.. III

- Jorge Berry - Voz
- Francisco Boleu - Órgano
- Joaquín Carrillo - Guitarra
- Alejandro Mehl - Bajo
- Julio Vigueras - Batería (1970-1972)

Género... ♪

Rock psicodélico, jazz y soul con influencias de The Doors, Iron Buterfly, Jefferson Airplane, Chicago y Blood, Sweat and Tears.

Historia... |◄◄

Fue un grupo de corte psicodélico que surgió cuando cuatro amigos, vecinos de la colonia Del Valle al sur de la Ciudad de México, comenzaron a componer temas propios, principalmente en inglés. Tocaban en fiestas privadas, aunque fue muy conocido que actuaron como abridores de The Doors en su visita a México.

En 1969 hicieron una serie de demos para Discos Orfeón con la idea de hacer un disco al que llamarían *Society is a Shit*. Entre los temas que serían parte de esta producción estaba "Tlatelolco", pieza de 10 minutos que hacía alusión, aunque de manera bastante inocua, a la matanza del 2 de octubre de 1968. El demo de esta composición sonó en el programa de radio *Proyección 590* de La Pantera y también en Radio Capital. La censura no se hizo esperar y Pop Music Team dejó de sonar en la radio mexicana por intervención de la Secretaría de Gobernación. Esto provocó que los planes del disco se cancelaran. Para entonces habían grabado "Oda a la chica fresa", "The Second Smoke", "It's True at Last",

"Whom I'm Gona Talk You", "Love is Business", "La noche final", "Little Pitty" y "Nashville", bajo la producción de Mario Olmos.

Esto no detuvo la actividad del grupo, que continuó tocando en las fiestas de paga que por aquel entonces se organizaban en frontones y grandes casas de San Ángel, el Pedregal, la Romero de Terreros y la Del Valle. Se reconformaron e incluyeron una sección de metales, y en la batería se incorporó Julio Vigueras, tocando ahora puros covers de Chicago, Blood, Sweat and Tears y Budy Milles.

Participaron en las películas *La juventud desnuda*, *La fuerza inútil* y *Más allá de la violencia*. Para 1972, en un ambiente totalmente adverso al rock, decidieron separarse.

En 2006, la compañía discográfica Orfeón editó, a partir de las grabaciones que hicieron en 1969, el disco *Society is a Shit*, una producción de calidad irregular, pero que muestra una pequeña ventana a lo que aconteció en una época de ingenua rebeldía juvenil. Un material que merecía salir del anonimato.

Discografía .... o

- *Society is a Shit* (2006) grabado en 1969.

Otros .... ((▶

Jorge Berry se dedicó al periodismo y fue un popular locutor de Televisa.

Jorge Vigueras fue director del Conservatorio Nacional de Música, director de orquesta y un reconocido percusionista.

98. Los Papos

Inicio y fin ....▶ **Lugar** ....□

1967-1973   Guadalajara, Jalisco

Integrantes.. III

- Federico el «Papo» Cedillo Becerra - Voz y guitarra
- Rogelio el «Papo Chico» Cedillo Becerra - Teclados
- Arturo Aguilera - Bajo
- Rodolfo Romero - Guitarra
- Javier el «Diablo» Ramírez - Batería
- Javier Pérez Torres el «Greñas» - Voz (1971)

Género.. ♪:

Garage rock, psicodélico, rock ácido, soul, blues y surf instrumental, con influencia de Santo y Johnny, The Shadows, The Ventures, Jimi Hendrix Experience y The Doors.

Historia.. |◄◄

El grupo se formó por los rumbos de San Juan de Dios, en las calles de Abascal y Souza, Dionisio Rodríguez y Javier Mina, en la ciudad de Guadalajara, durante la segunda mitad de los sesenta. Los hermanos Federico y Rogelio Cedillo Becerra, guitarrista y tecladista respectivamente, se juntaron con el bajista Arturo Aguilera, el guitarrista Rodolfo Romero y el baterista Javier Rodríguez. Su primer nombre fue Náhuatl (no confundir con el grupo de los setenta). Pero dado que los apodos de los hermanos Cedillo eran los Papos, su público les comenzó a decir así, hasta que se convirtió en su nombre oficial.

Tocaron en fiestas de la Escuela Normal de Jalisco y en casi todas las facultades de la UDG. Tocaban principalmente temas instrumentales de Santo y Johnny, The Shadows o The Ventures. Evitaban cantar en inglés como era la tendencia en esos años, ya que se les dificultaba. Así fue como comenzaron a alternar con las bandas locales más importantes, entre las que estaban Los Gibson Boys, Los Spiders, Fachada de Piedra, entre otros.

En 1968 participaron en *Muévanse todos* y *Marcando el paso* del Canal 4 de televisión, así como en varios programas de rock de la estación de radio Canal 58. Uno de ellos fue el concurso *El Disco de Oro*, el cual ganaron, por lo que tuvieron la oportunidad de grabar un acoplado junto a los grupos Los Terry's, Los Primos y La Joya Brass, para Discos Rex. Éste contenía los covers "Las cosas que dijimos" de The Beatles, y "Llueve lluvia".

En 1969 ingresó en la voz Javier Pérez Torres el «Greñas», que tenía más facilidad que ellos para cantar en inglés. Con esta formación grabaron en 1971 para Orfeón un EP con los temas originales "I See You Very Lonely", "Everybody Get Stone Together", "Wake Up y My God".

Aunque el hermano menor de los Cedillo se ausentaba continuamente, tenía la tolerancia de sus compañeros de grupo. Esto provocó que el grupo no se presentara con la constancia requerida para mantenerse vigente ante el público. Aun así, tocaron en el Casino Español, el Club de Leones, el Círculo Francés y el Casino Arlequín.

Al llegar 1973, Rogelio y los dos Javier prefirieron terminar carreras académicas, dedicarse a sus profesiones y casarse, por lo que el grupo se separó ese año. Federico, Arturo y Rodolfo continuaron en el medio musical.

En 2006, Orfeón y la discográfica alemana Shadoks Music hicieron una edición compilatoria con material de Los Papos, *Polvo y Free Minds*, llamado *Psycadelic Rock Mexican*. Además de los temas del EP de 1972, contiene los temas inéditos "Tell me Why", "Push me Very Slow", "Be Yourself y When".

Discografía...o

- *Disco de Oro a Go Go-Canal 58*, acoplado (1968) con los temas
- *Los Papos*, EP (1972)
- *Psycadelic Rock Mexican*, compilación (2006)

99. La Tropa Loca (antes Los Mods)

Inicio...........................▶ **Lugar**...........................◻

1967   Ciudad de México

Integrantes... III

- José Luis Hernández - Voz
- Federico Espinoza - Guitarra
- Juan José Caballero - Bajo
- Jorge Granada - Guitarra
- Esteban Sánchez Hernández el «Susano» - Batería
- Francisco Tijerina - Voz

Género.. 𝄢

Garage rock y pop rock con influencias de The Beatles, Sheila y Rocky Roberts entre otros

Historia..|◄◄

Federico Espinoza, un muchacho que vivía en la colonia Jardín Balbuena de la Ciudad de México, conoció al bajista Juan José Caballero, que tocaba con Los Silver Rockets, durante una fiesta, en 1965. Por sugerencia de su amigo Rubén Alvarado, decidieron formar un grupo donde Federico tocaba la guitarra, sin formación previa en este instrumento. Se integraron a esta nueva banda José Luis Hernández Delgado en la voz, Esteban Sánchez Hernández en la batería y Jorge Granada García en la primera guitarra. Como los grupos de entonces, comenzaron a montar versiones de canciones del rock anglosajón traducidas al español. Tras ensayar arduamente tuvieron su primera presentación en marzo de 1967, en una fiesta de 15 años donde cobraron sus primeros 800 pesos.

Aun sin tener un nombre fijo, se siguieron presentando durante el siguiente año con diferentes pseudónimos, como Los Thunderbirds, Las Gotas de la Inspiración y Los Mods. Con este último nombre realizaron su primera grabación para el sello Discos Cisne, al comienzo de 1968, plasmando cuatro temas que al final quedaron inéditos.

Luego de una de sus presentaciones en el Club Safari, una asistente les ofreció contactarlos con Marcos Lizama, ejecutivo de la discográfica EMI Capitol, con quienes firmaron ya como La Tropa Loca. Ese mismo año, sacaron su primer vinilo llamado *Viva*, un éxito de ventas. Siguió *La Tropa Loca Vol. II*.

Con el apoyo de su compañía comenzaron a salir en los medios masivos de comunicación, logrando una mayor proyección como banda. Su tercer disco fue *Banda viajera*, de 1970.

Para 1971, sacaron otro disco homónimo, logrando ventas importantes. Después de los sucesos de Avándaro, los espacios radiofónicos se cerraron y los lugares para tocar desaparecieron para el rock. Cuando salió el disco *Sansón y Dalilah*, 1972, las condiciones ya eran distintas. De esa producción lanzaron el tema que le dio nombre al disco.

Ante las nuevas circunstancias, comenzaron a buscar su sonido en otros géneros más cercanos a la balada. Lanzaron *Engaño*, que consiguió disco de oro por sus altas ventas. Tuvieron propuestas de trabajo en toda la república, Latinoamérica y Estados Unidos, lo que marcó su camino a seguir.

Con EMI Capitol sacaron cuatro discos más que ya poco o nada tenían que ver con el género que los vio nacer, y se convirtieron posteriormente en uno de los grupos pioneros de la banda romántica.

Después de su trato con Capitol, probaron con Discos Chapultepec y Orfeón, creando nuevas y abundantes producciones. Durante la década de los ochenta se hizo común el cambio de integrantes y en la actualidad continúan sus dos miembros fundadores, Juan José Caballero y Federico Espinoza.

Los discos de su primera etapa, ahora son muy cotizados ya que son difíciles de adquirir. En 1984, EMI Capitol lanzó una recopilación titulada *Sueño de éxitos* con temas roqueros. En 1998, salió la recopilación *Mis momentos*, que se reeditó en 2003. En 2008, EMI Music México lanzó varias de sus primeras grabaciones en el disco especial *30 éxitos de La Tropa Loca*.

Discografía de su etapa roquera

- *Viva* (1968)
- *La Tropa Loca Vol. II* (1969)
- *Banda viajera* (1970)
- *La Tropa Loca* (1971)
- *Sansón y Dalilah* (1972)
- *Engaño* (1973)

Otras grabaciones

- *Sueño de éxitos*, recopilación (1984)
- *Mis momentos*, recopilación (1998) reeditado en (2003)
- *30 éxitos de La Tropa Loca*, recopilación (2008)

Otros...((▶

La Tropa Loca tiene un estudio de grabación llamado Un sueño, en el que varios de sus integrantes trabajan como ingenieros de sonido.

100. La Quinta Visión (antes La Quinta Visión del Sonido)

Inicio y fin...........................▶ **Lugar**...........................◻

1967-1975   Guadalajara, Jalisco

Integrantes...⫼

- Fernando Dávalos Orozco - Voz y guitarra
- Pedro Goñi Fregoso - Guitarra (1967-1971)
- Guillermo Dávalos Orozco - Bajo
- Francisco «Paco» Goñi Fregoso - Batería
- José Luis la «Changa» Sainz González - Guitarra (1970-1975)
- René Alonso - Guitarra (1971 1975)

Género...𝄢

Rock y blues eléctrico, con influencia de The Doors, Cream, Rolling Stones y The Beatles.

Historia...|◀◀

El grupo se creó en la ciudad de Guadalajara durante 1967, bajo el nombre de La Quinta Visión del Sonido. Originalmente lo conformaban los hermanos Fernando y Guillermo Dávalos Orozco en la guitarra y bajo, respectivamente; y los hermanos Pedro y Francisco Goñi Fregoso, el primero en la guitarra y el segundo batería. Fernando, además de tocar la guitarra, era la voz cantante. Se conocieron en el Instituto de Ciencias, escuela jesuita donde estudiaban.

Con el tiempo, su nombre se simplificó a La Quinta Visión. Comenzaron a tocar covers en inglés de The Doors, Cream y The Beatles, en fiestas particulares, tardeadas organizadas en Casa Loyola y en las Tertulias Verde y Rosa del Casino Francés.

Para que Fernando pudiera desprenderse de la guitarra y enfocarse sólo en cantar, invitaron al guitarrista José Luis Sainz González. Formaron un quinteto.

En 1970, acudieron a la convocatoria de Radio Internacional para mostrar su trabajo, junto a otras bandas de Guadalajara. Así fue como presentaron composiciones propias, con fuertes reminiscencias del blues eléctrico inglés. Su sonido se sustentaba en dos guitarras, armónica, bajo, batería y voz. Tocaron un tema con el que comenzaron a ser conocidos: "Monkey's Shout", canción que hacía alusión al apodo de José Luis, la Changa. Los grupos que participaron en dicha convocatoria, posteriormente firmaron con distintas compañías discográficas. La Quinta Visión lo hizo con Discos Polydor en 1971, y sacaron un EP y un sencillo de 45 RPM ese mismo año.

Vino un primer sencillo contenía con los temas originales "Monkey's Shout", "Let Them Run" y "Don't Hide Your Love". El segundo "Liberty Street Blues" y "Suddenly".

Como parte de las actividades promocionales para estos discos, se sumaron a distintas caravanas artísticas que los hicieron recorrer buena parte del país a lado de músicos de diversos géneros.

Aunque siguieron produciendo temas propios en los siguientes años, por problemas con su discográfica no dejaron registro grabado de éstos.

Pedro Goñi salió del grupo y en su lugar entró el guitarrista René Alonso, ex 39.4. En los siguientes años, junto a otras bandas de Guadalajara, formaron una agrupación denominada La Familia, con quienes organizaron conciertos como empresarios.

Por común acuerdo de los integrantes del grupo, decidieron separarse en 1975.

Discografía.. 〇

- *Monkey's Shout*, EP (1971)
- "Liberty Street Blues" / "Suddenly", sencillo 45 RPM (1971)

Otras grabaciones

- Super Onda Chicana, compilado (1971)

101. Los Aliviadores

Inicio y fin.............................▶ **Lugar**...............................▢

1967-1969   Ciudad de México

Integrantes.. III

- Gene Escobedo - Voz
- Jonahtan Zarzoza - Piano eléctrico y sax
- Sammuel Zarzoza - Batería
- Raúl Picazo - Bajo
- Ricardo Morales - Guitarra

Género.. 𝄢

Rock pop, psicodélico y garage, con influencias de The Doors y The Beatles, entre otros.

Historia... |◀◀

Con la disolución del grupo Los Zarzoza en 1967, los hijos de Chucho Zarzoza, Sammuel y Jonahtan, que eran baterista y pianista respectivamente, formaron junto al bajista Raúl Picazo, el guitarrista Ricardo Morales y el cantante Gene Escobedo el grupo llamado originalmente Los Aliviadores.

Con la producción de Marcos Lizama grabaron para Discos Capitol su debut discográfico durante ese año, el cual fue homónimo y salió hasta 1968. Todos los temas, con excepción de "Cucurrucucú Paloma", son de su autoría. Aunque la tendencia de entonces era cantar en inglés, ellos lo hicieron en español. También participaron en este disco Rodolfo «Popo» Sánchez en el sax, José Solís en la trompeta, Marcos Lizama en el órgano, Chucho Zarzoza en el piano y Félix Agüeros en la batería.

En la contraportada del disco se puede leer: «El sonido excitante notable en varias grabaciones, es el resultado de experimentos y experiencias realizadas y logradas gracias a un novedoso y sensacional instrumento llamado arciterio. Ustedes escucharán su peculiar sonido y desde ahora lo asociarán al de Los Aliviadores».

Los Aliviadores fueron conocidos por hacer el tema de Sal de Uvas Picot, marca que los patrocinaba, por lo que también salió el EP recopilatorio *Los Aliviadores-Sal de Uvas Picot*.

Ese mismo año, sacaron un sencillo de 45 RPM con los temas "Donde está el ayer" y "Cuca Maruca".

Sin embargo, no se cumplieron las expectativas que generaron en torno a su disco debut y los hermanos Zarzoza decidieron desintegrar a Los Aliviadores en 1969, para formar otra agrupación a la que llamaron Los Hallers, que se transformó en el grupo Luz y Fuerza, en 1970.

Discografía.. O

- *Los Aliviadores* (1968)
- "Donde está el ayer" / "Cuca Maruca", sencillo 45 RPM (1968)

Otras grabaciones

- *Los Aliviadores-Sal de Uvas Picot*, EP (1968)

102. Tequila

Inicio..▶ **Lugar**..□

1967   Ciudad de México

Integrantes..III

- Francisco «Kiko» Rodríguez † - Voz (1969-1970) (1973-1974)
- Ricardo «Richie» Triujeque - Guitarra
- Jorge Alarcón - Bajo (1969-1974)
- Luis Pérez Meza - Batería (1969-1974)
- René Vidal - Sax (1969-1974)
- Jaime Briones - Sax (1969-1974)
- Diego Contreras - Trompeta (1969-1974)
- Armando «Ogui» Aguiñaga - Órgano (1969-1974)
- Maricela Durazo - Voz (1971-1974)
- Mario el «Cuñado» Ontiveros - Voz (1971-1974)
- Ricardo Contreras - Trompeta (1971-1974)

Género...𝄢

Rock psicodélico, soul, funk y rock latino, con influencias de Tower of Power, Chicago y Bloo Seat & Tears.

Historia...|◀◀

El ex guitarrista de Los Sleepers, Ricardo «Richie» Triujeque, es quien siempre ha estado detrás del grupo Tequila. Se formó en la Ciudad de México en 1967. Estuvieron influidos por las bandas psicodélicas que traían metales, el funk de Tower of Power y la música latina. Comenzaron a tocar en tardeadas, bailes y centros nocturnos, hasta que en 1969 se convirtieron en el grupo de planta del salón La Pista, del hotel Aristos. Fue hasta ese momento, y tras dos formaciones previas, que lograron estabilidad con respecto a sus integrantes: Francisco «Kiko» Rodríguez en la voz, Jorge Alarcón en el bajo, Luis Pérez Meza en la batería, René Vidal en el sax alto, Jaime Briones en el sax tenor, Diego Contreras en la trompeta y Armando «Ogui» Aguiñaga en el órgano.

Con esta alineación grabaron su primer sencillo de 45 RPM en 1970, para la discográfica CBS en su línea económica Epic. Contuvo los temas originales en español "Toma la carta María" y "Puedes decirme adiós".

Ese año viajaron a Europa y fueron bien recibidos, principalmente en Suecia, donde formaron una base de seguidores. A su regreso, Kiko Rodríguez dejó el grupo, por lo que la banda hizo audiciones para un nuevo cantante. Cubrir el espacio de Kiko no fue labor sencilla. Al final quedaron con dos voces, una masculina y una femenina: Mario Ontiveros y Maricela Durazo, que fue recomendada por Mickey Salas, baterista de La Máquina del Sonido. Hasta ese momento, Maricela había estado cantando música versátil en el Bar Il Cornuto; poseía una voz rasposa, gutural y blusera como ninguna en México. También se incorporó a la sección de metales, el hermano de Diego, Ricardo Contreras en la trompeta.

Como parte de la campaña de CBS, Ofensiva Pop, salió una compilación que incluyó el tema "El gato". Dato curioso es que éste está cantado por Sergio Molina. En 1971, lanzaron un EP homónimo.

Ese año fueron invitados por Armando Molina a participar en el Festival de Rock y Ruedas de Avándaro. Su intervención se realizó en el sexto turno, cuando llovía y con el riesgo de sufrir algún accidente con la electricidad. Sin embargo, dieron una presentación memorable en la cual Maricela, la primera de las únicas dos mujeres que participaron cantando en dicho festival, cautivó con su fuerza interpretativa a los presentes. «Para mí, Avándaro revolucionó el rock en México. Eso nos marcó como generación. Fuimos parte del movimiento hippie, queríamos probar y conocer. Yo tomé lo mejor de él y también caí en lo peor, drogas y todo eso, pero por fortuna siempre salieron a relucir mis principios y mi escala de valores». Maricela Durazo en el libro *Sirenas al ataque*, de Tere Estrada.

Aun tras la estigmatización que el gobierno mexicano y los medios masivos de comunicación impusieron al rock, el grupo Tequila fue una de las pocas bandas que encontró la manera de seguir grabando.

En 1972, lanzaron el sencillo de 45 RPM "Get Yourself Together" / "Tuesday Night". La primera pieza es del EP anterior.

En 1973 CBS sacó, dentro de la línea Rock Sound, el primer LP del grupo, con el que terminó la relación de trabajo con la disquera.

El grupo Tequila no fue inmune a los cambios que surgieron a raíz de la prohibición del rock, por lo que Richie se quedó solo tras la dispersión de esta formación. Tuvieron que pasar tres años para ver dos nuevas producciones de Tequila, en donde Richie se hizo acompañar por diferentes músicos. En 1977 lanzó, con Discos Gas, el sencillo de 45 RPM "Kick de Can" / "Una cucharadita de música", que llevaba en la portada la leyenda «Banda Tequila Hecha en México». La siguiente producción discográfica fue el sencillo de 45 RPM "Algo del pasado" / "Desde que te conocí", de 1978.

Cabe mencionar que algunos músicos que participaron en el grupo Tequila fueron los hermanos Rafael y Jesús Sida, Renato López e Iván Ebergenyi, entre otros.

Todo indicaba que esos sencillos serían lo último que Tequila editaría, de no ser porque en el 2003 se sacó el disco en vivo *Avándaro Festival de Rock y Ruedas / Por fin... 32 años después*, con versiones inéditas de las bandas que tocaron en aquel septiembre de 1971. Los temas de Tequila que aparecieron en este disco fueron "I'm Gonna Move", "Superhighway" y "Do You Belive Me", donde queda constancia de uno de los mejores momentos del grupo y de la increíble voz de Maricela Durazo.

Sin más registro de nuevos temas y grabaciones, Ricardo Triujeque ha mantenido en activo al grupo Tequila hasta el día de hoy.

Discografía.. o

- "Toma la carta María" / "Puedes decirme adiós", sencillo 45 RPM (1970)
- *Ofensiva Pop 71*, compilado (1971)
- *Tequila*, EP (1971)
- "Get Yourself Together" / "Tuesday Night", sencillo, 45 RPM (1972)
- "Tequila" / "Rock Sound" (1973)
- "Kick de Can" / "Una cucharadita de música", sencillo 45 RPM (1977) también conocido como Banda Tequila Hecha en México.
- "Algo del Pasado" / "Desde que te Conocí", sencillo 45 RPM (1978)

- *Avándaro Festival de Rock y Ruedas / Por fin... 32 años después, en vivo* (2003)

Otros

- *Historia del rock mexicano Vol. 1*, compilación (2000)
- *Festival Rock y Ruedas en Avándaro*, compilación (2002)

Otros..(❰❱

Francisco «Kiko» Rodríguez se integró a las filas del grupo Bandido. También participó con la banda Old Days. Es considerado una de las mejores voces de su generación. Falleció el 15 de octubre del 2014 tras una larga enfermedad.

Maricela Durazo se retiró temporalmente de la música y se fue a vivir a California. Recientemente volvió a los escenarios y tiene presentaciones esporádicas. En la actualidad vive en Sayulita, Nayarit.

Ricardo Triujeque vive ahora en Cancún y mantiene vigente al grupo Tequila.

103. Los Chijuas

Inicio y fin...................................▶ **Lugar**....................................◻

1968-1977   Ciudad de México

Integrantes.. III

- José Ganem - Guitarra y voz
- Julián Ganem - Batería y voz
- Enrique Becerril - Bajo y guitarra
- Luis Oliver - Órgano

Género .... 𝄢

Rock Psicodélico, garage, pop rock, con influencia de Alex Chilton, Box Tops, The Zombies, The Beatles, Chad y Jeremy y Creedence Clearwater Revival.

Historia .... |◄◄

Los hermanos José y Javier Ganem, guitarrista y baterista respectivamente, y originarios de Ciudad Juárez, Chihuahua, desde pequeños mostraron aptitudes para la música. En 1965, mientras cursaban la secundaria en su ciudad natal, crearon el grupo Los Ídolos. Al terminar la escuela decidieron dedicarse de lleno a la música y viajaron a la Ciudad de México. Ahí formaron una nueva banda junto al capitalino Enrique Becerril, que había tocado la guitarra con diversas bandas y ahora se integraba como bajista. También se unió el tecladista Luis Oliver, oriundo de Monterrey, Nuevo León. A partir de ese momento, se conocieron como Los Chijuas.

Al poco tiempo, hicieron una prueba en Discos Musart y fueron contratados. Su primera grabación fue un sencillo de 45 RPM con los covers en español "El esquimal" (versión de "Quinn the Eskimo" de Bob Dylan) y "Canción de verano", versión de "A Summer Song", éxito de Chad y Jeremy.

En 1968, sacaron su primer disco homónimo, donde siete de los doce temas son composiciones propias.

Los Chijuas tuvieron la peculiaridad de hacer versiones en inglés y en español de muchas de las grabaciones. La presión de las discográficas de entonces orillaban a los grupos a grabar en inglés, tras el agotamiento del rock and roll en español. Esto provocó que se les reconociera con algunos temas en otros países. No sólo fueron buenos ejecutantes, tuvieron buenos arreglos vocales y producción cuidadosa. Contaron con diversos invitados en sus diferentes producciones, como Hesiquio Ramos, Fernando Valhaus y Ricardo Toral.

El siguiente año lanzaron su segundo disco. Para 1970, salió *Los Chijuas Vol. 2*, que en realidad fue el tercero.

Tras los sucesos de Avándaro en 1971, y como parte de un ambiente general en contra del rock, Musart dejó de grabarlos.

En 1972 reeditaron su disco de 1968, mismo que originalmente era todo en inglés, pero ahora sus versiones eran en español. Ese mismo año Discos Musart editó un nuevo disco con temas inéditos realizados entre 1971 y 1972, que incluían algunas de las versiones en español del disco anterior. Se llamó *Otras 1971-1972*.

Particularmente en el extranjero, sus discos se han convertido en piezas de colección muy cotizadas, sobre todo el primero.

El grupo se mantuvo activo hasta pasada la mitad de la década de los setenta, para luego desintegrarse. Los hermanos Ganem regresaron a Ciudad Juárez donde eventualmente se siguen presentando como Los Chijuas.

Discografía

- "El esquimal" / "Canción de verano", sencillo 45 RPM (1968)
- *Los Chijuas* (1968) en inglés.
- *Los Chijuas* (1969)
- *Los Chijuas* Vol. 2 (1970)
- *Los Chijuas* (1972), en español
- *Otras 1971-1972* (1972)

Otras grabaciones

- "Changing the Colors of Life" / "Dream Slave", sencillo 45 RPM recopilación (1968)
- *El esquimal*, EP recopilación (1968)
- "Changing the Colors of Life" / "Están cambiando los colores de la vida", sencillo 45 RPM recopilación (1968)
- "Te quiero" / "I Love You", sencillo 45 RPM recopilación (1968)
- *Mighty Queen*, EP recopilación (1968)
- "Ob La Di Ob La Da" / "Bang Shang a Lang", sencillo 45 RPM recopilación (1969)
- *Ob La Di Ob La Da*, EP recopilación (1969)
- *Chewy Chewy*, EP recopilación (1969)
- *Hey Girl*, EP recopilación (1970)
- *Señorita Rita*, EP recopilación (1970)
- "En el año 25-25" / "Orgullosa María", sencillo 45 RPM recopilación (1972)

- *El esquimal*, reedición de Los Chijuas de 1968 (2003).
- *Los Chijuas Vol. 1 y Vol. 2*, recopilación (2007)

104. Armando Molina y la Máquina del Sonido

Inicio..▶ **Lugar**..◻

1968   Ciudad de México

Integrantes de la primera etapa.. III

- Armando Molina - Voz, bajo y guitarra
- José de J. Rodríguez - Guitarra
- Ernesto de León - Guitarra (1968-1970)
- Roberto el «Oso» Milchorena - Bajo (1968-1971)
- Alejandro «Pato Lucas» Curiel - Batería (1968-1970)
- Luis Alanís - Teclados (1968-1970)
- Eduardo Toral - Piano (1970-1971)
- Miky Salas - Batería (1970)
- Inocencio Días - Sax (1970)
- Salvador el «Hermoso» López - Sax (1970)
- Mario Contreras - Trompeta (1970)
- Carlos Palermo - Percusión (1970)
- El «Cartucho» - Batería (1971)
- Héctor Duarte la «Tía» † - Bajo (1971)
- Jorge Reyes - Percusión (1971)
- Alfonso Zámano el «Seven» - Flauta (1971)

Género.. ♪

Rock psicodélico con influencia de Iron Butterfly, The Doors, Grassroots, Arthur Brown, Jimi Hendrix, Jefferson Airplane y Santana.

Historia..|◄◄

Armando Molina conserva aún el piano que le regaló su madre cuando era niño. Por lo mismo, desde pequeño, tuvo el incentivo para dedicarse a la música. Al comienzo de los sesenta descubrió el rock and roll y, ante su insistencia, sus padres le compraron en Casa Veertkamp su primera guitarra eléctrica. Después se decidió por tocar el bajo.

Viviendo en la colonia Narvarte, comenzó a tocar la guitarra con la ayuda de Lalo Toral, amigo de la familia. Hizo su primera banda, Los Golden Stars, y tocaba con ellos en el CUM, su escuela. Se transformaron en Los Shakin's, y se presentaban en cafés cantantes como El Chamonix. Siguieron las transformaciones hasta convertirse en Los Shakes, grupo del que lo sacaron por andar noviando con la futura actriz Hilda Aguirre, popular por interpretar a Sor Ye Ye.

Para entonces, a sus 20 años, ya era estudiante de comunicación en la Universidad Iberoamericana. Entró de lleno a la psicodelia cuando un compañero de su carrera, Alejandro Martínez, le dio a probar mariguana y LSD, y le mostró la música de Jefferson Airplane, entre otros exponentes del género. Eso transformó al joven que hasta ese momento sólo conocía la onda inglesa. De pronto, su hambre por el soul, la psicodelia y las drogas fueron de la mano en su deseo de hacer música.

Tras una breve participación con Los Monjes, Armando creó, en 1968, el grupo La Máquina del Sonido, que proponía un rompimiento con el viejo concepto de grupos de rock con integrantes trajeados y se enfocaba hacia el hipismo y la psicodelia pesada.

Con este proyecto logró interesar a José Cruz, productor de la discográfica CBS, entonces, grabaron un primer sencillo ese año, con las canciones "Enciende la luz" y "Sandra", covers en español de "Girl Named Sandoz", de Eric Burdon, y "People are Strange", de The Doors, respectivamente.

Les siguieron dos EPS en 1969, *El sonido hippie-délico*, y pocos meses después el homónimo *La Máquina del Sonido*. La respuesta del público fue buena con su versión de "In a Gadda Da Vida", por lo que CBS propuso la grabación de un larga duración, aceptando incluso que hicieran temas originales en inglés.

En 1970, salió su primer larga duración, también homónimo, con composiciones de Armando Molina, José de J. Rodríguez, Roberto Michorena y su productor José Cruz. Durante de este proceso, salieron de la banda Ernesto, Alejandro y Luis, por lo que se integraron a la grabación a Lalo Toral en el piano, Miky Salas en la batería, además, apoyaron a nuevos músicos: Inocencio Días y Salvador el «Hermoso» López en los saxofones, Mario Contreras en la trompeta y Carlos Palermo en la percusión, quien después dejaría su lugar a Jorge Reyes.

Posteriormente se integró el flautista Alfonso Zámano, aunque poco después del lanzamiento del disco, el grupo se desintegró.

Después vino el Festival de Rock y Ruedas de Avándaro en 1971, en cuya organización Armando estuvo involucrado de manera importante. Al darse la estigmatización del festival, los espacios se vieron seriamente disminuidos. Para Molina quizá fue más, debido al papel que le tocó jugar. Por si este panorama no fuera lo suficientemente desfavorable, se le sumó la pérdida temporal de un piano de CBS que Armando usó prestado, por lo que terminaron congelando discográficamente a la Máquina del Sonido.

Sin embargo, Armando Molina se encargó de mantener viva a la agrupación, acudiendo a diversos músicos de las diferentes etapas de la banda.

En 1998, Armando lanzó con Rock and Roll Circus el disco *Dorian Grey*, con una Máquina del Sonido totalmente reintegrada y con él como compositor de todos los temas.

Y en 2010, volvió a lanzar un disco con CBS, al que llamó *Kundalini*, el cual tuvo mala recepción por parte de la crítica. Estilísticamente está más encaminado a la balada romántica y guarda poca relación con sus primeros materiales.

Con cierta inflexibilidad Armando comentó en una entrevista para *Proceso*, 16 de septiembre del 2006: «El rock para mí está muerto, porque sus bases, los que defendíamos las bases, ya somos muy pocos. Si acaso Lora, Bátiz y yo con la Máquina del Sonido somos los únicos necios que seguimos...».

Discografía .... **o**

- "Enciende la luz" / "Sandra", sencillo 45 RPM (1968)
- *El sonido hippie-délico*, EP (1969)
- *La Máquina del Sonido*, EP (1969)
- *La Máquina del Sonido* (1970)

- *Dorian Grey* (1996)
- *Kundalini* (2010)

Otras grabaciones

- *Historia del rock mexicano Vol. 1*, compilación (2000) con el tema "No me toques"
- *La noche de los hippies*, compilación (2007) con los temas "Perdí mi nube", "Fuego" y "No quiero ya volver".

Otros..

Armando Molina escribió para las revistas *México Canta* y *Pop*, y trabajo haciendo libretos para el programa televisivo *La onda de Woodstock*, producido por Luis de Llano. También fue representante de bandas como Peace & Love, La Tribu y Three Souls in my Mind. Creó Producciones Arte.

Fue uno de los organizadores, específicamente quien programó las bandas y se encargó de la logística, del Festival de Rock y Ruedas de Avándaro en 1971. También organizó, en 1986, el Festival de la Amistad en Acapulco.

Creó otro grupo llamado México 13 y, como bajista, participó con diversas agrupaciones durante la década de los setenta, entre las que se encuentran Roberto Jordán, Los Camisas Negras, Javier y Baby Bátiz y Los Locos del Ritmo.

También fue coordinador por tres años del programa de televisión *Cotorreando la noticia* en Canal 13, donde trabajó nueve años.

Ha sido productor de los discos compilatorios *Historia del rock mexicano Vol. 1* (2000), *Festival de Rock y Ruedas en Avándaro* (2002) y *Avándaro, 32 años después, en vivo* (2003).

Actualmente vive en Hermosillo, Sonora.

105. Three Souls in my Mind

Inicio..▶ **Lugar**..□

1968   Ciudad de México

Integrantes..III

- Carlos «Charlie» Hauptvogel - Batería, armónica y voz
- Alex Lora - Voz, bajo y guitarra (1968-1984)
- Ernesto de León - Guitarra (1970-1978)
- Sergio Mancera el «Cóndor» - Guitarra (1977-1984)
- Carlos Alcérreca - Bajo (1968)
- José Pampín - Bajo (1968-1969)
- Memo Berea - Bajo (1969)
- Miguel Flores (1970)
- Roberto «Oso» Milchorena - Bajo (1971-1972) (1986-1989)
- Arturo Labastida «Papaito» - Sax (1981-1984)
- Alejandro Ramírez † - Guitarra (1984-1986)
- Rodrigo Montelongo - Bajo (1984-1986)
- Alejandro Puente † - Teclados (1984-1986)
- Juan Hernández - Guitarra, armónica y voz (1986-1987)
- Justo Briones - Guitarra (1987-1989)
- César Roque - Guitarra (1987-1989)

Género..𝄢

Rock and roll, blues y rock psicodélico, con influencia de Muddy Waters, Canned Heat, Willie Dixon, Janis Joplin, Chuck Berry, Jim Morrison, Elvis Presley, BB King, Taj Mahal, Jimy Hendrix, y Little Richard, entre otros.

Historia..◄◄

En 1964, Carlos Hauptvogel y Alejandro Lora se conocieron en el Instituto Zumárraga de la Ciudad de México, cuando estos tenían 13 y 12 años, respectivamente. Aunque crecieron en la capital del país, Carlos nació en Guadalajara, Jalisco, y Alex en Puebla, Puebla. Ambos gustaban del rock and roll y en un principio, casi como un juego, formaron una banda que tocaba covers en inglés, a la que llamaron The Avengers. Ésta se transformó en Middle Age y, finalmente, en Music Brothers Company.

Fue en 1968 cuando debutaron como profesionales con el nombre de Three Souls in my Mind. La conformación del grupo fue: Carlos en la batería, Alex en la voz y la guitarra y Carlos Alcérreca en el bajo. Durante los siguientes dos años tuvieron varios cambios de integrantes en el bajo, pasando por el grupo José Pimpín, Memo Berea y Miguel Flores.

Para 1970 hicieron una prueba para Discos Raff, en donde grabaron algunos temas como "Abuelo" y "Qué noche". Para entonces había ingresado en la primera guitarra Ernesto de León, quedando Lora como segunda guitarra y voz. Hay quien afirma que esta prueba se realizó en 1968, pero analizando quién perteneció al grupo y en qué momentos, esto no pudo ser antes de 1970.

Cantaban en inglés porque ésa era la tendencia general. Comenzaron a componer material propio, casi todo escrito por Lora, aunque también hubo letras de Ernesto de León.

Solían tocar en fiestas de jóvenes de clase media y alta, de donde provenían ellos mismos, muy lejos de los chavos de las clases populares, donde su trabajo sería reconocido al paso del tiempo.

En 1971, salió *Three Souls in my Mind-I* con Discos Raff. Incluyeron el tema en español "Una y otra vez". En esta producción contaron con un nuevo integrante, Roberto «Oso» Milchorena en el bajo, en sustitución de Miguel Flores.

En esos tiempos los comenzó a manejar Armando Molina, quien los llevó a formar parte del cartel del Festival de Rock y Ruedas de Avándaro. Three Souls in my Mind fue el grupo que cerró dicho festival ante una audiencia estimada en más de doscientas mil personas.

Ese mismo año Discos Cisne Raff lanzó *Three Souls in my Mind-II*. En la contra portada aparecen fotos de los integrantes de la banda en diferentes situaciones cotidianas y algunas del polémico festival.

Después de Avándaro, se cerraron los foros habituales y los grupos se vieron orillados a tocar en los hoyos fonquis de las periferias urbanas. No todos pudieron adaptarse a las nuevas condiciones. Sólo un puñado de bandas, entre las que estaban Enigma! Los Dug Dug's y Three Souls in my Mind decidieron seguir tocando en circunstancias más bien precarias y en un ambiente retador. Antes de que surgiera el punk en el mundo, en México ya se tocaba rock en un ambiente marginal y anárquico. Era un público que podía decir con autoridad «No hay futuro». El caso de adaptación y supervivencia de Three Souls in my Mind fue emblemático, estableciendo desde entonces un pacto de fidelidad entre el grupo y *la banda*, aquellos jóvenes marginados que asistían a esos conciertos. Es cuando dejaron de cantar en inglés, tocando temas con letras sencillas, directas, desenfadadas, coloquiales, sarcásticas y con cierto contenido socio-político. Musicalmente mezclaron rock y blues pesado, que se comenzó a definir como rock urbano, al cual se sumaría una gran diversidad de grupos a partir de la década de los ochenta.

Three Souls in my Mind se hizo muy popular al tocar de manera constante e ininterrumpida.

En 1972 salió Roberto y Alex se pasó al bajo, además de seguir siendo el *front man* del grupo.

En 1975 apareció *Three Souls in my Mind-III*, un disco totalmente en español que contó con la colaboración de Arturo Labastida y Lalo Toral (ex Los Locos del Ritmo) en el piano.

El siguiente año lanzaron *Chavo de onda*, en el que sólo grabaron Carlos, Alex y Ernesto. No hay *oberdubs*, es decir, no se grabaron más canales que los de los tres tocando tal cual como sonaban en vivo. En los solos de guitarra no hubo una base armónica, solamente el bajo y la batería.

Para 1977, vinieron dos discos más con Cisne Raff: *Es lo mejor*, con la colaboración del guitarrista Sergio Mancera, el piano de Lalo Toral y los coros de Ramón Torres y Ricardo Ochoa en la canción "Ya me voy"; el segundo álbum fue *No hay quinto malo*, lanzado, de forma precipitada y con un gran desatino, por la discográfica mientras el grupo se presentaba en Veracruz. Al no utilizar el logotipo oficial del grupo en la portada, ésta parecía del tipo de las que usaban para los grupos tropicales, es decir, con una mujer en bikini y haciendo un juego alburero de palabras con el título, en el cual sugerían que era el quinto lanzamiento del grupo, cuando en realidad era el sexto.

Al regresar, el grupo exigió a su compañía que retiraran los discos de las tiendas, pues eran muy pocos los que se habían vendido hasta ese momento, por lo relanzaron con nueva portada y con el título *La devaluación*. Sin embargo, en la contra portada, Cisne Raff puso las imágenes de las portadas anteriores, omitiendo el primer disco y generando la duda de si éste era el quinto o sexto material del grupo. Por lo tanto, *No hay quinto malo* se convirtió con el tiempo en una rareza de Three Souls in my Mind. Cabe mencionar que incluyeron el tema "Betty Jean", de Chuck Berry, en un homenaje a este pionero del rock and roll, y con quien alternaron cuando vino a la Ciudad de México, en una presentación en el Teatro Ferrocarrilero. En este trabajo contaron con dos primeras guitarras, la de Ernesto y la de Sergio Mancera, logrando un sonido poderoso y poco común para la época.

Ésta fue la última grabación con Ernesto, ya que en 1978 salió del grupo, quedando Sergio Milchorena como el nuevo guitarrista oficial.

Con esta formación grabaron el 13 de junio de ese año el disco doble *En vivo desde el Reclusorio Oriente*, la primera producción hecha en México en una cárcel. Además de tocar temas de sus discos anteriores, presentaron dos inéditos: "No me regañes" y "Reclusorio Oriente". También tocaron una versión del tema de Muddy Waters, "Mannish Boy". El disco termina con una porra de los reclusos para el Three Souls.

¡Qué rico diablo...!, de 1979, fue su siguiente producción. Aunque se presentó como LP, en realidad tiene cinco temas, por lo que podría pasar como un EP de 33 RPM. Participaron como invitados Silvestre Méndez en la percusión, Luis Rojas en el piano y Arturo Labastida en el sax, quien comenzó a colaborar con ellos en sus presentaciones, dándole un nuevo color a los arreglos del grupo.

En 1980 lanzaron otro LP con contenido de EP: *Bellas de noche*, que contó nuevamente con la participación de Arturo. Para las fotos del diseño de portada y contra portada del disco, Lora, Mancera y Hauptvogel se vistieron de prostitutas. Un año después salió el comic *Las aventuras del Three Souls in my Mind*, en el que hacen una narración chusca de cómo hicieron esa portada.

Para entonces el grupo ya era el representante más popular de la contracultura nacional, en un México en el que los gustos musicales de la gente eran manipulados por la televisión. Desde la perspectiva de ese medio y de los defensores de las buenas costumbres, el Three Souls in my Mind era una expresión escandalosa e indeseable.

A comienzos de 1980, Alex se casó con Celia García, su novia de años.

Ese mismo año salió *Blues del eje vial*, que podría considerarse su tercer EP de 33 RPM, ya que contiene seis temas, incluye "Blues de la llanta", que sobró del disco *¡Qué rico diablo...!*, y "Abuelo", rescatado de su primera grabación como prueba para Discos Cisne Raff, realizada en 1970. La portada y contra portada estuvo a cargo del dibujante Arturo Ramírez, que ya había participado en el disco *¡Qué rico diablo...!*

En 1981 viajaron a Los Ángeles, California, para grabar su siguiente disco titulado *D'Mentes*. En esta producción le dan crédito a Arturo Labastida como integrante del grupo y ya no como invitado. Se grabó en los estudios Salty Dog, con Davis Coe como ingeniero de grabación y mezcla. En el tema "Volver a empezar" hacen referencia a la letra de "Caminata cerebral", del Pájaro Alberto, de Love Army, aunque no le dan crédito.

En 1982 llegó el disco *Viejas rolas de rock*. Después del nivel de producción del disco anterior, no podían bajar la calidad en esta nueva obra, así que suena muy bien grabado. Tuvo como invitado a Carlos Martínez en la trompeta.

Ese mismo año salió el disco recopilatorio *15 grandes éxitos*.

El grupo apareció en un medio masivo cuando fueron invitados a participar en el programa *Hoy Mismo*, conducido por Guillermo Ochoa y Lourdes Guerrero, en Televisa. Esto permitió que pudieran ser escuchados por un público más amplio.

Por otro lado, comenzó la fricción entre Carlos Hauptvogel y la esposa de Lora, quien comenzó a presionar por un buen manejo del grupo. Hasta ese momento, al conducirse de manera independiente e informal, no habían contado con una estrategia u orden en cuanto a los manejos financieros. Celia, mejor conocida como «Chela» Lora, comenzó a poner disciplina y la relación de trabajo entre Alex y Carlos se resquebrajó.

Además, la discográfica Cisne Raff entró en crisis financiera, viéndose obligada a vender su catálogo a Discos Melody y Denver. Esto hizo que el siguiente disco de Three Souls in my Mind tuviera que salir de manera independiente.

Para 1983 lanzaron *Renovación moral*, inspirados en el que había sido el lema de campaña del entonces presidente Miguel de la Madrid. Three Souls in my Mind era ya un grupo de rock que tocaba temáticas contestatarias, no tanto como un generador de conciencia política, sino como un grupo que tocaban temas de la realidad que todos conocían. De alguna manera sirvieron como una válvula de escape para las frustraciones que generaba el mismo sistema. El disco resulto algo vago en su concepto y dispar en su sonido. Ya se notaba la tensión entre Alex y Carlos. Contiene un tema en vivo realizado con Alex, Guillermo Briseño, Hebe Rosell y Arturo Labastida, llamado "No los molesten". Esta producción tuvo un corto tiraje y se vendió principalmente en los conciertos; con el tiempo se convirtió en un disco muy codiciado por los coleccionistas.

Para 1984 Carlos y Alex se separaron tras 16 años de estar juntos. Mientras Lora alegó que Carlos se comportaba de manera informal e irresponsable, Carlos decía que Chela lo trataba como a un asalariado, cuando en realidad era uno de los fundadores del grupo. Tras un pleito legal, finalmente Hauptvogel se quedó con el nombre de la banda, mientras Alex se quedó con los derechos de las composiciones clásicas del grupo. Por esta razón, mientras que en la mayoría de los discos aparecen las canciones firmadas por Three Souls in my Mind, es decir, por todo el grupo, después de esta separación, los temas reeditados comenzaron a llevar el crédito de Alejandro Lora.

Alex creó El Tri, nombre abreviado con el que el público hacía referencia a Three Souls in my Mind. Además, prácticamente todos los músicos que entonces integraban la banda se fueron a la nueva agrupación de Lora, por lo que Hauptvogel se quedó solo y acudió entonces a músicos como Alejandro Ramírez en la guitarra, Rodrigo Montelongo en el bajo y Alejandro Puente en los teclados, para darle continuidad a Three Souls in my Mind. Con ellos sacó el disco *15 éxitos: super concierto*, editado por el sello Águila Dorada, con nuevas versiones a temas anteriores del grupo y algunos nuevos. Contrario a lo que sugiere el título, no es un disco en vivo. Tuvo en su contra una producción irregular, el descuido del diseño gráfico, la desaparición de la voz emblemática de Lora, además de extrañarse las ejecuciones de guitarra de Mancera y De León.

En 1987 se lanzó *Fuimos, somos y seremos* con Discos Peerless. Volvió el primer bajista del grupo Roberto «Oso» Milchorena, sustituyendo a Rodrigo Montelongo; y el guitarrista José Hernández en el lugar de Alejandro Ramírez.

Fue hasta el disco *Tres almas en mi mente*, de 1987, editado también por Discos Peerless, que el grupo se pudo desprender de la sombra de

Alex Lora, al ofrecer un trabajo de buena calidad y sonido propio. En esa ocasión salió José Hernández y en su lugar se sumaron dos guitarristas: Justo Briones y César Roque. Alejandro Puente aparece como invitado y ya no como integrante. Otros invitados fueron Rodolfo Ibáñez en alientos, Guillermo Durán en la guitarra y Salvador Hernández en los teclados.

Ese mismo año el grupo sacó, con Peerless, *Dos décadas*. Una remembranza de temas clásicos de Three Souls in my Mind en versiones nuevas.

Para 1989 apareció su último disco, *11 al 2000*, haciendo referencia a que faltaban 11 años para el cambio de milenio. El grupo fue logrando paulatinamente un sonido maduro, ahora como trío, al salir César y quedar Justo como único guitarrista. Cabe mencionar que se presentaron como el grupo Tres Almas en mi Mente, aunque en los créditos de producción siguen apareciendo como Three Souls in my Mind.

Aunque el grupo no siguió grabando, Carlos Hauptvogel ha seguido presentándose como Three Souls in my Mind hasta el día de hoy.

Los discos de la etapa junto a Lora fueron reeditados por Discos Denver, con alteraciones arbitrarias y la omisión de canciones en algunos casos. Tras la posterior desaparición de Discos Peerless, ahora encontrar el catálogo de Three Souls in my Mind en la etapa de Carlos Hauptvogel se ha convertido en una tarea difícil para los seguidores y coleccionistas.

Discografía .... O

- "Abuelo" / "Qué noche", sencillo 45 RPM (1970)
- *Three Souls in my Mind-I* (1971)
- *Three Souls in my Mind-II* (1971)
- *Three Souls in my Mind-III* (1975)
- *Chavo de onda* (1976)
- *Es lo mejor* (1977)
- *No hay quinto malo-La devaluación* (1977)
- *¡Qué rico diablo...!*, EP (1979)
- *Bellas de noche*, EP (1980)
- *Blues del eje vial*, EP (1980)
- *D'Mentes* (1981)

- *Viejas rolas de rock* (1982)
- *Renovación moral* (1983)
- *15 éxitos: super concierto* (1986)
- *Fuimos, somos y seremos* (1987)
- *Tres Almas en mi Mente* (1988)
- *Dos décadas* (1988)
- *11 al 2000* (1989)

En vivo

- *En vivo desde el Reclusorio Oriente* (1978)

Otras grabaciones

- "Let me Swim" / "Lenon Blues", sencillo 45 RPM recopilación (1971)
- "Que viva el rock and roll" / "Yo canto el blues", sencillo 45 RPM recopilación (1974)
- "Chavo de onda" / "La gitana", sencillo 45 RPM recopilación (1977)
- "Pobres de los niños" / "Te va a gustar", sencillo 45 RPM recopilación (1980)
- *15 grandes éxitos*, recopilación (1982)
- "No hagas irigotes" / "No hagas irigotes", sencillo 45 RPM recopilación (1987)

Otros

Alejandro Lora, al crear El Tri, se convirtió en el heredero de la popularidad de Three Souls in my Mind, a los que le sumó nuevos éxitos, convirtiéndose así, en una superestrella del rock mexicano.

Carlos «Charlie» Hauptvogel ha sido fundador de otros proyectos como Cold Shot, Delta Sur, México City Blues Band y Cambio Climático. Se ha dedicado a la producción musical para películas y comerciales de cine y televisión. También ha incursionado en el mundo de la locución, actuación y el doblaje.

106. El Tarro de Mostaza (antes The Sounds)

Inicio y fin.................................▶   **Lugar**..................................◻

1968-1970   Poza Rica, Veracruz

Integrantes.. III

- Jorge Clemente López Martínez - Teclados
- Santiago Galván el «Bolillo» - Bajo
- Óscar García Casados el «Noix» - Batería
- Juan Felipe Castro Osorio «Pipi» - Guitarra
- Francisco del Ángel - Voz

Género..𝄢

Rock psicodélico, rock ácido, rock progresivo y rock pop, con influencia de Pink Floyd, Iron Buterfly y The Doors.

Historia..⏮

Corría el intenso año de 1968. Poza Rica, una ciudad petrolera al norte del estado de Veracruz, tenía una fuente de sodas llamada Dairy Queen en la que se presentaban los grupos de rock locales. The Sounds era un grupo singular que manejaba un estilo diferente al de la mayoría de las agrupaciones, pues destacaba como Jorge tocaba el teclado. Tenían su antecedente directo en el grupo amateur The Gold Fingers. Casi todos, incluyendo a buena parte de su público, se conocían, porque estudiaban juntos en el Colegio Salvador Díaz Mirón, o en la Preparatoria Gabino Barreda. Hacían temas originales en español, inspirados principalmente en el sonido del primer disco del grupo inglés Pink Floyd. Su canción más popular era "No debes verme llorar".

En poco tiempo se convirtieron en una banda importante dentro de su ciudad. Es probable que por ese motivo su paisana, la cantante Estela Wilson, que como dato curioso es hermana de Lupita D'Alessio, les pidiera su apoyo tocando con ella en una audición que su padre, el conductor de televisión Francisco D'Alessio, le había conseguido para presentar su proyecto a la discográfica Capitol, en la Ciudad de México, durante 1969.

La audición no tuvo un resultado favorable para Estela, pero fue una oportunidad para que Jorge Clemente hablara con el Güero Gil, gerente de la empresa. Tras mucha insistencia, consiguió, para quince días después, una audición sin compromiso para The Sounds.

Así que volvieron muy entusiasmados a Poza Rica para ensayar y estar preparados. Con esfuerzos, Jorge Clemente consiguió dinero para rentar una vieja van de Transportes Barrita, y la noche anterior al día pactado se encaminaron a la capital del país, viajando de noche. La inclusión de Francisco del Ángel al grupo fue resultado de la casualidad, ya que quien cantaba con The Sounds no llegó. Francisco era parte del comité de despedida y terminó incorporándose como el nuevo vocalista del grupo. Llegaron a las puertas de Capitol a las 7 am del siguiente día, sin haber dormido. A las 10 llegó el Güero Gil, quien les pidió que esperaran mientras les enviaba un director musical para que los escuchara. Tras una espera de ocho horas, tocaron sus canciones ante un escéptico Marcos Lizama, ex guitarrista de Los Rebeldes del Rock. Al terminar, Lizama entró con Jorge Clemente a la oficina de Gil para decirle que tenían que contratarlos porque sonaba muy bien y no se parecía a nada de lo que tocaban otros grupos. Al final, fueron firmados con la condición de cambiar su nombre. «De inmediato le pregunta cómo se llama el grupo, Jorge le dice The Sounds. 'No, ese nombre es demasiado fresa', responde Lizama, 'se van a llamar El Tarro de Mostaza'. '¿Por qué?', pregunta Jorge. 'Por grifos', le responde, 'crees que no me di cuenta como traen los ojos rojos de la marihuana'. 'Nosotros no fumamos marihuana', replicó Jorge. 'Bueno, como quieras, pero así van a firmar el contrato'. Y para el caso a Jorge le daba igual». Narración de la historia de *El Tarro de Mostaza* hecha por José Luis Rodríguez Badillo en la sección Huellas Musicales del Pasado de Porlasendadelrecuerdo.com.mx.

Sólo unas semanas después estaban grabando con la producción de Marcos Lizama y Pablo Alvarado Jiménez como ingeniero de sonido. El disco *El Tarro de Mostaza* fue lanzado en 1970 y contenía las piezas "Final-Avances", "En caso de que se pare mi reloj", "El ruido del silencio", "Amor por teléfono", "Brillo de luz", "No debes verme llorar" y un tema de casi 20 minutos llamado "Obertura-Brillo de luz".

De la noche a la mañana el índice de popularidad en su ciudad natal estaba por los cielos. Recorrieron todos los lugares importantes de su localidad como La Choza, el Cine Hidalgo, El Tucán y la Sala de Cristal del Casino Obrero Petrolero.

Por otro lado, la promoción de Capitol pretendía que tocaran en diferentes lugares de la república, como Tampico, Querétaro, Pachuca, Guanajuato, Mérida, Campeche, Durango y Chihuahua, donde ganaron un festival compitiendo junto a The Spaiders y La Revolución de Emiliano Zapata. Durante ese 1970, aparecieron en publicaciones y medios electrónicos. Según se sabe, la compañía también tenía planes de editar el disco en el extranjero.

Sin embargo, ocurrió un grave desencuentro con la discográfica al llegar el primer pago de regalías. Un poco por la inexperiencia de unos chicos que rondaban entre los 15 y los 20 años, y otro poco por la voracidad que siempre caracterizó a la industria de la música grabada; la desilusión por la ridícula cantidad generada por la venta de discos hizo que entraran en un pleito que derivó en el abandono por parte de Capitol de toda promoción o plan a futuro con el grupo, y particularmente con Jorge Clemente.

Para entonces Michel García, hermano de Óscar, se convirtió en su representante y no les faltaba trabajo en Poza Rica. Sin embargo, al final de 1970, salió de la banda Juan Felipe, y si a este hecho le sumamos que las parejas de Francisco, Óscar y Santiago comenzaron a presionar para que eligieran entre ellas o el grupo, el ambiente de inestabilidad era tal, que terminaron por separarse.

Con el tiempo, el disco de *El Tarro de Mostaza* fue considerando una obra de culto, por marcar la pauta de un tipo de rock que hasta ese momento no se había experimentado en México. De alguna manera fueron pioneros del rock progresivo nacional. Posteriormente Capitol ha reeditando el disco en el extranjero sin que Jorge Clemente López Martínez, compositor de los temas de El Tarro de Mostaza, haya cobrado regalía alguna por ello. Actualmente, él se dedica a la docencia musical en Poza Rica. Óscar vive en Villahermosa, Tabasco, y es piloto de helicópteros. Juan Felipe sigue tocando y viajando por el país con diversos grupos de rock. Sergio vive en Tampico, alejado del medio musical; y Francisco del Ángel sigue cantando y ha sido dueño de varios locales dirigidos a la recreación musical. Cuando canta, le siguen pidiendo los temas de su vieja banda.

Discografía.. O

- *El Tarro de Mostaza* (1970)

107. Peace & Love
////////////////////////////////////

Inicio y fin.............................▶   Lugar..................................◻

1968 - 1974   Tijuana, Baja California

Integrantes.. III

- Ricardo Ochoa - Voz, guitarra y flauta (1967-1972)
- Felipe Maldonado - Voz, guitarra y teclados
- Ramón Torres - Bajo (1967-1973)
- Juan José «Mandril» Ruíz - Guitarra (1971-1974)
- Ramón Ochoa «Bozzo II» - Batería (1967-1972) (1974)
- Carlos Vázquez «Bozzo I» † - Batería (1971-1972)
- Eustacio Cuevas - Trombón (1970-1973)
- Salomón Elías - Trompeta (1970-1973)
- José Cuevas - Sax (1970-1973)
- Fernando «Cabezón» Rivera - Percusión (1971-1973)

Género... 𝄢

Rock psicodélico, rhythm & blues, soul, hard rock y ritmos afroantillanos con influencias de Chicago, Santana y Blood, Sweat and Tears.

Historia.. ◄◄

Comencemos hablando de los orígenes de Felipe y Ricardo, los fundadores de Peace & Love. Si bien el grupo se formó en Tijuana, tiene sus antecedentes en la Guadalajara de los años sesenta. El tecladista y cantante Felipe Maldonado fue parte, en la primera mitad de la década, de Los Gibson Boys, sustituyendo a Manolo Muñoz. Con ellos realizó varias grabaciones. Posteriormente, creo el grupo Los Monstruos entre los años 1964 y 1967. Al desintegrarse esta banda, Felipe abandonó Guadalajara y decidió probar fortuna en Tijuana.

Por su parte, Ricardo Ochoa proviene de una familia numerosa y fiestera de Guadalajara. A la edad de 13 años comenzó a tocar incentivado por un cuñado, quien le regaló su primera guitarra. Sus influencias al inicio fueron las de las reuniones familiares: Cuco Sánchez, Pedro Infante, Jorge Negrete, etcétera. Aprendió de forma autodidacta. Descubrió el rock cuando su primo le regaló unos discos de Elvis Presley, Little Richard y Bill Haley. Luego conoció la versión mexicana del rock con los Rebeldes del Rock, Teen Tops y Los Locos del Ritmo. Fue hasta que escuchó por primera vez a The Beatles, específicamente el tema "Twist and Shout", cuando se sintió especialmente seducido por la energía de su música. Trató de armar su primer grupo al que llamó Mechiris. Posteriormente, su hermano Jorge se convirtió en su mentor, llevándolo a vivir con él a Ciudad Obregón, Sonora, en 1966, donde le compró su primera guitarra eléctrica. A los 16 años, y a pocos días de haber llegado a esta ciudad, se incorporó al grupo local Los Walkers como vocalista y, posteriormente, como guitarrista.

Año y medio después, en plena era hippie, se llevó a Los Walkers a Tijuana, atraído por las historias de lo que ahí acontecía con personajes como Javier Bátiz, Los Dug Dugs, Los Freddys y otros. Al inicio tocaron covers de The Beatles en los foros donde les dejaron hacerlo, ya que no les permitían el acceso a sitios como el Blue Note, Tequila y Mike's, por ser menores de edad.

Tijuana, con su vida nocturna y público fronterizo, con su diversidad musical y el nivel de sus bandas, se convirtió en una gran escuela para Ricardo. Es ahí donde en 1968 Felipe Maldonado lo abordó para formar Peace & Love. Se integrarían Ramón Ochoa «Bozzo II» (hermano de Ricardo) en la batería y Ramón Torres, ex integrante de The Fink's que ya se había unido a los Los Walkers como bajista.

Peace & Love fue adquiriendo prestigio y renombre en los foros de Tijuana, gracias a una disciplina férrea de ensayos. Es cuando los invitaron a tocar en el Tijuana Pop Festival junto a Eric Burden and The Animals, Iron Buterfly y Chicago, en La Plaza de Toros Monumental. Lamentablemente para dicho concierto Ricardo enfermó y fue suplido temporalmente por Alejandro Villanueva el «Diablo».

En un momento de incertidumbre en cuanto al futuro de Peace & Love, Ricardo viajó a la ciudad de México con Armando Nava, donde tuvo un primer acercamiento con la escena capitalina. Tras el ofrecimiento de Armando para que se integrara a la nueva formación de Los Dug Dugs, Ricardo prefirió regresar a Tijuana y seguir con Peace & Love. Lo primero que hizo al volver fue montar piezas del grupo británico Led Zeppelin, ya que había llegado a sus manos su nuevo disco y apenas comenzaban a difundirlo en los Estados Unidos.

Para entonces el grupo comenzaba a tener la inquietud de componer material propio, por lo que fueron integrando temas originales, dirigidos al público fronterizo, conformado por norteamericanos y gente de paso. Peace & Love llegó a ser un grupo muy cotizado en Tijuana. Sin embargo, una recaída en la salud de Ricardo, el nacimiento de su hija, más los incendios en el Mike's y el Tequila, lugares donde solían trabajar, los hizo enfrentarse a una situación económica difícil hacia el final de los sesenta. En 1970 les ofrecieron una corta temporada en el Terraza Casino de la Ciudad de México. Tras una épica travesía por carretera que duró diez días, llegaron. En aquel entonces viajar con instrumentos representaba lidiar con toda clase de retenes aduanales, con pocas intenciones por parte de sus agentes de permitir el libre tránsito.

Ya en la capital, dieron apenas un par de conciertos como cuarteto. Después de escuchar a Love Army decidieron incorporar una sección de metales. Estos nuevos integrantes provenían de la orquesta de apoyo para artistas que se presentaban en el Terraza Casino. Ellos eran Eustacio Cuevas en el trombón, Salomón Elías en la trompeta y José Cuevas en el sax tenor.

Llegaron a vivir a un lugar conocido como la Casa de Mimí, en Vista Alegre, una vieja casona conocida por haber hospedado en diversas ocasiones a otras bandas como Los Yaki, Ritual, Zafiro y Los Dug Dugs. El Terraza Casino no pasaba por su mejor momento, así que comenzaron a tocar en otros foros como el Salón Olimpia, donde dieron conciertos multitudinarios y se les empezó a conocer más. Después fueron contratados en el Champagne a Go Go, donde se volvieron prácticamente el grupo de casa, adquiriendo más fama en la capital. Solían escucharlos gente de la farándula como el Loco Valdés, Verónica Castro o Silvia Pasquel.

Ahí llegó Kiko Cadena, un ingeniero de la discográfica Cisne Raff y les ofreció grabar para dicha compañía. Tras un mal comienzo, ya que Kiko los metió a grabar a escondidas al estudio y esto le costó el empleo, la discográfica finalmente se interesó por producirles un sencillo. Compusieron temas originales para el disco de 45 RPM *Peace & Love/High Flaying Lady*, que comenzó a escucharse en Radio Capital y luego se propagó a otras.

«La cosa es que nuestro grupo, Peace & Love, hacía alarde filosófico a su nombre: amor y paz, alternábamos la música con la vivencia y la convivencia entre nosotros; hacíamos yoga... éramos vegetarianos, leímos sobre religión, pero sobre todo tomábamos muy en serio a la música de rock y al nombre. Además de verdad queríamos trascender internacionalmente. Bueno, la cosa es que Peace & Love estaba cubriendo un hueco»: Ricardo Ochoa en entrevista con Juan Galindo para la revista *Conecte*.

Por esos días Armando Molina los contrató para una presentación en Veracruz. El evento no tuvo convocatoria, pero Molina fue derecho con ellos y les pagó lo acordado. Teniendo una buena impresión de él, lo invitaron a ser el representante de Peace & Love, labor que hasta ese momento realizaba Ricardo.

Se incorporó Juan José «Mandril» Ruíz en la guitarra y Fernando «Cabezón» Rivera en la percusión, quienes desde ese momento aparecieron en las grabaciones del grupo. Así se perfiló el sonido que los caracterizó, un rock psicodélico, con influencias del rhythm & blues, el soul y toques latinos al estilo Santana.

En 1971 salió a la venta el EP *Peace And Love* que contiene los cuatro temas hasta ese momento grabados con Cisne Raff: "Peace & Love", "Can´t You Tell", "High Flying Lady" y "Against The Devil".

Posteriormente, hicieron temporadas en diversos centros nocturnos como Los Globos. En 1971 fueron considerados para tocar en el Festival de Rock y Ruedas de Avándaro, ya que su representante, Armando Molina, era el encargado de programar dicho evento. Como todos sabemos, el festival, rebasó todas las expectativas de los organizadores y se les fue de las manos. Ante cientos de miles de personas y con una organización que se quedó corta ante la gran convocatoria, pero eso sí con un ambiente de paz, amor y música, Peace & Love tocó en horario estelar y fue protagonista de un hecho que para muchos se volvió el parteaguas de la historia del rock nacional, para bien o para mal. En plena euforia de su presentación, mientras tocaban el tema

"We Got The People", Ricardo invitó a la gente a cantar con un emocionado «¡Chingue a su madre el que no cante!». Este suceso fue la excusa perfecta para que se cortara la transmisión en vivo del festival y fue el pretexto ideal para un gobierno que buscaba la manera de tapar la boca a los jóvenes del país. A partir de ese instante comenzó la satanización institucional de rock en México por parte del gobierno y los medios masivos de comunicación, misma que duraría más de diez años.

Antes del festival, Peace & Love ya había comenzado a trabajar en un larga duración con temas originales, pero al no contar con suficiente material, en 1972 lanzaron otro EP para Cisne Raff, también homónimo y con tres temas: "Latin Feeling", "Memories for Those Who Are Gone" y "Until".

Sin embargo, las condiciones habían cambiado y, de pronto, se volvió imposible sonar en la radio, los conciertos fueron repetidamente cancelados por las autoridades, en fin, comenzó el terrorismo de estado en contra del rock.

Ante esta situación, Armando Molina les consiguió una temporada en el Tiberio's de Acapulco, Guerrero. En esa ocasión, la banda estaba conformada por dos baterías, ya que incorporaron a Carlos Vázquez, quien fuera el primer baterista convocado para Peace & Love en sus inicios, aunque poco después prefirió integrarse a otra banda siendo Ramón Ochoa quien quedó de manera oficial. De ahí los apodos «Bozzo» I y II. En Acapulco, los dos tocaron juntos en el grupo.

Sin embargo, al regreso y ante la situación adversa del gobierno y los medios, los egos desbordados, problemas con las drogas y la falta de conexión para ponerse a trabajar en un nuevo material, provocaron la salida de Ricardo y su hermano Ramón. Felipe y Ramón Torres decidieron continuar, aunque ya con una banda inestable.

En agosto de 1972, Ramón Torres y Carlos «Bozzo I» Vázquez dejaron Peace & Love, para formar junto a Ricardo Ochoa el grupo Náhuatl.

Para 1973, Cisne Raff decidió lanzar un larga duración homónimo con el material de los dos EP anteriores y añadiendo el tema "We Got The Power".

En 1974 lanzaron el sencillo de 45 RPM que contiene los temas "Tijuana" y "Me extraña que siendo araña" con Cisne Raff. Felipe Maldonado, Juan José Ruíz y Ramón Ochoa (reintegrado) se hicieron acompañar de otros músicos para la realización de este material. Entre ellos estaban Mario Ruiz en el bajo, Luis Rojas en el teclado, Ernesto «Blue» Hernández en el sax, entre otros. Al final, Peace & Love se desintegró ante una realidad radicalmente distinta a la que había cuando surgieron como grupo. Era otro México.

Discografía...o

- "Peace & Love" / "Flaying Lady", sencillo (1971)
- *Peace & Love*, EP (1971)
- *Peace & Love*, EP (1972)
- *Peace & Love* (1973)
- "Tijuana" / "Me extraña que siendo araña", sencillo (1974)

Otras grabaciones

- *Avándaro, 32 años después en vivo*, compilado (2003)

Otros..((•

Peace & Love tuvo una participación en la película *Bikinis y rock* de 1972, donde salen interpretando sus temas "We Got The Power" y "Latin Feeling", además de los covers "Them Changes" y "We Got to Live Together" de Buddy Miles.

Ricardo Ochoa creó posteriormente los grupos Náhuatl, Supernáhuatl y Kenny y los eléctricos. Felipe Maldonado radica actualmente en San Diego, California, y toca con The Bad Boys.

108. León Chávez Teixeiro

Inicio	► Lugar
1968	Ciudad de México

Género..𝄢

Rock experimental, folk y música contestataria, con influencia del canto latinoamericano, el tango, el son veracruzano, Bob Dylan, Joan Báez y Leonard Cohen.

Historia..𝄪

León Chávez Teixeiro es un cantautor y pintor activista que nació en 1936, en la céntrica colonia Guerrero y creció en la Plutarco Elías Calles, colonia de la Ciudad de México. Le tocó una urbe que se podía recorrer caminando y lo hizo de muchas maneras, con los amigos, vendiendo veladoras o visitando a las novias en turno. La ciudad se convirtió en su pasión. Cantó en las esquinas de los barrios y dibujó a las personas y a las calles, logrando poco a poco una estética propia para componer y pintar.

Junto con amigos, comenzó a vivir en una comuna poco antes de entrar a la escuela de cine en 1968. Su impulso fue recorrer la ciudad, dibujarla y cantarle. Vivió el movimiento del 68 de varias maneras, como testigo ocular filmando junto a Leobardo López, y cantando. Desde entonces, su quehacer artístico ya no se separó de sus convicciones políticas.

En ese tiempo, junto a Álvaro Guzmán †, Roberto Alfaro, José Federico Álvarez, Alberto Hernández y Jaime Acosta, conformó el grupo La Piel.

En 1969 lanzó con la discográfica CBS el sencillo de 45 RPM "El gallo" / "El abedul". A diferencia de los contenidos de la gran mayoría de la música juvenil de entonces, las letras de León estaban repletas de imágenes y metáforas, eran retratos e historias cotidianas con frases cargadas de sensibilidad. Como parte de la promoción de este material, los invitaron al naciente programa de televisión *Siempre en Domingo*. León se negó a ir, alegando que no era su interés ser una estrella de rock, menos cuando acababa de ocurrir la represión estudiantil. No quiso ser parte de ese mundo que le parecía asqueroso.

A partir de ese momento, su apuesta fue la de cantar comprometido con las causas sociales. No le bastó más que su guitarra para llevar sus canciones a los obreros, cantándoles directamente en sus barrios, apoyando causas populares, principalmente ligadas a la lucha por la vivienda en todo el país. «La alternativa no es andar buscando el público que te da el mercado, sino a los compas del barrio, la huelga, la colonia, la calle o en La Parota, y te los vas ganando. Es una solidaridad mutua». León Chávez Teixeiro en entrevista con Arturo Cruz Bárcenas, para el periódico *La Jornada*, lunes 18 de febrero, 2008.

Si bien estaba influenciado por el folk rock de Dylan y Joan Báez, al buscar una cadencia para poder cantar sus composiciones en español, lo mezcló con otros géneros. Buscó el fraseo de los sones veracruzanos, también volteó la mirada o, mejor dicho, el oído, hacia la música latinoamericana y particularmente al tango y su forma de retratar la realidad, creando así un estilo propio de composición.

Ya en la década de los setenta, León participó en CLETA, una organización de artistas urbanos que hacían teatro callejero. En esos años siguió trabajando junto a Álvaro Guzmán y tuvo diversas colaboraciones, como la del violinista Cox Gaitán y Guillermo Briseño al piano, entre otros.

En 1974, salieron de manera independiente dos EPS: *La vieja gorda y callada* y *Amigo ven*.

Para entonces, León centraba casi toda su obra en la vida y lucha de los obreros. Sus letras invitan a la emancipación y lucha proletaria, por lo que comúnmente se le asociaba con la trova y la canción de protesta, y no tanto con el rock. Pero tratar de entenderlo desde esa perspectiva, resulta simplista. Su rebeldía ante una realidad opresora, misma que plasma en sus canciones, lo define más allá de etiquetas y géneros.

Al final de la década de los setenta, se integró la Liga de Músicos y Artistas Revolucionarios, mejor conocida como Limar, en la que participaban también Óscar Chávez, Amparo Ochoa, Gabino Palomares, Guillermo Briseño y Roberto González, entre otros. Ahí se encontró con posiciones encontradas sobre cómo actuar y organizarse. Entre otras cosas, existía una lucha folcloroide contra el rock que consideró enfermiza. Tuvo fuertes desencuentros con René Villanueva, quien quería acceder a los medios masivos de comunicación, mientras que él, por otro lado, promovía la acción directa y en conjunto de artistas en la calle. Limar se encaminó por la ruta del Partido Comunista Mexicano, para después transformarse en el Comité de la Nueva Canción. León ya no continuó con ellos, cosa que lo aisló temporalmente.

En 1979 editó, gracias a la Universidad de Sinaloa, dos discos con influencia del rock y el folclor. El primero fue *Canciones*, y el segundo *Se va la vida compañera*. En 1980 se reeditaron estos materiales por la discográfica independiente Discos Pentagrama.

Conforme avanzó la década de los ochenta, Teixeiro se convirtió en un referente obligado para un naciente grupo de cantautores conocidos como los rupestres. Sin embargo, él nunca se adhirió a dicho movimiento. «Aunque su estilo es más cercano a la música folk (...), es una presencia fundamental para el rock. Su importancia consiste en que ha sabido mantener una actitud política radical (...), que se ve reflejada en su temática urbana, amorosa o político-social». Rafael Catana en el libro *Ilusiones y destellos - Retratos del rock mexicano*, de Fernando Aceves.

Siguió participando intensamente con las organizaciones de inquilinos, particularmente tras el terremoto de 1985 en la Ciudad de México. Nunca estuvo de acuerdo con la intromisión de la izquierda partidista dentro de estos procesos. León abogó siempre por la autogestión, por ayudar a que las comunidades se coordinaran por sí mismas. Sostenía que los líderes ciudadanos habían sido coptados cuando les ofrecieron puestos políticos, perdieron el camino y las organizaciones se debilitaron.

Para 1989 salió, con Discos Pentagrama, *La fundición*. León se fue alejando de las luchas de los colonos y de los procesos urbanos, pero cuando se dio el alzamiento zapatista en 1994, no dudó en apoyarlos y se involucró. Participó, entre otros actos, en el mítico concierto 12 Serpiente, realizado en el campo de prácticas de la UNAM, para recaudar alimentos para las comunidades desplazadas en Chiapas.

En 1995, decidió irse a vivir a Bath, Inglaterra, por razones de índole familiar, y desde entonces visita México por lo menos una vez al año, sin dejar de presentarse en los escenarios nacionales.

En 1998, se edita con *Pentagrama* el disco recopilatorio *De nuevo otra vez*, donde su gran amigo Francisco Barrios el «Mastuerzo» se encargó de la selección de temas y remasterización.

El siguiente año, salió el disco en vivo *Memoria*, con Grabaxiones Alicia.

Al comienzo del nuevo milenio, un grupo naciente de cantautores preocupados por desarrollar lo que definen como «la otra canción popular», autodenominados como los roleros, consideraron a León Chávez Teixeiro como el rolero más importante que ha existido en México.

Músicos como Josué Vergara, Mauricio Díaz el «Hueso», María Emilia Martínez, Jaime Alejandro Cornelio, Kátiska Mayoral, Kevin García, Zindu Cano, Porfirio Almazán, Fernando Vigueras, Rómulo García y el Mastuerzo, se convirtieron en cercanos colaboradores de León desde entonces.

En 2007, Pere Camps, director del Festival BarnaSants, en Barcelona, lo invitó para cerrar dicho evento en su emisión de ese año. El 25 de marzo, acompañado por el grupo L@s Profug@s del Manikomio, se presentó en la Sala de Gas, en un concierto que quedó registrado en el disco *Luz de Gas*. Éste fue reeditado en 2010 con el nombre de *Barcelona*. Como parte del repertorio que presentó esa noche, además de sus temas, tocó la canción "Prohibido", del Mastuerzo.

En 2010, también apareció un disco homenaje llamado *La chava de Martín Carrera*, producido por Josué Vergara y editado por Kloakaskomunikantes/Conaculta. En éste participaron Gerardo Enciso, Fernanda Martínez, Nina Galindo, Botellita de Jerez, Rafael Catana, Emilia Almazán, Jorge Luis Cox Gaitán, Los Nakos, Oscar Chávez, Fernando Vigueras y Guillermo Velázquez.

León, por su cuenta y con el apoyo de la casa editorial jalisciense La Rueda Cartonera, sacó una edición especial de 75 ejemplares del *Rolero cartonero de León Chávez Texeiro*, cada uno con diferente portada, diseñadas todas por artistas como Lorena Baker, Fernando Zaragoza y Chava Rodríguez, Es un cancionero con 15 temas, acompañado de su respectivo disco recopilatorio.

«La solidaridad me ha mantenido un chingo de años. El hecho de estar fuera del mercado y de la publicidad en realidad me vale madres. Si en Oaxaca hay un desmadre, vamos; si nos invitan a tal barrio, también. Sobrevivimos vendiendo discos u otras cosas. Sí, nos consideran revoltosos o jipis, ¡pero me vale madres! Ahora, debo decir que hay artistas que están dentro del mundo del gran mercado y siguen siendo unos grandes artistas, porque a fin de cuentas lo que te hace artista no es levantar el puño. Es decir, el hecho de estar fuera del mercado tampoco quiere decir que seas bueno estéticamente, ni que eres revolucionario, ni que eres chingón». León Chávez Teixeiro en entrevista con Arturo Cruz Bárcenas, para el periódico *La Jornada*, lunes 18 de febrero, 2008.

Discografía .... o

- "El gallo" / "El abedul", sencillo 45 RPM (1969) con el grupo La Piel.
- *La vieja gorda y callada*, EP (1974)
- *Amigo ven*, EP (1974)
- *Canciones* (1979)
- *Se va la vida compañera* (1979)
- *La fundición* (1989)

En vivo

- *Memoria* (1999)
- *Luz de Gas* (2007)

Otros .... «▮►

- *De nuevo otra vez*, recopilación (1998)
- *La chava de Martín Carrera*, compilación homenaje de otros artistas (2010)
- *Barcelona*, reedición de *Luz de Gas* (2010)
- *Rolero cartonero de León Chávez Teixeiro*, cancionero/disco recopilación (2010)

109. Los Fugitivos (de la Ciudad de México)

Inicio y fin ....▶ Lugar ....□

1968-1970

Ciudad de México

Integrantes III

- Rodolfo Vázquez - Voz
- Carlos Matta - Bajo y coros
- Leo el «Bato» - Guitarra y coros

- Óscar el «Mosca» Pantoja - Batería
- Emilio Aguilar «Mille» - Teclado

Género..𝄢

Rock pop y country rock con influencias de Creedence Clearwater Revival, Roy Orbison, John Lennon, Flying Machine, Christine y Yardbird.

Historia..⏮

Los Fugitivos de la Ciudad de México, contaron con poca difusión por parte de Discos Orfeón, para quien grabaron una treintena de temas entre 1968 y 1970. La gran mayoría de ellos fueron lanzados como sencillos y otros tantos en recopilaciones. Sólo tienen un larga duración que se editó en 1969, al que llamaron *En la esquina*.

La banda, conformada por Rodolfo Vázquez en la voz, Carlos Matta en el bajo y coros, Leo el «Bato» en la guitarra y coros, Óscar Pantoja en la batería y Emilio Aguilar en el teclado, se deshizo en 1970 ante los pocos resultados de su proyección promocional.

Posteriormente, Carlos Matta creó, junto a los hermanos Armando y Miguel Suárez, el grupo Abraham Lincoln, que después cambió su nombre a Nuevo México durante la década de los setenta. Rodolfo Vázquez, por su cuenta, cantó con los Johnny Jets durante los ochenta y noventa.

En 2007, se hizo una reedición en CD del disco *En la esquina*, que recopiló otros temas grabados para Orfeón.

Discografía...○

- *En la esquina* (1969)

Otras grabaciones

En la esquina, reedición y recopilación (2007)

110. Rabbits & Carrots

//////////////////////////////////////

Inicio y fin................................► **Lugar**...............................□

1968-1973   Ciudad de México

Integrantes.. III

- Salvador «Rabito» Agüero - Percusión (1968-1970)
- Luis Agüero - Guitarra
- Félix Agüero - Batería
- Roberto Agüero - Bajo
- Sergio Herrera Agüero - Sax
- Ramón Negrete «Baby Black» - Sax
- Ramón Flores - Trompeta
- Enrique Orozco - Teclados
- Dolores Smith - voz (1971-1973)

Género.. 𝄢

Soul latino, funk, jazz, rock, con influencias de James Brown, Jorge Ben, Family Stone, Rufus Thomas, Kool & The Ganga y War, entre otros.

Historia... |◄◄

Rabbits & Carrots fue quizás la banda más representativa del soul y el funk latino de esos años en México. Creado por el percusionista Salvador «Rabito» Agüero, quien había forjado una trayectoria en el jazz y la música afroantillana al haber acompañado a reconocidos artistas durante los cincuenta y sesenta en sus visitas a México, como Dave Brubeck, Lionel Hampton, Dizzy Gillespie, Sammy Davis Jr., Pérez Prado y Juan García Esquivel. En su constante preparación viajó a los Estados Unidos, motivando también a sus hermanos Luis y Félix para que estudiaran en Nueva York.

Salvador regresó a México y comenzó a trabajar como músico de estudio en la discográfica Musart. Viendo la posibilidad de grabar un disco, en 1968 convenció a sus hermanos de volver para formar un grupo. A Memo Acosta, el director artístico de Musart, se le ocurrió nombrarlos Rabbits & Carrots, aprovechando el apodo de Salvador. La idea fue hacer música principalmente instrumental con influencia soul y latina. Se integraron al grupo los sobrinos Roberto Agüero en el bajo y Sergio Herrera Agüero en el sax, además de Ramón Flores en la trompeta, Enrique Orozco en los teclados y Ramón Negrete en el sax, a quien Félix trajo de Estados Unidos y había tocado con John Coltraine.

Al final de ese año salió *Soul latino*, producido por Nacho Rosales. En los coros participaron Los Hermanos Zavala.

El disco no tuvo buena promoción, a pesar de su calidad, lo que provocó que Salvador, desmotivado, dejara la banda para dedicarse de lleno al jazz. Así que la familia Agüero y compañía continuaron sin él.

En 1970 el grupo fue invitado a colaborar en el disco de Pedro Plascencia titulado *Pop*, en los temas "Soul 70" y "Let a Man Come and Do The Popcorn". Sin embargo, la mala producción de este disco no permitió disfrutar el potencial de estos músicos.

En sus presentaciones alternaron con las bandas más importantes de esos años. Para 1971 lanzaron el EP *Destruye el vino*, en el que cantó como invitado Max, vocalista del grupo The Gimmicks.

Posteriormente, integraron a la cantante de origen norteamericano Dolores Smith, con quien tocaban en la caótica vida de los centros nocturnos de la Ciudad de México. Ante las circunstancias cambiantes del rock en esos días, la banda terminó por desintegrarse en 1973.

En 2008 la discográfica española Munster Records, editó en CD el disco *Soul latino*, sumándole los cuatro temas del EP.

Discografía... **O**

- *Soul latino* (1969)
- *Destruye el vino*, EP (1971)

Otras grabaciones

- *Soul latino*, reedición española (2008)

Otros..((►

Después de la desintegración del grupo, los hermanos Agüero, al igual que su hermano mayor, se mudaron al jazz. Ramón Negrete regresó a los Estados Unidos y se mantiene vigente como saxofonista.

111. 39.4

Inicio y fin......................► **Lugar**......................□

1968-1977   Guadalajara

Integrantes...III

- Ariel Castellanos † - Guitarra y teclado (1968-1970) (1971-1972)
- Guillermo «Willow» Brizio - Guitarra líder
- Enrique «Larry» Sánchez-Ruiz - Voz y guitarra (1968-1974)
- Efrén «el Oso» Olvera - Guitarra (1971)
- Servando Ayala - Teclados (1972-1977)
- Roberto Caravallo † - Batería (1968)
- José Luis Zúñiga - Batería (1968-1972)
- Humberto «Beto» Hernández Ruiz - Batería (1972-1974)
- Juan Jiménez - Batería (1974-1977)
- Luis Sarmiento † - Bajo (1968)
- René Alonso - Bajo (1968-1971)
- Eugenio Guerrero "El Keno" - Bajo (1971)
- Jorge Salles - Bajo (1971-1977)
- José Luis Guerrero - Sax y flauta (1968-1971)
- Jaime Hernández - Saxofón (1971-1974)
- Octavio García - Trompeta (1968-1974)
- Ignacio «Nacho» Ramírez - Trompeta (1971)
- Carlos Híjar Medina † - Trombón y trompeta
- Luis Vicente Arciniega "Luisillo" - Trombón (1970)
- El Tacua - Trombón (1971-1974)
- Carmen Hernández - Voz (1972-1976)

Género .... 🎵

Rock, soul, blues, fusión con jazz, con influencias de Blood Sweat and Tears, Electric Flag, Paul Butterfield Blues Band, Chicago y Tower of Power.

Historia .... ◄◄

Ariel Castellanos y Enrique «Larry» Sánchez-Ruiz se conocieron en 1967, en la Escuela Vocacional. Acordaron hacer un grupo de rock, para lo cual Ariel invitó a Roberto Caravallo † en la batería y a Luis Sarmiento † en el bajo. Larry sugirió incluir la guitarra de Guillermo Brizio, el «Willlow», con quien ya había tocado anteriormente. Las iniciales de los elementos dieron el primer nombre a la banda: los Galers, el cual no les gustó, por lo que después de descartar colectivamente varias propuestas, el Willow sugirió 39.4, el cual les agradó a todos. Entre las grandes aventuras de esta formación, estuvieron varias temporadas en Puerto Vallarta.

Pocos meses después, salieron Roberto y Luis, quienes fueron sustituidos por dos músicos que ya tenían relativamente una amplia trayectoria: José Luis Zúñiga en la batería y René Alonso en el bajo.

En 1968, invitaron a José Luis Guerrero en el saxofón y la flauta, y a Octavio García en la trompeta, con quienes debutaron de inmediato y con gran éxito, por la novedad del sonido con metales. Enseguida se incorporó el trombonista Carlos Híjar Medina †. Con esta alineación básica, 39.4 se colocó entre los mejores grupos del movimiento rocanrolero de Guadalajara, cubriendo también todo el occidente de México.

En 1970, Alejandro Díaz Romo, de Radio Internacional, convocó a los grupos locales a grabar en sus estudios, de preferencia composiciones propias. Luego transmitieron el Festival de Conjuntos Tapatíos. Larry comenta: «Cuando transmitieron el Festival con las grabaciones, los locutores lo convirtieron en concurso para que el público llamara para votar por sus conjuntos favoritos. Pero yo no recuerdo haberme inscrito a un concurso en el que fuera a competir con los otros, porque no era esa la actitud predominante (la competitiva), sino de amistad y solidaridad entre los grupos. Por lo menos, esa era mi percepción. Un grupo tapatío afirma que ganó, pero yo creo que en realidad todos ganamos, pues con esos demos todos, o por lo menos los más importantes, firmamos con diferentes casas disqueras y de ahí surgió fuerte, una ola tapatía de rock».

39.4 fue contratado por CBS. A fines de 1970, apareció el primer sencillo con las canciones "Faith", y "I can live without you". La banda se trasladó a la Ciudad de México.

Ingresó Luis «Luisillo» Vicente Arciniega como trombonista y Carlos Híjar cambió a la trompeta. Como los integrantes de la banda no eran miembros del Sindicato Único de Trabajadores de la Música del Distrito Federal (SUTMDF), su primer trabajo fue en el Teatro Esperanza Iris, en el tiempo en que el clásico lugar de la opereta y la zarzuela se dedicaba al burlesque y a los cómicos. Estuvieron ahí algunos meses, acompañando a algunos de los artistas de la variedad, pues su repertorio no le gustaba al tipo de público que acudía al Iris. Cuando se concretó el contrató con CBS, fue más sencillo integrarse al sindicato de Venus Rey y entonces pudieron ya tocar en plazas que tenía acaparadas el SUTMDF.

Comenzaron a tocar en el Raffles, alternando con Los Locos, anteriormente Los Locos del Ritmo. En ese tiempo Ariel regresó a Guadalajara y Larry comenzó a tocar la guitarra, además de seguir cantando. Hicieron una temporada en La Place du Soul, alternando con Mill Street Depo. Valorie Green, integrante de esa banda, se sumó a 39.4 como cantante por algunos meses. En ese tiempo, se unió Ignacio Ramírez en la trompeta, y posteriormente entraron Eugenio Guerrero en el bajo y Efrén Olvera en la guitarra. Larry dejó de tocar la «lira» y quedaron dos guitarristas, de los mejores de México: el Oso y el Willow, quienes imprimían un sonido peculiar a la banda.

Cuando terminó la temporada regresaron a tocar a un hotel de Guadalajara. Willow, Zúñiga y Larry decidieron quedarse en Guadalajara, mientras el Oso, Keno y los metales, Guerrero, Nacho y Luisillo, prefirieron volver al D.F (hoy Ciudad de México). Como entre los que se quedaron estaban los dos miembros fundadores, conservaron el nombre 39.4 y el resto llamó a otros músicos para formar, en 1971, el grupo Bandido.

Algunos pensaron que 39.4 había desaparecido con esta división, pero estaban equivocados. Los tres que se quedaron en Guadalajara reintegraron a Ariel en los teclados, Octavio en la trompeta y Carlos en el trombón. Se sumaron dos nuevos elementos: Jorge Salles en el bajo y Jaime Hernández en el saxofón. Esta banda grabó en 1972 el LP *39.4*.

Varias de las piezas de ese disco fueron éxitos en la radio de Guadalajara y prácticamente en todo el occidente y el Pacífico norte de México.

Ariel volvió a salir y fue sustituido por Servando Ayala, quien fue tecladista de los Spiders, la Fachada de Piedra, y de la Revolución de Emiliano Zapata hasta la actualidad. Larry sugirió integrar en la banda a la cantante Carmen Hernández, quien se sumó a las voces. También entró Humberto Hernández Ruiz en la batería. Con esta formación, hicieron giras por el noroeste del país, Puerto Vallarta y Acapulco, donde tocaron en el legendario Tiberio's.

Comenzaron a componer en español, pero ya fue difícil grabar en virtud del ambiente antirock desarrollado en México después de Avándaro.

Hacia 1974, 39.4 tuvo un programa de televisión en el Canal 4 local, que conducía Larry y en el cual tenían grupos invitados, pero en ese año, dejaron la banda Beto, Larry y los metales Octavio, Jaime y el Tacua. El 39.4 anduvo entonces con cinco elementos, incluyendo a Juan Jiménez, nuevo baterista. Ese año, el quinteto grabó lo equivalente a un LP, pero por alguna razón las cintas se perdieron y no se han recuperado. Luego, grabaron de manera independiente un sencillo que incluía una pieza maestra llamada "Guadalajarabe", autoría de Willow, y otra cantada por Carmen, "You walk beside tomorrow", compuesta por Wilow y Carmen.

Carmen salió en 1976 y entró María Fernández, de Miami. A partir de entonces hubo más cambios de músicos y otro relevo en la voz: Beverly Moore por María, lo que trajo modificaciones en el estilo de la banda. En un principio, cuando quedaron cinco otra vez, comenzaron a tocar música progresiva, muy compleja, pero ya para fines de los años setenta ingresaron al circuito de los hoteles y mutó también su forma de tocar hacia algo un poco más versátil, aunque de muy buen gusto.

A fines de 1977, 39.4 se separó, aunque no de manera definitiva, ya que siguieron presentándose esporádicamente.

En los años ochenta se reunieron varias veces para tocar en algunos conciertos masivos, en el Instituto Cultural Cabañas. En los noventa, una versión de cinco músicos anduvo tocando con éxito en bares de Guadalajara, quienes interpretaban temas clásicos, incluyendo algunas de sus canciones originales. El tecladista y el guitarrista sintetizaban los metales. En 1996 se grabó en vivo un «tokín» organizado por la estación de radio Stereo Soul y, a partir de esa grabación, Larry produjo un CD independiente, del cual regaló alrededor de dos mil ejemplares. En 2015 volvieron a reunirse con los metales y varios de los integrantes "históricos", entre ellos Larry y Willow, fundadores. A partir de entonces la banda sigue ensayando, con miras a tener más presentaciones.

Discografía...o

- «39.4 Faith» / «I Can Live Without You», sencillo (1971)
- «39.4 Higher / Express City», sencillo (1971)
- *39.4* (1972)
- *39.4* reedición (1973)
- «39.4 Everyday Woman» / «Behind the Mask», sencillo (1973)
- «39.4 You Walk Beside Tomorrow» / «Guadalajarabe», sencillo (1975)
- *39.4 en vivo* (1996)

Otros..((▶

En los ochenta, Willow cambió al jazz. Posteriormente, emigró junto con su esposa Beverly a Puerto Vallarta, donde han continuado tocando dicho género.

Larry tiene una carrera como investigador en ciencias sociales, sobre temas de industrias culturales. Es licenciado en Ciencias de la Comunicación por el ITESO, con maestría y doctorado en la Universidad de Stanford. Ya en el nuevo siglo, Larry conjuntó a algunos ex miembros de 39.4, Jorge Salles, José Luis Zúñiga y José Luis Guerrero junto con el excelente guitarrista Fernando González, en un grupo de blues llamado Blues Punto Cuatro.

112. Siglo XXI

Inicio y fin.........................▶ **Lugar**.........................◻

1968-1972   Matamoros, Tamaulipas

Integrantes III

- Juan Francisco Cuellar † - Guitarra y voz (1968-1971)
- Juan Murillo † - Bajo
- Carlos Santillana - Batería (1968-1971)
- Sergio Torres - Teclados (1969-1971)
- Daniel López la «Chiva» - Batería (1971)
- Roberto Zúñiga Castro - Guitarra (1971-1972)
- Arturo Gutiérrez - Batería (1971-1972)
- Luis Castañeda - Guitarra (1972)

Género .... 𝄢

Hard blues, hard rock, country rock y rock latino, con influencias de Deep Purple, Cream, Steppenwolf´s, Bkack Sabbath, Santana, Bread, The Doors y Creedence Clearwater Revival.

Historia .... |◄◄

En la ciudad de Matamoros, Tamaulipas, el guitarrista y cantante Juan Francisco Cuellar conformó en el año 1968 la agrupación Siglo XXI, junto al bajista Juan Murillo y el baterista Carlos Santillana, que venían de tocar con Servando Santillana. Si bien coincidieron con la Onda Chicana, ellos se ubicaban junto a los grupos que seguían haciendo covers en español de los éxitos anglosajones.

Al año se incorporó Sergio Torres en los teclados. Poco a poco fueron adquiriendo cierto renombre en el área fronteriza, tocando en bailes y centros nocturnos de Matamoros y Bownsville, Texas, donde alternaron con el grupo La Marimba Perla Chiapaneca.

En 1971 firmaron con la discográfica regiomontana Discos Dominante, con quienes sacaron el disco *Tú y el parque*. La canción "Tú y el parque" fue un cover de "Who'll stop the rain" y el tema más exitoso. Las adaptaciones de las letras las hizo Juan Francisco y no solían tener relación con las originales en inglés.

Posteriormente, Discos Dominante lanzó diversos sencillos con covers de Black Sabbath, Deep Purple, Bread, The Doors y Cream.

Comenzaron a tocar en diferentes plazas de la república mexicana. Tras el trabajo intenso y la poca paga, Juan Francisco decidió dejar el grupo y le siguieron Carlos Santillana y Sergio Torres. Juan Murillo se quedó a cargo y convocó al baterista Daniel López y al guitarrista Roberto Zúñiga, quienes tocaron en el disuelto grupo La Dimensión. Daniel duró poco, ya que se fue a Brownsville, Texas, y fue sustituido por Arturo Gutiérrez. Además, entró una segunda guitarra a cargo de Luis Castañeda.

Al comienzo de 1972, grabaron un segundo disco con la nueva formación, que contenía algunas canciones originales. Sin embargo, tuvieron desencuentros con la compañía discográfica y éste nunca se editó. El grupo entonces se separó.

Poco después, el grupo tropical Costa Azul de Rigo Tovar se conformó con integrantes de Siglo XXI y La Marimba Perla Chiapaneca.

En 2011, el disco *Tú y el parque* se reeditó en CD por el sello Play Music.

Discografía .... O

- *Tú y el parque* (1971)
- "Locura" / "Noche negra", sencillo 45 RPM (1971)
- "Cocinero loco" / "Cuarto blanco", sencillo 45 RPM (1971)

Otros .... ((▪

Juan Francisco Cuellar se mudó a San Benito, Texas, y se dedicó a la locución. Murió el 7 de enero del 2012.

Roberto Zúñiga Castro ingresó al grupo La Marimba Perla Chiapaneca al desintegrarse Siglo XXI.

113. Las Moskas

Inicio y fin .... ▶ Lugar .... □

1968 - 1972   Ciudad de México

Integrantes... III

- Javier Esparza el «Dyton» † - Batería
- Rafael Miramontes el «Príncipe azul» - Bajo y segunda voz
- Carlos «Carlangas» Ortiz - Órgano
- Alejandro González - Guitarra
- Rodolfo E. Portillo - Voz y Guitarra
- Juan Antonio Álvarez «Tony Marshal» - Voz
- Roberto Miramontes - Órgano
- Manuel Flores - Batería
- Ramón - Guitarra.

Género.. 𝄢:

Rock Pop, hard rock y rock psicodélico, con influencias de Swingin Medalions, Led Zeppelin, The Beatles, John Lennon, The Guess Who y The Searchers.

Historia.. |◄◄

Surgió en 1968 y fue contemporánea de algunos grupos inmersos en el hippismo nacional, como Las Ventanas y La Máquina del Sonido. Sin embargo, en un tiempo en el cual las bandas comenzaban a componer temas propios, Las Moskas seguían en el esquema de hacer covers en español de los éxitos del rock anglosajón con resultados variantes, es decir, hicieron buenas y malas versiones.

Firmaron con la discográfica CBS, y desde el principio contaron con la producción de José Cruz hijo, que fue el autor de buena parte de las letras.

Su primer disco se llamó *Mony Mony*, de 1968. El siguiente año editaron *El sonido psicodélico de Las Moskas*.

Al principio, la banda sufrió varios cambios de integrantes de los que no encontré registros confiables. La formación por la que se les recuerda es con Javier Esparza en la batería, Rafael Miramontes en el bajo, Carlos Ortiz en el órgano, Alejandro González en la guitarra, Rodolfo E. Portillo en la voz y guitarra y Juan Antonio Álvarez en la voz. También fueron parte del grupo Roberto Miramontes, hermano de Rafael, en el órgano, Manuel Flores en la batería y Ramón (?) en la guitarra.

Para 1970, sacaron *Venus*. Aquí la banda comenzó a tener un sonido más elaborado y mejor ejecutado que en sus producciones anteriores.

Finalmente, lanzaron en 1972 su último LP al que titularon *Dulce chica de ciudad*. Después de esta producción, Las Moskas sufrieron las consecuencias que trajo consigo el Festival de Avándaro: se acabó el trabajo y desaparecieron.

Discografía ○

- *Mony Mony* (1968)
- *El sonido psicodélico de Las Moskas* (1969)
- *Las Moskas* (1970)
- *Dulce chica de ciudad* (1972)

Otras grabaciones

- "Mony Mony" / "Me Voy o me Quedo", sencillo 45 RPM recopilación (1968)
- *Música Subterránea*, EP recopilación (1968)
- *Amor sin Suerte*, EP recopilación (1969)
- "Venus" / "La Mala Nueva", sencillo RPM recopilación (1970)
- "Venus" / "Oh Querida", sencillo 45 RPM recopilación (1970)
- *Dulce Mary*, EP recopilación (1971)

Otros ((•

Juan Antonio Álvarez «Tony Marshal» continuó cantando en diversos grupos, como Los Sleepers, Super Lobo y Los Sinners, con quienes se presenta en la actualidad.

114. La Libre Expresión

Inicio y fin ►	Lugar ▫
1969-1972	Ciudad de México

Integrantes III

- Lalo Duarte - Voz
- Ricardo Valencia - Guitarra
- Martín Caballero - Teclados
- René Sotelo - Bajo
- Juan José Pavón el «Negro» - Batería

Género .... 𝄢

Rock pop, psicodelia y funk con influencias de The Beatles, Marmalade, The Zombies, Jimmy Hendrix, Creedence Clearwater Revival, Rufus Thomas, Ike & Tina Turner, Bee Gees, Glass Bottle y Box Tops, entre otros.

Historia .... ⏮

Lalo Duarte, ex cantante de Los Verdugos, venía intentando dar forma a un proyecto solista. Era el auge de la Onda Chicana, así que, para estar en ese tenor, se cambió el nombre por el alias Rosario y La Libre Expresión. Simultáneamente, colaboraba en algunas grabaciones de la Banda Macho.

Acudió a Discos Zave, con quienes firmó como La Libre Expresión. En 1969 lanzaron un larga duración homónimo, que con el tiempo se convirtió en un disco muy valorado entre coleccionistas. Fue producido por Edgar Zamudio y el diseño de la portada estuvo a cargo del alemán Bondo Molitor.

Posteriormente, en 1970, sacó el EP *En el verano*, del que destacó el cover de Thomas Rufus, "El baile de la gallina".

Por otro lado, lanzó un par de sencillos y un EP bajo el nombre de Rosario, a la par de los sucesos de Avándaro. Entre otros temas grabó "Avándaro" y "Canto Chicano", una canción que criticaba al gobierno, por lo que sufrió de censura y dejó de tener presencia en la radio.

En 1972, decidió disolver La Libre Expresión, hecho que dio pie a la formación del Grupo Yndio, mismo que se desarrolló durante las siguientes décadas en el ámbito grupero.

Discografía...O

- *La Libre Expresión* (1969)
- *En el verano*, EP (1970)

115. La Revolución de Emiliano Zapata
//

Inicio y etapas roqueras   **Lugar**...□

1969-1974 y 1997-hasta hoy   Guadalajara, Jalisco

Integrantes..III

- Javier Martín del Campo «Javis» - Guitarra, flauta, piano y voz
- Marco Carrasco - Guitarra y voz (1969)
- Carlos Valle Ramos - Guitarra, piano y voz (1969-1972)
- Francisco Martínez Ornelas - Bajo, guitarra y coros (1969-1987)
- César Maliandi - Bajo (1994-hasta hoy)
- Antonio Cruz Carbajal - Batería (1969-1987)
- Daniel Kitroser - Batería (2005-hasta hoy)
- Marylú «Mafufa» - Coro (1972-1973)
- Patricia Ayala - Coro (1972-1973)
- Óscar Rojas Gutiérrez - Voz (1969-1972)
- Tomás Yoakum - Voz (1973-1975)
- Guillermo Goñi - Percusión (1973-1987)
- Servando Ayala Bobadilla - Teclados (1975-hasta hoy)

Género...𝄢

Rock psicodélico, folk ácido, blues y rock latino, con influencias de The Beatles, Rolling Stones, Jimi Hendrix, Jefferson Airplane, Big Brother and The Holding Company, Santana, Malo, Creedence Clearwater Revival, Eric Burdon y Blood Sweat & Tears.

Historia..|◄◄

Todo empezó cuando un grupo de amigos de toda la vida, residentes de la colonia Jardines del Bosque de la ciudad de Guadalajara, decidieron juntarse para hacer una banda. Era un momento de efervescencia roquera en la capital jalisciense. El guitarrista Javier Martín del Campo se juntó con el cantante Marco Carrasco, el bajista Francisco Martínez Ornelas, el baterista Antonio Cruz Carbajal y Carlos Valle Ramos en la segunda guitarra. Al poco tiempo, Marco dejó el grupo e ingresó Óscar Rojas Gutiérrez en la voz, quien portaba el característico bigote revolucionario, por el que decidieron ponerle al grupo La Revolución de Emiliano Zapata, mientras las demás bandas usaban nombres en inglés. Comenzaron a tocar en fiestas de su colonia, después, y gracias al apoyo de sus amigos del grupo Los Spiders, empezaron a presentarse en tocadas organizadas en el Club de Leones y el Casino Francés, por mencionar algunos.

Sin duda el evento que marcó el despegue de su carrera fue un festival-concurso que organizó en 1970 la estación Radio Internacional, que convocó a los grupos de Guadalajara para que grabaran en su estudio composiciones propias paraluego transmitirlas y conocer cuál era la respuesta por parte del público. Participaron 39.4, Los Spiders, Toncho Pilatos, La Fachada de Piedra y La Revolución de Emiliano Zapata, entre otros. Los locutores de la estación de pronto convirtieron el festival en un concurso, siendo este grupo el más solicitado con su tema "Nasty Sex".

Prácticamente todas las bandas importantes de la ciudad firmaron contratos con diferentes compañías discográficas a partir de esto.

Polygram les ofreció ese año un contrato que permitió la salida de un primer sencillo de 45 RPM con los temas "Nasty Sex" y "Todavía nada (Still Don't-Not Yet)", producido por Rafael González (mi tocayo). La respuesta en la radio no se hizo esperar. "Nasty Sex" estaba pegando fuerte a nivel nacional y todo comenzó a suceder muy rápido. De ser un éxito local, de pronto comenzó a sonar en estaciones de Alemania y Estados Unidos. «Gracias a ella, premios y reconocimientos llegaron de boteptronto, como el del Grupo Revelación de *El Heraldo* y el premio C-Xóchitl, otorgado por las radiodifusoras del Distrito Federal, entre otros. El grupo logró colarse en el gusto del público de Estados Unidos, Alemania, Francia e Inglaterra, llegando a sonar igualmente en Sudamérica; algo inédito hasta entonces para un grupo de rock mexicano. Tal fue su éxito, que la matriz de su casa discográfica en Hamburgo, Alemania, les hizo entrega de varios reconocimientos por las altas ventas alcanzadas. Paralelamente, las estaciones de radio de moda en México, como La Pantera, Radio Éxitos y Radio Capital, cuya programación sólo proyectaba música en inglés proveniente del extranjero, también incluían "Nasty Sex" en su programación diaria». Ramsés Mctoo en el libro *100 discos esenciales del rock mexicano*, coordinado por David Cortés y Alejandro González Castillo.

Al sencillo le siguió un EP homónimo en 1971. Todo esto como preámbulo a la salida de su primer LP homónimo.

Ese mismo año fueron invitados al Festival de Rock y Ruedas de Avándaro, pero no pudieron participar ya que tenían un compromiso en Monterrey pactado previamente. Lo que sí hicieron fue salir en la película *La verdadera vocación de Magdalena* (que salió hasta el año 1972), compartiendo el papel protagónico con Angélica María y estuvo dirigida por Jaime Humberto Hermosillo. La banda sonora estuvo a cargo de ellos. En la trama de esta cinta aparecen tocando en Avándaro, e incluso se intercalaron tomas reales del festival.

El disco *Nada del hombre me es ajeno (La verdadera historia de Magdalena)* fue lanzado como parte de la promoción de la película.

Al final de 1971, ingresaron las cantantes Marylú «Mafufa» y Patricia Ayala como coristas. El grupo crecía, sin embargo, durante el siguiente año salieron Carlos Valle y Óscar Gutiérrez. «A partir de entonces todo fue vertiginoso. Los discos se vendían, todo el tiempo aparecía en la televisión el grupo, giras para allá, giras para acá; anochecer en Monterrey, amanecer en Oaxaca y con ello la fama, el ruido, el cansancio. Luego, el grupo se fue a vivir a la Ciudad de México y eso fue el acabose (...). Me salía del D.F. tan pronto podía y los otros se comenzaron a molestar. Un buen día, yo agarré mis cosas y me vine a Guadalajara. Y se acabó". Palabras de Óscar Rojas obtenidas del sitio *Después de Avándaro: El hoyo negro del rock mexicano.*

Influidos por el hippismo, vivieron en comuna. Después de habitar un año en la colonia Narvarte de la Ciudad de México, se mudaron a Tepoztlán, donde rentaron una casa por un año. Después se fueron a Cuernavaca donde permanecieron cuatro años más. Pero enfrentaban dificultades. Por un lado, la salida de miembros y, por otro, la situación generalizada de rechazo al rock después del Festival de Avándaro, hizo que buscaran nuevos caminos para sobrevivir. En 1973, «La Revo», como se les conoce en Guadalajara, incorporaron a Guillermo Goñi en la percusión como resultado de la inclusión de ritmos latinos en su música. La nueva voz del grupo fue Tomás Yoakum. Con ellos grabaron el EP *Congore tumbero a la mar*.

Sin embargo, un drástico cambio de dirección en cuanto al estilo del grupo estaba por darse. «Nuestro representante también era representante del grupo Yndio; a ellos les estaba yendo bien tocando baladas, tenían una llamada "No puedo vivir más sin ti", que nosotros agarrábamos de carrilla. Lo curioso es que de esa carrilla salió una rola nuestra que se llama "Cómo te extraño". Funcionó y seguimos por ese camino». Javier Martín del Campo en entrevista con Gilberto Molina, para el periódico *El Universal*, en el artículo "La Revolución de Emiliano Zapata vuelve al escenario", 11 de julio de 2014.

Fue así como a partir de 1975, La Revolución de Emiliano Zapata dio un giro estilístico radical que les permitió seguir viviendo de la música durante los siguientes quince años, pero con la decepción del público roquero que los consideró traidores. Otro músico que se integró al grupo en esta nueva etapa fue el tecladista Servando Ayala Bobadilla (ex Los Spiders y ex La Fachada de Piedra).

Así pasaron los años y, tras una etapa de inactividad después de terminar su ciclo como baladistas románticos, Javier y Servando se reunieron nuevamente para tocar rock en 1994. Se juntaron con el bajista Cesar Maliandi y, posteriormente, con el baterista Daniel Kitroser, con quienes han revivido los viejos temas y compuesto nuevos, tocando en un pequeño lugar de Guadalajara.

En 2001, el director de cine Alfonso Cuarón eligió el tema "Nasty Sex" para el fondeo de la escena en la que Diego Luna y Gael García se fuman un churro por primera vez, en la película *Y tu mamá también*.

Fue hasta 2009, cuando sacaron de manera independiente, en Discos Imposibles, el disco *La Revo*.

Paralelamente, y sin ser algo premeditado, Óscar Rojas lanzó también un disco después de 35 años de estar alejado del medio. Se llamó *La Revolución de Emiliano Zapata-Revisted*, también con versiones nuevas de sus temas clásicos. En 2014, lanzaron de forma independiente un EP llamado *La Revo a la calle*.

Entre las actividades recientes de La Revolución de Emiliano Zapata, destaca su participación en el evento organizado por la revista *Rolling Stone* en El Plaza de la Ciudad de México en 2014, el Vive Latino 2015, Rock X La Vida 9, Íconos del Rock y Tercer Festival de Rock Clásico. Actualmente, tienen planes para sacar un disco conceptual.

Discografía en el rock

- "Nasty Sex" / "Todavía nada (Still Don't-Not Yet)", sencillo de 45 RPM (1970)
- *La Revolución de Emiliano Zapata*, EP (1971)
- "Melynda" / "If You Want It", sencillo de 45 RPM (1971)
- *La Revolución de Emiliano Zapata* (1971)
- *Nada del hombre me es ajeno (La verdadera historia de Magdalena)* (1972). También conocido como *Hoy*.
- *Congore tumbero a la mar*, EP (1973)
- *La Revo* (2009)
- *La Revo a la calle*, EP (2014)

Otras grabaciones

- "Nasty Sex" / "Ciudad perdida (Shit City)", sencillo 45 RPM recopilación (1971)
- "Petra y sus camaradas" / "Preludio a la Felicidad", sencillo de 45 RPM recopilación (1972)
- "Gonna Leave" / "Gonna Leave Part. 2", sencillo de 45 RPM recopilación (1973) lleva el título *¡La Revolución ataca!*
- *Gonna Leave*, EP recopilación (1973)
- *La Revolución de Emiliano Zapata-Revisted*, disco de Óscar Rojas (2009)

116. Cosa Nostra

Inicio y fin........................▶ **Lugar**.................................◻

1969 -1973   Ciudad de México

Integrantes.. ⫴

- Rudy Charles - Voz y percusiones
- Guillermo Briceño - Teclados y voz
- Malena Soto - Voz
- Norma Valdéz - Voz
- Miguel Flores - Bajo (1969-1972)
- José Luis Ramírez - Bajo (1972-1973)
- Ezequiel Nieto - Guitarra (1969-1972)
- Ignacio Pérez «La Pantera» - Guitarra (1972-1973)
- Carlos Dufóo «El Tigre» † - Guitarra (1972-1973)
- Gilberto Flores - Batería (1969-1972)
- Juan Santos - Batería (1972-1973)

Género... 𝄢

Rhythm and blues, funk, soul, psicodelia y rock, con influencias de James Brown, Little Richard, Ray Charles y Jerry Lee Lewis.

Historia.. ⏮

En 1969 un grupo de talentosos jóvenes, algunos de ellos ya con experiencia previa en otras bandas, decidieron crear uno de los pocos proyectos inspirados en la música funk. Su voz principal, más no la única, fue Rudee Charles, también conocido como Rudee Bantú Black, que ya venía de cantar en el grupo panameño Los Gay Crooners. Rudee era un afroamericano que cantaba tanto en inglés como en español, con la fuerza y el carácter que este tipo de música requería. Parte importante también del espíritu de Cosa Nostra fueron sin duda los virtuosos teclados de Guillermo Briseño. Él, junto a Malena Soto y Norma

Valdéz, se encargaban de completar la armonía coral, otro elemento determinante en el sonido de esta banda. Con Miguel Flores en el bajo, Ezequiel Nieto en la guitarra y Gilberto Flores en la batería, se completaba la alineación de la agrupación.

En 1971 firmaron con el sello Cisne Raff, y sacaron dos discos. El primero homónimo, con composiciones originales de Briseño y Charles principalmente, como el tema "Squeeze it Tight", así como algunos covers como "Proud Mary", de los Creedence Clearwater Revival. Tuvieron como músicos invitados en esta producción a Javier el «Zoa» Flores y Domingo Nieto en las guitarras, y a Ángel Cartucho Miranda y Roberto Villareal en la batería.

Tocaron en los centros nocturnos de la época. Por contactos de Rudee, el grupo viajó para dar conciertos en Panamá, Nicaragua, Costa Rica y Honduras.

Su segundo disco, *Adopta un árbol*, de 1972, careció de la calidad de producción que tuvo el disco anterior, no obstante, la calidad interpretativa de la banda es destacable. Encontramos temas nuevamente compuestos entre Briseño y Charles, como "Adopta un árbol", "Qué bueno es" y "Si he caído fue por ti", la inclusión de tres covers y de la canción "Hay que saber perder" de Pedro Flores..

Para entonces la banda contaba con la colaboración de José Luis Ramírez en el bajo, de los guitarristas Ignacio Pérez el «Pantera» y Carlos Dufoo el «Tigre», así como de Juan Santos en la batería.

Ese año conocieron a Robert «Bumps» Blackwell, autor de "Good golly miss molly", mejor conocida en español como "La Plaga", y de muchas piezas más fundamentales del rock and roll. También era el representante de Little Richard, e invitó a Cosa Nostra a tocar en los Estados Unidos. Visitaron Illinois, California y Ohio. En México las oportunidades de trabajo fueron cada vez más difíciles, por lo que al regresar de una larga y desgastante gira Cosa Nostra se separó.

En el 2004, la compañía discográfica española Vampi Soul rescató sus dos discos del olvido y lanzó para los coleccionistas del mundo una compilación en acetato de vinilo y CD, llamada *Squeeze it tight*, con lo mejor de Cosa Nostra y textos de Federico Arana.

Discografía..**○**

- *Cosa Nostra* (1971)
- *Adopta un árbol* (1972)
- *Squeeze it tight* (2004)

Otros...((❚•

Guillermo Briseño comenzaría a partir de 1975 una de las trayectorias más ricas y prolíficas del rock mexicano. Norma Valdés colaboró, a partir de la separación de Cosa Nostra, en los proyectos de Javier Bátiz, Peace and Love, Viva México, Mr. Loco, Baby Bátiz, Karisma y Daisy.

117. Tinta Blanca (antes White Ink and The Mother Earth Co.)

Inicio y fin........................▶ **Lugar**................................□

1969-1974   Ciudad de México

Integrantes...Ⅲ

- Sergio «Keko» Figueroa - Voz y percusión
- Tomás Pacheco † - Bajo y coros
- Fernando Miramón - Órgano
- Miguel Morales - Guitarra
- Gonzalo Alejandro «Pato» Curiel - Batería
- Cilserio Villagómez - Sax (1971-1972)
- Francisco Acosta - Trompeta (1971-1972)
- Jesús Segovia - Trompeta (1971-1972)

Género..𝄢

Rock psicodélico, rock latino, jazz, funk y soul, con influencias de Chicago, Blood Sweat & Tears, Electric Flag y Buddy Miles.

Historia .... |◀◀

Los antecedentes de la banda se remontan a 1966, cuando un grupo de jóvenes, influidos por el rock anglosajón y la naciente psicodelia, comenzaron a ensayar. Como solía suceder en estos casos, hubo entrada y salida de músicos, y las cosas se mantuvieron en un nivel amateur hasta que en 1969 se inscribieron en un concurso que se realizaba cada año en el Colegio Universitario México, el CUM. Su amigo Alberto de la Peña les sugirió llamarse White Ink and The Mother Earth Co. Su repertorio estaba compuesto por temas en inglés, porque era la tendencia general. Pero también tenían la convicción de escribir letras en español.

Con la llegada del hipismo, grupos del norte de la república mexicana comenzaron a visitar la capital del país. Se dio así un movimiento al que se denominó Onda Chicana, con una mezcla de rock, psicodelia, soul, funk y jazz, fuertemente influidos por los grupos Chicago, Blood Sweat & Tears, Electric Flag y Buddy Miles. Debido a esto, White Ink and The Mother Earth Co. incorporó por un tiempo a dos trompetistas, manteniendo su núcleo original de cinco integrantes.

El grupo continuó su evolución tocando en lugares como el salón Chicago, en Peralvillo; el teatro 5 de Mayo, en Tlatelolco; el salón Mandril, en Ponciano Arriaga; el salón Santana, tras el antiguo Colegio Militar, y el Siempre es lo mismo, lugares que marcaron el comienzo de los hoyos fonquis, como los bautizó Parménides García Saldaña, unos años después. También tocaron en parques como la Alameda Central.

Para 1970, se inscribieron en otro concurso, cuyas eliminatorias se realizaron en la explanada del Tótem del parque de Chapultepec. Se llamó Primer Festival Pop, organizado por la Dirección de Acción Social del Departamento del Distrito Federal, y al que se le puso el sobrenombre de El Naranjazo, ya que el público solía tirar naranjas cuando no le gustaba alguna banda. Con una sección de metales de dos trompetas tocadas por Francisco Acosta y Jesús Segovia, y un sax tenor interpretado por Cliserio Villagómez, llegaron a la final que se realizó en el gimnasio Juan de la Barrera y que se transmitió por televisión, ganando ellos el primer lugar.

Como parte del premio les ofrecieron grabar, con la discográfica Philips, un sencillo de 45 RPM con los temas "Salmo VII" y "Everithing's Gonna Change", que tuvo buena difusión por la radio.

Desde ese momento asumieron su nombre en español, Tinta Blanca.

La otra parte del premio fue otorgada por Yamaha, que les proporcionó instrumentos, aunque les quedó a deber un prometido viaje a Japón. Lo cierto es que haber ganado el concurso los proyectó y les dio popularidad.

Al poco tiempo los invitaron para ser parte del Festival de Rock y Ruedas de Avándaro, para lo cual Tomás se puso a componer el tema Avándaro, mismo que ensayaron una semana antes en una casa de Valle de Bravo. Es de notar que su presentación en dicho festival la hicieron totalmente en español. Nadie entonces pudo prever lo que sucedería después. Ellos lo vivieron como la gran fiesta hippie de la juventud mexicana congregada en ese sitio. Tocaron a las 5 de la madrugada, mientras el amanecer les descubría a cientos de miles de personas.

Se hizo un cortometraje de su presentación dirigido por Humberto Rubalcaba, quien también fungía como su representante, y un libro titulado *Nosotros*, con los que ganaron premios como la Diosa de Plata (cine) y el Calendario Azteca (periodismo), que fueron opacados por la prohibición gubernamental al rock después del festival.

Más allá de la fantasía hippie, llegó el momento en el cual algunas bandas hicieron conciencia de su realidad y decidieron actuar con una protesta pacífica. Llegaron a hacer incluso una huelga de hambre frente a Los Pinos, pidiendo hablar con el presidente Luis Echeverría. Al final, sólo lograron entrevistarse con el regente de la ciudad y el líder del sindicato de músicos, Venus Rey, que les dieron largas sin lograr una respuesta. Junto a otros grupos como Náhuatl, de Ricardo Ochoa, organizaron presentaciones sobre ruedas, en las cuales se montaban en un camión de redilas y daban conciertos en distintos puntos de la Ciudad de México. Lo hicieron en la Zona Rosa y frente al Monumento a la Revolución, por mencionar algunos sitios. En dichos conciertos, boteaban y pedían al público una moneda, dejando ver cómo la prohibición afectaba sus fuentes de trabajo. Fueron reprimidos.

En 1972, lanzaron con Philips el sencillo de 45 RPM "Avándaro" / "Virginia", dejando plasmado el tema compuesto para el festival, que de manera natural se volvió en una especie de himno conmemorativo.

En 1973, sacaron con Cisne Raff un sencillo más, "Dentro de ti" y "Todo está cambiando", la versión en español de "Everithing's Gonna

Change". Para entonces, Tinta Blanca había regresado a la formación original, sin metales.

Ante las difíciles circunstancias laborales, decidieron buscar trabajo fuera de México, específicamente en Nueva Orleans y el resto de Louisiana. Para entonces, Fernando Miramón los dejó y viajaron como cuarteto. Gracias a que su repertorio contenía temas en inglés lograron subsistir por un tiempo.

Volvieron a México esperando que la situación hubiera cambiado, pero se encontraron con que era peor. Durante 1974, se desintegraron como banda, no sin haber creado antes una comuna-escuela en el Desierto de los Leones.

Sin duda, una de las grandes aportaciones de Tinta Blanca fue la de sentar las bases de un rock nacional original y en español.

Discografía.. O

- "Salmo VII" / "Everithing's Gonna Change", sencillo de 45 RPM (1971)
- "Avándaro" / "Virginia", sencillo de 45 RPM (1972)
- "Dentro de ti" / "Todo está cambiando", sencillo 45 RPM (1973)

Otras grabaciones

- *Jugo de Hits Vol. 5*, compilación (1972)
- *Vibraciones del 11 de septiembre de 1971 (Vibraciones de Avándaro)*, compilación (1971)

Otros.. ((▶

El 23 de diciembre de 2009 falleció Tomás Pacheco, fundador, bajista, multiinstrumentista y compositor, que provenía del grupo Los Geeks y que creó el grupo Quijote, tras la separación de Tinta Blanca.

60 AÑOS DE ROCK MEXICANO, VOL. 1

118. El Hangar Ambulante

//

Inicio y fin............................. ▶ **Lugar**................................... ◻

1969-1972   Ciudad de México

Integrantes... III

- Tony Vértiz - Batería
- Sergio Villalobos † - Voz, armónica y guitarra (1969-1971)
- Antonio «Olaf» de la Barreda † - Bajo
- Ernesto de León - Voz y guitarra slide (1971-1972)

Género.. 𝄢

Blues y blues eléctrico con influencias del blues urbano del centro y norte de los Estados Unidos.

Historia.. |◄◄

Formada en 1969, El Hangar Ambulante fue, junto al grupo Árbol, una banda pionera del blues eléctrico en México.

El baterista Tony Vértiz, el guitarrista Sergio Villalobos y el bajista Antonio de la Barrera decidieron formar un trío de blues cuando en el medio mexicano predominaban las bandas de la Onda Chicana. No dejaron grabaciones formales durante su corta vida, pero existen algunos registros en baja calidad de algunas de sus presentaciones, mostrando la eficacia de su trabajo en temas como "Rock me Baby" y "Hoochie Man". Tocaron en el CUC y en el Salón Moctezuma, entre otros foros de la época.

En 1971 Sergio Villalobos se tiró de la azotea de su casa en la colonia San Pedro de los Pinos. El periodista Víctor Blanco comenta lo siguiente en el blog de Gustavo Zamora, *Vuelve Primavera: El Rock de los 60*: «El 'Pájaro', Sergio Villalobos, (...) se suicidó arrojándose de la azotea de su casa cuando le quitaron legalmente su adorada Gibson roja, porque sin saberlo la compró a quien la había robado a Los Rebeldes del Rock. Fue una tragedia».

Tras ese lamentable suceso, el grupo buscó un sustituto, por lo que incluyeron brevemente en su alineación a los guitarristas César Cal y Sergio Mancera. Finalmente, se sumó Ernesto de León, ex Máquina del Sonido y Los Ovnis. Solían tocar covers, pero con la incorporación de Ernesto, también interpretaron temas compuestos por él, como "El revolucionario".

El grupo se desintegró en1972. Ernesto de León, tras algunos intentos por formar una banda propia, se incorporó a Three Souls in my Mind, al que también se sumó Sergio Mancera.

Antonio de la Barrera tocó junto a Fito de la Parra en el grupo de Javier Bátiz y sus Fameous Finks. Después Fito lo invitó a tocar con el famoso grupo de blues Caned Heat, en los Estados Unidos, sustituyendo a Larry Taylor «The Mole». Murió en 2009.

119. Toncho Pilatos

Inicio y fin................................► **Lugar**...◻

1969-1992   Guadalajara

Integrantes..III

- Alfonso Guerrero Sánchez «Toncho» † - Voz, guitarra, percusión, armónica y flauta
- Miguel Robledo Méndez «Pastel» † - Bajo (1969-1977)
- Raúl Briseño González «Güero» - Batería (1969-1977)
- Rigoberto Guerrero Sánchez «Rigo» - Guitarra (1969-1973) (1978-1988)
- Alberto López «Beto» † - Teclados (1969-1977)
- Federico Baena - Batería (1973)
- Richard Nassau - Viola (1973-1977)
- Tigo - Bajo (1980-1988)
- José Guadalupe Gómez Parra - Batería (1980-1988)
- Beto Nájera - Guitarra (1978-1988)
- Beto López - Teclados y programación (1991-1992)

- Fernando Galindo - Bajo (1991-1992)
- Guillermo Brico - Guitarra (1991-1992)
- Chuyín Barrera - Percusión (1991-1992)
- Antonio Camacho - Sax (1991-1992)
- Mirna Vargas - Coros (1991-1992)
- Yolanda Rodríguez - Coros (1991-1992)

Género..𝄢

Rock mexicano, blues rock, psicodelia, progresivo y rock ácido; con influencias de Alice Cooper, Rolling Stones, The Kinks, The Beatles, Banda Zirahuén, Jethro Tull y la música de mariachi.

Historia..⏮

Después de haber formado parte de los grupos Los Gatos, La Noche y Renacimiento, Alfonso Guerrero, del barrio de Analco, se unió a su hermano Rigoberto «Rigo» y al bajista Miguel Robledo, el «Pastel», con quienes hizo muy buena química, durante un *palomazo* con La banda del Viejo Pastel, donde tocaban los dos últimos. Juntos decidieron crear Toncho Pilatos a finales 1969. Tras probar con varios bateristas, terminaron integrando a Raúl Briseño, con quien comenzaron a trabajar arduamente. En el lugar donde ensayaban, solían visitarlos algunos elementos del grupo Inner Place, cuyo pianista era Alberto López, quien terminó completando la alineación de la banda. Por su sonido mexicanista, y por ser una de las primeras bandas en cantar nuevamente en español, aunque al comienzo sólo fuera parte de su repertorio, pronto se convirtieron en el grupo más representativo del rock tapatío «de la calzada pa'lla», como se conocía al oriente de la Calzada Independencia, con la connotación de ser la parte proletaria de la ciudad de Guadalajara. «Su situación era tal que, para poder comprar equipo, su mamá les permitió hipotecar su casa y ya la andaban perdiendo. Por fortuna les ayudó a pagar el Tom de Analco, uno de los guerrilleros más cabrones de esta ciudad, de la Liga 23 de septiembre. De esa anécdota nace una rola muy chingona que tiene como un contrasentido militar —pero eso tampoco se sabe— que fue compuesta para Tomás Lizárraga, el Tom de Analco. Toncho lo recortó a Tommy Lyz, una pieza representativa, muy chingona», comentó Yobin en una charla con Alfredo Rico Chávez, en el libro *El rock tapatío*.

Tras el apoyo de la estación Radio Internacional, que los grabó y difundió junto a otras bandas en 1970, consiguieron un contrato con la discográfica Polydor, que los incluyó en la serie *Rock Power*. Esto implicó la edición de su disco a nivel mundial. *Toncho Pilatos* apareció en 1971. Contiene entre otros, los temas "Kukulkan", "Tommy Lyz", "La última danza" y "Déjenla en paz". Como parte de la promoción, le abrieron al grupo Chritie en el Auditorio Nacional y en su gira por Guadalajara, Torreón y Monterrey.

Para los grupos de rock del país, y en particular las bandas tapatías, el panorama cambió repentinamente, de un escenario prometedor a uno de satanización del rock a partir del Festival de Avándaro. Toncho Pilatos fue una de las bandas que, junto a Three souls in my mind, comenzaron a tocar en los hoyos fonquis.

En 1973, hubo movimientos en la alineación, ya que el Güero dejó por ocho meses el grupo y lo suplió Federico Baena. A su regreso salió Rigo, buscando nuevos horizontes. También se unió el violinista norteamericano Richard Nassau por recomendación del «Tuky», de Los Spiders.

En 1973, dieron un concierto en el Salón Chicago de la ciudad de Guadalajara, el cual quedó registrado en el disco *En vivo en el Salón Chicago*, editado en 1975 por la compañía discográfica Cronos. Contiene temas del primer disco y algunas que aparecerían hasta su siguiente producción.

El viernes 3 de mayo de 1974, el grupo apareció en el programa La Hora Cero, a través del Canal 4 de la Ciudad de México, el cual estaba producido por Luis de Llano. Sobre la poca presencia de Toncho Pilatos en televisión, Yobin comentó: «La única imagen en video que quedó de él fue un programa que se llamaba Onda Cuatro, de Televisa, un programa que fue todo un éxito en su tiempo. Lo conducía Juan Manuel Rojo y era de puro rock, con el clásico escenario y una edecán como madrina de quinceañera que anunciaba a los grupos», *El Rock Tapatío, la historia por contar*, de la Universidad de Guadalajara. Federación de Estudiantes Universitarios, 2004.

En la búsqueda de nuevos espacios en un medio cada vez más difícil, en 1976 decidieron ir a probar fortuna a Los Ángeles, California. Para costear su viaje vendieron sus instrumentos y sin un sitio fijo dónde llegar, decidieron vivir por algunos días en una camioneta. Fue cuando apareció un buen samaritano de nombre Roberto Ramos, quien les dio hospedaje y alimento mientras encontraban trabajo. Sin embargo, no tuvieron suerte, entre otras cosas porque cantaban en español. Se cambiaron el nombre a Toncho Indian Braves. Sus contratantes les insistieron en que mejor se fueran a tocar a Tijuana. El grupo no soportó y terminó separándose en 1977.

Toncho regresó a Guadalajara con la intención de grabar un siguiente disco, así que convocó a su hermano Rigo de vuelta; a Tigo, bajista a quien conoció en Los Ángeles; al baterista Federico Baena y a Beto Nájera en la segunda guitarra. Grabaron así *Segunda vez*, con temas que ya venían tocando, pero que remontaron con esa nueva formación y con un sonido más pesado. Fue lanzado al mercado en 1980, con la discográfica Cronos y contiene diez temas de Toncho, con las excepciones de una canción compuesta junto a su hermano y un cover de los Rolling Stones. En este material encontramos canciones como "El último guerrero", "Déjalos", "Nada me gusta", "Lalo el optimista", entre otros.

En 1985 realizaron un concierto memorable en el Teatro Experimental de Jalisco, acompañados por el mariachi Nuevo Tecatitlán. Hicieron giras por casi todo el país, alternando con Tinta Blanca, Los Dug Dug's, La Cruz de Tijuana, El Ritual y El Tri de Alex Lora.

Realizaron otro disco en vivo en 1987, esta vez grabado en el Auditorio Magdaleno Varela de la Facultad de Derecho de Zacatecas, editado por Cronos.

En 1988 murió Rigoberto, lo que representó un golpe muy duro para su hermano. Entonces, el grupo ya vivía una gran inestabilidad, con cambios continuos de integrantes.

Toncho editó en 1991 su siguiente disco junto a Fernando el «Gordo» Galindo en el bajo, Guillermo el «Wilo» Brico en la guitarra, Chuyín Barrera en la percusión, Antonio Camacho en el sax, Mirna Vargas y Yolanda Rodríguez en los coros y Beto López en los teclados y programación. Prescindieron de baterista.

Las piezas fueron montadas originalmente en 1985, pero hasta ese momento fueron grabadas. El álbum contiene siete temas de Toncho y dos covers, uno de los Rolling Stones y otro de Eric Burdon, además de las canciones "Soy mexicano", "Frío interior" y "Mala mujer", entre otras. Fue editado primero en formato cassette y reeditado en 1993 en CD por Discos Denver.

En 1992, a los pocos meses del lanzamiento de su tercer disco y semanas después de haber aparecido en el Canal 4 de Guadalajara, en un programa matutino para señoras, Alfonso Guerrero murió víctima del alcoholismo a los 42 años de edad y dio paso a la leyenda de Toncho Pilatos, para muchos, la primera banda de rock realmente mexicano.

En el año 2001, Discos Manicomio, subsello de PolyGram/Universal Music, dentro de su serie *Las raíces del rock mexicano*, reeditó su primer disco.

Discografía .... O

- *Toncho Pilatos* (1971), reeditado en (2001)
- *Segunda vez* (1980)
- *Soy mexicano-Es... Tu última danza* (1991)

En vivo

- *Toncho Pilatos: En vivo en el Salón Chicago* (1975)
- *Toncho Pilatos: En vivo en el Auditorio Magdaleno Varela* (1987)

Otros .... ((▶

Actualmente Miguel Robledo y varios ex miembros de Toncho Pilatos siguen tocando juntos como Pastel Pilatos.

El trabajo de Toncho Pilatos ha merecido la mención en los libros *Guadalajara y el Rock. 50's-70's*, de Miguel S. Torres Zermeño; *Ahí la llevamos cantinfleando*, de Merced Belén Cruz (2000); *Ilusiones y destellos. Retratos del Rock Mexicano*, de **Fernando Aceves (1999)** y *El rock tapatío* (2004), así como en la exposición *El Rock en México. 1955-2010* en el Museo del Objeto (MODO Museo) y en el DVD *Back, un recorrido por el rock tapatío de los años setentas* de la Universidad de Guadalajara (2006).

120. Los Mustang's

Inicio y fin ▶ **Lugar** ◻

1969-1972

Chihuahua, Chihuahua

Integrantes ⫼

- Francisco Jara † - Guitarra
- Víctor Paz - Voz y guitarra
- Héctor Paz - Voz y bajo
- José Luis Montoya - Batería
- Jesús Humberto Aguilar Chacón - Sax
- Isnardo González - Sax

Género 𝄢

Rock, pop, ska, soul y rhythm & blues con influencias de Rufus Thomas, James Brown.

Historia ⏮

Los Mustang's (no confundir con la banda española Los Mustang) se formó durante el final de la década de los sesenta en Chihuahua. Con una mezcla bastante peculiar de géneros; mezclaban ritmos que iban del ska al funky, con un sonido enfocado principalmente al baile. También combinaban canciones con temas instrumentales que tenían como sello el sonido de los saxofones.

Sacaron para el sello Tico dos discos: *Bailando con Los Mustang's*, en 1969, y *Onda Chicana*, de 1971. El grupo se desintegró al año siguiente.

Discografía ◉

- *Bailando con Los Mustang's* (1969)
- *Onda Chicana* (1971)

121. La Comuna

Inicio y fin .... ▶ **Lugar** .... ◻

1969-1975   Ciudad de México

Integrantes III

- Paty MacKenzie - Voz
- Alberto Blanco - Voz
- Alberto Darszon - Batería
- Gustavo Martínez Mekler - Teclados y coros
- Sergio Romay - Guitarra y coros
- Emilio Aboumrad - Bajo
- Jimmy Vernon - Guitarra y coros

Género .... 𝄢

Rock psicodélico, jazz, música clásica y rock progresivo con influencias de Jefferson Airplane, Pink Floyd, Reinassence y Procol Harum.

Historia .... I◀◀

La Comuna se formó en 1969, por un grupo de jóvenes intelectuales multidiciplinarios, en su mayoría estudiantes de ciencias, comprometidos con el movimiento contracultural llamado La Onda. Su nombre está inspirado en el nombre de las comunidades hippies. En un comienzo tocaron covers en fiestas privadas, pero después se interesaron en componer material original, tanto en inglés como en español. Se presentaron en sitios como la Alameda Central, la Feria de San Marcos y hasta un poco común concierto en el Palacio de Bellas Artes. «Al principio tocábamos en fiestas para conseguir dinero con qué pagar los instrumentos. Tocábamos música de grupos en inglés como The Rolling Stones, The Beatles o The Who, pero en los conciertos sólo material propio, que poco a poco se fue haciendo en español». Gustavo Martínez Mekler entrevistado por Guillermo Cárdenas Guzmán, en el artículo "Ecuaciones+Notas Estridentes, los científicos en el rock and roll", para el periódico *El Universal*, 22 de marzo de 2010.

En 1970 se inscribieron en el Primer Festival Pop, organizado por la Dirección de Acción Social del Departamento del Distrito Federal y al que se le puso el sobrenombre de El Naranjazo, ya que el público solía tirar naranjas cuando no le gustaba alguna banda. La Comuna quedó en segundo lugar tras el grupo Tinta Blanca. Esto les dio la oportunidad de firmar en 1971 con la discográfica Peerless, ya que ése era el premio ofrecido. Ese año lanzaron un EP homónimo.

Hicieron giras junto a grupos como el Three Souls in my Mind y El Amor, en las que interpretaban largas improvisaciones y *happenings* que llegaban a durar 30 minutos, y en los cuales mezclaban la música con lecturas de poesía y artes visuales.

No grabaron el LP pactado con Peerless, debido a que sus principios, basados en una concepción contracultural inflexible, los hicieron rechazar en seis ocasiones consecutivas la petición de la empresa para presentarse en el programa de Telesistema Mexicano, *Siempre en Domingo*.

La discográfica canceló su contrato.

Luego de la situación que se generó a partir del Festival de Rock y Ruedas de Avándaro, el sueño hippie terminaba de manera abrupta en México y en el mundo durante los siguientes años. Para 1975, el grupo decidió separarse.

Discografía.. O

- *La Comuna*, EP (1971)

Otras grabaciones

- "No hay mañana" / "There'll be Time", sencillo 45 RPM recopilación (1971)

Otros.. ((▶

Entre 1985 y el 2000, Alberto Blanco, Gustavo Martínez Mekler y Alberto Darszon crearon el grupo Las Plumas Atómicas.

Alberto Blanco, además de ser músico, es químico, pintor y es considerado uno de los más relevantes poetas mexicanos del siglo xx.

Gustavo Martínez Mekler es un premiado músico y físico.

Alberto Darszon también es bioquímico, catedrático de la UNAM y ha ganado el Premio Nacional de Ciencias.

122. La Fresa Ácida

Inicio y fin ▶ **Lugar** ◻

1969-1973

Ciudad de México

Integrantes ‖‖

- Germán González - Trompeta
- Rosalba - Voz
- José Luis Burciaga - Voz
- Rolando Orozco «Pinocho» - Guitarra y voz
- Manuel Rodríguez - Bajo y voz
- José Carlos Hernández - Batería

Género 𝄢

Rock pop, funk y psicodelia con influencias de Sonny and Cher, George Harrison, Simon and Garfunkel, Neil Diamond, Burt Bacharach, Creedence Clearwater Revival y Roberto Carlos.

Historia ⏮

La Fresa Ácida nació como continuación del grupo Los Zignos, cuando Germán González, ex Boppers, apoyado por RCA Victor, los convocó para formar una banda alterna al grupo El Klan, donde tocaba entonces. La Fresa Ácida se convirtió en su prioridad cuando El Klan se separó en 1967.

También era parte de Los Zignos el guitarrista Raúl Aguirre, aunque ya no estuvo presente en La Fresa Ácida. Para completar esta nueva agrupación, se integró a la cantante capitalina Rosalba, quien venía de tocar con Los Dovel's.

El grupo estaba fuertemente influido por el hipismo, por lo que hacían covers de los éxitos musicales ligados a esa contracultura.

Germán, aún con un pie en El Klan y otro en La Fresa Ácida, grabó el disco *Fiesta hippie* en 1969. Era una suerte de acoplado con temas de las dos bandas. Contenía, por parte de La Fresa Ácida, los covers "The Beat Goes On (Fiesta hippie)", "Bring a Little Lovin' (Dame un Amorcito)", "In a Gada da Vida" y "Get Back (Regresa)", entre otros. El Klan sólo aportó dos temas. El siguiente año lanzaron *Fiesta hippie Vol. II*.

Ambos discos contaron con gran apoyo promocional por parte de su compañía, por lo que era común escuchar sus temas en la radio del país. Con el tiempo, éstos se convirtieron en discos muy codiciados por coleccionistas de todo el mundo.

En 1971, reeditaron el primer disco, pero sin las canciones de El Klan. También sacaron un nuevo larga duración con el nombre de *La Fresa Ácida*.

Para 1972 lanzaron *Éxitos con La Fresa Ácida*, del que destacó el tema "¿Cómo Estás?" Y en 1973, lanzaron otro álbum con el nombre *La Fresa Ácida*.

Sin embargo, al cambiar la situación del rock en el país a partir de los sucesos de Avándaro y la desaparición gradual del movimiento hippie, el concepto del grupo comenzó a dar muestras de agotamiento. Su adaptación a la nueva circunstancia no fue fácil y terminaron por separarse ese año.

Para 1977, RCA Victor lanzó el disco *El rollo de La Fresa Ácida*, que más que una recopilación, es la reedición del segundo disco, pero con menos temas y en otro orden.

Discografía

- *Fiesta Hippie*, split junto a El Klan (1969)
- *Fiesta Hippie Vol. II* (1970)
- *La Fresa Ácida* (1971)
- *Éxitos con La Fresa Ácida* (1972)
- *La Fresa Ácida* (1973)

Otras grabaciones

- *Fiesta Hippie*, reedición (1971)
- *El rollo de la Fresa Ácida*, reedición (1977)

Otros .... ᚙ

Germán González Fajardo trabajó en algunos proyectos musicales hasta que se convirtió en director artístico de una compañía hotelera de Puerto Vallarta, Jalisco.

Rosalba colaboró con otras agrupaciones como la Banda Zeus y con Javier Bátiz. Después de la separación de La Fresa Ácida, continuó con una carrera solista.

A José Luis Burciaga se le puede escuchar cantar en la actualidad en bares de la Ciudad de México. José Carlos Hernández vive en Los Ángeles, California, y Manuel Rodríguez en Monterrey, Nuevo León.

123. La Tribu

Inicio y fin ....▶ Lugar ....◻

1969-1973   Monterrey, Nuevo León

Integrantes III

- Leopoldo «Polo» Labastida † - Voz
- Miguel Morales - Órgano
- Raymundo Sáenz - Guitarra
- Javier Gattas Ávila - Batería
- Martín Collins - Bajo
- Ramiro Quintanilla - Trombón
- Salvador García - Trompeta
- Ricardo Guerrero González - Sax
- Mariano Guerrero - Sax

Género... 𝄢

Rock psicodélico, soul, funk, jazz y rock pop, con influencias de The Beatles, Blood Sweat & Tears y Chicago.

Historia... |◄◄

Surgió en Monterrey. La Tribu decidió explorar los terrenos del soul y el jazz. Tenían como inspiración a grupos estadounidenses como Chicago y Blood Sweat & Tears, es decir, incluían en su dotación instrumental una sección de metales. Tenían como cantante a Polo Labastida, ex Los Apson y ex conductor del programa de televisión local *Muévanse todos*, con Vianey Valdez.

Comenzaron tocando covers en inglés de grupos anglosajones, por lo que en 1969 sacaron, con Discos Orfeón, *Greatest Britans Best Sellers*, sin embargo, como las bandas de la Onda Chicana, también comenzaron a interpretar sus propias composiciones.

Para 1970, año del mundial de fútbol en México, sacaron con la discográfica local VC un EP que contuvo temas propios y covers de The Beatles.

En octubre de ese año, participaron en un concurso en la ciudad de Monterrey, donde ganaron un contrato con la discográfica Polydor. En 1971, lanzaron el EP *Por perderte*, que se grabó en un estudio por el rumbo del Obispado, en la capital regiomontana.

Por petición de Polydor, La Tribu fue invitada por Armando Molina al Festival de Rock y Ruedas de Avándaro. Pero la discográfica cambió de parecer en el último momento y les pidió que no participaran, por lo que fueron sustituidos por el grupo La División del Norte.

En 1972, sacaron dos producciones. Por un lado, el EP *Me culpaste*, y por otro, salió el sencillo de 45 RPM "We Must Keep Trying" / "This Days of Sorrow"; fue su último registro grabado.

Las circunstancias para el rock cambiaron radicalmente a partir del Festival de Avándaro, por lo que ante la falta de oportunidades el grupo dejó de trabajar en 1973.

Miguel Morales creó el grupo Súper Mama tras su salida de La Tribu.

Por su parte, Polo comenzó a colaborar con otras agrupaciones. El 30 de julio de 1974, falleció ahogado tras una convulsión en una alberca de un hotel en Mérida, Yucatán, mientras acompañaba a Los Rebeldes del Rock.

En la actualidad, los miembros restantes se han presentado de manera esporádica en eventos especiales, en Monterrey.

Discografía .... O

- *Greatest Britans Best Sellers* (1969)
- *La Tribu-México 70*, EP (1970)
- *La Tribu-Por perderte*, EP (1971)
- *La Tribu-Me culpaste*, EP (1972)
- "We Must Keep Trying" / "This Days of Sorrow", sencillo 45 RPM (1972)

124. La Vida

Inicio y fin ....► Lugar ....□

1969-1979

Guadalajara, Jalisco

Integrantes III

- Antonio Gutiérrez Fernández - Voz y guitarra
- Luis Enrique Gutiérrez Fernández - Bajo
- Fernando Gutiérrez Fernández - Teclados y voz
- Tomás Escudero - Batería (1969-1971)
- José Luis Garrido - Guitarra y percusión (1969-1971)
- Jaime Félix Araujo - Batería (1971-1974)
- Roberto Gutiérrez Fernández - Batería (1974-1979)

Género .... ♪

Rock, psicodelia, acid rock y garage con influencia de The Doors.

Historia..|◄◄

El grupo La Vida nació en el barrio de San Juan Bosco. En sus inicios, tocaban en Chapala, en un lugar llamado La Pantera Rosa, donde despertaron el interés de la pequeña compañía discográfica Tizoc.

Con ellos lanzaron en 1970 un sencillo que contenía los temas originales "Peace of Mind" y "Around me", que lograron muy buena aceptación por parte del público jalisciense.

Ese mismo año, lanzaron su único larga duración homónimo. Paradójicamente, el EP fue mucho más conocido que su larga duración. Al siguiente año, Grupo Frey relanzó el disco en una edición limitada.

Ese 1971, salieron del grupo Tomás y José Luis. Los hermanos Gutiérrez Fernández invitaron al sinaloense Jaime Félix Araujo a tocar la batería, quedando como cuarteto.

A partir de ese momento comenzaron a tocar más covers que sus propios temas, haciendo giras a Puerto Vallarta, Ciudad de México, San Luis Potosí, Chapala, Zamora y Manzanillo, entre otros lugares, y alternando con las bandas importantes de esa época en Guadalajara.

En 1974, salió Jaime y entró un cuarto hermano, Roberto, como nuevo baterista de La Vida, siendo ahora, una banda totalmente conformada por hermanos. Ese año presentaron la obra acústica *La Vida y todos los demás*, que tenía un carácter religioso y no generó interés en su público.

Entre 1975 y 1977, los hermanos Gutiérrez Fernández buscaron un sonido renovado para La Vida e incluyeron una sección de metales. Después, entre 1977 y 1979, volvieron a ser un cuarteto, deshaciendo el grupo al final de ese período.

Discografía.. O

- "Peace of Mind" / "Around me", sencillo 45 RPM (1970)
- *La Vida* (1970)

Otras grabaciones

- *La Vida*, reedición (1971)

1970-1979

La tradicional capital de Jalisco también se sumó a la contracultura de los jóvenes, destacando con su propia cuota de propuestas musicales de calidad, que surgieron hacia el final de la década de los sesenta y comienzos de los setenta.

En un ambiente más relajado que el de la Ciudad de México en cuanto a la aceptación y difusión del rock, la estación local Radio Internacional ofreció a las bandas de rock tapatías la posibilidad de grabar temas originales en un demo, mismos que programaría por tres días continuos en su frecuencia. A la convocatoria acudieron grupos como 34.9, La Revolución de Emiliano Zapata, Los Spiders, Toncho Pilatos y Fachada de Piedra. Después se hizo un concierto en vivo, donde el público pudo votar por las propuestas, en una especie de concurso no planeado.

A partir de estos demos, la mayoría de los grupos consiguieron contratos con diferentes compañías discográficas y sus temas comenzaron a tocarse en las estaciones locales y después en las del país. Varias de estas bandas decidieron probar fortuna en la Ciudad de México, por lo que se integraron a la Onda Chicana, que para los primeros años de la década vivía su mejor momento. Sin embargo, esta bonanza tenía fecha de caducidad. La realidad política se enfilaba directo a otra tragedia. El 10 de junio de 1971, una manifestación estudiantil en la capital, en apoyo a estudiantes de la Universidad Autónoma de Nuevo León, fue emboscada en las calles aledañas a la estación del Metro Normal por un grupo paramilitar conocido como los Halcones, resultando en una nueva masacre de estudiantes. El gobierno de Luis Echeverría, sucesor de Díaz Ordaz y secretario de gobernación durante el conflicto del 68, se deslindó de los hechos, aun existiendo una evidente implicación por parte de las autoridades. Nunca hubo castigo. El Halconazo o Matanza del jueves de Corpus, como se le conoció desde entonces, se convirtió en la nueva mancha indeleble de dolorosa memoria del país.

Unas semanas después, los organizadores de una carrera de autos, que se realizó en las cercanías de Valle de Bravo, decidieron hacer un concierto de rock, como atractivo adicional al evento automovilístico. Luis de Llano y Eduardo López Negrete le encargaron a Armando Molina, integrante del grupo La Máquina del Sonido y representante de varias bandas, que creara la logística de dicho evento. En un comienzo se pensó en contratar a un par de artistas, pero de alguna forma, y con el mismo presupuesto, la lista de participantes fue creciendo hasta que el cartel final fue de once. El Festival de Rock y Ruedas de Avándaro se realizó los días 11 y 12 de septiembre, inspirados en los famosos festivales de Woodstock y Monterey de Estados Unidos.

Un programa de televisión producido por De Llano, *La Onda de Woodstock*, conducido por Jacobo Zabludovsky, se encargó de promover el concierto. La voz se corrió y la convocatoria se dio a nivel nacional. Jóvenes principalmente de origen proletario y de clases medias de diversas partes de la república se movilizaron para asistir al que, se perfilaba, en el imaginario juvenil, como el Woodstock mexicano. Resulta evidente que la situación rebasó cualquier cálculo. Pretendían convocar entre veinte y treinta mil personas, pero se calcula que terminaron asistiendo alrededor de trescientas mil personas. Las bandas que tocaron, en orden de aparición, fueron Los Dug Dug's, El Epílogo, La División del Norte, Tequila, Peace & Love, El Ritual, Bandido, Los Yaki, El Amor, Tinta Blanca y el Three Souls in My Mind.

Hacer un concierto de rock de esa magnitud, en un ambiente de terrorismo de estado hacia los jóvenes, sólo se puede interpretar como un acto negligente e intrépido, o algo verdaderamente ingenuo. Pero es evidente que nunca imaginaron las consecuencias políticas y sociales que esto implicó.

Tuvieron problemas técnicos de todo tipo, las carreteras se bloquearon y no había una mínima infraestructura para atender a tantas personas. Sin embargo, cientos de miles de convivieron bajo sus propias reglas en un ambiente festivo y relajado. Entre el público hubo consumo de drogas, obras de teatro en medio del campo, desnudos, músicos improvisados, abolición de la lucha de clases durante dos días y hubo, sobre todo, mucha música. En ese par de jornadas se hicieron míticas las historias de La encuerada de Avándaro, cuyo nombre es Laura Patricia Rodríguez Alcocer, y la de «la mentada al aire» de Ricardo Ochoa durante la actuación de Peace & Love; estos sucesos provocaron la interrupción de la transmisión radiofónica del evento. Al final, la carrera de autos nunca se realizó. Suele decirse que Avándaro fue el evento cúspide de la llamada «Nación Jipiteca». Aunque no estoy seguro de que todos los asistentes fueran parte de ésta, me queda claro que el rock fue, sin duda, el que convocó a una generación cada vez más acorralada.

Lo que sucedió después no es difícil de explicar. El gobierno de Luis Echeverría aprovechó la oportunidad para asestarle un duro golpe al rock mexicano. Según investigaciones hechas en documentos de la entonces Dirección Federal de Seguridad, se puede concluir que, si bien no orquestaron una campaña de desprestigio con mucha anticipación, si reaccionaron con prontitud a partir del concierto, obteniendo beneficios políticos. El secretario de gobernación, Mario Moya Palencia, actuó con mano dura argumentando que, ante un evento en el que se había mostrado buena fe, hubo abusos que dieron paso al libertinaje e inmoralidad de los jóvenes. Desde ese momento, se dejaron de dar permisos para organizar conciertos de rock y, por orden de las altas esferas del poder, los medios de comunicación orquestaron una campaña de desprestigio en la cual se sobredimensionó lo sucedido. A partir de eso se dejó de promover al rock mexicano. Los chivos expiatorios fueron los organizadores del concierto y el gobernador del Estado de México, Carlos Hank González, con quien Echeverría no tenía empatía por pertenecer a otra fuerza rival dentro del PRI. El rock había demostrado su poder de convocatoria y con eso evitarían nuevas congregaciones masivas de jóvenes que pudieran transformarse en protestas y subversión. Por otro lado, limpiaron el camino a la posible sucesión presidencial del delfín de Echeverría, Mario Moya Palencia, al mostrarse firme para asegurar las simpatías de los poderosos sectores conservadores del país.

La televisión fue implacable con el rock. Parte de la represión cultural consistió en la imposición de otros estilos musicales, como las baladas románticas y rancheras, fuertemente difundidas en programas como *Siempre en Domingo*, conducido por Raúl Velasco. Los roqueros mexicanos no tuvieron cabida en éste, ni en ningún programa de la televisora a partir de septiembre de 1971, a menos que fuera en algunas parodias cómicas. La cultura hippie y el rock fueron tema en programas como *Los Polivoces*, con el personaje de Armándaro Valle de Bravo, o el personaje de Alejandro Suárez en *La Carabina de Ambrosio*, Vulgarcito.

Federico Rubli Kaiser comenta en el número especial de colección "Rock Latino 1956-1970" de la revista *Rolling Stone*: «La maquiavélica conjura dio por resultado el desprestigio y la censura del rock, la cancelación de legítimas fuentes de trabajo para cientos de músicos profesionales, la virtual desaparición del rock mexicano de la radio y los estudios de grabación, y el fenómeno de la actitud acrítica de muchos jóvenes ante la represión cultural e ideológica oficial. Se asestaba así un mortal golpe al movimiento contracultural de La Onda y en particular a su rama roquera de la Onda Chicana». En otras palabras, el rock mexicano perdió la inocencia, chocando brutalmente contra la realidad del país. Le esperaban más de diez años de oscuridad, que le servirían para comenzar a forjar su propia identidad.

En una vista rápida sobre lo que sucedía en el rock del mundo por esos días, nos encontramos con que los británicos habían llevado su sofisticación a nuevos niveles y vivían momentos de gran esplendor, expansión y comercialización. El rock anglosajón estaba dominado por ellos y se volvieron el foco de atención para los demás países del orbe. Desde el final de la década de los sesenta, la psicodelia había sido una gran influencia para géneros nacientes como el rock progresivo y al hard rock, teniendo a King Crimson y Led Zeppelin como sus primeros hacedores. También apareció el heavy metal con Black Sabbath. Para el comienzo de los setenta, el pop rock coronaba a Elton John como su nuevo rey y, a su lado, Queen se investía como una de las bandas más propositivas del rock en general. El blues eléctrico evolucionaba con los legendarios Rolling Stones y Rod Steward. También, vía el Reino Unido, llegaba el jamaiquino reggae de Bob Marley, la versión pacheca del sesentero ska.

En Estados Unidos las propuestas de calidad surgían por el lado afroamericano de su contracultura, es decir, el soul, funk y rhythm & blues, con James Brown, George Clinton, Earth, Wind and Fire y Stevie Wonder. Por otro lado, los herederos de Dylan desarrollaron durante la década mezclas de folk, country y rock, con exponentes como The Eagles, Creedence Clearwater Revival y, los nuevos cantautores de folk suave, Carole King, Joni Mitchell y James Taylor.

En otras partes del mundo, el rock adquirió nuevas nacionalidades. Los italianos propusieron un sonido propio en el rock progresivo con bandas como Premiata Forneria Marconi y Banco del Mutuo Soccorso. Los alemanes, a partir de su escena krautrock, fueron los principales exploradores de la música electrónica con exponentes que van desde Tangerine Dream hasta el tecno de Kraftwerk.

En Hispanoamérica, el rock se desarrollaba entre dictaduras, teniendo dos fuertes polos de desarrollo en España y Argentina. Se hizo con toda convicción y en español. En fin, el rock en el mundo se diversificaba, enriquecía y comercializaba.

En México, tras el festival de Avándaro, los músicos mexicanos buscaron subsistir por varios caminos, la mayoría subterráneos. Con la década había nacido un tipo de foro en el que se tocaba en muy malas condiciones técnicas y en donde el abuso de los organizadores era la norma. Generalmente, se ubicaban en la periferia de las grandes urbes, en lugares como bodegas y viejos cines abandonados, en terrenos baldíos y estacionamientos vacíos. Los conciertos llegaban a convocar entre quinientos y mil jóvenes marginales, chavos pobres de las zonas proletarias. Estos sitios se comenzaron a conocer como hoyos fonquis, nombre que describe muy bien las condiciones paupérrimas en las que se desarrollaban las tocadas y cuyo bautizo es atribuido al escritor Parménides García Saldaña. Se volvieron los foros principales para las bandas de rock mexicano.

A partir de crear un ritual violento con su público y, ahora sí, confrontando a las autoridades con letras en español, el Three Souls in My Mind sobrevivió a la represión gubernamental, volviéndose la banda más representativa de un movimiento marginal de rock blues, que nació en esos lugares y al que se le conoció como un rock bandoso y duro. Los asistentes a dichos conciertos solían drogarse con cemento, antecedente del chemo, la droga de los pobres, de los olvidados, de los sin futuro. El punk aún no había nacido, pero en México existió algo similar, un protopunk.

En esa época, cuando no se daban permisos para realizar eventos de rock, el músico Paco Gruexxo se convirtió el zar de los conciertos en Tlatelolco, destinados a congraciarse con los funcionarios de la delegación Cuauhtémoc y priistas de baja monta. Regenteó los centros culturales y deportivos de dicha unidad habitada por cien mil habitantes: el 5 de Mayo, el Deportivo Mina y, el que fue su principal feudo, el Antonio Caso. Su reinado duró casi quince años, hasta que tuvo que huir del país por amenazas.

Pero no todos los músicos soportaron las condiciones hostiles en las que se trabajaba en los hoyos fonquis. Muchos grupos se desintegraron u optaron por dejar el ámbito profesional. Otros cambiaron de género, como La Revolución de Emiliano Zapata, que sobrevivieron en los bailes populares interpretando baladas románticas, o se volvieron grupos versátiles tocando en bodas y fiestas. Hubo los que, como Margarita Bauche, se refugiaron en el folclorismo latinoamericano, que iba tomando mayor fuerza. Muchos otros se fueron del país.

Dentro de los músicos que resistieron estoicamente la censura estaban Los Dug Dug's, Enigma! y Ricardo Ochoa, que continuó creando bandas legendarias como Náhuatl y Kenny and the Electrics.

El caso del ex Cosa Nostra, Guillermo Briseño, es especial. A partir de una conciencia social y política, escasa en las filas del rock nacional, se acercó a organizaciones artísticas de izquierda, las cuales eran más afines al folclorismo y el Canto Nuevo, para fijar una posición firme a partir de un rock claramente contestatario. Nuevas generaciones de músicos provenientes de esos círculos se integraron al rock de los ochenta, sin prejuicios. Eran compositores interesados en mostrar otra visión de la música popular, que mezcló el folklor latinoamericano y el Canto Nuevo con la canción de protesta, el rock y el blues. José Cruz, Armando Vega-Gil, Jorge Velasco, Jaime López, Roberto González y Francisco Barrios provienen de ese origen; y en León Chávez Teixeiro tienen un antecesor. Su música hacía énfasis en la lírica, que inevitablemente descartaba la costumbre de los viejos roqueros mexicanos de seguir cantando en inglés.

En ese ambiente de prohibición y estigmatización, también surgió una nueva generación de roqueros post Avándaro, cuyas propuestas exploraban los terrenos de la experimentación y la fusión, donde ahora se atrevían a incluir temas en español. La aportación del tapatío Toncho Pilatos, al mezclar música de mariachi con rock, marcó la pauta para demostrar que se puede hacer rock con raíces locales.

Algunos músicos jóvenes, que provenían de los ámbitos académicos, incursionaron en géneros como el rock progresivo y el rock en oposición, fusionándolo con instrumentos de música prehispánica, como fue el caso de los grupos Nuevo México y Al Universo. También se involucraron en proyectos multidisciplinarios en los cuales colaboraban con compañías de teatro y danza.

Aunque eran una excepción, otros grupos, como Zig Zag, se integraron al auge de la comedia musical, donde el ritmo de trabajo era superior al de los demás. La gran mayoría carecía de espacios para tocar y no todos eran bien aceptados en los hoyos fonquis.

Cuando llegó la música disco, rápidamente fue asimilada por una clase media manipulada en sus gustos musicales, dando paso al predominio de la música grabada, por encima de los eventos con música en vivo.

Géneros como el hard rock, heavy metal, blues eléctrico y la música electrónica también encontraron adeptos entre los jóvenes mexicanos de clase media que, con mucho esfuerzo, sin equipo suficiente y de manera semiclandestina, intentaban profesionalizarse, aunque sus esfuerzos dieron frutos hasta los años ochenta.

Desfasados del extranjero, hacia el final de la década surgió el punk en México con Dangerous Rhythm.

El rock anglosajón se siguió escuchando en las estaciones de radio. Los discos importados se podían comprar en pocas tiendas, como Hip 70 y Discos Yoko. Para el gobierno, no representaba ningún peligro si los grupos extranjeros se mantenían a distancia, además, ayudaba el hecho de que una buena parte de los que escuchaban esta música no comprendían sus letras en inglés. Sin embargo, la censura también incluía no dar permiso para que bandas extranjeras ofrecieran conciertos. Las revistas *Conecte* y *Sonido* fueron medios muy solicitados para estar al día en lo que acontecía en el mundo del rock.

Hacia el final de la década, lugares como la tienda de discos Hip 70, las librerías El Ágora, Gandhi y el Teatro Ferrocarrilero, se convirtieron en algunos de los pocos sitios de la Ciudad de México que ofrecían conciertos de rock sin tener que ir a la periferia. Para entonces, la producción discográfica disminuyó considerablemente, sobre todo si la comparamos con el auge discográfico que hubo en los años sesenta y comienzos de los setenta. La mayor producción de estos discos se hizo de forma independiente, es decir, que los propios músicos tenían que conseguir los medios para financiarlos.

Aun así, en esas condiciones tan adversas y con las metas confusas, el rock mexicano tomaba conciencia de sí mismo y preparaba el terreno para el rock de los ochenta.

125. Enigma!

Inicio... ▶ **Lugar**...□

1970   Ciudad de México

Integrantes... III

- Pablo González Rodríguez «Pablo Cáncer» † - Guitarra y voz (1970-2013)
- Carlos González Rodríguez «Carlos Escorpión» - Guitarra, bajo y batería (1970-2004)
- Héctor Zenil «Héctor Virgo» - Batería (1970-1975) (1977) (1981-1988)
- Sergio González Rodríguez «Sergio Acuario» - Bajo (1970-1981) (2012-hasta hoy)
- Luis Salgado «Luis Sagitario» † - Batería (1975-1981)
- Dan Hamud «Dan Escorpión» - Bajo (19989-1991)
- Mario Padilla «Mario Capricornio» - Bajo (2008-2011)
- Juan Carlos González Aceves «Juan Carlos Piscis» - Batería (1991-1998)
- Iván Landa González «Iván Leo» - Batería y guitarra (1998-2004) (2013-hasta hoy)
- Omar Landa González «Omar Tauro» - Voz, guitarra, bajo y batería (1998-hasta hoy)

- Adrián González Zúñiga «Adrián Acuario» - Guitarra y armónica (2010-2015)
- Amando Mendoza «Amando Aries» - Bajo (2011)
- Rodrigo Osnaya «Rodrigo Capricornio» - Guitarra (2004-2008)
- Rodrigo Santoyo «Rodrigo Picis» - Bajo (2012)
- José «Pepín» Somosa - Batería (1988-1989)

Género .... 𝄢:

Rock duro, rock, blues, con influencias de The Beatles, The Animals, The Yardbirds, The Cream, Black Sabbath, Ten Years After, Jimi Hendrix, Led Zeppelin y Deep Purple.

Historia .... |◄◄

Después de tres discos, el grupo Las Ventanas decidió convertirse en una banda de rock pesado a la que llamaron Enigma!, pioneros del hard rock y heavy metal en México.

Con altibajos y cambios continuos de alineación, la agrupación tuvo en los hermanos González Rodríguez, Carlos Escorpión, quien comenzó tocando la guitarra rítmica, y después el bajo y la batería, y Pablo Cáncer en voz y guitarra, los responsables de mantener el concepto de la banda a lo largo de los años, mismo que ha perdurado aun sin ellos. Completaban la formación original Héctor Virgo en la batería y el otro hermano González Rodríguez, Sergio Acuario, en el bajo.

Los nombres combinados con signos zodiacales, respondieron al hecho de querer marcar una distancia con su pasado en Las Ventanas, ya que habían logrado éxito comercial y sus nombres eran conocidos.

Desde su comienzo en 1970, los miembros de Enigma!, autonombrados como los «padres del rock and roll mexicano», se han caracterizado por mantener una posición purista, férrea e inamovible, con respecto a crear hard rock sin influencias contaminantes y con profundas bases bluseras. Tienen temas originales con letras tanto en inglés, como en español. La intención de la banda fue la de cantar en español, pero por cuestiones promocionales, resultó conveniente cantar en inglés para entrar en la programación de las estaciones de rock, ya que no había cabida en éstas de otra manera.

En 1971, mientras estaba en pleno auge el movimiento denominado Rock Chicano, lanzaron su primer disco homónimo editado por el sello Epic Records, del cual destacaron las canciones "Bajo el signo de Acuario" y "El llamado de la hembra". Este material fue considerado el primero de heavy metal hecho en México. En la actualidad, la revista Rolling Stone considera el álbum *Enigma!* como uno de los veinticinco discos del rock en español más importantes de los años setenta, y destaca la figura de Pablo Cáncer como vocalista y primera guitarra. Papel distintivo que mantuvo a lo largo de cuatro décadas, bajo el lema: «Larga vida al auténtico rock mexicano».

Enigma! fue de las bandas que lograron sobrevivir a la prohibición post Avándaro en hoyos fonqui. En un ambiente totalmente adverso al rock, fue hasta 1977, que sacaron su segundo disco conocido como *El Morado*, en forma independiente y totalmente en español.

A mitad de los ochenta, tomaron un segundo aire y editaron los discos *Duro y pesado* (1985), *Golpe maestro* (1986), *En vivo!* y *Sin registro* (1988). En 2001, apoyados por Misha Records, lanzaron su séptima producción llamada *2001 D.C.*

Pablo Cáncer, pilar central y único miembro fundador que permaneció a lo largo de la historia del grupo, murió en 2013 debido a una afección respiratoria provocada por una bacteria.

A la fecha, Enigma! permanece fiel al espíritu de Pablo, al recuperar su legado y complementarlo con clásicos de rock y blues.

Discografía .... O

- *Enigma!* (1971)
- *Enigma! «El Morado»* (1977)
- *Duro y pesado* (1985)
- *Golpe maestro* (1986)
- *En vivo!* (1988)
- *Sin registro* (1988)
- *2001 D.C.* (2001)

Otras grabaciones

- "Under the sign of Aquarius" / "Save my soul" / "Live it up Mama", sencillo (1971)

- "Black out" / "Red hot, sencillo (1972)
- "Magnetize... me" / "Black rain", sencillo (1973)
- "Cucaracha" / "No tengo nada", sencillo (1982)
- *Ofensiva Pop 71*, compilado (1971)
- *Los grandes éxitos de Enigma!*, compilado (1992)
- *El llamado de la hembra*, compilado (2000)
- *Historia del Rock Mexicano Volumen 1*, compilado (2000)

126. Locos

////////////////

Inicio y fin................................▶ **Lugar**................................◻

1970-1972   Ciudad de México

Integrantes.. III

- Mario Sanabria - Bajo y guitarra
- Rafael Acosta - Batería (1970-1971) (1972)
- Javier Garza - Guitarra
- Alfredo Atayde - Piano
- El «Caballo» Manzur - Guitarra (1970-1971)
- Raúl el «Pelos» González - Batería (1971)
- Ramón «Ratón» Rodríguez - Bajo (1971)
- El «Güero» Santín - Bajo (1972)

Género.. 𝄢

Blues, hard rock, psicodelia, latin rock y country rock con influencias del mariachi y bandas como Credence Clearwater Revival y Santana, entre otras.

Historia.. ⏮

En pleno apogeo de la psicodelia y de las bandas de la Onda Chicana, algunos integrantes de la legendaria banda de Los Locos del Ritmo crearon la agrupación Locos, donde compusieron temas originales en inglés, alejados de los covers y con la intención de venderse en los Estados Unidos.

El sello estadounidense Cyclone, dirigido por el representante de los Byrds y Robert Mercey, les ofreció grabar para su marca. Viajaron a Los Ángeles a finales de 1970 y produjeron su primer disco homónimo en septiembre de 1971, y poco tiempo después fue editado en México por Discos Musart. Contenía el tema "Viva Zapata", de Rafael Acosta, que pronto logró relevancia en ambos lados de la frontera. En este tema, combinaron trompetas de mariachi con el sonido del rock.

A su regreso a México en 1971, Rafael Acosta dejó el grupo antes del lanzamiento del disco, y fue sustituido por Raúl González. También salió el «Caballo» Mansur, por lo que Mario se pasó a la guitarra y entró el bajista Ramón Rodríguez, quien venía de tocar con Javier Bátiz.

Mientras, Discos Musart sacó el EP *Viva Zapata*, con temas del larga duración en su versión completa. También editó el sencillo de 45 RPM "Viva Zapata" / "Night of Prayer".

Ese mismo año regresaron a Los Ángeles con la nueva formación y grabaron el sencillo de 45 RPM "My Friend the Man" / "Lies Over Lies", que también se editó en los dos países.

De "Lies Over Lies" se hizo un *film clip* producido por Bob Greever, que se difundió en las salas de cine del país.

Al final del año, Discos Musart sacó el sencillo de 45 RPM "Let'Make a Bet" / "Huapango". El primer tema es del larga duración y el segundo se hizo en la sesión de grabación en Los Ángeles.

Mario Sanabria fue contratado como productor en Discos Musart y el grupo paró por unos meses; luego se reintegraron con Mario, Javier, Rafael, Alfredo y el Güero. En diciembre del 71, hicieron una larga temporada en La Naranja del Aristos. Al terminar, salió Alfredo Atayde y tomó su lugar Óscar Luja, de Los Intocables. Así se presentaron después en El Señorial.

A mediados de 1972, el grupo se separó. «Hasta el momento en que dejaron de estar unidos, había planes muy buenos de parte de la grabadora hacia ellos, pero hubo un problema de mentalidad en el grupo, a raíz de su triunfo, ya que su primer disco tuvo un éxito formidable no sólo en USA, también en Alemania. Teniendo su gran éxito "Viva Zapata", creyeron que era suficiente para que el público los conociera». Revista *Dimensión*, marzo de 1972.

Discografía..o

- *Locos* (1971)
- *Viva Zapata*, EP (1971)
- "My Friend the Man" / "Lies Over Lies", sencillo 45 RPM (1971)
- "Let'Make a Bet" / "Huapango", sencillo 45 RPM (1971)

Otras grabaciones

- "Viva Zapata" / "Night of Prayer", sencillo 45 RPM (1971)

127. Love Army

Inicio y fin...............▶   Lugar......................□

1970-1972   Acapulco, Guerrero

Integrantes...III

- Alberto «Pájaro» Isordia - Voz y armónica
- Jaime el «Perro» Valle - Guitarra
- Salvador Martínez Banuelos - Bajo
- Fernando Vahauks - Batería
- Ernesto el «Blue» Hernández - Sax
- Mario el «Muerto» Rojas - Sax
- Jesús Sida † - Trompeta
- Fernando el «Penny» Castañeda - Órgano
- Enrique Sida - Trombón (1971-1972)

Género..𝄢

Rock psicodélico, jazz, funk y soul, con influencias de Chicago y Blood Sweat & Tears.

Historia...|◄◄

Tras la separación de Los Tijuana Five, en Acapulco, justo cuando trabajaban en el centro nocturno de Alfredo Calles, el Tiberios, se formó el grupo Love Army con los integrantes que se quedaron en el puerto guerrerense. Ahora manejaban un concepto más cercano al soul y funk, al estilo de bandas como Chicago y Blood Sweat & Tears. Incorporaron una sección de metales conformada por Ernesto el «Blue» Hernández en el sax alto, Mario el «Muerto» Rojas en el sax tenor y Jesús Sida en la trompeta. Tenían temas, tanto en inglés como en español. Comenzaron a presentarse con frecuencia en Acapulco, Tijuana y la Ciudad de México.

En 1971, viajaron a la capital del país y sacaron, con la discográfica Cisne Raff, un sencillo de 45 RPM con los temas "Caminata cerebral" y "Tu tiempo llegará". Pero cuando comenzaron a promover la primera de estas canciones en la radio, se toparon con la censura. En la actualidad su letra resultaría inocente, pero por esos días el dejo de crítica social y religiosa fue algo que la sociedad patriarcal mexicana no estaba dispuesta a aceptar. Aun así, el tema gozó de aceptación, volviéndose una pieza representativa de aquella época.

Ese año, Love Army fue considerado para formar parte del cartel del Festival de Rock y Ruedas de Avándaro, coordinado por Armando Molina. Sin embargo, el día del evento no pudieron llegar. Como su turno era en la madrugada, decidieron partir en la noche. Existen varias versiones del porqué no lo lograron. Una es que chocaron contra una fuente, en el carro del bajista de la banda, alterando así sus planes. Otra, es que se vieron bloqueados en la carretera de acceso al festival, y que al igual que Javier Bátiz, no llegaron por la gran afluencia de asistentes. Sea cual sea la razón, al final no participaron.

Aun con esta circunstancia, con Discos Orfeón lanzaron un EP al que llamaron *Love Army en Avándaro*. En esta producción se incorporó el hermano de Jesús, Enrique Sida, en el trombón, lo que le dio un sonido más poderoso al grupo.

Antes de que terminara el año, sacaron un nuevo sencillo de 45 RPM con Cisne Raff, con una versión en inglés de "Caminata cerebral", ahora titulada "Walk Within my Brain" y en el lado B, "The Door is Open to Your Head".

Después del festival, las condiciones de trabajo cambiaron radicalmente y el grupo se vio en problemas financieros. En un intento por revivir la promoción de sus pocas grabaciones, lanzaron en 1972 EP *Walk Within my Brain*. Sin embargo, no lograron mayor trascendencia. Ese año, Love Army decidió separarse.

Existen grabados otros temas y versiones alternativas que forman parte de su legado musical, como "Tú eres mi amor" en dos versiones; "Ser libre", así como una versión monoaural de "Caminata cerebral", materiales que son muy difíciles de conseguir en la actualidad.

Discografía.. O

- "Caminata cerebral" / "Tu tiempo llegará", sencillo de 45 RPM (1971)
- *Love Army en Avándaro*, EP (1971)
- "Walk Within my Brain" / "The Door is Open to Your Head", sencillo de 45 RPM (1971)
- *Walk Within my Brain*, EP (1972)

Otras grabaciones

- *Rock en Avándaro*, compilación (1972)
- *Onda Gruesa*, compilación (1976)
- *Historia del rock mexicano Vol. 1*, compilación (2000)
- *Festival Rock y Ruedas en Avándaro*, compilación (2002)

Otros...((▶

Tras la separación de Love Army, Alberto «Pájaro» Isordia formó el grupo Sacrosaurio. Actualmente, vive en los Estados Unidos.

Por su cuenta, Jesús Sida trabajó con otras bandas como Bandido y Tequila. Falleció el 13 de febrero del 2013.

128. Árbol

///////////////////

Inicio y fin ....► Lugar ....□

1970-1980   Ciudad de México

Integrantes III

- Alex Anaya Acevedo † - Bajo
- Raúl Díaz - Guitarra (1970-1973)
- Miguel Pulido Reyes † - Guitarra (1973-1980)
- Julio Spíndola - Guitarra (1973-1980)
- César Cal - Guitarra (intermitente desde 1974)
- Julio Luna Reyes - Batería (1970-1973)
- Víctor Manuel Illarramendi - Batería (1973-1980)
- Luis Gerardo Márquez - Sax y armónica (1973-1980)

Género .... 𝄢

Blues, rock y boogie con influencias de Johnny Winter, John Mayal, Mama Lion, Blod Rock, Jeff Beck, Queen y diversas bandas de rock progresivo.

Historia .... |◄◄

Originalmente la banda se llamaba Power Tree y estaba conformada por Alex Anaya Acevedo, Raúl Díaz, Miguel Pulido Reyes y Julio Luna Pérez; éste último dejó la banda en 1973 para integrarse a un grupo versátil, por lo que ingresó Víctor Manuel Illarramendi, quien comentó: «Al principio, Raúl y Miguel estaban muy descontentos con mi desempeño en el grupo ya que era yo totalmente novato, sólo Alejandro me apoyaba, así que me pusieron un ultimátum: Dejemos que Víctor toque con nosotros tres meses y si no levanta le damos las gracias y pues a darle duro al ensayo y al estudio». Finalmente se quedó.

Tocaban en escuelas vocacionales, preparatorias, fiestas particulares, salones como el de la Av. 8, el Chicago, el Frontón de Bucareli, entre otros.

A finales de 1973, tras un concierto en el Salón Chicago en el que fueron bajados por tener problemas con algo tan absurdo como el rompimiento de una cuerda de guitarra, tuvieron una crisis que derivó en la salida de Raúl. Después de pelear por el nombre del grupo, mismo que ya estaba registrado por Alex, el guitarrista decidió finalmente formar su propia banda, a la que llamó: Raúl Hitler Blues Band.

Se incorporaron Julio Spíndola y Luis Gerardo Márquez. Víctor comenta: «Estábamos ensayando Alex, Miguel, Julio, Luis Gerardo y yo, totalmente alucinados con el sonido que estaba brotando de los instrumentos y de la vibra tan mágica que se dio en esa formación».

Dado que Miguel tenía relación con músicos de Guadalajara, Árbol emprendió la aventura tapatía, ampliando su radio de acción. Establecieron relación con la escena de Jalisco y conocieron gente como Toncho Pilatos, Los Spiders, Fachada de Piedra, La Solemnidad, entre otros.

A mediados de la década, se separó temporalmente Víctor Manuel y desfilaron distintos bateristas, como Miguel Suárez, Pato Curiel y Eleazar Sánchez.

También Julio Spíndola tenía ausencias debido a su colaboración con Al Universo, por lo que fue cubierto por César Cal, quien a partir del 1974 se convirtió en el segundo guitarrista. Cuando ninguno de los dos podía tocar, acudían a distintos músicos como Polo Ladrón de Guevara, Mario Valdez o Billy Valle. Otros instrumentistas que participaron por cortas temporadas fueron: Luis Pérez en la guitarra y flauta, Luis Rojas y Lalo Toral en los teclados. Por invitación de Luis Rojas, también Paco Gruexxo tuvo una fugaz y desafortunada participación como cantante de Árbol.

En la última etapa del grupo, Alex, Luis Gerardo, el baterista Arnold González y su hermano, el guitarrista y cantante Marco, se fueron a tocar a Mazatlán. Finalmente, en 1980, Árbol se desintegró al irse Alex y Luis Gerardo a vivir en el extranjero.

El único registro grabado del grupo se perdió en el terremoto del 85, ya que las cintas estaban en la casa de Alex en México, y desafortunadamente el edificio se vino abajo. La tragedia hizo que varios de sus familiares perdieran la vida esa mañana. Alex se llevó a los sobrevivientes a su nuevo hogar en Denver, Colorado.

Por otro lado, Julio se fue a Nueva York, Luis Gerardo a Bélgica y Víctor Manuel a Puebla.

En el 2007, se volvieron a reunir para hacer una serie de grabaciones de la primera etapa del grupo, producidas por César Cal en el estudio de Federico Luna, en la colonia Roma. Participaron como invitados el Wea del Tri y Federico Luna.

El 20 de febrero del 2011 murió Alex Anaya, el único miembro fundador que permaneció a lo largo de toda la historia de Árbol.

129. La División del Norte

Inicio y fin................................▶ **Lugar**...◻

1970-1972   Reynosa, Tamaulipas

Integrantes... III

- Wayo Roux - Voz
- Pepe Ramos - Trompeta
- David Garza - Bajo
- Esteban Aguilar - Teclados
- Raúl Fong - Batería
- Raúl Sauceda - Sax
- «Angelillo» - Guitarra

Género..𝄢

Rock psicodélico, soul, funk y jazz, con influencias de Chicago y Blood Sweat & Tears.

Historia..I◀◀

La historia del grupo La División del Norte está ligada al cantante de Reynosa, Tamaulipas, Wayo Roux, músico que desde el comienzo de la década de los sesenta participó en diferentes agrupaciones en la capital del país. Una de estas fue Los Profetas, donde Abraham Laboriel tocaba el bajo. Cuando Benny Ibarra faltaba a los conciertos de Los Yaki, en la etapa final de esa agrupación, Wayo solía suplirlo, ayudándolos a salir de sus compromisos. Al final de los sesenta, Wayo regresó a Reynosa. Cantó con varias agrupaciones efímeras hasta que fundó La División del Norte, que incluía una sección de metales al estilo de bandas como Chicago y Blood Sweat & Tears. El grupo se integró con David Garza en el bajo, Esteban Aguilar, de Tampico, en los teclados, «Angelillo», de Monterrey, en la guitarra, Pepe Ramos en la trompeta y Raúl Sauceda en el sax.

En octubre de 1970, se inscribieron en un concurso que se efectuó en Monterrey, en el que ganó el grupo La Tribu y donde ellos lograron obtener el tercer lugar. Este suceso tuvo una consecuencia, ya que al siguiente año, La Tribu fue invitada a participar en el Festival de Rock y Ruedas de Avándaro, pero en el último momento su compañía discográfica les pidió no asistir, por lo que fueron sustituidos por La División del Norte.

Les tocó ser de los primeros grupos de la noche. El famoso suceso de la «Encuerada de Avándaro» sucedió justo en su turno.

Ese año sacaron al mercado, con Discos Polydor, dos sencillos de 45 RPM: "Soul Lady" / "Baby Don't Let Me" y "She'll Come Back to Me" / "My Way is Love".

Hubo dos temas más que salieron en el disco compilatorio *Vibraciones del 11 de septiembre de 1971 (Vibraciones de Avándaro)*: "It's a New Day" y "I Got Your Love". Eso fue todo lo que hicieron en materia discográfica.

Con la prohibición del rock por parte del gobierno y con la complicidad de los medios masivos de comunicación después del festival de Avándaro, el grupo se deshizo.

Discografía.. o

- "Soul Lady" / "Baby Don't Let Me", sencillo 45 RPM (1971)
- "She'll Come Back to Me" / "My Way is Love", sencillo 45 RPM (1971)
- *Vibraciones del 11 de septiembre de 1971 (Vibraciones de Avándaro)*, compilación (1971)

Otros ◖▶

Wayo Roux actualmente trabaja en Televisa Noreste, donde tiene un programa de televisión con cobertura regional, abarcando Reynosa, Matamoros y el Valle de Texas en Estados Unidos. También formó las agrupaciones La División del Norte de Wayo Roux y Wayo Roux All Stars Bands, en las que ha cantado el repertorio de su antigua banda y temas de otros grupos clásicos como Chicago y Blood Sweat & Tears.

130. El Ritual

Inicio y fin ▶

1970-1972

Lugar ▢

Tijuana, Baja California

Integrantes III

- Frankie Barreño - Voz, guitarra y flauta
- Gonzalo Hernández «Chalo» - Bajo
- Abelardo «Lalo» Barceló - Batería
- Martín Mayo - Teclado

Género ♪

Psicodelia progresiva, hard rock, blues, rock latino y jazz roc, con influencias de Coven, Quicksilver Messenger Service, Guess Who y The Crazy World of Arthur Brown.

Historia ◀◀

Al final de la década de los sesenta, en Tijuana, Baja California, existió un grupo llamado Los Graveyard, antecedente directo de El Ritual, grupo que inició en 1970. Estuvieron fuertemente influidos por el rock progresivo naciente, que era una forma de evolución de la psicodelia que pocos experimentaban en el México de entonces. Curiosamente, en sus letras tocaban tópicos satánicos, más propios del heavy metal, sin embargo, no estaban inmersos en ese género. Tocaban con un sonido más ligado al hard rock. Solían salir al escenario con los rostros pintados. Como la mayoría de las bandas de entonces cantaban en inglés, alegando que ese era el idioma natural del rock.

En 1971, viajaron a la Ciudad de México para grabar un disco con Cisne Raff, bajo la producción de Armando Molina, que a su vez los representaba. Así salió su primer y único LP homónimo, con temas como "Satanás", "Peregrinación satánica", "Groupie, muerto e ido", "Mujer fácil (Prostituta)" y "Conspiración". Su portada fue abatible, en una edición común para las producciones extranjeras, pero excepcional para las mexicanas.

Pronto formaron parte de los carteles junto a las bandas más importantes de aquella época. Como Armando Molina fue el programador del Festival de Rock y Ruedas de Avándaro, indudablemente fueron incluidos. Sin embargo, al llegar su turno, tuvieron problemas técnicos, por lo que no pudieron ser apreciados por los cientos de miles de personas que asistieron al evento.

Antes de que acabara el año, Cisne Raff sacó un EP titulado *Prostituta*, en el cual se recopilan algunos temas del LP, además de una canción inédita llamada "Tabú".

Para 1972, como sabemos, la situación del rock en México había cambiado después del Festival de Avándaro, acabándose así las posibilidades de trabajo y promoción. El Ritual, junto a las bandas Three Souls in my Mind y Peace & Love, todas representadas por Armando Molina, le financiaron a éste un viaje a Los Ángeles, para que buscara oportunidades al otro lado de la frontera. Armando conocía a Skip Taylor, representante de Canned Heat, así que acudió a él para presentarle la música de los grupos que tenía bajo el brazo. Según lo ha narrado Molina en diversas entrevistas, Skip organizó, a su vez, una junta con productores de Atlantic Records y Motown, entre otros sellos discográficos. El único proyecto que al parecer les interesó fue El Ritual, por poseer un sonido propio. Así que Armando volvió con un supuesto interés de estos productores por editar lo nuevo del grupo.

A su regreso, a la par de darles la buena noticia, se encontró con que la banda había sacado a Martín Mayo y en su lugar había ingresado un tecladista de Tijuana, de nombre Luis Hernández.

El grupo tenía entre manos una ópera rock que se llamaría *La tierra de que te hablé*. Viajaron a Acapulco para presentarse en Tiberios, donde la estrenaron, sin embargo, no existe registro grabado de ello. Después de esto, su nuevo tecladista los animó a volver a hacer covers y modificar su sonido, lo que cambió el concepto del grupo. Para entonces se salió Frankie Barreño, quien fue suplido por Ricardo Ochoa de Peace & Love.

Todavía con la mitad de sus integrantes fundadores, aparecieron en la película *Bikinis y rock*, dirigida por Alfredo Salazar, compartiendo créditos con las bandas Peace & Love y Bandido. Interpretaron los covers de "Roll Over Beethoven" y "American Woman".

El Ritual ya no pudo sobrevivir a las pésimas condiciones de trabajo y se separó.

Discografía ⭘

- *El Ritual* (1971)
- *Prostituta*, EP (1971)

Otras grabaciones

- "Easy Women (Prostitute)" / "Beyond The Sun & Facing God" (1971)
- *Onda gruesa*, compilación (1976)
- *Festival de Rock y Ruedas en Avándaro*, compilación (2002)
- *Avándaro, 32 años después en vivo*, compilación (2003)

131. Bandido

Inicio y fin ▶	**Lugar** ◻
1971-1974	Guadalajara, Jalisco / Ciudad de México

Integrantes.. III

- Francisco «Kiko» Rodríguez † - Voz y percusión
- Ricardo Toral - Órgano, vibráfono y piano
- Eugenio Guerrero - Bajo
- Efrén Olvera «Oso» González - Guitarra
- Rafael Sida - Batería
- Ignacio «Nacho» Ramírez - Trompeta
- José Luis Guerrero - Sax y flauta
- Luis Vicente Arciniega «Luisillo» - Trombón (1971-1973)
- Enrique Sida - Trombón (1973-1974)

Género... 𝄢

Rock psicodélico, soul, funk, blues y jazz, con influencias de Chicago, Blood Seat & Tears, Tower of Power y Braindchild.

Historia... |◀◀

El origen de Bandido está ligado a 39.4, banda que después de una temporada en La Place du Soul en la Ciudad de México fue contratada para tocar en un hotel de Guadalajara, su lugar de origen. El grupo estaba integrado por el guitarrista Efrén Olvera, el bajista Eugenio Guerrero y la sección de metales conformada por el saxofonista y flautista José Luis Guerrero, el trompetista Ignacio Ramírez y el trombonista Luis Vicente Arciniega. Después de una fractura en su alineación, decidieron regresar a la capital del país. Ahí se juntaron con el cantante Francisco «Kiko» Ramírez (ex Tequila), el organista Ricardo Toral y el baterista Rafael Sida, para así crear el grupo Bandido, en 1971. Sus temas eran originales y en inglés.

Pronto se les reconoció como una de las mejores bandas del país, con una interpretación precisa, una sección de metales bien amarrada, un órgano cuidadoso y perfectamente ejecutado de Ricardo Toral, así como por la voz de Kiko, quien poseía un timbre similar al de David Clyton Thomas, cantante de Blood, Sweat & Tears.

Tocaron en los escenarios más conocidos de la Ciudad de México, como el Terraza Casino y Los Globos, así como en escuelas y universidades. También lo hicieron en los primeros hoyos fonquis.

Fue uno de los grupos que participaron en el Festival de Rock y Ruedas de Avándaro, donde tuvieron que lidiar con muchos problemas técnicos y de sonido.

En 1972 grabaron, con la discográfica Philips, un sencillo de 45 RPM que contuvo los temas "Freedom Now" y "Bandido Theme", pieza con la que solían comenzar sus presentaciones.

Ese año participaron en la película *Bikinis y rock*, de Alfredo Salazar. En ese film salen también los grupos Peace & Love y El Ritual. Salió el trombonista Luis Vicente Arciniega y en su lugar entró el hermano de Rafael, Enrique Sida (ex Love Army).

En 1973, lanzaron su primer y único LP llamado como la banda. La producción corrió a cargo de Mario A. Rodríguez y el ingeniero de grabación fue Ernesto de la Cruz Martínez. Mario también participó tocando el piano en el tema "Winter Lady".

El grupo tuvo una discusión con la compañía discográfica, ya que no les había gustado el arreglo para el tema "Freedom Now" que se había editado en el sencillo de 1972, por lo que se empecinaron en que se hiciera otro para el LP. Finalmente, la compañía cedió, pero esto les dio fama de grupo conflictivo, por lo que Philips no quiso volver a tratar con ellos. Esto, sumado al ambiente post-Avándaro en el cual el rock era mal visto, hizo que al grupo le fuera muy difícil volver a grabar en otras compañías. El grupo decidió separarse en 1974.

Discografía..○

- "Freedom Now" / "Bandido Theme", sencillo 45 RPM (1972)
- Bandido (1973)

Otros

- *Avándaro, 32 años después en vivo* (2003)

Otros...《❙▶

En tiempos recientes, Ricardo Toral y Francisco Rodríguez participaron en la banda Old Days. Tras una larga enfermedad, Kiko falleció el 15 de octubre del 2014.

132. El Amor

Inicio.............................. ▶ **Lugar**.................................... ◻

1971   Monterrey, Nuevo León

Integrantes.. III

- Miguel Cárdenas - Guitarra y voz (1971-2003)
- Óscar Vallejo † - Bajo, guitarra y teclados (1971-2003)
- Jorge Alberto Vallejo - Batería (1972-2003)
- Rogelio González - Bajo y voz (1971-1974)
- Raúl Pinto - Bajo y voz (1974- 2003)

Género.. 𝄢

Rock pop y rock sicodélico, con influencias de The Beatles.

Historia... |◄◄

El antecedente de El Amor es el grupo Los Pájaros, liderado por el guitarrista Miguel Cárdenas. Sus integrantes se conocieron desde la escuela primaria. Participaron en el Festival Juvenil efectuado el 13 de marzo de 1970, donde recibieron muy buenas críticas y decidieron viajar a la ciudad de México para probar suerte.

En 1971 se acercaron al sello Cisne Raff, con el que, ya como el grupo El Amor, lanzaron su disco debut *Te amo más*, con temas propios en español y un cover de The Beatles.

Para agosto de ese año, la banda apareció en el programa de televisión *Siempre en Domingo*, donde permeaba el ambiente antirock. Esto se evidenció cuando en la emisión se recibieron llamadas preguntando si el baterista era hombre, ya que tenía el pelo largo.

Gracias a esta exposición en televisión, el grupo El Amor fue considerado como parte del cartel del Festival de Avándaro, donde tocaron el 11 de septiembre, alternando con la crema y nata del rock nacional. Con respecto a esta participación, Jorge Alberto comenta:

«Nos abuchearon porque creían que éramos chicos ricos y muy fresas. Pero al empezar a tocar la gente empezó a corear "I love you more", que era nuestro éxito, después nos decidimos a interpretar "Show" de los Beatles. Y hasta la fecha lo seguimos haciendo, porque en ese tiempo nos marginaron todos los medios de comunicación por (participar en) el Festival de Avándaro y ya no éramos los chicos fresas, sino los chicos demoniacos de Monterrey».

Texto extraído de la narración de Óscar Vallejo Jr. en <<www.maph49.galeon.com>>.

Todavía sacaron ese año el disco *El Amor en Vivo* con el sello Cisne Raff. Si bien, al principio se les veía como jóvenes *fresas*, fue a partir del disco en vivo, que tiene temas originales en inglés, que se les comenzó a ver con otros ojos.

Después del Festival de Avándaro, se unió el bajista Óscar Vallejo, que venía del grupo Vallejo y Cia., y antes había sido integrante de Los Pájaros. La banda se completó con Miguel en la guitarra, Jorge Alberto en la batería y Rogelio en la voz, quienes hasta ese momento habían funcionado como trío.

Ya como cuarteto sacaron los discos *Angélica* y *Everybody help me*, con EMI Capitol, en los cuales combinaron temas originales con covers, principalmente de The Beatles.

En 1974, salió Rogelio y tomó su lugar Raúl Pinto. El grupo sobrevivió a las adversidades de los años setenta, gracias a que se especializó en interpretar la música de The Beatles.

Incluso lanzaron su versión del Sargento Pimienta, *Sgt. Pepper's Lonely Heath Club Band* en 1978, con Discos Cobra.

El 22 de diciembre de 1980, participaron en el concierto póstumo dedicado a John Lennon en el Estadio Universitario de la ciudad de Monterrey.

En los años 1980 y 1981, sacaron los discos *Grupo El Amor - Amor* y *Grupo El Amor le canta al amor*, respectivamente, con la compañía discográfica Embassy.

El 14 de agosto del 2003, falleció Óscar Vallejo, quien dirigió al grupo por más de 30 años. Éste le heredó el nombre del grupo a su hijo. Actualmente, el baterista Jorge Vallejo, sobrino de Óscar, continúa presentando espectáculos de The Beatles en eventos privados, y en bares del área metropolitana de Monterrey con el grupo El Amor.

Discografía...o

- *Te amo más* (1971)
- *El Amor en Vivo* (1971)
- *Angélica* (1972)
- *Everybody help me*, EP (1973)
- *"Tú y yo" / "Nuestro amor"*, 45 RPM (1977)
- *Sgt. Pepper´s Lonely Heath Club Band* (1978)
- *Grupo El Amor - Amor* (1980)
- *Grupo El Amor le canta al amor* (1981)

Otras grabaciones

- *Colección Músicos Poetas y Locos - El Amor recopilación* (2005)

133. Ciruela

Inicio y fin ▶	**Lugar** ◻
1971-1973	Ciudad de México

Integrantes...III

- Guillermo Garibay - Batería
- César Cal - Guitarra (1971-1973)
- Billy Valle - Guitarra (1973)
- Javier Villafuerte - Guitarra (1973)
- Sergio Saúl Soto - Bajo (1971-1973)
- Miguel Esparza - Bajo (1973)
- Daniel Valenz - Voz (1971-1972)
- Felipe Maldonado - Voz (1973)
- Luis Pérez - Voz, flauta y virimbao (1973)

Género..𝄢

Hard rock y boogie woogie, con influencias de Deep Purple, Ten Years After, Led Zeppelin y Hendrix.

Historia...|◀◀

En 1971, el guitarrista César Cal había tenido varios intentos fallidos para crear Ciruela. Finalmente, lo logró al reunir al bajista Saúl Soto, al vocalista Daniel Valenz y al baterista Guillermo Garibay. Estaban influidos por la psicodelia y el hard rock de finales de los sesenta y comienzos de los setenta.

Firmaron con la compañía Cisne Raff, que cobijó a muchos grupos de avanzada musical. Tras grabar cuatro temas en sus estudios, que contaban con la tecnología de ocho canales de audio, en 1972 lanzaron su primer disco de 45 RPM, con los temas "Nada nos detendrá" y "Padre".

Para entonces Daniel, que había escrito algunas de las canciones, abandonó el grupo sin ninguna explicación; en su lugar entró Felipe Maldonado, ex Peace and Love y con quien habían palomeado en los conciertos de protesta motivados por los problemas surgidos entre el STUM de Venus Rey y los grupos de rock tras la prohibición. A ese movimiento se le conoció como Rock Sobre Ruedas, ya que tocaban sobre un camión frente al sindicato. Por esos días se presentaron también en el Auditorio de los Ferrocarrileros, donde tuvieron como invitados a los guitarristas Carlos Vaqueiro, Sergio Mancera y Jesús Salcedo.

Tocaban en tardeadas populares en diferentes salones como Chicago, en Peralvillo; Mandril, Maya, 5 de mayo, en Tlatelolco; Emperador y Siempre lo Mismo, de la Av. 8. Participaron en la obra de teatro *El conejo sin orejas* y en obras de revista. También tocaron en universidades, vocacionales y preparatorias. Comenzaban sus conciertos con el tema "I'm Going home", del grupo Ten Years After, que siempre los ayudó para prender al público y luego seguían con sus canciones.

En 1973 lanzaron su segundo 45 RPM, que contenía los sencillos "Hospital para dementes" y "Falsa".

Ciruela se concentró en arduas sesiones de composición para terminar un disco larga duración al que incorporarían sus sencillos. Entre los temas compuestos estuvieron "Regreso al origen", "Despertar" y

"Peste". Surgieron diferencias con Felipe, quien tenía un concepto más comercial para las letras. Eventualmente se juntaban a palomear en La verdad desnuda, ubicado en la colonia Villa de las Flores, en el Estado de México, lugar de ensayo del grupo. Al salir Felipe de la agrupación, el vocalista de La verdad desnuda, Luis Pérez, los apoyó en sus conciertos y giras por la república mexicana.

Tuvieron apariciones en algunos medios de comunicación, como el programa de radio *En menos de 30*, en la XEQ, y el programa de televisión *Alta Tensión*, producido por Luis de Llano.

Las diferencias entre los integrantes del grupo continuaron y se retiraron César y Saúl, quedando sólo Guillermo Garibay como integrante original de Ciruela. Tras la dispersión de sus elementos, por un lado, Felipe Maldonado invitó a Saúl y a César a rehacer Peace and Love, y por otro, Guillermo se quedó como representante de Ciruela ante la compañía discográfica, para así culminar el trabajo de estudio. Entonces convocó a los guitarristas Javier Villafuerte y Billy Valle, así como al bajista Miguel Esparza, quienes completaron las sesiones ya avanzadas.

Ese mismo año salió su primer y único disco, *Regreso al origen*, en su versión en inglés, por decisión de la compañía discográfica. Existió una grabación en español adquirida por Discos Melody junto a todo el catálogo de Cisne Raff. Este material se perdió en el terremoto del año 1985 junto a los originales de grabación de muchas bandas.

Con el tiempo, y al haber grabado sus canciones en inglés, su trabajo se ha difundido sin ninguna campaña promocional en Canadá, Japón, Corea, Alemania, Rusia, Grecia, por mencionar algunos. Se pueden conseguir copias piratas en CD, formato en el que nunca se reprodujo oficialmente. Se editó en los Estados Unidos dentro de la línea Rock Sicodélico Mexicano y, actualmente, el material se puede escuchar en internet.

En 1993, Ciruela se reunió con la intención de grabar un segundo disco. Pero la iniciativa no prosperó.

Discografía... o

- *Ciruela* 45 RPM (1972), con los temas "Nada nos detendrá" y "Padre".

- *Ciruela* 45 RPM (1973), con los temas "Hospital para dementes" y "Falsa".
- *Regreso al origen* (1973)

Otros

Guillermo Garibay tiene un negocio de artículos promocionales de fibra óptica.

César Cal colaboró con el grupo Árbol y, posteriormente, se fue a Londres y Boston. A su regreso tocó con la banda Cristal y Acero, y con el jazzista Juan José Calatayud. También dirigió el grupo del cantante Manuel Mijares.

Saúl Soto es productor independiente de programas de televisión.

Luis Pérez se acercó a la música étnica, de tal manera que integró instrumentos indígenas y precolombinos a su disco *México o El ombligo de la luna*. Éste sería influencia de músicos como Carlos Matta y Jorge Reyes.

Daniel Valenz se fue a Chicago y se unió a grupos de rhythm and blues. Luego regresó a México y vive en San Miguel Allende.

134. La Solemnidad

Inicio y fin ▶

1972-1992

Lugar

Guadalajara, Jalisco

Integrantes

- Blas Rodríguez Navarro - Voz
- Rafael Íñiguez López el «Marras» † - Guitarra
- Rodolfo Ascencio Castillo el «Popo» - Guitarra
- Tomas Vázquez Ríos el «Ganso» - Bajo
- José Íñiguez López el «Pepe» - Batería

Género .... 𝄢

Hard rock, hard blues y metal, con influencia de Creedence Clearwater Revival, Motley Crue, Def Leppard, Judas Priest, Black Sabbath, Rolling Stones, Queen y AC/DC.

Historia .... |◄◄

No se puede entender el rock tapatío sin mencionar al grupo La Solemnidad. Ellos y Toncho Pilatos fueron quienes mejor representaron el rock hecho del otro lado de la Calzada Independencia, la avenida que divide la capital jalisciense entre ricos y pobres. Tocó principalmente covers en inglés y, a excepción de tres sencillos con temas en otro estilo al que normalmente tocaban, no tienen discos en su haber. Esto no importó para que La Solemnidad se convirtiera en un fenómeno de masas en la capital tapatía.

El vocalista Blas Rodríguez Navarro conoció a Tomás Velázquez cuando estudiaban juntos en una secundaria de Tlaquepaque, lugar donde vivían. En 1972, tuvieron la idea de formar un grupo, por lo que acudieron a tres amigos del barrio de San Andrés. Nadie sabía tocar, así que aprendieron sobre la marcha. Tomás en el bajo, los hermanos Rafael y José Íñiguez en la guitarra y batería, respectivamente, y Rodolfo Ascencio en la segunda guitarra. Comenzaron interpretando temas de Creedence Clearwater Revival; y ensayaban por los rumbos de la calle Medrano con la 74. El nombre se le ocurrió a Blas, inspirado en la canción de los Bee Gees, "La solemnidad de llamarse Jorge".

Durante los años de la prohibición del rock en México, tocaron en los llamados casinos, un tipo de hoyo fonqui de la época; en muchas ocasiones compartieron el cartel con Toncho Pilatos. Poco a poco lograron un gran arraigo entre las bandas (pandillas) de los barrios populares. Los chavos les gritaban «¡Sole! ¡Sole!» entre canciones, por lo que comenzaron a ser reconocidos como La Sole. Ellos solos llegaron a convocar entre 1500 o 2000 personas por concierto, en sitios pensados sólo para 500. Su público hacía largas filas y daba portazos para verlos en lugares como el Lienzo Charro, La Generala, el parque Agua Azul, El Arlequín, El Club Colonia Hidalgo, el casino Popular, El Forum, El Talpita, El Modelo y El Venecia.

Mientras que en la década de los setenta consolidaron su conexión con el público, fue en los ochenta cuando gozaron de mayor popularidad. Su repertorio estaba conformado por temas de grupos pesados como Motley Crue, Def Leppard, Judas Priest, Black Sabbath, Rolling Stones, Queen y AC/DC; sus fanáticos aseguraban, convencidos, que las versiones de La Sole eran mejores que las originales. Se creó un club de fans que se identificaban como soleros y soleras, generando su propio ritual en los conciertos. En el público había quienes iban a escuchar y quienes iban a bailar; se crearon pasos como el «solero» y el «jagger», e incluso hacían entre varios lo que denominaban la «rueda». Se generó todo un culto al rededor del grupo y de su cantante Blas. Para su público representaban una catarsis que los alejaba de los problemas cotidianos y las carencias en las que vivían. La Solemnidad les permitía disfrutar de un cierto tipo de música en vivo que, de no ser por ellos, les hubiera resultado inalcanzable. No les importaba que no tocaran material original. Por otro lado, La Sole fue muy asertiva al elegir los covers que interpretaron. En ocasiones la gente los escuchaba tomándolos como referencia para comprar el disco de las versiones originales.

La Solemnidad grabó tres EPS, pero fueron de baladas y sólo por hacerle el favor a un amigo. Aunque este material no tuvo nada que ver con lo que tocaban en sus conciertos, salieron a la venta como discos de La Solemnidad, y aun así gustaron. Lo que sí hubo en abundancia fueron grabaciones que el mismo público hacía desde sus grabadoras portátiles durante sus presentaciones. Éstas se compartían de mano en mano, siendo muy populares y teniendo gran promoción. Actualmente, se pueden escuchar muchas de éstas en la red. Compusieron temas propios en inglés, sin embargo, para ellos grabar resultó muy difícil ya que no tenían manera de financiar una producción, así que nunca realizaron un LP.

Dependiendo de dónde se presentaban, el ambiente podía ser denso o tranquilo. Por ejemplo, cuando tocaban en El Popular, generalmente a la salida había broncas y razias por parte de la policía. No así en el Arlequín. «El casino Arlequín era una pinche locura de lo más hermoso: en San Pedro Tlaquepaque, a un lado del Parián, en los setenta. Los toquines se alternaban con música para que bailaran los viejitos. Tocaba La Sole y la banda para arriba; descansaba La Sole y nosotros nos íbamos a tomar un refresco o una chela y se paraban los viejitos a bailar en la pista. Terminaba la orquesta del Arlequín y ahí íbamos nosotros... Los viejitos no se iban, se sentaban a pistear, a descansar mientras seguía la brincadera con La Sole. Una conexión bien chingona. Y nunca nos burlábamos de los viejitos, nunca nos manchamos, nada, ni ellos tampoco; además había gorilas, que si te pasabas de listo te sacaban a la calle». Extracto del texto "Del lado de allá, un vistazo al rock marginal", en una charla de Yonbin con Alfredo Rico Chávez, en el libro *El rock tapatío, la historia por contar*, editado por la Universidad de Guadalajara y La Federación de Estudiantes Universitarios.

Les hicieron pocas entrevistas, las cuales fueron generalmente locales. Existe un artículo en la revista de distribución nacional *Conecte*, y no más. La popularidad de La Sole nunca rebasó los límites de su ciudad. Al final de la década de los ochenta, el rock mexicano tenía nuevos actores. El público, en particular el femenino, comenzó a buscar otras cosas y fueron perdiendo vigencia. Su ritmo de trabajo disminuyó y eso los hizo parar alrededor de 1992. El grupo siempre mantuvo a sus integrantes originales.

Blas intentó continuar con un nuevo grupo de metal llamado Blackness, e incluso una nueva La Solemnidad, pero desistió unos años más tarde.

135. Al Universo

Inicio y fin ▶	Lugar ◻
1972-1975	Ciudad de México

Integrantes ‖‖

- Mauricio Bieletto - Voz y violonchelo
- Jorge Reyes † - Flauta y guitarra
- Armando Suárez - Bajo
- Miguel Suárez - Batería
- Julio Espíndola - Guitarra (1972-1974)
- Edgar Daliri - Guitarra (1974-1975)

Género .... 𝄢

Progresivo, con influencias de Jethro Tull, King Crimson, Premiata Forneria Marconi y Pink Floyd, así como de música clásica, jazz y blues.

Historia .... |◄◄

Tras una primera disolución del grupo Nuevo México de Carlos Matta, Jorge Reyes decidió formar, junto a unos compañeros de la Escuela Nacional de Música, un grupo al que llamaron Al Universo.

Mauricio Bieletto cuenta cómo se conocieron y colaboraron años antes: «A los pocos días de comenzar las clases, al llegar a la escuela, escuché que en un salón sonaba un potente blues. Atraído como un imán entré al salón. Me llevé una gran sorpresa, pues mis compañeros del grupo The Lord's acompañaban a un chavo de greña, barba y guaraches que tocaba la armónica. Éste era Jorge Reyes, a quién conocí en ese momento. Posteriormente tocó con nosotros en dos ocasiones y fuimos compañeros de clase durante varios años. Más tarde, junto a Armando Suárez, Jorge comenzó a tocar la flauta en el Grupo Nuevo México de Carlos Matta, con el que hizo el disco *Hecho en casa*, en el cual yo participé grabando algunas piezas con el violonchelo y (cantando en) los coros».

Con una formación académica, los miembros de Al Universo fusionaron instrumentos acústicos como violonchelo, violín, clarinete, flauta y mandolina con el rock. «Otro aspecto importante a destacar, fue la creación de letras en idioma español. Entonces éramos muy pocos los que lo hacíamos. Esto resultó muy interesante, porque estábamos creando un nuevo lenguaje musical», comenta Bieletto.

El disco *Viajero del espacio* se grabó en 1974 y salió a la venta en el 75, con Orfeón. Poco después, Reyes se fue a Europa. El grupo continuó por algunos meses y, a finales de ese año, se desintegró.

Discografía .... ⦿

- *Viajero del espacio* (1975)

Otros...(◖

Musicalizaron cuatro obras de teatro, entre ellas, *Simio* y *Deus Machina*, de Abraham Oceransky.

Obtuvieron el premio de la Asociación de Críticos de Teatro, por la musicalización de la obra *Adán y Eva*, de Margarita Bauche y José Roberto Hill.

136. La Cruz
////////////////////////

Inicio y fin...................▶ **Lugar**....................................◻

1972- 1989, reaparición en 2003   Tijuana, Baja California

Integrantes

- Roberto Chacón - Guitarra (1972-1989)
- Héctor Gómez - Bajo (1972-1989)
- Gustavo Gil - Batería (1972-1980)
- Rafael Valencia † - Batería (1980-1989)
- Luis David Alvarado «Bobby» - Voz y guitarra (1972-1978) (1981-1982)
- Jorge Solórzano - Voz (1978-1981)
- Luis Fernando Miranda - Voz (1983-1989)

Género..𝄢

Rock pesado con influencias de Black Sabbath, Grand Funk, James Gang, Led Zeppelin, Humble Pie, Foghat, Blood Rock, Wishbone, Ash y Edgar Winter.

Historia...◀◀

El guitarrista Roberto Chacón, el bajista Héctor Gómez y el baterista Gustavo Gil, crearon en 1972 el grupo La Cruz, en la ciudad fronteriza de Tijuana. En un comienzo, se presentaban en fiestas y eventos escolares, fueron dándose a conocer tocando covers de Black Sabbath, Grand Funk, James Gang y Led Zeppelin, entre otros. Pero pronto surgió la inquietud de crear material propio.

Al ver la necesidad de tener un vocalista principal, incorporan a Luis David Alvarado, mejor conocido como Bobby. Comenzaron a trabajar material de su autoría sin dejar los covers. En 1974, la compañía local Discos Versalles les produjo su primera grabación. Con un sencillo de 45 RPM con los temas "Algo para todos" y "Roll Over Bethoven", de Chuck Berry. Sonaron en las estaciones del norte de la república, e incluso lograron el primer lugar de difusión en una frecuencia de Ciudad Obregón, Sonora.

Un par de meses después, grabaron otro sencillo de 45 RPM, ahora con los temas "Hello Joy" y "Memories", pero con menor repercusión que su predecesor. Después de esto, realizaron su primera gira. Visitaron cinco ciudades del estado de Sonora, donde tuvieron gran aceptación.

En 1976, publicaron el sencillo de 45 RPM "Fly by Night" y "Señorita Dolores Funk", producido por ellos mismos. Para 1977, volvieron al estudio para grabar "Rocking in The Streets" y "Ladies in Gold", sencillos que rápidamente obtuvieron éxito local.

A mediados de 1978, Bobby salió del grupo y fue sustituido por Jorge Solórzano. En 1980, se fue Gustavo Gil y en su lugar entró el baterista Rafael Valencia.

En 1979, lanzaron otro sencillo de 45 RPM con los temas "California Bay" y "Sweet Emotion", de manera autogestiva, como ya lo venían haciendo.

Continuaron presentándose en ciudades del Pacífico mexicano y lograron un contrato con la discoteca-bar Mikes. Sin embargo, comenzaron la grabación de demos de lo que sería su primer larga duración. Entraron en una etapa de inestabilidad con los cantantes, hasta que llegó Luis Fernando Miranda, quien fue la voz representativa del grupo en su etapa ochentera.

Para el 81, lanzaron con Discos Disko el sencillo de 45 RPM con los temas "El gangster" y "Nunca digas adiós".

En 1986, lanzaron el disco *Rock a la media noche*, que editó BMG Ariola. Fue producido por Carlos W. Martos del grupo español Barón

Rojo. Se desprendió el tema "El gangster", del cual se hizo un video. Lograron la venta de cien mil copias, toda una revelación a nivel nacional. En este trabajo recuperaron algunos temas de sus sencillos anteriores, pero fueron interpretados en español. Hicieron los programas de televisión *Video Rock Ola*, del canal 4 de Guadalajara, y *Súper rock en concierto*, en Televisa, con difusión nacional. En noviembre de ese año, se presentaron en el programa *En vivo*, de Ricardo Rocha. Fueron incorporados por su compañía a la naciente campaña Rock en tu Idioma.

En diciembre de 1987, entraron al estudio para lanzar, en 1988, su segundo álbum denominado *Rockolución*. Aún inmersos en plena efervescencia del rock mexicano, La Cruz encontró dificultades en su compañía, que derivaron en la separación temporal del grupo en 1989.

En el año 2000, se organizó un concierto en la sala de espectáculos del Centro Cultural Tijuana, con motivo del lanzamiento del libro *La cicatriz, el rock en la última frontera*, presentándose Javier Batiz y los Five Fingers, donde Roberto Chacón tocaba entonces. Ahí se reunió La Cruz y nació la inquietud de volver a tocar.

Sin embargo, el grupo no ha logrado mantenerse estable, ya que la entrada y salida de sus integrantes continua, además de la muerte de un vocalista, Fermín Cota †, en 2013, no les ha permitido generar nuevos proyectos. Rafael Valencia †, baterista de la etapa ochentera, también falleció ese año a causa de un ataque cardiaco.

En la actualidad, se siguen presentando en ciertos lugares de Tijuana y sus alrededores, con Héctor Gómez como el único miembro original vigente. Lo acompañan Fernando López en la guitarra, César Villalobos en la batería y Christian Pedraza en la voz.

Discografía .... o

- "Algo para todos" / "Roll over Bethoven", sencillo (1974)
- "Memories" / "Hello Joy", sencillo (1974)
- "Fly by Night" / "Señorita Dolores Funk", sencillo (1976)
- "Rocking in The Streets", sencillo (1977)
- "California Bay" / "Sweet Emotion", sencillo (1979)
- "Nunca digas adiós" / "El gangster", sencillo (1981)
- *Rock a la Media Noche* (1986)
- *Rockolución* (1988)

Otras grabaciones

- *Oye cómo va*, compilatorio (2001), con el tema "Memorias".

Otros..(◖►

Los periodistas y escritores José Manuel Valenzuela y Gloria González publicaron en 2001 el libro/CD *Oye cómo va*, que habla del desarrollo del rock en Tijuana y en donde se hace referencia a La Cruz.

En noviembre del 2011, se presentó el libro *El rock se tocó los miércoles. La Cruz de Tijuana. Memorias de una Banda de Rock Pesado*, escrito por Héctor Gómez.

137. Náhuatl
/////////////////////////////

Inicio y fin........................► Lugar..................................◻

1972-1975, con reapariciones en   Ciudad de México
2013, 2014 y 2015

Integrantes.. III

- Ricardo Ochoa - Guitarra, voz y flauta
- Ramón Torres - Bajo
- Carlos «Bozzo I» Vázquez † - Batería
- Omar Jasso - Teclados (1975)
- Kenny Avilés - Voz (1975)

Género..𝄢

Psicodelia ácida, progresivo y hard rock con influencias de Cream, Bachman, Turner, Overdrive y Scared Mushroom.

Historia...|◄◄

Tras la salida de Ricardo Ochoa y su hermano Ramón del grupo Peace & Love, se dio una breve colaboración de ambos con el grupo Polvo, conformado por los hermanos Mancilla, originarios de El Paso, Texas. Comenzaron a palomear y, posteriormente, a componer conjuntamente en español, en un rancho cerca de Tula, Hidalgo. Crearon los temas "Machismo" y "Tiempo perdido", entre otros. Fue una gran experiencia, pero llegó el momento en el que los texanos prefirieron regresar a su lugar de origen. Ahí se sembró la semilla en la mente de Ricardo de formar un power trío. Por esos días Ricardo solía tocar con Javier Bátiz, con quien se adentró en el blues; y también colaboró con el grupo Ritual en los días previos a su separación.

Paralelamente, la banda Peace & Love, ahora comandada por Felipe Maldonado, fue invitada a una gira por Centro y Sudamérica junto a Three Souls in my Mind. El guitarrista Alejandro Villegas el «Diablo» no tenía papeles y en un ambiente de camaradería, invitaron a Ricardo para cubrirlo. Como éste ya venía trabajando nuevas ideas, les propuso que lo dejaran abrir las presentaciones de Peace & Love con algunos temas de su nuevo proyecto. Ricardo convocó a sus viejos compañeros de Peace & Love, el bajista Ramón Torres y el baterista Carlos «Bozzo I» Vázquez, para crear un trío en la línea de lo que ya había trabajado con el grupo Polvo. Felipe Maldonado no tuvo alternativa y aceptó. Fue extraño que este trío abriera a Peace & Love durante la gira, ya que cuando terminaban su participación no se bajaban del escenario y se sumaban al siguiente grupo. La gira comenzó en 1972, en el sur de México, y continuó por El Salvador. Pero la aventura resultó en un fiasco ante la estafa de los empresarios centroamericanos, y regresaron antes de lo esperado.

Tras esta complicada experiencia se dieron cuenta de que existía armonía y buena química entre ellos. Decidieron continuar, ahora con el nombre de Náhuatl, por sugerencia de su amigo Germán Pérez Salas, ya que buscaban identificarse con lo mexicano. Su primer concierto con ese nombre fue en una fiesta de la revista *Pop*, organizada por Armando Molina en 1973. Ese año participaron en un par de festivales en Cuernavaca y Querétaro.

En 1974, grabaron su primer disco homónimo para Cisne Raff.

Ante la situación de persecución del rock por parte de las autoridades, Náhuatl comenzó a tocar más en el interior de la república, que en las grandes ciudades, lo que les abrió el mercado. Hicieron toda clase de colaboraciones, entre las que se destaca una con Enrique Guzmán, con quien grabaron y viajaron por todo el país. También musicalizaron obras de los actores Manolo Fábregas y Jorge Rivero. Se volvieron músicos de estudio y participaron en producciones que nada tenían que ver con el rock.

Integraron a distintos tecladistas en la búsqueda de un mejor sonido. Primero fue Luis Rojas, sustituido por Sergio Negrete y, finalmente, por Omar Jasso, a quien Ricardo conoció en su experiencia previa con el grupo Polvo.

En un intento de su discográfica por popularizar el trabajo de Náhuatl, inscribieron, por presiones de la compañía, el tema "Rock jarocho" en el Festival OTI de 1974, por donde transitaron sin pena ni gloria.

En 1975, grabaron su segundo larga duración al que llamaron *Náhuatl Vol. II*, editado por Cisne Raff. Hubo temas como "Coca Cola" y "Hay que subir", que aun siendo populares, nunca se grabaron por la censura de su discográfica.

Ese año se encaminaron en una gira que, en teoría, terminaría en Tijuana, pero en el transcurso se dio un desencuentro entre Ricardo y sus demás compañeros, cuando éstos decidieron regresar a la Ciudad de México desde Sonora. Ricardo continuó el trayecto y juntó a viejos amigos en Tijuana para rehacer Náhuatl. Al no ver resultados claros en la frontera, se fueron a Guadalajara. Para entonces Ricardo se había lesionado las cuerdas vocales y no podía cantar, así que en su lugar puso a su novia Kenny Avilés, pero tras un pleito con ella, la nueva banda se desintegró.

Sin darse por vencido, Ricardo comenzó a idear un nuevo proyecto al que llamó Súper Náhuatl, que algunos consideran como la continuación de Náhuatl, pero con un concepto nuevo y con notables diferencias, por lo que merece una mención aparte.

En años recientes, Náhuatl ha tenido breves apariciones en Los Ángeles (2013) y la Ciudad de México (2014-2015), pero ya sin su baterista original Carlos «Bozzo I», quien falleció en 2011. En su lugar ha tocado Ramón «Bozzo II» Ochoa, hermano de Ricardo.

Discografía ●

- *Náhuatl* (1974)
- *Náhuatl Vol. II* (1975)

Otras grabaciones

- *Los Grandes Éxitos del Rock and Roll - Enrique Guzmán y el grupo Náhuatl* (1974)
- *Los Grandes Éxitos del Rock and Roll - Enrique Guzmán y el grupo Náhuatl II* (1974)

Otros

Musicalizaron la narración del actor Manolo Fábregas titulada *Platicando con mis hijos* y la película *Las cautivas*, del actor Jorge Rivero.

138. Zig Zag

Inicio y fin ▶ Lugar □

1973-1987

Ciudad de México

Integrantes

- Héctor Ortiz - Voz y guitarra (1973-1976) (1977-1985) (1986-1987)
- Pedro Ortiz - Batería (1973-1976)
- Óscar Sarquiz - Guitarra (1973)
- Panchito Torres - Teclados y guitarra (1973-1979) (1980-1987)
- Ernesto Palestino - Bajo (1973-1987)
- Federico Elizondo - Guitarra (1973-1975)
- Gerardo «Uri» Gómez - Guitarra (1975-1987)
- Roberto Nieto - Teclados y guitarra (1976-1980)
- Fernando Pérez - Batería (1976-1977)
- Abraham Olvera - Voz (1976)

- Hugo Tamez - Batería (1977-1978) (1981-1987)
- César Barrera - Batería (1978-1981)
- Rafael Bustamante - Teclados (1979-1980)
- Toño Barrera - Staff y batería ocasionalmente (1981-1987)
- Keith McCartney - Voz (1985)
- Todd Dunst - Teclados (1987)

Género..𝄢

Rock pop con influencias de Rolling Stones, Alice Cooper, Deep Purple y rock clásico en general.

Historia..|◄◄

La banda nació en enero de 1973 y estaba conformada por Óscar Sarquiz, Héctor Ortiz, Pedro Ortiz, Francisco Torres y Ernesto Palestino. Tocaron por primera vez en una fiesta en el Pedregal de San Ángel, para el colegio femenino Helens. Sin embargo, fue hasta el memorable concierto que dieron en el Colegio Tepeyac donde se marcó el exitoso futuro de la banda. Meses después, en un concierto en las oficinas de la revista *Pop*, conocieron a Gerardo Gómez, quien posteriormente se integró a Zig Zag.

A partir de ese momento y durante los siguientes tres años, el grupo estuvo íntimamente ligado al teatro, específicamente a comedias musicales. Ese año, ya sin Óscar, participaron en la puesta en escena de *Vaselina*, en el teatro Manolo Fábregas; en 1974 en la obra de teatro *Píppin*, después en *Billy*, con Benny Ibarra en el 75, para posteriormente participar en la ópera rock *Jesucristo Superestrella*, en el Teatro Ferrocarrilero, con Héctor Ortiz haciendo el papel de Simón y el grupo tocando con media sinfónica. En 1976, grabaron el disco de la obra de teatro *El show de terror de Rocky* y participaron en una obra en el Hotel Del Prado.

En ese mismo lapso se presentaron en el Byblos, en la Zona Rosa de la ciudad de México e hicieron su primera aparición en televisión en el programa La Hora 0, con Verónica Castro.

Entre 1976 y 1977, Héctor estuvo involucrado en musicales de teatro, e incluso produjo la obra *The Beatles*, por lo que se retiró del grupo temporalmente, para regresar y presentarse en el Byblos y en las memorables tocadas que Zig Zag dio en el Aramy´s durante 1977. Por dos años, la leyenda de Zig Zag comenzó a crecer.

Durante el 78, dieron conciertos en el Teatro de Arquitectura de la UNAM y en el Teatro de los Insurgentes.

Después de una corta temporada con la obra de teatro *Godspell*, hicieron una gira por la república con *La sinfonía Beatle*, acompañados por una orquesta sinfónica.

Grabaron su primero y único disco homónimo, bajo el sello de Orfeón. El dibujo de la portada es de Sergio Arau.

Hicieron dos apariciones en el Show de Olga Breeskin con videos de covers de Queen, "Bohemian rapsody", teniendo como locación un deshuesadero de autos y otro de "We are the champions", en el estadio Azteca.

En 1978 los contrataron para hacer una temporada de seis meses en el Hotel Princess, en Acapulco. Regresaron en 1979 a hacer una nueva temporada en el Byblos. Éstos serían los últimos conciertos formales del grupo en México.

En 1980 comenzaron una gira por la Costa Este de los Estados Unidos, en la que visitaron los estados de New York, Pensilvania, Massachusetts y Florida. Desde entonces, Minneapolis se convirtió en el hogar de cinco de los seis músicos originales.

En 1981 entraron al estudio para grabar el que sería su segundo disco, sin embargo, no se editó porque no encontraron una compañía que lo quisiera.

Regresaron a México para realizar algunos programas para Televisa y bajo la producción de Luis de Llano, con una escenografía estupenda y la oportunidad de tocar sus canciones originales, como "Rocking all night together", de Ernesto y Héctor; "Stronger than ever", de Uri y Héctor; Get it on, de Héctor, "Gotta be", de Uri y Héctor, así como el cover de "Just a fantasy", de Billy Joel.

En 1982, se fueron a Estados Unidos para emprender una gira por veintidós universidades en el Midwest. Recorrieron Minnesota, Wisconsin, North Dakota, South Dakota y Iowa, entre otros.

En 1985 grabaron "Prisoner" y "I would give anything", para conseguir un tan codiciado contrato de grabación. MCA y Atlantic mostraron interés, al punto de que mandaron gente para escucharlos en Minneapolis, pero la suerte no los acompañó y el grupo se desanimó. Los dos últimos años de la banda siguieron la inercia, aunque el fin estaba cerca. El 18 de noviembre de 1997, dieron su último concierto en Minnesota.

Discografía...O

- *Zig Zag* (1978)
- *USA Sessions*, sin editar

Otras grabaciones

- *Vaselina* (1973)
- *Jesucristo Superestrella* (1975)
- *El show del terror de Rocky* (1976)

Otros..((▶

Actualmente, Héctor Ortiz reside en México y hace espectáculos emulando a los ídolos del rock y es considerado el mejor imitador de Elvis Presley.

139. El Queso Sagrado

Inicio y fin...................▶ Lugar...............................□

1973 - 1981

Ciudad de México

Integrantes...III

- Alex Eisering - Teclados y guitarra

Etapa inicial (1973-1975)

- Luis Rojas † - Batería
- Héctor Candanedo - Bajo

Etapa intermedia (1976-1978)

- Jesús González - Bajo
- René Romero - Guitarra
- Carlos Blázquez - Batería

Etapa final (1979-1981)

- Miguel Samperio - Sax
- José Luis Romero - Clarinete y sax
- Alfredo Flores - Violín
- Carlos Vivanco - Guitarra
- Fabián Reyes - Bajo
- Antonio Sánchez - Batería
- Bernardo González - Voz y performance
- Silvia Candanedo - Voz y performance

Género...𝄢

Rock progresivo, free jazz, experimental y música electrónica con influencias de grupos de la ola inglesa, Pierre Henri, Stockhausen, John Coltrane, Yes, Genesis, Camel, Pink Floyd y King Crimson.

Historia..⏮

Hablar de El Queso Sagrado, es hablar de un grupo de músicos convocados a lo largo de su historia por el compositor, guitarrista y tecladista Alex Eisering. Alrededor de 1972, existía un grupo llamado La Marioneta Eléctrica, que interpretaba covers y donde Alex, el baterista Luis Rojas y el bajista Héctor Candanedo tocaban juntos. Después decidieron hacer composiciones propias, influidos por las bandas inglesas de rock progresivo. Se transformaron en El Queso Sagrado. Todavía bajo la influencia de la cultura hippie, su nombre surgió de una de las tantas formas de decirle a la mariguana.

Junto a los grupos Decibel y Como México no Hay Dos, fueron los primeros en México en hacer rock progresivo, free jazz y rock en oposición. Como México no Hay Dos era una banda que sólo tocaba los 16 de septiembre y que estaba conformada por integrantes de Decibel, El Queso Sagrado, El Capitán Lujuria (después Capitán Pijama) y el Dr. Fanátik, entre otros. Solían presentarse en los mismos escenarios, y de alguna manera conformaron un grupo de colaboradores en continua búsqueda de sonidos diferentes y novedosos.

El grupo se mantuvo estable hasta la muerte de Luis Rojas en 1975; después, se reintegró con el bajista Jesús González, el baterista Carlos Blázquez y el guitarrista René Romero. Durante los siguientes años trabajaron en mancuerna con el director teatral Abraham Oceransky, tocando en vivo y musicalizando sus obras. Fue en 1976, cuando El Queso Sagrado sustituyó a Al Universo como grupo de cabecera en las obras *Simio* y *Deus Machina*, escenificadas en el teatro El Galeón. Esto los mantuvo muy activos y les proporcionó el privilegio de tener una fuente de ingreso, aunque a su vez, los alejó del reducido círculo de conciertos que había entonces. Al tocar constantemente lograron una buena compenetración y grandes momentos musicales. Participaron también en las obras *Frankestein, La muerte de un girasol* y *Acto de amor.*

Al terminar esta etapa, el trabajo era muy poco para los grupos con tendencia progresiva. El público era escaso y no se podía pretender más de diez presentaciones al año. A la par de El Queso Sagrado, Alex participaba en bandas efímeras, que daban pocos conciertos y desaparecían. Tal fue el caso de Íncubos y Sócubos, y sus memorables presentaciones en la UNAM, o El Queso Callejero que aparecía en las calles del centro de la Ciudad de México.

Alex Eisering tocaba la guitarra de manera efectista, ambiental, con texturas y sonidos no convencionales. Esto lo fue enfilando hacia su posterior trabajo dentro de la música electrónica.

Al final de la década de los setenta, El Queso Sagrado funcionó más como un colectivo alrededor de Alex, contabilizando más de cuarenta colaboradores a lo largo de su historia. En esta última etapa, llegó a tener doce músicos en escena. Dos de estos colaboradores fueron Bernardo González y Silvia Candanedo, quienes cantaron e hicieron perfomance. Fue con ellos que Alex creó un grupo de techno pop al que llamaron Syntoma, el cual estaba influido por las nuevas corrientes musicales. En un concierto de 1981, se despidió El Queso Sagrado y comenzó Syntoma.

El trabajo de El Queso Sagrado no quedó plasmado en ningún disco. A lo más, hay unas cuantas grabaciones amateurs de ensayos y presentaciones que actualmente pueden ser escuchados en los si- tios de internet administrados por el propio Alex Eisering. Existe la intención de masterizar dichas grabaciones y editarlas en próximas fechas. «Teníamos material como para cinco discos, pero no la visión para grabar; además, en aquellos tiempos no había muchos estudios independientes en México». Jesús González en entrevista con David Cortés, 19 de diciembre de 1996, tomada de *El otro Rock Mexicano. Experiencias progresivas, sicodélicas, de fusión y experimentales*, de David Cortés, 1999.

Otros .... ((▶

Tras su salida del grupo, Jesús González emigró a Tijuana y de ahí se mudó a Isla Catalina, en República Dominicana. Estando ahí, creo el concepto de High Fidelity Orchestra. Después se fue a Los Ángeles, y como pasatiempo, armó una banda, misma que se convirtió en un proyecto serio al volver a México.

Después de El Queso Sagrado, Alex Eisering ha formado parte de diversos proyectos como el mencionado Syntoma, El Escuadrón del Ritmo y Bardo Thodol. En la actualidad, forma parte de Decibel. En 1983 fundó La Corporación Sintética, un colectivo de sellos independientes; desde entonces se ha dedicado también a la producción.

140. Mr. Loco
////////////////////////////

Inicio y fin ....▶   Lugar ....◻

1973-1979, con una breve reaparición en 2007

Ciudad de México

Integrantes III

- Jorge García Cantil - Bajo y voz
- Rafael Acosta - Batería y voz
- Javier Garza - Guitarra

- Héctor Sánchez - Arpa e instrumentos folclóricos (1975-1979)
- Rafael Chávez - Guitarra (1975-1979)
- Omar Jasso - Teclados (1975-1979)
- Víctor Bautista - Flauta (1975-1979)
- Baby Bátiz - Voz (1979)
- Mayita Campos - Voz (1979)
- Norma Valdéz - Voz (1979)

Género

Rock con elementos de la música latinoamericana y letras en inglés, con influencias principalmente de música mexicana y andina.

Historia

Desde 1972, Rafael Acosta, baterista de Los Locos de Ritmo, había experimentado con la fusión de la música tradicional latinoamericana y con los géneros de música popular contemporánea en el grupo Marabunta. Pero fue en 1973 cuando se juntó con su compañero de Los Locos del Ritmo, el guitarrista Javier Garza y el bajista Jorge García Cantil para darle forma Mr. Loco.

En 1974 comenzaron a grabar su primer disco, al cual le invirtieron poco más de un año. *Uno* fue su debut. Salió al mercado en 1975 y fue editado por Discos Orfeón, también en España. Contiene diez temas entre los que se encuentran "Religious Man", "Bubble Gum" y "Papas".

Ese año se inscribieron en el VI Festival Yamaha, en Tokio, Japón, con tres canciones. De 1 540 finalistas de todo el mundo, seleccionaron a 48 concursantes que viajaron al país asiático, incluidos Mr. Loco. Ese noviembre se convirtieron en triunfadores con el tema "Lucky Man".

Para entonces, colaboraban en Mr. Loco, Héctor Sánchez en el arpa y en toda clase de instrumentos folclóricos, Rafael Chávez en otra guitarra, Omar Jasso en los teclados y Víctor Bautista en la flauta. Participaron eventualmente en las grabaciones Ricardo Cortez con instrumentos andinos, Héctor Morales en la vihuela, Carlos Morales en el arpa, Miguel Mel en el órgano y Julio Morales en el acordeón y ukulele.

En 1976 lanzaron con Discos Orfeón, en México y España, *Lucky Man*, que contiene la grabación en vivo del momento en que ganaron el concurso de Yamaha, algunas nuevas versiones del disco *Uno* y temas inéditos. Los arreglos orquestales corrieron a cargo de Bebu Silvetti. Ese año, también salió el sencillo de 45 RPM "Bubble Gum" / "Tú (Sólo tú)".

Mr. Loco logró llamar la atención con un concepto original que combinaba géneros aparentemente incompatibles, pero que sonaban armoniosamente. Eran temas inocentemente alegres, cantados en inglés, español y spanglish.

Sin embargo, la creatividad decayó cuando lanzaron el disco *Sencillamente nunca*, en 1978. Estaba compuesto en buena medida por covers que adaptaron de manera forzada al concepto de la banda, además de una versión de "Viva Zapata" en español (tema que Rafael Acosta había compuesto para el grupo Locos) y otros como "Telegrama de México" y "Supermán". El disco se quedó corto con respecto a sus predecesores.

Para entonces la música disco se encontraba en su apogeo y Mr. Loco dio un giro hacia ese género. Añadiendo a su nombre un *loco* más, es decir, Mr. Loco Loco. Produjeron un nuevo larga duración al que llamaron *Dancing Loco Disco*, con dos popurríes de canciones tradicionales mexicanas, además de los temas "Disco Boogie" y el cover "Rockin'Robin". Contaron con la participación, ni más ni menos, que de Baby Bátiz, Mayita Campos y Norma Valdéz, las cuales se hicieron llamar Las Loquettes.

Al comenzar la década de los ochenta, el grupo Mr. Loco desapareció. La fórmula parecía haberse agotado.

Fue hasta 2006, cuando la canción "Religious Man", de su primer disco, fue considerada como tema principal de la película *Nacho Libre*, protagonizada por Jack Blak y dirigida por Jared Hess. El conocido músico Beck conocía este material y se lo propuso a su amigo director. También aparecen ahí los temas "Bubble Gum" y "Papas". La música de Mr. Loco encajó perfectamente en la cinta.

Esto propició que Rafael Acosta, Javier Garza y Jorge García Cantil se reunieran nuevamente a grabar. Lanzaron de forma independiente el disco *Mystic*, en 2007.

Discografía .... O

- *Uno* (1975)
- *Lucky Man* (1976)

- "Bubble Gum" / "Tú (Sólo tú)", sencillo de 45 RPM (1976)
- *Sencillamente nunca* (1978)
- *Dancing Loco Disco* (1979)
- *Mystic* (2007)

Otros ((▶

Durante el siguiente par de décadas, Rafael Acosta se presentó con Los Locos del Ritmo. Tras registrar este nombre por su cuenta en 1999, entró en un pleito legal con sus ahora ex compañeros.

Durante los ochenta, muchos músicos principiantes usaríamos un pequeño y económico estudio de su propiedad, instalado en su casa en la calle Cusco, en la colonia Lindavista.

141. Decibel

Inicio ▶ Lugar ▫

1974-1980, 1996-2003
y 2011-hasta hoy

Ciudad de México

Integrantes III

- Walter Schmidt - Bajo, sax, percusión y voz
- Carlos Robledo - Teclados y trompeta
- Moisés Romero - Batería (1974)
- Óscar Treviño - Batería (1974)
- Alejandro Sánchez - Violín, trombón y bajo (1974-1980) (1996-2003)
- Jaime Castañeda - Batería (1974-1980) (1996-2003)
- Arturo Meza - Guitarra (1974-1980)
- Javier Baviera - Sax y clarinete (1974-1980) (2011)
- Alex Eiserling - Guitarra (1979) (2011-Hasta hoy)

Género .... 𝄢

Rock en oposición, rock progresivo, jazz, electrónica, atmosférica, concreta, música clásica y folclor, con influencia de Messiaen, Stockhausen, Magma, Henry Cow, Universo Zero, Art Zoyd y Art Bears.

Historia .... ⏮

En la primera mitad de la década de los setenta, el periodista y bajista del grupo Espectro, Walter Schmit, conoció a Carlos Robledo, guitarrista de la banda Pimienta. Coincidieron cuando compraban discos en Hip 70, una de las pocas tiendas especializadas en rock, al sur de la Ciudad de México. Sus respectivos grupos desaparecieron, pero ellos tenían los mismos intereses musicales. Una tarde otoñal de 1974, mientras conversaban sobre sus inclinaciones artísticas, decidieron crear Decibel. Aunque estaban influidos por el rock progresivo que llegaba de Europa, tenían la determinación de crear una música propia. Quisieron un nombre universal, así que eligieron el que define la intensidad del sonido. Llamaron al baterista Moisés Romero y comenzaron a ensayar. Al poco tiempo lo sustituyó Óscar Treviño. Luego entró el violinista Alejandro Sánchez, y a la par Jaime Castañeda, quien fue el baterista definitivo al salir Treviño. Carlos contaba con un sintetizador Roland bastante primitivo, y como no podía comprar teclados sofisticados, decidieron incluir diferentes timbres, por lo que invitaron a Javier Baviera en el sax y clarinete. Jaime, por su cuenta, además de tocar la batería, ejecutaba la marimba y percusión diversa. El último en integrarse fue Arturo Meza en la guitarra.

Su posición ante el panorama nacional fue radical y provocadora. Su pretensión fue hacer música instrumental para un público con oído educado. En un país donde el acceso al rock hecho en otras partes era difícil, si no es que nulo, su visión apuntaba a llegar a un público muy reducido. El acceso que Walter tenía como periodista a las producciones que llegaban del extranjero, que a su vez las compañías discográficas desechaban al no encontrarles mercado en México, los hizo estar muy actualizados en lo que concernía al llamado rock en oposición o RIO. Con influencias distintas a las de otros grupos, criticaron a la escena nacional alegando la falta de originalidad de sus colegas. El rock en

México estaba proscrito, y ellos con su actitud fueron relegados dentro del mismo género.

Así, comenzaron a crear una propuesta que involucraba música electrónica, jazz, rock, folclor nacional, música concreta, cintas pregrabadas y música clásica. No eran virtuosos, aunque lograron hacer cosas con alto grado de complejidad.

De manera paralela, nació el grupo Como México no hay dos, en el cual tocaban ellos y otros más. La música de esta banda era totalmente improvisada, al contrario de Decibel de esos días que, si bien tenían un alto grado de improvisación y libertad, partía de una estructura ordenadora.

Al comienzo trataron de presentarse en los únicos foros que sobrevivieron para el rock, los hoyos fonquis, pero pronto se dieron cuenta de que ahí no serían entendidos. Así que buscaron los foros culturales, las universidades y museos, usando la etiqueta de grupo de jazz. Conscientes de la dificultad que el público tenía para digerir su música, complementaron su espectáculo con proyección de imágenes, vestuario raro y escenografías.

Los cohesionaba como grupo el hecho de hacer lo que querían y les gustaba, ya que nunca se plantearon ser parte del mundo de la música popular, además de que no era una fuente de ingresos para sobrevivir. Su proceso creativo se enfocó en la búsqueda y la experimentación sonora en el terreno de lo abstracto, sin intenciones comerciales, ideológicas o políticas. La polarización del público era patente. Había quienes los admiraban y veían como abanderados de una nueva escena, y quienes los odiaban considerándolos una broma de mal gusto.

Se presentaron en foros alternativos como la Facultad de Economía de la UNAM, la Sala Chopin, e incluso en Bellas Artes. Tocaron en la exposición Los treinta días de abril, de J.S. Schmill, con el seudónimo de Ogro. También lo hicieron en Musicomix de Zalathiel. El 16, 23 y 30 de enero de 1977 presentaron su espectáculo Apocalipsis, en el Museo Universitario de Ciencias y Arte. En éste, el grupo improvisaba desde antes de que el público entrara a la sala, involucrándolos como una parte del proceso creativo.

La posibilidad de grabar un disco era remota. No existía el interés de las discográficas ni de los medios de comunicación por apoyar al rock, y menos a un proyecto difícil de entender como Decibel. Hacerlo de manera independiente implicaba una fuerte inversión con la que no contaban, además, no tuvieron la visión de apostar por la edición de casetes. Esto no impidió que realizaran grabaciones de algunos temas y presentaciones en vivo que fueron rescatadas posteriormente.

Arturo Meza comenzó a sentirse ajeno al proceso de composición y decidió salir para crear Krol Voldarepet Knact Didáctico. Alex Eiserling (ex El Queso Sagrado) comenzó a tocar la guitarra con ellos.

Los demás entraron al estudio entre 1978 y 1979 para grabar su debut discográfico *El poeta del ruido*, el cual salió hasta 1980 con Discos Orfeón. Tuvieron como invitados al tecladista Carlos Alvarado (Al Universo), a José Luis Romero en el clarinete, Víctor Robledo en el violín y a Mónica, Virginia y Piro Maniac (de Dangerous Rhythm) en los coros. Sin temor a equivocaciones, este disco se convirtió en un parteaguas en el rock progresivo mexicano, que con el tiempo ha logrado gran reconocimiento en los círculos progresivos de México y el extranjero.

Sin embargo, entre 1979 y 1980, el grupo, que hasta entonces se había mantenido unido, comenzó a tener fricciones internas. Cuando salió *El poeta del ruido*, la banda prácticamente se había separado. La atracción por las nuevas corrientes musicales en los integrantes de Decibel tuvo algo que ver en su decisión de desintegrarse. Alejandro se acercó más a la música académica y de concierto, creando el grupo Nazca; Jaime se mudó a Italia; Javier se sintió atraído por el punk, volviéndose cantante de Rebel D'Punk; y Walter y Carlos hicieron algunas presentaciones de Decibel para promover el disco antes de involucrarse en otros proyectos post punk, como Size y Casino Shangai.

Aún sin estar activos, se siguieron editando nuevas producciones. En 1982, la compañía inglesa Recommended Records consideró el tema "Mucílago binomial", de 1979, para que apareciera en su sampler anual.

Diez años después, la discográfica independiente Momia Discos, de Carlos Alvarado, editó el disco *Contranatura*, con temas grabados en 1978. Es una combinación de canciones que aparecieron en *El poeta del ruido* y de temas inéditos.

En 1996 salió el disco *El mensaje de Fomalhuault*, que contuvo una combinación de temas grabados en 1978 y 1979, algunos inéditos, registrados en vivo en el Festival de Rock en Oposición realizado en el teatro de Arquitectura en la UNAM, y dos temas nuevos, "Alejándose del lugar" y "Lluvia dorada", grabados por Walter, Jaime, Carlos y Alejandro. Los acompañó nuevamente Carlos Alvarado (de Chac Mool) como músico invitado. Esto marcó un regreso creativo de Decibel, que produciría nueva música en los siguientes años.

En 1998, y con la misma formación, se volvieron a juntar para grabar *Fortuna Virlis*, que salió en 1999, editado nuevamente por Momia Discos. Tiene el nombre de la divinidad romana del azar. Aquí Decibel se entregó por completo a los terrenos de la improvisación libre. Con esta producción festejaron 25 años desde su fundación.

Sus discos tuvieron distribución fuera de México, gracias a que siempre procuraron acercarse a discográficas especializadas como Recommended Records. De este modo, el grupo consiguió una proyección entre los conocedores del género en todo el mundo. Su carácter subterráneo al menos fue internacional.

En 2003, la compañía discográfica MIO Records, de Israel, editó una caja de tres discos de los cuales dos recopilan su trabajo editado hasta ese momento y el tercero grabaciones inéditas en vivo, algunas realizadas de 1977 a 1979 y otra hecha en el 2000, en un concierto presentado en el Convento X-Teresa de la Ciudad de México. Se llamó *Fiat Lux: The Complete Recordings (1977-2000)*. Viajaron a Israel para presentar sus obras completas.

Después el grupo volvió al estado latente hasta el 2011, cuando, incentivados por Carlos Becerra de Independing Recording, se reagruparon. Incorporando a Javier Baviera y Alex Eisering.

Las condiciones para grabar eran radicalmente distintas a cuando comenzaron. Así que, aprovechando el estudio personal de Alex, comenzaron a producir nuevos discos bajo su propio sello independiente: Discos Abronia.

En 2013, lanzaron *Mèliés*, inspirados en las películas de George Mèilés, que ya habían musicalizado en vivo por petición de la Cineteca Nacional. Tuvieron como músico invitado al guitarrista Carlos Vivanco. En esta tercera etapa, sus composiciones se dirigieron más a lo electrónico y atmosférico.

También fueron invitados por Conaculta para musicalizar en vivo otras películas mudas, como *El perro andaluz*, de Luis Buñuel, y *Los sueños que el dinero puede comprar*, de Marcel Duchamp. Éstas se presentaron en el Teatro de la Ciudad y en la Cineteca Nacional, junto a la banda belga Univers Zero.

Luego vino *En Vivo*, grabado en el Museo Carrillo Gil el 26 de julio de ese año, y que salió al mercado durante 2014 con Discos Intolerancia, conmemorando así sus 40 años de existencia. Desde entonces, Decibel se redujo a Alex, Walter y Carlos, acompañados siempre de invitados como Ramsés Luna, Elliot Levin y sus viejos compañeros.

En 2015, salió el disco doble *Insecto mecánico*, bajo el sello, Discos Abronia.

Ese mismo año fueron invitados a participar en el Festival Vive Latino, en la carpa Intolerante.

Para 2016, lanzaron, con Discos Abronia, *Secuencias Genéticas*, su más reciente disco.

«La pretensión —no sé si realmente lo logramos— era hacer cosas distintas, llenar el hueco de lo que sentíamos hacía falta (musicalmente) en México (...). Nuestra actitud influyó en algunos grupos. Decibel nunca se conoció masivamente, pero en la gente que le interesaba este tipo de música sí tuvimos influencia. Tal vez no sea significativo, pero lo que hicimos cambió parte de la historia, un extremo —el más olvidado— del rock mexicano». Walter Schmidt en entrevista con David Cortés, 19 de febrero de 1992, tomado de *El otro Rock Mexicano. Experiencias progresivas, sicodélicas, de fusión y experimentales*, de David Cortés.

Discografía.. O

- *El poeta del ruido* (1979)
- *Contranatura* (1992) grabado en 1978.
- *El mensaje de Fomalhuault* (1996)
- *Fortuna Virlis* (1999)
- *Fiat Lux: The Complete Recordings (1977-2000)*, recopilación y edición de un disco en vivo (2003).
- *Mèliés* (2013)
- *Insecto mecánico*, disco doble (2015)
- *Secuencias genéticas* (2016)

Otras grabaciones

- *Recommended Records Sampler*, compilación (1982)
- *En vivo* (2014)

Otros .... ⦿▷

Walter Schmidt, además de ser un prolífico músico, es un reconocido periodista promotor de las alternativas musicales en diferentes revistas como *México Canta*, *Pop Dimensión*, *Conecte* y *Sonido* (de la que fue director), por mencionar algunas. Produjo programas musicales en Radio UNAM y el IMER. Su contribución como periodista en prensa y radio ha sido muy importante para el rock mexicano. Ha participado junto a Carlos Robledo en distintas agrupaciones, como Casino Shangai, Como México no hay dos, Size, Cucú Bazar, La Reata, Los Ángeles Secretos y La Oreja de Gogh.

142. Guillermo Briseño

Inicio .... ▶ Lugar .... ▫

1975   Ciudad de México

Género .... 𝄢

Rock and roll, rhythm & blues, funk, rock progresivo, boogie con influencia de Floyd Cramer, Little Richard, Jerry Lee Lewis, Ray Charles, James Brown.

Historia .... |◄◄

Guillermo Briseño nació en la Ciudad de México en 1945. Desde muy pequeño tocó el piano. A sus catorce años, se vio fuertemente atraído por el rock and roll, particularmente por el pianista de Elvis Presley, Floyd Cramer, así como por Little Richard, Jerry Lee Lewis y Ray Charles. En 1961, formó parte de Los Masters. Luego entro a la UNAM para estudiar Ingeniería Química. A la par siguió tocando en varios grupos, donde ya proponía canciones de su autoría. En 1969, integró el grupo de funk Cosa Nostra, con el que lanzó dos discos. Viajaron por Centroamérica y los Estados Unidos. Cuando regresaron, Cosa Nostra se desintegró. Los intereses artísticos, creativos e ideológicos de Briseño se decidieron por nuevos caminos.

A partir de 1975, se enfocó en consolidar su propio proyecto. Debutó dando un concierto en la Facultad de Medicina de la UNAM, iniciando así una dinámica en la cual se presentaba frecuentemente en salas universitarias y centros culturales.

En 1976 lo invitaron a conducir un programa para el Canal 13 de Imevisión, que se llamó *Mexicanísimo*.

Briseño ya tenía en mente acompañarse de una banda, por lo que creó el grupo Briseño, Carrasco y Flores, en 1977. Eran un trío de teclados, bajo y batería. Con ellos grabó el disco independiente *Briseño*. Tuvo como músicos invitados a los guitarristas Lorenzo Fernández, Luis González Lobo y Óscar Sarquiz. Hicieron palmas David Bakst, Julio Solórzano y Henry West.

A diferencia de la generalidad de propuestas en el rock mexicano, para Briseño, letra y música se complementaban. Su discurso era visceral y comprometido. En su búsqueda, se identificó con otros compositores, predominantemente de la música folclórica y el Canto Nuevo, que se reconocían como movimientos alternativos de música popular y entendían su creación desde una perspectiva de izquierda.

Ese año, Briseño se involucró con la organización de músicos La Unión. Se enfrentó al rechazo que algunos tenían hacia el rock. «Al defender la posición más ortodoxa respecto a los instrumentos utilizados en la elaboración de la música, René Villanueva mostraba cierto rechazo al uso de instrumentos eléctricos y defendía sólo el uso de instrumentos acústicos tradicionales; propuesta que contaba con la oposición de Guillermo Briseño junto con otros músicos que comenzaban a experimentar el uso de instrumentos eléctricos en la elaboración de sus propuestas musicales. A nuestro juicio, esta postura de oposición concretamente al rock se debe a que en aquellos años este género musical era visto por parte de cierto sector de la izquierda como música pro imperialista y enajenante, sin lograr distinguir entre el rock efectivamente domesticado, manipulado y difundido por los medios de comunicación masiva, y el rock contestatario que conserva la carga subversiva de sus orígenes y que en esos años tenía a Guillermo Briseño como un claro representante». Jorge H. Velasco, en *El canto de la tribu*, 2013.

A Briseño, Carrasco y Flores se incorporó después la bella y talentosa tecladista, flautista y cantante Hebe Rosell, proveniente del grupo folclórico argentino Huerque Mapu, que llegó a México como parte del exilio sudamericano y que había estado tocando con el grupo Sanampay. «Le debo a Briseño el brinco al rock and roll, al blues y a entender que la música que se canta tiene que ver con la realidad de una manera dinámica, profunda, orgánica». Hebe Rosell en entrevista con Verónica Ortiz Lawrenz, en "Transformar un país da miedo: Hebe Rosell", *Milenio*, del 18 de enero de 2015.

Briseño y Hebe comenzaron una relación de pareja, que también fue una mancuerna creativa que duró cerca de 20 años. Un dato curioso es que Hebe Rosell es media hermana del roquero argentino Andrés Calamaro.

Con el nuevo grupo se embarcaron en una gira por toda la república mexicana, tocando para la Secretaría de Educación Pública y llevando su música a comunidades remotas. Después viajaron a Cuba donde también recorrieron la isla de lado a lado.

En 1978, nació la Liga Independiente de Músicos y Artistas Revolucionarios (LIMAR) a la que el grupo perteneció desde su fundación. La organización duró tres años y le siguió el Comité de la Nueva Canción, en el que la participación de músicos alternativos fue más amplia. Briseño y Rosell se involucraron nuevamente.

En 1980, Briseño, Hebe, Carrasco y Flores sacaron *Viaje al espacio visceral*, un disco en el que abordan temas políticos. Aquí, Briseño logró una obra de rock progresivo mexicano aderezado con blues y boogie, que recibió un justo reconocimiento hasta mucho tiempo después.

Ese año fue invitado por RTC (Radio, Televisión y Cinematografía) a conducir el programa de televisión *De cara al futuro*.

En 1983, Briseño sacó, con Foton Records, *Ausencias e irreverencias*, un LP con sólo dos temas, uno de cada lado del acetato de vinilo: "Ausencias", de casi 22 minutos, e "Irreverencias", de casi 16. El lado A se grabó en una visita a la ciudad de Monterrey y es una improvisación para siete teclados grabada en el estudio de Quico Cadena. El lado B lo grabó a su regreso a la Ciudad de México, en el estudio de Paco Rosas, descrita como música para cuatro cartas de amor.

Para 1984, junto a Hebe Rosell, el bajista Sabo Romo, el baterista Juan Carlos Novelo y el saxofonista Octavio Espinoza el «Sopas» †, formó el grupo Briseño y el Séptimo Arte.

A raíz del terremoto de 1985, participó en los conciertos titulados Una razón para juntarnos, donde estrenó el tema que compuso para su amigo Rockdrigo, fallecido en el movimiento telúrico, y que se llamó "A Rodrigo (Un aplauso al corazón)". Después apareció en el disco *Está valiendo... el corazón*, de 1987, fue editado por Comrock. En la grabación participaron las voces de Amparo Ochoa, Betsy Pecanins, Caito, Eugenia León, Margie Bermejo, Tehua, Hebe, Sabo y Guillermo Briseño. Destacó el tema "Tunel 29", basado en un hecho real: la muerte de un fanático en un partido de fútbol en el Estadio Olímpico de Ciudad Universitaria, en una final de Pumas-América. La canción está narrada desde la perspectiva del fallecido. Otro tema recordado es "El botellazo".

Briseño participó en dos películas independientes de Sergio García Michel: *Un toke de Roc*, de 1988, donde interpreta un tema al piano; y al año siguiente en *Betty Rock y el último súper ocho*, la cual musicalizó.

Por invitación del coreógrafo Marco Antonio Silva, compuso "Otros dioses", para La Compañía Nacional de Danza. La interpretó junto a Hebe en el Palacio de Bellas Artes. Ese año Rosell y Briseño crearon la música de *El pequeño pirata sin rabia*, un programa especial de televisión para el día del niño, basado en un cuento de Carmen Boullosa. La música estuvo interpretada por Briseño y el Séptimo Aire, y se plasmó un disco de edición limitada. Participó también Alejandro Aura † cantando y produciendo.

Fue invitado de nuevo por el Canal 13 de Imevisión para ser el anfitrión de un programa en el que tocaban grupos invitados, compartiendo la pantalla con Briseño y el Séptimo Aire. Se llamó *Espectáculo de la ciudad*.

En 1990, Briseño y el Séptimo Aire se disolvió, por lo que volvió a dar conciertos en un espectáculo al que denominó El Conexionista, en la sala Miguel Covarrubias de la UNAM. Ese año salió la grabación de dicho concierto con Discos Pentagrama, y contó con el apoyo de Juan Sosa, Mike Nieto y Juan Manuel Aceves.

También compuso para el Laboratorio de Teatro Campesino e Indígena de México, la obra *Romeo y Julieta-Escenas sinfónicas*, que se presentó en el Festival Shakespeare y el Festival Latino, en Nueva York.

Ese año, comenzó a conducir el programa *Apaga la luz*, por Orbita 105.7 de FM, en el IMER, mismo que duró doce años al aire. En 1992, compuso la música para la serie de televisión *Mariagalante*, así como la obra de música y poesía *El descubrimiento de Europa*, que se estrenó en 1995 en Berlín, en el marco del Encuentro Internacional por la Lucha de las Comunidades Indígenas Chiapanecas.

Para su siguiente proyecto, formó un nuevo grupo al que llamó La Banda de Guerra. Ellos eran Mario Hernández «Tractor» en la guitarra, Juan Carlos Novelo y Federico Luna en la batería, Jorge Rosell en el bajo y Armando Montiel en la percusión. Con ellos grabó, en 1992, *Briseño y La Banda de Guerra*, editado por la Universidad Autónoma Metropolitana. Al año siguiente se reeditó con otra portada en Discos Culebra, de la discográfica BMG Ariola.

En 1994, hizo junto a Betsy Pecanins el disco *Nada que perder*, editado por Milan Records. Ese año se grabó a la Orquesta Sinfónica de la Ciudad de México bajo la dirección de Eduardo Díaz Muñoz, que interpretó *Romeo y Julieta-Escenas sinfónicas*. El disco de dicha presentación en la Sala Nezahualcóyotl salió hasta el año 2000, editado por Fonarte Latino.

A partir del levantamiento zapatista de 1994, se unió a un grupo de músicos autodenominados El Club de los Corazones Rotos, entre los que estaban las agrupaciones y solistas Santa Sabina, Maldita Vecindad, Café Tacvba, Botellita de Jerez, Fratta, La Lupita y Guillermo Briseño, quienes, junto a estudiantes de la UNAM conocidos como la Caravana Ricardo Pozas, organizaron una serie de conciertos en apoyo a las comunidades zapatistas desplazadas por el conflicto. Quizá el más recordado de estos fue el Doce Serpiente, realizado en el campo de prácticas de la universidad. Durante los siguientes años, Guillermo Briseño estuvo muy comprometido con la causa zapatista.

En 1998, salió el disco dirigido al público infantil, *Quiero ser parte del cuento*, editado por Fonarte Latino. El siguiente año lanzó, igualmente con este sello, *De tripas corazón*.

En 2001, salió la antología *Verde, blanco y colorado*, una caja de tres discos. Los dos primeros son las reediciones de *El conexionista y La Banda de Guerra*, y el tercero tiene temas originales y nuevas versiones.

En 2003, lanzó *Sangre azul*. En éste se rodeó nuevamente de grandes músicos; lo acompañaron Baby Bátiz, Jorge Rosell, Juan Carlos Novelo, Federico Luna, Rey David Alejandre, Israel Tlaxcalteca, José Gala, Diego Maroto, Jaco González y Felipe Souza.

En 2004 volvió a componer para danza, y en esa ocasión, interpretó en vivo la coreografía de Marco Silva, *Memoria del principio*, en la sala Carlos Chávez.

En mayo del 2006, la secretaría de Cultura de la Ciudad de México inauguró la escuela pública de música Del Rock a la Palabra, con Guillermo

Briseño como director. Entre el personal docente se encuentran músicos reconocidos como Betsy Pecanins, Felipe Souza, Juan Carlos Márquez, Alfredo López, Alfonso Rosas, Christian Rodríguez, Juan Carlos Novelo y Alejandro Echenique. Por otro lado, con el Taller de Estudios Superiores Zaragoza de la UNAM, publicó ese año un disco con las composiciones trabajadas por los alumnos, dirigidas y con la participación de Briseño, al que llamaron *Variaciones sobre la inteligencia*.

Comenzó a tener colaboraciones regulares en emisiones de radio por internet, en las estaciones Código DF y Rocanrolario. En 2008, salió el disco *El acto del niño para atrás*, con Producciones P&P, en el que volvió a componer para el público infantil.

En diciembre del 2011, la Asamblea Legislativa del Distrito Federal le otorgó la Medalla al Mérito Ciudadano.

El disco *Suena la sombra*, editado por Producciones P&P, apareció en 2013. En esta ocasión se hizo acompañar por su nueva banda, llamada El Glorioso Magisterio, conformada por estudiantes de la escuela de música Del Rock a la Palabra.

En 2014, apareció como entrevistado en la película *Rupestre, el documental*, de Alberto Zúñiga Rodríguez.

Para 2015, con apoyo del Fondo Nacional Para la Cultura y las Artes, se presentó el disco homenaje *Caricia urgente - Celebración a la música de Guillermo Briseño*, producido y arreglado por Juan Sosa y con música de Guillermo Briseño, interpretada por los músicos Andrés Calamaro, Javier Calamaro, Saúl Hernández, Eugenia León, Tania Libertad, Alejandro Lora, Iraida Noriega, Betsy Pecanins, Sabo Romo, Hebe Rosell, Juan Sosa, Juan Manuel Torreblanca, Cecilia Toussaint y Guillermo Velázquez.

En una conversación que tuve con Guillermo ese año, le recordé ese momento en el cual Carlos Monsiváis, en tono crítico y bromista, escribió que ya había nacido la primera generación de estadounidenses nacidos en México. Me comentó que poco tiempo después de eso, coincidió con él en una mesa redonda y le dijo: «No, Carlos, estás mal. Lo que la sociedad está haciendo de alguna manera, y tú estás avalando, es imponer un patrón de comportamiento y de imitación para ser reconocidos como mexicanos, o sea, a uno porque le gusta el rock and roll, ¿entonces ya es norteamericano? ¿Cuantos músicos clásicos conoces que sean alemanes porque estudian a Bach? Bueno, entonces tú estás sosteniendo eso».

Discografía... ⊙

- *Briseño* (1978)
- *Viaje al espacio visceral* (1980)
- *Ausencias e irreverencias* (1983)
- *Está valiendo... el corazón* (1987)
- *El pequeño pirata sin rabia* (1987)
- *El conexionista*, en vivo (1990)
- *Briseño y La Banda de Guerra* (1992)
- *Nada que perder* (1994)
- *Quiero ser parte del cuento* (1998)
- *De tripas corazón* (1999)
- *Romeo y Julieta-Escenas Sinfónicas*, en vivo (2000)
- *Verde, blanco y colorado* (2001)
- *Sangre azul* (2003)
- *El acto del niño para atrás* (2011)
- *Suena la sombra* (2013)

Otras grabaciones

- *La Banda de Guerra*, reedición (1993).
- *Variaciones sobre la inteligencia*, compilación (2006)
- *Caricia urgente - Celebración a la música de Guillermo Briseño*, compilación (2015)

143. Súper Náhuatl

Inicio y fin ▶	Lugar ▫
1975-1977	Ciudad de México

Integrantes III

- Ricardo Ochoa - Guitarra y flauta
- Ramón Torres - Bajo

- Carlos «Bozzo I» Vázquez † - Batería
- Kenny Avilés - Voz
- Mauricio Bieletto - Violoncello
- Óscar Reynoso - Violoncello
- Rigo Guerrero - Guitarra (1976-1977)

Género

Rock pop con influencias de música disco y grupos como The Electric Light Orchestra.

Historia

Durante 1975, casi un año después de la disolución del grupo Náhuatl, Ricardo Ochoa y su novia Kenny Avilés se trasladaron a la Ciudad de México donde Carlos «Bozzo I» Vázquez los hospedó. Fue una época de crisis para Ricardo, quien se encontraba sin rumbo, al grado de que su relación con Kenny pendía de un hilo.

En una plática entre el sobrino de Carlos el «Mamis» y Ricardo, surgió la idea de hacer una banda que incluyera cuerdas, al estilo de Electric Light Otchestra. La iniciativa prendió a Ricardo y con mucho entusiasmo se abocó a conformar una nueva banda a la que llamó Súper Náhuatl. Así, volvió a convocar a sus viejos compañeros de aventuras, el bajista Ramón Torres y a Carlos, su anfitrión, en la batería. Kenny sería la voz cantante. Para la sección de cuerdas, buscó elementos en la Escuela Nacional de Música, donde reclutó a Mauricio Bieletto y a Óscar Reynoso en los violoncellos. «En ese mismo 1975, Ricardo Ochoa, quien fue guitarrista de la banda Peace & Love y del grupo Náhuatl, se acercó a mí y me propuso formar parte de su nueva banda, Súper Náhuatl. Ésta se conformó por dos chelos, dos violines, una viola, un saxofón y una flauta, además de la batería, la guitarra y el bajo. Así tocamos durante varios meses en algunos centros nocturnos del D.F. Al cabo de dos años, solamente quedamos un violinista y yo junto con el trío original, tocando en todo tipo de lugares, como hoyos fonquis del D.F. y algunos de provincia, como Monterrey, Saltillo, Guadalajara, etc.», comenta Mauricio Bieletto.

En 1976, se integró el guitarrista Rigo Guerrero, del grupo tapatío Toncho Pilatos.

Eran los tiempos en los que la música disco ganaba terreno y la propuesta de Súper Náhuatl tomó ese perfil, ya que les convenía para tener trabajo. El Rafles, en la Zona Rosa de la capital, los contrató volviéndose así su grupo de planta.

Grabaron un sencillo que tuvo algo de difusión radial en 1977, pero sin ninguna trascendencia.

Después de un tiempo la inestabilidad, se hizo presente un conjunto numeroso con grandes egos. A casi dos años de haberse formado, Súper Náhuatl se desintegró. Esto provocó que Ricardo y Kenny se mudaran a los Estados Unidos. A raíz de este suceso, nació Kenny and The Electrics.

Discografía ○

- "Súper Náhuatl", sencillo (1977)

Otros ((•

Mauricio Bieletto, después de su participación en Súper Náhuatl, se integró a los grupos Al Universo y Chac Mool, donde fue primer vocalista. Óscar Reynoso, tiempo después, se convirtió en el director de la Sinfónica de Yucatán.

Ramón Torres se mudó a la ciudad de Monterrey y formó el grupo Magic Company.

Carlos «Bozzo I» Vázquez falleció el 6 de diciembre del 2011.

144. Sombrero Verde (antes Green Hat y Green Hat Spies)

Inicio y fin ▶ **Lugar** □

1975 - 1987

Guadalajara, Jalisco

Integrantes..III

- Fernando «Fher» Olvera - Voz, guitarra y batería
- Abraham Calleros - Voz, guitarra y batería (1975-1985).
- Juan Diego Calleros - Bajo
- Ulises Calleros - Guitarra
- Gustavo Orozco - Guitarra (1979-1982)
- Alejandro «Alex» González - Batería (1985-1987)

Género...𝄢

Rock garage, hard rock, reggeae y new wave, con influencia de Rolling Stones, Led Zeppelin, The Police y A-Ha.

Historia...⏮

Los hermanos Ulises, Juan Diego y Abraham Calleros, junto a Fernando Olvera, eran cuatro adolescentes de la colonia Ciudad del Sol en Guadalajara, Jalisco, que jugaban en un equipo de futbol al que llamaban Los Espías del Sombrero Verde. Ésta fue su inspiración cuando, al hacer una banda de rock en 1975, la nombraron Green Hat Spies. Un año después, el nombre se simplificó a Green Hat.

Tanto Fernando como Abraham se turnaban en la batería, la voz y la guitarra, Juan Diego era el bajista y Ulises el guitarrista principal. Al comienzo, su repertorio consistía en canciones de los Rolling Stones, principalmente, y un poco de Led Zeppelin. Su debut fue en una kermés en el atrio del templo de San Antonio María Claret del fraccionamiento La Calma. Después tocaron en escuelas, graduaciones y fiestas de amigos.

Durante esos años, fue definiéndose el papel que cada uno jugaría en Green Hat. Fher se quedó como voz principal y apoyaba en la guitarra; Abraham se concentró en la batería; y el resto continuó igual. Así se mantuvieron hasta 1979, cuando ingresó Gustavo Orozco en la guitarra y Fher quedó libre para cantar.

Después de esa etapa inicial, el grupo casi no tocó en bares o cafés, ya que tuvo siempre claro que quería dar conciertos. Solía presentarse en graduaciones y elecciones de estudiantes en las escuelas de la U de

G, ya que sabían que en el público había jóvenes de otras partes del país. Esto ayudó a que proyectaran fuera de Guadalajara. De esa manera, comenzaron a llegar las invitaciones para tocar en León, Culiacán, Monterrey, Tijuana, Zamora y Ensenada, y otras plazas.

Castellanizaron su nombre a Sombrero Verde. Habían comenzado a componer en español. Tenían entonces una marcada influencia del grupo británico The Police.

Lo que había sido hasta el momento una afición, se convertía en un trabajo profesional. Conocieron a Ricardo Ochoa, quien los llevó a grabar a la Ciudad de México y les produjo su primer disco homónimo, editado en 1981 por BMG Ariola.

En 1982 Gustavo dejó el grupo para concentrarse en sus estudios de arquitectura, quedando nuevamente como cuarteto. Hasta ese momento, todos estudiaban y tocaban.

Para 1983, lanzaron su segundo disco titulado *A tiempo de rock*, también producido por Ricardo Ochoa y editado por Discos Cisne Raff.

Abraham decidió ir a estudiar música a los Estados Unidos y dejar el grupo en 1985. Fue sustituido por el baterista Alejandro González, un joven cubano-colombiano de 15 años, recién llegado de Miami. La sustitución se oficializó en un concierto en el Estadio Jalisco, donde Sombrero Verde fue abridor del grupo estadounidense Quiet Riot. A la mitad de su presentación, Abraham le entregó simbólicamente sus baquetas a Alex, quien terminó la presentación. También fueron abridores de REO Speedwagon, demostrando que se habían convertido en una agrupación relevante en Guadalajara.

La situación del rock en México comenzaba a dar señales de cambio. Al generarse la campaña de Rock en tu Idioma por BMG Ariola, hacia el final de la década de los ochenta, muchas compañías aprovecharon la situación para montarse en la ola. Fher y compañía pensaron en dar un giro hacia la fusión de rock con ritmos afro-latinos y mexicanos. Fue cuando decidieron transformarse en Maná.

Discografía ⊙

- *Sombrero Verde* (1981)
- *A tiempo de rock* (1983)

Otros..((▶

Abraham tocó posteriormente en los grupos Montana y Rostros Ocultos. Al final de los años ochenta, vivió en Boston, donde estudió música. En 1999 sacó un disco con su proyecto solista llamado *Calleros*, en donde compone, canta, toca la batería y produce.

En la actualidad, Fher, Alex y Juan Diego, quienes fueron miembros de Sombrero Verde, siguen tocando juntos en Maná.

145. Arturo Meza

Inicio...▶ **Lugar**...................................◻

1976   Ciudad de México

Género...𝄢

Rock, rock progresivo, folk, norteño, son, blues, sinfónica, rock rupestre, con influencias de Charly García, Bob Dylan, Leonard Cohen, Jaime López, Rafael Catana y Gerardo Enciso.

Historia..⏮

El compositor, músico multiinstrumentista, cantante y escritor, Arturo Meza nació el 15 de diciembre de 1956 en Tocumbo, Michoacán. Es inventor de instrumentos y creador de una de las obras más extensas de la escena independiente.

Su obra tiene dos vertientes, la literaria y la musical. La primera incluye la letra de sus canciones con elementos indígenas y referencias a lo mexicano y, por otra parte, contiene referencias la tradición mitológica medieval europea. Su escritura es metafórica y llena de imágenes. La vertiente musical lo ubica cercano al rock rupestre, ya que suele acompañarse de su voz, guitarra y, ocasionalmente, una armónica, aunque también ha incursionado en el rock progresivo, la música sinfónica, el blues y la música tradicional mexicana.

Aprendió a tocar la guitarra siendo un niño. En su pueblo natal, tocaba con adultos en un trío norteño en el que en ocasiones tenía que permanecer en el exterior de las cantinas por ser menor de edad. Sus primeras influencias provienen de la música vernácula mexicana. Ya en la adolescencia conoció a The Beatles, Bob Dylan y The Kinks.

A los 15 años, migró a la Ciudad de México. Comenzó a colaborar en 1976 con los grupos Decibel e Ingreso Libero. En 1977 formó un colectivo musical experimental al que llamó Krol Voldarepet Knact Didáctico, que tenía influencias de rock progresivo y música contemporánea.

En 1984 realizó su primera grabación como Arturo Meza a la que llamó *In principio*, en un disco compartido con el grupo Nirgal Vallis, cada uno en una cara del vinilo. Ésta fue la primera producción del sello independiente Gente de México, fundado por él mismo y que desde entonces, ha producido sus álbumes.

Hasta ese momento, las obras de Meza han perseguido un fin místico y ceremonial, teniendo una gran influencia de la obra de Josefa Rosalía Luque Álvarez, religiosa argentina de quien incluso musicalizó algunos textos. El trabajo de esa mujer siempre fue un referente en su obra.

La constante en el trabajo de esos primeros años fue la búsqueda de experiencias y estados metafísicos, a partir de una introspección generada por la música y en donde se persigue la relajación del ser. Como principio filosófico, plantea la salvación del género humano mediante el amor puro como energía única. A este tipo de música le denominó música ersal. «Si te fijas en todas las cosas que hay en el planeta, existen por la vibración. Estamos en un mundo orgánico, un plasma donde todo vibra; desde la partícula más pequeña hasta el mineral y las ideas. Todo es vibración. Entonces todos los seres somos musicales. Concibo al universo esencialmente musical... me atrevo a decir que la música sostiene al universo», entrevista de Marco Antonio Rueda a Arturo Meza para la revista *Conecte*, en 1987.

Entre 1984 y 1985, comenzaron a utilizar la música como medio para transmitir estas ideas de una manera más abierta y fácilmente cognoscible. A partir de ese momento, su obra se volvió más conocida y comenzó a dar conciertos, primero en México y después en Estados Unidos, Bolivia y España. Meza logró que el público estableciera lazos fraternales a partir de mensajes de amor y unión. Con estos principios, promovió la convivencia entre los que asistían a sus conciertos.

Hacia la mitad de los años noventa, sus letras comenzaron a reflejar preocupaciones de tipo social. Participó de manera abierta en conciertos de apoyo al EZLN y también promovió la apertura de comedores populares.

Por muchos años, sus discos fueron muy difíciles de encontrar. Pero a partir de la remasterización de sus viejas grabaciones y su difusión por internet, actualmente son más accesibles.

Discografía.. O

- *In principio* (1984), compartido con Nirgal Vallis.
- *No vayamos a irnos sin el mar* (1984)
- *Suite Koradi* (1985)
- *Sin título* (1987)
- *Réquiem* (1988)
- *Ayunando entre las ruinas* (1988)
- *Setenta centavos* (1989)
- *Para un compa* (1990)
- *Crónica sonora* (1990)
- *En el monte de los equinoccios* (1991)
- *Venadito del sol - Hikuri* (1993)
- *A la siniestra del padre* (1992)
- *La balada de Galaver* (1993)
- *La sangre de los ángeles* (1995)
- *Setenta centavos para un compa* (1995)
- *Descalzos al paraíso* (1996)
- *Criando cuervos* (1996)
- *Canciones para cantar en el infierno, Volumen 1* (1998)
- *Borges: Homenaje en el centenario de su natalicio* (1999)
- *Némesis* (1999)
- *El 33 de este mes* (2001)
- *Canciones para cantar en el infierno, Volumen 2* (2001)
- "Merlín, soy Arturo", "La espina de su amor", "Ella", "La mar" (2002)
- *De tin marín* (2003)
- *De do pingüé* (2003)
- *Amor y paz* (2004)
- *Qkramakra* (2005)

- *Planeta miedo* (2005)
- *Fin* (2006)
- *La música escarlata* (2007)
- *NOD* (2008)
- *NTN* (2010)
- *De pie* (2013)

Otras grabaciones

- *Cantos de todos - Chiapas (?)*, participa con el tema "Al E.Z.L.N.".
- *Imagina - Homenaje a John Lennon* (2001), participa con el tema "Juan".
- *20 y 10 El fuego y la palabra. Palabra* (2004), participa con el tema "La rebeldía de la luz".
- *A ver cuándo vas... los rupestres a Rockdrigo González* (2005), participa con el tema "Hombre de plata".
- *Nomedites 4 - Poetas, trovadores y rocanroleros* (2005), participa con el tema "El poeta declara su nombradía".
- *Nomedites 8 - Infrarrealismo* (2006), participa con los temas "Luciérnaga fugaz" y "Devoción cheroke".

Otros

Ha publicado en prosa: *Ansina como endenantes* (1993), *El diablero* (1995), *Historias de agua* (1998), *Dord* (2003), *Juan Matilde* (2005), *Planetamor* (2005), *Dándole de tragar al Diablo* (2005), *Cartapacio del Infierno. El evangelio de María Magdalena* (2007), *El círculo del fuego negro* (2008), *Nidodecuervos*(2008), *Exiliados Celestes* (2009), *Essameriam* (2009), *Viajero del infinito* (2010), *El otro mesías* (2010), *Los mensajes de Fátima* (2011), *Laberinto de sombras* (2011), *Los Buñuelados de Olvidel* (2013), *69 de agosto* (2014), *El Santo nunca pierde* (2015).

También ha publicado *Epistolario de Olimaconet de Luvián* (1980) y *Canto Ersal* (1992).

En 2003, Ana de Alba publicó el disco *Ángel de Barro*, con temas de Arturo Meza.

En 2004 se presentó una adaptación para teatro del cuento "Ansina como endenantes", con la dramaturgia de Favián Luévano.

Ha inventado los instrumentos mezáfono, tecladero, oglio y yeloguerlizet.

Realiza terapias de sanación y prepara medicamentos naturales, para promover la salud física y espiritual.

146. Mistus

//////////////////////

Inicio y fin.................................▶ **Lugar**.................................◻

1976-1986 y 1991   Ciudad de México

Integrantes...III

- Jaime Motta - Bajo, voz y teclados
- Víctor Dávila - Batería y voz
- Marc Rodamilans - Guitarra voz y teclados (1976-1983)
- Jarris Margalli - Guitarra, voz y teclados (1980-1986)
- Ricardo Lassala - Voz (1983)

Género..𝄢

Heavy metal, hard rock con tintes progresivos, rock and roll y power pop con influencias de Thin Lizzy, Grand Funk y toda la música de la generación de Avándaro.

Historia..|◀◀

Por los rumbos de Coyoacán, al sur de la Ciudad de México, y en plena represión post Avándaro, nació en 1976Mistus, un power trío en medio de una escena nacional con pocos actores en el rock. Fueron parte de una nueva generación; tenían 16 años en promedio, y la energía suficiente para tocar en cuanto lugar se pudiera y aportando su esfuerzo para destruir la gran oposición que en esos días había hacia el género. La banda estaba integrada por Jaime Motta en el bajo, Víctor Dávila en la batería y Marc Rodamilans, todos cantaban. Su sonido poderoso tiene sus antecedentes en el grupo de finales de los sesenta llamado Antorcha, uno de los pocos ligados al movimiento estudiantil de 1968, así como a otras bandas de hard rock como Enigma! y Náhuatl. Mistus abrió una nueva brecha en cuanto a organizar grandes conciertos y mejorar las condiciones técnicas y de sonido.

Paralelamente, Enric Rodamilans de la banda de covers Aurock se integró a Mistus en 1980. «En el Franco Español competimos con el grupo de Marc, que era Mistus. Eran un trío, con Jaime —quien también había sido mi compañero en la escuela— en el bajo. Ellos tenían material propio y nosotros puros covers. Mistus era algo parecido a lo que me hacía sentir Grand Funk, transmitían rock and roll; nosotros ganamos y con ello el respeto de los de Mistus, quienes me invitaron a unirme junto con Marc». Jarris en entrevista con Benjamín Salcedo para la edición especial de colección *Rock Latino 80's*, 2015.

Como cuarteto se inscribieron al concurso Rock en Debate, que se llevó a cabo en el hotel Fiesta Palace. Esto les permitió ser considerados con su tema "Wasting Time", mismo que tradujeron al español como "Perdiendo el tiempo" para un disco triple compilatorio llamado *Rock nacional*, de Discos Prisma, en 1981, junto a otras bandas.

Ese año grabaron un disco sencillo que contenía los temas "Vegetal Man" y "Sixty Nine", para Discos Volcán. Como sucedía con casi todas las bandas de los setenta, Mistus componía la mayoría de su material en inglés. Según el periodista y editor de la revista *Rolling Stone México*, éstos son los primeros temas grabados de heavy metal en México. La estación de radio Sono Rock, que sólo programaba rock internacional, comenzó a incluir "Sixty Nine" con bastante aceptación.

Mistus rompió el récord de entradas en un foro de la UNAM, conocido como la Carpa Geodésica, durante 1981, uno de los pocos sitios de la Ciudad de México donde se podía tocar rock. Se presentaron en una temporada que duró varios meses. Por entonces, el joven Saúl Hernández no dejaba de asistir a verlos, comenzando así una amistad con Jarris, que años después se traduciría en su invitación para que formara parte del grupo Jaguares. Otros lugares donde se presentaron fueron el Foro Cultural Contreras, el Gimnasio Coyoacán y, por supuesto, en hoyos fonquis.

En 1982 grabaron en los estudios Golden su primer larga duración al que llamaron *Life of a Match*. Presentaron este material en el programa de televisión *Hoy Mismo*, conducido por Guillermo Ochoa, cosa que se antojaba imposible en esos días y más tocando ese tipo de música. La promoción de este disco se llevó a cabo en radio y televisión, así como organizando conciertos en la Ciudad de México con llenos absolutos y realizando una gira por la república mexicana. Tocaron también en el sur del estado de Texas, en los Estados Unidos.

En 1983 Marc salió de Mistus, por lo que quedaron nuevamente como trío. A partir de ese momento, comenzaron a componer todo su material en español. De esa etapa es el tema "Las arracadas del diablo". Por una corta temporada y durante ese mismo año, Ricardo Lassala se incorporó como cantante de Mistus.

Ante la imposibilidad de rodearse de un equipo de trabajo, comenzando por un representante que los proyectara como la banda importante que ya eran, el grupo, desgastado, se desintegró en julio de 1986.

Algunos años después, Jarris convenció a Marc para reunirse y grabar el disco *Eternamente subterráneo*, de 1991. El único concierto que dieron, para luego desaparecer, fue el de la presentación de este material.

Discografía ○

- "Vegetal Man" / "Sixty Nine", 45 RPM (1981)
- *Life of a match* (1982)
- *Eternamente subterráneo* (1991)

Otros

Se filmaron en cine unos videos de Mistus en vivo para la serie *The Song is Over*, que nunca se estrenó. Se desconoce el paradero de dicho material.

Al día siguiente de la separación de Mistus en 1986, Jarris se integró a Ninot, el nuevo proyecto de Enric Rodamilans.

Marc Rodamilans se convirtió en un ingeniero y productor reconocido durante la década de los noventa. Montó el estudio La Cocina, en Tepepan, al sur de la Ciudad de México.

147. Anchorage

Inicio y fin .... ▶ **Lugar** .... ◻

1977-1988   Ciudad de México

Integrantes III

- Alfonso Mann - Voz (1977-1989)
- Sergio Jurado - Guitarra y voz (1977-1989)
- Sergio Jalife - Teclados (1977-1987)
- Jorge Jurado - Bajo y voz (1978)
- Cuauhtémoc Barcárcel - Bajo (1977-1978)
- Carlos Mejía - Piano (1977-1978)
- Arturo Enríquez - Batería (1977-1980)
- Miguel González Compeán - Batería (1980-1982)
- Raúl Bedolla Giles - Batería (1982-1989)
- José Juan Parera - Teclados (1983)
- Alfonso García Pino - Guitarra (1984-1985)

Género .... 𝄢

Progresivo al comienzo, rock pop al final. Con influencias de hard rock y de Jethro Tull, Pink Floyd, Toto Kansas, Boston, REO, Styx, Genesis, ELP y The Doors.

Historia .... |◀◀

En junio de 1977, un grupo de amigos del Colegio Madrid se juntó para tocar covers por diversión, aunque ya mostraban interés por componer temas propios. Tras algunos cambios en su alineación, dieron su primer concierto en la UAM Xochimilco, en marzo de 1979. A partir de ahí, se tomaron la música en serio e invirtieron lo que ganaban en instrumentos y equipo.

En 1980 grabaron un demo en Radio Universidad, el primero de una serie de que ha quedado dispersa a lo largo de su historia. Comenzaron a tocar en los pocos lugares que había para el rock en esos tiempos, los cuales no eran hoyos fonqui, estos fueron la Carpa Geodésica, El Museo del Chopo, El Ágora, El Cuervo o el Aramy's. También se presentaban en fiestas, escuelas y universidades, llegando a tener una agenda bastante nutrida en los siguientes años.

Participaron en el acoplado *Lo mejor del Rock Nacional* de 1981, con el tema instrumental "Viajando". Tuvieron apariciones esporádicas en los medios de comunicación, que poco a poco se volvieron más frecuentes. Alternaron con las bandas más importantes de los primeros años de los ochenta.

Sergio Jalife comenta: «La época que nos tocó fue un espacio medio oscuro antes de que se apoyara lo que se conoció como Rock en tu Idioma». Con respecto a la respuesta de los medios y los lugares donde tocaban dice: «Nosotros no teníamos apoyo de ninguna disquera, ni había muchos lugares dónde tocar, la mayoría de los grupos tocábamos en universidades o en bares, no había conciertos masivos. No había radio, todo mundo se asustaba con la palabra rock…. Había toda otra oleada de bandas que se movían en hoyos fonqui y en lugares bastante adversos, con empresarios tranzas y pésimas condiciones. Nosotros nunca le entramos a eso, el circuito de nuestras bandas era el sur; aquéllos se movían por el norte: Nueva Atzacoalco, Neza, Aragón, Zaragoza, etcétera».

El 29 de mayo de 1981, lanzaron con mucho éxito un disco *maxi-sencillo*, de portada negra y con el nombre de la banda. Esa noche, rompieron récord de asistencia en la Carpa Geodésica.

En 1983 se inscribieron en el concurso Valores Juveniles Bacardi, bajo el nombre de Atlántida, quedando en el lugar 17. Para 1984, se les podía ver con frecuencia en la programación de El Oriente, que después se transformó en La Rockola, al sur de la Ciudad de México.

Sin embargo, la intensidad del trabajo bajó hacia la segunda mitad de la década, hecho que ellos atribuyeron a su acercamiento a Televisa. Llegaron a estar fuera de contexto abriendo conciertos de Fresas con crema y Timbiriche.

Tras la salida de Sergio Jalife en 1987 y de Raúl Bedolla en 1988, Anchorage cambió de nombre a Ankor, transformando su sonido hacia un concepto pop. Con esta banda los hermanos Jurado se mantuvieron activos hasta 1992.

Discografía .... O

- *Anchorage*, maxisencillo (1981)

Otras grabaciones

- El tema "Viajando" para el compilado *Lo mejor del rock nacional* (1981)

148. Betsy Pecanins

///////////////////////////////////

Inicio .... ▶ Lugar .... ◻

1977   Yuma, Arizona, Estados Unidos

Género .... 𝄢

Blues fusión, una mezcla de rock y jazz con la canción tradicional mexicana.

Historia .... |◄◄

Es una cantante de blues innovadora, original y multicultural. Destaca su fusión de la canción tradicional y contemporánea mexicana con el blues, uniendo el temperamento de estos géneros, que comparten el dolor, el humor y la sensualidad.

Betsy nació en Yuma, Arizona, de padre norteamericano y madre catalana. México, su casa desde 1977, es su tercera patria, pues aquí ha residido la mayor parte de su vida y es su país por elección.

Comenzó tocando sola con su guitarra. En 1982 conformó su primera banda junto a Alejandro Cardona en la guitarra, José Cruz en la armónica, Severo Piña en el bajo, Fernando Ábrego en la batería y Carlos Tovar el «Popis» en la percusión. Esta banda después se definiría como Real de Catorce.

De esa época destacan los conciertos que Betsy dio en el Festival de Blues del Auditorio Nacional en 1983 y en el Teatro Ángela Peralta en el 85, alternando con la leyenda del blues Papa John Creach, quien llegó a bromear diciéndole que seguramente tenía sangre negra por su forma única de cantar el blues.

En 1980, lanzó un primer disco junto a Federico Álvarez del Toro, llamado *Viendo tus ojos*. Para su segundo disco, *Vent amb veus*, se hizo acompañar del grupo de jazz Sacbé. Para editar *Betsy Pecanins Canta Blues*, en 1985, firmó con WEA, lo que le permitió una mayor proyección mediática y de distribución. Los arreglos de Betsy y de renombrados músicos aportaron un auténtico trabajo de creación y composición.

Para *El sabor de mis palabras* hizo equipo con los poetas Magali Lara, Alberto Blanco y David Huerta, de quienes musicalizó sus obras. Complementó el disco con temas de Marcial Alejandro, Guillermo Briseño y Miguel Ríos. La producción fue de Eugenio Toussaint.

Fue durante la segunda mitad de la década de los ochenta, cuando su acercamiento al rock fue más evidente. En este período la acompañaron Dwight Carrol, Felipe Souza e Icar Smith en las guitarras; Guillermo Briseño, Enrique Quezadas y Michell Philip en los teclados; Jorge Velasco en el bajo, Nayeli Nesme y Nina Galindo en las voces; Armando Montiel en la percusión y Mike Nieto en la batería.

Cantante y compositora, Betsy ha destacado por la fuerza y calidad de su voz en todos los escenarios importantes de México y en diferentes foros del extranjero. Su discografía consta de dieciséis discos y trece colaboraciones con diferentes artistas.

El blues es la fuente primordial de su trabajo, aunque creció dentro de una gran cantidad de influencias musicales. Destaca la fusión de la canción tradicional y contemporánea mexicana con el blues, el rock y el jazz, en particular en el disco y concierto *El efecto tequila*, que representó un parteaguas en la escena musical mexicana y causó gran impacto en varios países europeos y americanos, tanto por la calidad de su interpretación como por su fuerza innovadora.

Ha colaborado con la Orquesta de Baja California, la Orquesta Sinfónica de la UANL y la Filarmónica de la Ciudad de México, dirigidas por Eduardo García Barrios, Eduardo Diazmuñoz, Benjamín Juárez y Luis Herrera de la Fuente.

Se ha presentado en el Festival Cervantino, el Festival de Sinaloa y el Festival de Zacatecas, entre muchos otros. Ha cantado a dúo con Papa John Creach, José Cruz, Tania Libertad, Eugenia León, Amparo Ochoa, Margie

Bermejo, Guillermo Briseño, Ofelia Medina, Angélica Aragón, Rafael Mendoza, Jaime López, Cecilia Toussaint y Julieta Venegas, entre otros.

Se ha presentado fuera de México en varias ciudades de Cuba, España, Francia, Portugal y Estados Unidos.

En 1989, un grupo de críticos y periodistas mexicanos le otorgaron el premio a la mejor vocalista durante el primer Gran Festival de la Ciudad de México.

En 2012, el Instituto Nacional de la Mujer le otorgó la medalla Omecíhuatl por sus años de labor artística y cultural. La originalidad de su proyecto, el espectáculo de su voz y de su presencia escénica le han dado un lugar único dentro de la música de nuestra época.

Discografía .... o

- *Viendo tus ojos* (1980)
- *Vent amb veus* (1982)
- *Betsy Pecanins canta blues* (1985)
- *El sabor de mis palabras* (1987)
- *Fuego azul* (1989)
- *Nada que perder*, a dúo con Guillermo Briseño (1994)
- *La reina de la noche* (1994)
- *El efecto tequila* (1995)
- *Sólo Beatles* (1996)
- *Recuento* (1997)
- *Ésta que habita mi cuerpo* (1999)
- *Tequila azul y batuta* (2003)
- *Lara* (2004)
- *Blues en el alma* (2006)
- *A viva voz*, a dúo con Cecilia Toussaint (2007)
- *Sones* (2009)

Otras grabaciones

- *Mariposa de obsidiana* (1982)
- "Gneiss" / "Ozomatli" (1983)
- *Ramón López Velarde: Canciones del íntimo decoro* (1988)
- *Mujeres* (1988)

- *Hasta morir* (1994)
- *Cilantro y perejil* (1997)
- *Mexican divas* (1998)
- *Un mundo una esperanza* (1998)
- *Las cosas por algo son*, Alain Derbez (1999)
- *Teonanakatl*, Humberto Álvarez (1999)
- *Asesino en serio* (2003)
- *Canciones para jugar y vivir los valores* (Gobierno de Chiapas, 2006)
- *Santa negritud la raíz olvidada* (2011)

Otros..((▶

Interpretó la voz cantada de Lucha Reyes para la película *La reina de la noche*, de Arturo Ripstein.

Ha participado con canciones en las películas *Hasta morir, Dos crímenes, Cilantro y perejil* y *Asesino en serio*.

En agosto de 1997 abrió, junto a Laura Esquivel, el Teatro Bar Babel, en la calle de Tacuba, en el primer cuadro de la Ciudad de México.

149. Ritmo Peligroso (antes Dangerous Rhythm)

Inicio......................................▶ **Lugar**....................................◻

1978   Ciudad de México

Integrantes.. **|||**

- Piro Pendas - Voz
- Marcelo Arámburu - Guitarra (1978-1991)
- Óscar Salazar - Guitarra (1986-1987)
- Eduardo Mongoose Ávila - Guitarra y coros (1998-hasta hoy)
- Pablo Novoa - Guitarra (1990-1991)
- Mosy Bit - Guitarra y coros (2012-hasta hoy)
- José Viñón «Rip Sik» - Batería (1978-1983)

- Jorge «Gato» Arce - Batería (1983-hasta hoy)
- Tato - Bajo (1978)
- Johnny Danger - Bajo (1978-1983)
- Jorge Dávila - Bajo (1983-1987)
- Avi Michel - Bajo (1987-1991) (1998-hasta hoy)
- Carlos Warman - Teclados (1987-1991)
- Cándido Neria - Percusión (1984-1985)
- Manny Murillo - Percusión (1984-hasta hoy)
- Armando «Pinaca» Espinosa - Percusión (1986-1991) (1998-2000)
- Pablo Sentiés - Percusión (2000-2004)
- Jorge Bautista - Percusión (2000-hasta hoy)

Género

Punk, post punk, new wave y después rock latino, rock fusión, con influencias de Sham 69, The Clash, Sex Pistols, Devo, Wire, Buzzocks, Peace and Love y Carlos Santana.

Historia

Con la aparición del punk en Nueva York y Londres todo cambió para el chico de origen cubano, Piro, cuyo nombre real es Porfirio Pendas, quien solía pasar los veranos en California. También cambió para el mexicano Marcelo Arámburu. Los dos jóvenes de clase media decidieron dedicarse a la música por encima de lo que opinaran los demás, padres incluidos. Cuando Piro, de 20 años, regresó de un viaje a Los Ángeles, un 2 de agosto de 1978, en el que pudo asistir a conciertos en el Whisky a go go con bandas como Fear, Cirkle Jerks y The Germs, lo primero que hizo fue buscar a su amigo Marcelo; así, el 6 de agosto comenzaron a ensayar con Tato en el bajo y José Viñón, a quien bautizaron Rip Sick, en la batería, estando Marcelo en la guitarra y Piro en la voz. El nombre de la banda lo sacaron de una canción de Ultravox. Dangerous Rhythm había nacido.

A las pocas semanas Tato abandonó los ensayos y entró en su lugar Johnny Danger (Jhonny Cable), quien tenía una gran presencia escénica. Tocaban covers de Sex Pistols, The Clash, Wire, Devo, Buzzcocks y

Ramones. Pero también surgieron los primeros temas originales: "The Bar" y "No No No". En 1979 hicieron su primer demo con estas canciones, además de "Stray Cat Blues", de los Rolling Stones, en su versión punk. Regalaron miles de copias en sus primeros conciertos.

Comenzaron a tocar en hoyos fonquis, donde la respuesta del público fue muy buena, ya que resultó un ambiente ideal para el desconocido punk. Tocaron en el hoyo de Paco Gruexxo, en Tlatelolco, y en los de Revolución: La Colmena, Salón Veracruz y el Gimnasio de la Nueva Atzacoalco. A la par, los contrataban en discotecas como Fantasy o las tardeadas del Voge, lugares con jóvenes de clase media y alta, lo que hizo que fueran adquiriendo popularidad en diferentes estratos económicos a quienes mostraron el punk en vivo y por primera vez.

En 1980 grabaron el EP *Electroshock*, con Discos Orfeón y producido por el ex Peace & Love, Ricardo Ochoa. Cuando lo presentaron en Tlatelolco, vendieron de un solo golpe 300 copias, lo que era un verdadero logro en aquel entonces.

Armando Blanco, dueño de las tiendas de discos importados Hip 70, los apadrinó y comenzó a invitarlos a cada evento que producía. Cuando inauguró su club en el segundo piso de la tienda de Insurgentes sur, Dangerous Rhythm se convirtió en la banda de casa, alternando con una nueva escena en el rock nacional. Bandas como Size, Los Casuals, Los Watts y Sacudo Botas, compartían el escenario en noches con llenos totales.

Armando Blanco les propuso financiar un larga duración. Buscaron nuevamente a Ricardo para que les produjera *Dangerous Rhythm*, un disco con doce temas que fue mezclado por Max Reese en los Estudios ARY, en la Ciudad de México.

En 1982, el productor de televisión Luis de Llano se hizo fanático de la banda y comenzó a apoyarlos. Entre otros programas, aparecieron en *Cachún Cachún Ra Ra*, logrando una proyección masiva que les generó muchos seguidores.

En abril de 1982, hicieron la Gira del Pacífico junto al nuevo grupo de Ricardo Ochoa, Kenny and The Electrics. El tour comenzó en San Blas, Nayarit, y terminó en Los Ángeles, California, donde tocaron en lugares como el Club Lingerie y el Tropicana Club, logrando buenas críticas en la prensa local.

Comenzaron a sentir la necesidad de madurar musicalmente, de tener una identidad y un estilo propio. Fueron incorporando poco a poco percusiones latinas y comenzaron a hacer fusiones. El resultado fue la canción "Marielito".

En 1983, tras un concierto en el Palacio de los Deportes en donde alternaron con El Tri, Kenny and The Electrics y The O's, Rip y Jhonny dejaron el grupo y entraron en su lugar el bajista Jorge Dávila, ex Nuevo México, y el baterista Jorge «Gato» Arce, ex Vago, haciendo que la banda tuviera un sonido más agresivo y contundente.

En 1984 entraron nuevamente al estudio para grabar "Marielito" y "Modern Minds". Cándido Neria fue el encargado de incorporar unas congas a la grabación.

Después de un viaje a Los Ángeles, en donde tuvieron la oportunidad de alternar con Tower of Power y Los Lobos, la discográfica independiente Comrock los firmó para hacer una versión en español de "Marielito" que apareció en un acoplado junto a Kenny and The Electrics y Mask, entre otros, que vendió más de cien mil copias. Con "Marielito" las estaciones capitalinas de rock, WFM y Rock 101 programaron por primera vez un tema de rock en español. También se hizo un video de éste, dirigido por Lalo Fernández, que fue otro detonante para el éxito de la canción.

Para 1985 tocaban la mayor parte de su repertorio en español y ya con el nombre de Ritmo Peligroso. Se metieron al estudio nuevamente con Ricardo Ochoa para grabar el disco *En la mira*, mezclado por Juan Switalsky en los Estudios Golden de Los Babys, otra vez con Comrock. Los percusionistas Manny Murillo y Cándido Neria participaron en congas y timbales, respectivamente. El nuevo sonido del grupo tomaba forma y se dirigía hacia el rock latino. La diferencia entre *Dangerous Rhythm* y *En la mira* era notoria.

Comenzaron a tocar en conciertos en el Salón Maraca y el Magic Circus, convocando a miles de jóvenes. También lo hicieron en el recién abierto Rockotitlán, donde el requisito era que las bandas cantaran en español. Para entonces, Ritmo Peligroso ya cumplía con ese perfil.

En 1986 tuvieron un concierto memorable al aire libre en el Paseo de la Reforma. Fue el día en que México le ganó a Bulgaria en un partido del Mundial de Futbol. Había trescientas mil personas a lo largo de la avenida y dos escenarios en cada extremo, uno en el Ángel de la Independencia y otro en El Caballito. En uno tocó Óscar de León y en el otro Ritmo Peligroso.

Para 1987 viajaron a San Francisco, donde alternaron con Santana en el Mission District Festival. En ese viaje se incorporó el bajista Avi Michel, ex Félix and The Katz, tras la salida de Jorge Dávila. Unas semanas después se presentaron en el Whisky a go go de Los Ángeles, como la primera banda mexicana que lo hizo después de Los Locos del Ritmo en los sesenta. Un par de meses después volvieron a esa ciudad para presentarse en el festival Con sabor a México junto a Botellita de Jerez y Félix and the Katz.

A su regreso tenían las ofertas de dos discográficas para grabar su siguiente larga duración. Por un lado, Discos Melody, y por otro, BMG Ariola. Optaron por la primera, dirigida por Jaime Almeida. Por aquellos días comenzaron a ensayar en el Estudio Azul de la legendaria estación de radio XEW.

Se incorporaron dos nuevos músicos, Carlos Warman en los teclados y Armando «Pinaca» Espinosa en la percusión. Haciendo nuevamente equipo con Ochoa y Switalsky, entraron a los Estudios Cristal de PolyGram en 1988, para grabar el disco *Ritmo Peligroso*. Se mezcló en los BabyÓ Studios en Hollywood. De este disco se desprendieron los temas "Contaminado" y "Déjala tranquila"; se hizo un video de este último. El disco fue presentado en el Rock Garage del Magic Circus.

Para octubre de ese año volvieron a tocar con Carlos Santana, pero ahora en el estadio Nou Camp de León, Guanajuato, junto a Kenny y los Eléctricos (antes Kenny and The Electrics).

Después de aparecer en el programa más antiroquero de la televisión mexicana, *Siempre en Domingo*, al principio de 1989, viajaron al Festival Chateau Rock de Argentina, siendo la primera banda mexicana en tocar allá.

El tema "Contaminado" fue considerado para una campaña de combate a la contaminación por parte del Departamento del Distrito Federal, por lo que hicieron un video dirigido por Gilberto Martín Solares en distintas locaciones de la urbe, incluyendo una en el techo de la que era la torre de Mexicana, hubo tomas de helicóptero.

Ese mismo año se fueron de gira a Guatemala con los grupos Neón y Tex Tex. A su regreso tocaron junto a otras bandas, en el evento organizado por la estación de radio WFM para despedir la década de los ochenta, que se realizó en el techo del que, en aquel entonces, era conocido como el Hotel de México, actual WTC. También se presentaron en el programa de Verónica Castro, *Mala noche no*.

1990 fue un año complicado. Absurdamente, Discos Melody les dio su carta de retiro, a pesar del éxito generado. En medio del desconcierto que esto les provocó, ingresó al grupo el guitarrista argentino Pablo Novoa. Con él grabaron los temas "Brujería" y "Portándose mal". Comenzaron a buscar una nueva compañía discográfica, sin lograr resultados concretos. Al final, Avi volvió a California. Intentaron continuar con el bajista Chuco Mendoza de Son de Merengue, pero la magia se había perdido. Así que, al comienzo de 1991, decidieron separarse temporalmente.

Detuvieron su receso por unos días en 1996, cuando hicieron una gira de un mes por la república mexicana, tuvieron llenos en cada plaza.

En 1998 se volvieron a reunir para presentar el disco recopilatorio *Cortes finos*, en el que incorporaron los temas inéditos grabados con Novoa, así como canciones en vivo grabadas en el Hard Rock Live de la Ciudad de México. Éste salió con la distribución de Opción Sónica. Los siguientes años, tuvieron presentaciones en la república mexicana y en los estados de California y Nevada, de los Estados Unidos.

En 2002 lanzaron *Matacandela*, con la coproducción de Sabo Romo, Avi Michel y Piro. Los siguientes dos años los dedicaron a la promoción de dicho material.

Desde 2004, debido a que Piro se fue a vivir a Miami, vino una etapa en la que sólo se reunían para dar presentaciones esporádicas. Entre éstas, en el vigésimo aniversario de Rockotitlán en el Zócalo de la Ciudad de México en 2005, en el Festival Vive Latino del 2009 con Rubén Albarrán y Sabo Romo como invitados, y en el mismo festival en su versión 2012, con Shenka y Paco de Panteón Rococó.

Actualmente, se encuentran en la preparación de un nuevo disco y un documental sobre la historia del grupo. Además, Piro es uno de los participantes del disco en vivo *Rock en tu idioma sinfónico*, producido por Sabo Romo, que fue lanzado en 2015 y que se ha presentado en diversos escenarios durante el año 2016.

Discografía

Como Dangerous Rhythm

- *Electroshok*, EP (1980)
- *Dangerous Rhythm* (1981)

- *Marielito*, EP en inglés (1984)

Como Ritmo Peligroso

- *En la mira* (1985)
- *Ritmo Peligroso* (1988)
- *Cortes finos* (1998)
- *Matacandela* (2001)

Otras grabaciones

- *Comrock* (1984)
- *Rock en tu Idioma. Diez Años II*, compilado (1997)
- *Rock en tu Idioma. Diez Años III*, compilado (1999)
- *Encuentros musicales del 2000*, compilado (2000)
- *Crónica del Rock en Español -Edición 1*, compilado (2001)
- *Lo mejor del Rock Mexicano*, compilado (2006)
- *Lo esencial de Rock en tu Idioma en concierto*, compilado (2010)
- *Rock en tu idioma sinfónico en vivo* (2015) varios artistas.

Otros .... ((▶

En el receso que tomaron ente 1991 y 1998, Piro se dedicó a su proyecto solista con el grupo Los Humanos, donde en 1996 lanzó el disco *Instinto animal*.

150. Kenny y los Eléctricos (antes Kenny and The Electrics)

Inicio .... ▶ Lugar .... ◻

1979

Los Ángeles, California

Integrantes..III

- Kenny Avilés - Voz y armónica
- Ricardo Ochoa - Guitarra (1979-1990)
- Edgar Carrúm - Bajo (1995-Hasta hoy)

Algunos músicos que también han participado

- Víctor Yllarramendo - Batería
- Guillermo Jiménez - Bajo
- Charlie - Teclados
- Alex Sintek - Teclados
- Jorge Amaro la «Chiquis» - Batería
- Federico Fong - Bajo
- Sabo Romo - Bajo
- Felipe Staiti - Guitarra
- El «Bola» Domene- Batería
- Lino Nava - Guitarra
- Gustavo Lozano - Bajo
- Diego Herrera - Teclados
- Fratta - Teclados
- Alberto Sánchez - Guitarra
- Gustavo Lozano - Bajo
- Paco Ayala - Bajo
- El «Charal» - Batería
- Michel Sokol - Guitarra
- Jorge «Wash» Arizaga - Teclados
- Miguel Góngora - Guitarra
- Memo Ascencio - Batería
- Beto Bañuelos - Guitarra
- Diana Wolf - Coros
- Diego Marotto - Sax
- Giampaolo Galasso - Sax
- Sr. González - Percusión
- Miguel Góngora - Guitarra
- Luis Manuel Ortega - Violín
- Sax - Sax

- Leonardo de Lozane - Voz
- Piro - Voz
- Alejandro Marcovich - Guitarra
- Chatrán González - Percusión
- Julio Díaz † - Batería
- Alonso Arreola - Bajo
- Dj Franz
- Gasú - Guitarra
- José Manuel Aguilera - Guitarra
- Roberto Bañuelos - Voz
- Alejandra Guzmán - Voz
- Karina Ricco - Voz
- Celia Lora - Voz
- Negro García López † - Guitarra
- Javis - Guitarra
- Baby Bátiz - Voz
- Crescencio Hernández - Trompeta
- Alejandro Monfort - Guitarra

Género

New wave, rock pop, hard rock y hip hop, con influencias de la música mexicana como el bolero ranchero, la psicodelia y artistas como Pat Benatar, Baby Bátiz, Janis Joplin, Lola Beltrán y Aretha Franklin.

Historia

Kenny nació en Guadalajara, Jalisco, el 2 de septiembre de 1953; es hija del profesor Humberto Avilés, conocido comerciante de plantas medicinales. Tiene 14 hermanos, de los cuales varios eran roqueros, pero la única que se dedicó profesionalmente a la música fue ella. Cuando era niña solían ensayar en su casa grupos como La Fachada de Piedra, Green Hat y Los Spiders, haciendo que el rock fuera algo muy cercano desde temprana edad. Al comienzo de la década de los setenta, viajó a la Ciudad de México para estudiar canto. Conoció al guitarrista Ricardo Ochoa, quien la invitó a hacer coros para el grupo Náhuatl y después la voz principal en Súper Náhuatl. También comenzaron una relación sentimental.

«Desde que me lo presentaron me quedé a vivir con él diecisiete años. Yo era muy tímida y Ricardo me ayudó mucho; hasta los 25 empecé a cantar profesionalmente [...]. En ese lapso siempre acompañaba a Ricardo Ochoa a todos sus conciertos, que entonces tocaba con Náhuatl; a veces me echaba palomazos en la armónica y llegué a hacerles coros a Enrique Guzmán y a Javier Bátiz. De 1977 a 1980, Ricardo y yo nos fuimos a vivir a Los Ángeles, ahí nació Kenny & The Electrics. Ricardo sólo quería que se llamara The Electrics, pero yo me aferré». Kenny Avilés en el libro *Sirenas al ataque*, **de Tere Estrada.**

Tras la disolución de Súper Náhuatl en 1977, Kenny y Ricardo se mudaron a Los Ángeles. Ricardo aprovechó este retiro temporal de los escenarios para estudiar música de manera formal, ya que hasta entonces había sido autodidacta. Esto les permitió estar en contacto con las nuevas corrientes. Eran los tiempos del punk y el new wave. En ese contexto, Ricardo comenzó a componer temas para Kenny, quien escribía las letras. En 1979 empezaron a instrumentar lo que serían las primeras canciones de una nueva agrupación, que por sugerencia de Mario Valdéz, amigo de la pareja, nombrarían Kenny & The Electrics.

Corría el año de 1980, cuando Kenny y compañía comenzaron a foguearse en la escena californiana, en sitios como el Wiskey a go go. Pero en 1981, Kenny viajó a la Ciudad de México y regresó con la propuesta de presentarse en Hip 70, en Insurgentes sur, una conocida tienda de discos regenteada por Armando Blanco y que estrenaba un foro. Por aquel entonces nació en la capital mexicana una escena punk con bandas como Dangerous Rhythm y Size.

En los primeros años del grupo, Ricardo y Kenny, quien hasta ese momento cantaba en inglés, llegaron de Estados Unidos acompañados por una bajista, una tecladista y un baterista norteamericanos. Así que se integraron a un todavía incipiente resurgimiento del rock mexicano.

Sin apoyo de las discográficas, el camino independiente se convirtió en la única opción para ellos. Poco tiempo pasó para que el carisma de Kenny fuera sumando seguidores. Ella se dio cuenta de que tenía que cantar en español para conectar mejor con su público. Ricardo por su lado encontró, en este resurgimiento de grupos, tanto en la Ciudad de México como en Guadalajara, la posibilidad de convertirse en productor musical. Usaría su experiencia previa en el trabajo de los discos de sus bandas anteriores para trabajar con grupos como Green Hat, Dangerous Rhythm, Clips y por supuesto, Kenny & The Electrics. También la experiencia con Náhuatl, en cuanto a la búsqueda de trabajo en plazas de la república mexicana, propició que Kenny & The Electrics comenzara a tocar por todas partes, desde discotecas hasta hoyos fonquis.

En 1982 grabaron su primer disco en los Estudios Golden, lo llamaron *Electric/Manías*, con el sello independiente New Age Records, del francés Michel Nersessian. Participaron Víctor Yllarramendo en la batería, Guillermo Jiménez en el bajo y Charlie en los teclados. El disco combinó canciones en inglés y en español. Colaboró en la producción Tito La Riva, mejor conocido como Tito Tarántula, músico de la escena chicana en Los Ángeles. "When I Meet You", fue el sencillo que comenzó a sonar en WFM gracias al apoyo de Víctor Manuel Luján. Sin embargo, tuvieron que pasar algunos años antes de que el rock en español fuera aceptado por las estaciones de radio mexicanas.

En 1984 se creó, por iniciativa de Ricardo, la compañía independiente Comrock, cuyos inversionistas eran Chela Braniff y su esposo, el español Juan Navarro. Esta compañía lanzó en 1985 un primer disco acoplado que contenía dos canciones por cada grupo, todos producidos por Ricardo, quien haría mancuerna desde entonces con el ingeniero de audio Juan Switalsky. Las bandas eran Dangerous Rhythm, Punto y Aparte, Mask, Los Clips y Kenny and The Electrics, que participaron con los temas "Me quieres cotorrear" y "A Woman in Love". Julio Aguilera hizo el video de "Me quieres cotorrear", el cual tuvo difusión nacional, llamando la atención del productor de televisión Luis de Llano, quien comenzó a manejarlos.

El segundo disco salió en 1986, con Comrock y con distribución de Discos WEA, y bajo el nombre de *Juntos por el Rock*, la producción estuvo a cargo de Ricardo. Aquí decidieron castellanizar su nombre y aparecen por primera vez como Kenny y los Eléctricos. Al igual que en el primer disco, hubo una combinación de canciones en inglés y español, se incluían los dos temas que ya habían aparecido en el acoplado. El sencillo en esta ocasión fue "A Woman in Love". Curiosamente, mientras que este tema original de Los Eléctricos salía en inglés en México, en España Luz Casal grababa la versión en español llamada "Voy a por ti", producida por Miguel Ríos. Con este disco hicieron giras por toda la república, Norte, Centro y Sudamérica, cerrando en la Plaza de Acho, en Lima, Perú, ante diez mil personas.

Para 1986, Comrock desapareció en medio de una crisis financiera, pero dejando un fuerte antecedente de apertura al rock en español, que se consolidaría durante la segunda mitad de la década. Lanzaron 16 discos de bandas mexicanas, siendo El Tri la estelar. El disco *Simplemente El Tri*, producido por Ricardo Ochoa en Comrock, es ahora un clásico del rock nacional. Lo que Ricardo logró en esos días como productor tiene una gran importancia en la historia del rock mexicano, ya que a él se le estigmatizó, cual chivo expiatorio, por haber gritado en el Festival de Avándaro «Chingue a su madre el que no cante», y que derivó en la sucia persecución del gobierno y en el desprestigio por parte de los medios masivos de comunicación. En buena medida, él estaba detrás de un resurgimiento del rock mexicano, que sentaría las bases para su explosión comercial en la segunda mitad de la década.

En 1988, durante la efervescencia del rock en español a raíz de la campaña de Rock en tu Idioma, las discográficas comenzaron a buscar elenco. Fue así como, con la intervención de Luis de Llano, Kenny y los Eléctricos firmaron un contrato con la discográfica de Televisa, Discos Melody, y lanzaron *No huyas de mí*. Grabado en los Estudios PolyGram, con la participación de Alex Sintek en los teclados, Jorge Amaro la «Chiquis» en la batería y Federico Fong junto a Sabo Romo en los bajos. Con este material lograron una gran proyección mediática y se volvieron muy populares. Se realizó un video de "Tengo roto el corazón", dirigido por Lalo Fernández. Esta canción se volvió un clásico del rock nacional, que comenzaba con un inconfundible arpegio de la guitarra de Ricardo Ochoa y la frase de Kenny «Tengo roto el corazón». También fueron sencillos "Sueños" y "Enigma", esta última basada en el libro El laberinto de la soledad, de Octavio Paz. Hicieron una serie de giras por Norte, Centroamérica y por toda la república mexicana, culminando en la ciudad de León, Guanajuato, abriendo el concierto de Carlos Santana, ante treinta mil personas.

En 1990 vino la ruptura, tanto sentimental como profesional, entre Ricardo y Kenny. Esto se tradujo en que su discográfica la congelara por tres años, en los cuales no le dieron su carta de retiro ni le produjeron disco alguno. Aun con estas circunstancias, Kenny acudió al guitarrista Felipe Staiti, del grupo argentino Los Enanitos Verdes, para formar una nueva banda. Se incorporaron posteriormente el «Bola» Domene en la batería, Lino Nava en la guitarra y Gustavo Lozano en el bajo, aunque de manera temporal. Por primera vez Kenny tuvo que hacerse cargo de su propio manejo, en un contexto dominado por el machismo.

En 1992, la independiente Discos Denver editó *Toda la noche sin parar*, con una colección de canciones de sus discos anteriores, pero en versiones renovadas.

Para 1993, grabó un larga duración producido por Jorge Amaro. Contiene temas inéditos y aparece sólo con el nombre de Kenny, es decir, sin los Eléctricos. Se llamó *Si no estás aquí*, y fue acompañada por Amaro en la batería, Alberto Sánchez en la guitarra y Gustavo Lozano en el bajo. Los sencillos fueron la canción que le da nombre al disco y "Satisfáceme si puedes". De ambos se hicieron videos dirigidos por Mauricio Catala y Toño Zavala, respectivamente; lograron alta difusión en los canales especializados. En esta etapa tocaron en vivo el bajista Paco Ayala, el «Charal» en la batería y Michel Sokol junto a Lino Nava en las guitarras.

En 1995, Kenny conoció al bajista Edgar Carrúm (ex Juana y Escutia) y crearon juntos Kenny y los Nuevos Eléctricos. Comenzaron también una relación amorosa. En esta etapa participaron eventualmente Jorge «Wash» Arizaga en los teclados, Guillermo Verdiguel en la guitarra y Memo Ascencio en la batería.

Para abril de 1999, se realizó una idea que Kenny había planeado anteriormente con Felipe Staiti, pero que en aquel momento resultó difícil de llevar a buen fin; la de hacer un disco en vivo. Con apoyo de Discos Denver y con la producción de Edgar, grabaron en el Hard Rock Live el disco *Concierto electroacústico - Sensaciones electroacústicas*. En éste participaron, Memo Ascencio en la batería, Beto Bañuelos en la guitarra, el Wash en los teclados, Guillermo Verdiguel en la guitarra, Diana Wolf en los coros, Diego Marotto y Giampaolo Galasso en los saxes y yo (Sr. González) en la percusión. Se produjo un video de este concierto dirigido por Víctor Vera, del cual se sustrajo el audiovisual de la canción "Debes regresar", compuesta por Alex Sintek.

Pocos días después de dicho concierto se incorporó el hidrocálido Miguel Góngora como único guitarrista del grupo. Volvieron a su denominación de Kenny y los Eléctricos, sin el *Nuevos*. Se comenzó a planear el disco *Alma beta*, que contó con la producción de Kenny, Edgar y Miguel. Nuevamente fue Discos Denver quien lo lanzó en mayo del 2000, con una portada diseñada por José Fors. En este disco participaron como invitados Luis Manuel Ortega en el violín y yo en la percusión y coros. Se desprendió de este material la canción "Dicen por ahí", un bolero rock que impresionó por la desgarrada interpretación de Kenny y el virtuoso solo de guitarra de Miguel. Con este material comenzó una búsqueda estilística en los terrenos de lo pesado y lo mexicano.

Mi participación como invitado de Kenny duro poco más de un año. En esa misma época, ella grabó en mi disco *La vida es el viaje* (2000) el tema "Perla escondida".

En 2002, Discos Denver lanzó el disco recopilatorio *Historia 1980-2000*, que comprende canciones de los veinte años de carrera de Kenny en sus distintas épocas. La portada es una foto que le tomó Fernando Aceves para el libro *Retratos del rock mexicano*.

Para 2003, Kenny y los Eléctricos grabaron nuevamente un disco en vivo al que nombraron *Kenny Fest*. Fue realizado en Rockotitlán sur y contó con la participación, entre otros, de Sax de Maldita Vecindad, Leonardo de Lozane, Piro y Alejandro Marcovich.

En 2004, Discos Denver sacó a la venta el DVD *La reina del rock*, que contiene los videos realizados en los conciertos de *Sensaciones electroacústicas* y *Kenny Fest*, además de la videografía del grupo existente hasta ese momento.

En 2005, Kenny y los Eléctricos sacaron el larga duración *Sicodelia*, editado por Discos Denver y producido por Kenny, Miguel y Edgar. Participaron Chatrán González en la percusión, Julio Díaz † en la batería, Alonso Arreola en el bajo, Dj Franz, Gasú y José Manuel Aguilera en las guitarras y el tenor Roberto Bañuelos, Alejandra Guzmán, Karina Ricco y Celia Lora en las voces. La canción "Hace poquito se fue", estuvo dedicada al actor recién fallecido Eduardo Palomo. El video de "Puro amor" lo dirigió Gerardo Borbolla.

En 2006, Edgar y Kenny decidieron mudarse a Guadalajara, su nuevo centro de actividades.

2008 vio nacer el disco *Con tequila en la sangre*, un tributo a la música mexicana a partir de fusionar el mariachi con el rock. La mayoría de las canciones son versiones de clásicos de la música mexicana, pero se incluye un tema propio, "Dicen por ahí". Fue producido de manera independiente, e incluso crearon su propio sello discográfico: El Divino Records. Se editó en México, Estados Unidos y Canadá, y por medio de la venta digital, logró aceptación en más países. La gira promocional incluyó visitar por primera vez Alemania, tocando en Hamburgo y Berlín.

En agosto del 2010, sacaron el disco *Sex y Rock & Love*, una mezcla de temas originales, covers y hasta un tributo a los Sex Pistols. En éste participaron como invitados Sax y el argentino Negro García López †, guitarrista de Charly García.

El álbum en vivo *Otra sensación* apareció en 2013, que fue grabado en la ciudad de Guadalajara. Parte de la fusión mariachi-rock para presentar temas clásicos de Kenny y los Eléctricos. Tuvieron como invitados a Javis, de La Revolución de Emiliano Zapata, Baby Bátiz y el famoso trompetista Crescencio Hernández.

En 2014, la discográfica Opción Sónica USA, editó, dentro de la serie Los jefes del rock mexicano Vol. 1, el disco *Kenny y los Eléctricos Unplugged & Hits*, que incluye una recopilación y el concierto de *Otra sensación*. Contó con distribución en Canadá, Estados Unidos y Puerto Rico.

Se podría decir que Kenny representa para el rock post-Avándaro la primera posibilidad de proyección masiva de las mujeres en un medio dominado por los hombres. Se convirtió así en una referencia obligada para muchas cantantes que surgieron después. Su persistencia, más el apoyo de sus compañeros músicos, nos han permitido gozar de su trabajo hasta nuestros días.

Discografía

- *Electric/Manías* (1982)
- *Juntos por el rock* (1986)
- *No huyas de mí* (1988)
- *Toda la noche sin parar* (1992)
- *Si no estás aquí* (1993)
- *Alma beta* (2000)
- *Sicodelia* (2005)
- *Con tequila en la sangre* (2008)
- *Sex y Rock & Love* (2010)

En vivo

- *Concierto electroacústico - Sensaciones electroacústicas*, en vivo (1999)

- *Kenny Fest*, en vivo (2003)
- *Otra sensación*, en vivo (2013)

Otros

- *Acoplado Comrock*, acoplado (1985)
- *Historia 1980-2000*, recopilación (2000)
- *La Reina del Rock*, DVD (2004)
- *Kenny y los Eléctricos Unplugged & Hits*, recopilación (2014)

Otros

En 1998 y 2004, Kenny posó desnuda en revistas para caballeros. Es diseñadora de imagen, comenzando por la propia. Al comienzo de su carrera, Alejandra Guzmán se vio fuertemente influida por la forma de vestir de la roquera.

Ricardo Ochoa se integró posteriormente a Cita y sus Muñecas Rotas. Actualmente, vive en los Estados Unidos y viaja regularmente a la Ciudad de México.

Glosario

Acetato de vinilo: se clasifica según su tamaño y la velocidad a la que gira para su reproducción. En la etapa que nos concierne se usaron de 12 pulgadas, que giran a 33 RPM (revoluciones por minuto), y de 7 pulgadas, que giran a 45 RPM.

Caja: la obra del artista se empaqueta en una presentación de tres o más discos.

Caset: cinta magnetofónica de 1/8 de pulgada con dos caras.

CD: *compact disc* o disco compacto. A diferencia del acetato de vinilo, usa tecnología digital para su reproducción.

Compilación: el disco contiene dos o más temas de distintos artistas que han sido editados con anterioridad o son inéditos, pero coinciden en un mismo concepto.

Disco: conjunto de temas musicales que se fijan en un soporte físico (acetato de vinilo, cinta magnetofónica o disco compacto).

Disco doble: la obra del artista se plasma en una presentación de dos discos.

Disco en vivo: la grabación proviene de una presentación en público.

EP: *extended play* o duración extendida. Es un acetato de vinilo de 45 o 33 RPM, disco compacto o caset, que suele contener entre tres y nueve temas.

LP: *long play* o larga duración. Es un acetato de vinilo de 33 RPM, disco compacto o caset, en general, consta de diez temas o más.

MS: maxisingle o maxi sencillo. Es un acetato de vinilo de 33 RPM, disco compacto o caset, que incluye uno o dos temas, y se utiliza generalmente para remixes.

Música virtual: se refiere a la que ya no está disponible en un soporte físico y se maneja como archivo en la red.

Recopilación: un disco que contiene dos o más temas de un artista los cuales han sido editados con anterioridad.

Sencillo: un tema es elegido para ser promovido.

Sencillo de 45 RPM: también conocido como disco sencillo. Es un acetato de vinilo de 45 RPM que contiene dos temas o uno repetido, en cada lado.

Soporte físico: es un objeto físico (acetato de vinilo, cinta magnetofónica o disco compacto) en el cual se fija la música para su registro y venta.

Split: un disco es compartido entre dos artistas.

Fuentes consultadas

Libros

Aceves, Frenando. 1999. *Ilusiones y destellos. Retratos del rock mexicano.* México: Plaza y Janés.

Cervera, Jorge. 2011. *Historia del rock en Yucatán, memorias de una identidad.* México: Edición de autor.

Cortés, David y Alejandro González. 2012. *100 discos esenciales del rock mexicano. Antes de que nos olviden.* México: Grupo Editorial Tomo.

Cortés, David. 1999. *El otro rock mexicano: experiencias progresivas, sicodélicas, de fusión y experimentales.* México: Time Editores.

Estrada, Tere. 2008. *Sirenas al ataque. Historia de las mujeres rockeras mexicanas.* México: Océano.

Torres, Miguel. 2002. *Guadalajara y el rock (50's-70's).* México: Edición de autor.

Valenzuela, Rafael. 2004. *El rock tapatío: la historia por contar.* México: Universidad de Guadalajara, Federación de Estudiantes Universitarios.

Velasco, Jorge. 2013. *El canto de la tribu.* México: Conaculta.

___. 2013. *Rock en salsa verde.* México: Conaculta.

Revistas

AA. VV. "Rock latino 1956-1970. Edición especial de colección", en revista *Rolling Stone México*. 2013.
___. "Rock latino: los años setenta. Edición especial de colección", en revista *Rolling Stone México*. 2013.

Sitios de internet

Después de Avándaro: el hoyo negro del rock mexicano, de Manuel Martínez Peláez, www.maph49.galeon.com
DIPA-U de G, "Back, un recorrido por el rock tapatío de los setentas", http://www.youtube.com/watch?v=VluRoXlIY_8
Discogs, base de datos de fonogramas, www.discogs.com
Enciclopedia del rock mexicano, "La casa de los músicos mexicanos, de Arturo Lara Lozano", http://6decadasderockmexicano.blogspot.mx/
Garage Latino, de Wirtis, http://garagelatino.blogspot.mx/
Los sueños, de Ariel Martínez y Rodrigo Bautista, http://ritornomira-colo.blogspot.mx/
Manticornio, de Alfredo Tapia Carreto, http://www.manticornio.com/
Rock norteño de Ladislao Martínez, ladislao-martinez.blogspot.mx/
Tal como lo vivimos, de Lesbia Solís, Joyce Marlene León y Sergio León, http://www.serlesa.com.mx
Una nota que cae, de Juan Pedraza, http://unanotaquecae.blogspot.mx/
Vuelve Primavera, de Gustavo Zamora, "El rock de los 60 en México", http://estroncio90.typepad.com/blog/
YouTube, "Buscando el rock mexicano, canal de videos de Ricardo Rico", http://www.youtube.com/user/buscandorockmexicano
YouTube, "Pueblo de Patinetas, Avándaro y más, de Armando Molina", http://ww.youtube.com/watch?v=M32qZEHqJG4&list=RDM32qZEH-qJG4#t=1

Conversaciones y asesorías

- David Cortés
- Francisco Barrios el «Mastuerzo»
- Guillermo Briseño

- Hebe Rosell
- Jorge H. Velasco
- Olivia Luna
- Óscar Sarquiz
- Ricardo Rico
- Simón Zamora
- Tere Estrada
- Mauricio Bieletto
- Armando Vega-Gil

Agradezco a mis compañeros músicos; con muchos de ellos he compartido amistad y experiencias; otros más me han proporcionado información valiosa de manera desinteresada. Las historias aquí narradas indudablemente se enriquecieron con sus aportaciones.

60 años de rock mexicano.Volúmen I (1956-1979)
de Sr. González
se terminó de imprimir y encuadernar en octubre de 2016
en Programas Educativos, s. a. de c.v.,
calzada Chabacano 65 A | Colonia Asturias | cdmx | 06850 | México